21世纪 经济管理精品教材·公共基础课系列

Foundation of Innovation and Start-up

创新与创业基础教程

黄远征　陈劲　张有明◎主编

清华大学出版社
北京

内 容 简 介

本书针对"创新创业教育"存在的四个方面问题：创新创业教育理念相对滞后；创新创业教育师资力量薄弱；创新创业教育体系有待健全；创新创业教育理论与实践脱节。理论联系实际从"创新""创业"与"人生"三个角度分别阐述这些问题的解决策略，注重案例教学、实践教学，以学生为中心、以活动为中心，力求学以致用。本书适用于所有大学的专科生、本科生及研究生。

本书封面贴有清华大学出版社防伪标签，无标签者不得销售。
版权所有，侵权必究。侵权举报电话：010-62782989 13701121933

图书在版编目(CIP)数据

创新与创业基础教程 / 黄远征，陈劲，张有明主编. —北京：清华大学出版社，2017(2020.8重印)
(21世纪经济管理精品教材·公共基础课系列)
ISBN 978-7-302-46571-3

Ⅰ. ①创… Ⅱ. ①黄… ②陈… ③张… Ⅲ. ①大学生－创业－高等学校－教材 Ⅳ. ①G647.38

中国版本图书馆CIP数据核字（2017）第030143号

责任编辑：刘志彬
封面设计：李召霞
责任校对：王凤芝
责任印制：杨 艳

出版发行：清华大学出版社
网　　址：http://www.tup.com.cn, http://www.wqbook.com
地　　址：北京清华大学学研大厦A座　　　邮　编：100084
社 总 机：010-62770175　　　　　　　　邮　购：010-62786544
投稿与读者服务：010-62776969, c-service@tup.tsinghua.edu.cn
质量反馈：010-62772015, zhiliang@tup.tsinghua.edu.cn
课件下载：http://www.tup.com.cn,010-62770175-4506

印 刷 者：北京富博印刷有限公司
装 订 者：北京市密云县京文制本装订厂
经　　销：全国新华书店
开　　本：185mm×260mm　　印 张：21.25　　字　数：484千字
版　　次：2017年3月第1版　　　　　　　印　次：2020年8月第5次印刷
定　　价：59.00元

产品编号：074256-02

创新与创业基础教程编委会

(排名按字母顺序)

主　　任：瞿振元

副主任：陈　劲　　陈永利　　韩景阳　　黄恒学　　黄克瀛　　李宝国
　　　　梅　萌　　曲　池　　申江婴　　沈聪伟　　檀润华　　张彦春
　　　　张有明　　周志成

编　　委：陈谷纲　　董利芸　　杜志刚　　黄远征　　江　华　　梁馨月
　　　　林成涛　　刘月波　　梅成达　　孟　野　　孟庆新　　齐苏蓬
　　　　孙莉玲　　万玉凤　　王　晖　　王云杉　　吴昌霞　　谢红梅
　　　　解廷民　　闫虎生　　晏金柱　　阳德青　　袁群芳　　印　涛
　　　　张　斌　　张瑞彬　　张　勇　　赵宏大　　赵文喜　　郑旭红
　　　　钟　新　　周　波　　周　荣　　周晓平　　朱孟银

创新创业创造美好人生

把握趋势

作为世界第二大经济体的中国，未来经济发展主要靠创新驱动！创新创业将成为未来中国经济生活的主旋律。无数事实告诉我们：把握时代脉搏、紧跟政策方向、顺势前行，是取得成功的关键。

人生的过程就是创新创业的过程，一个人从出生到退休，成就各不相同，注重创新、具有创业心态的人，比按部就班、打工心态的人更容易取得成功。

学生毕业主要是三个去向：升学、工作、创业，"创新创业教育"能让学生在校期间接受相关训练，拥有创新思维、树立创业心态，更好的融入社会、创造美好人生。

问题与对策

近年来，高校创新创业教育不断加强，并取得积极进展，对激发大学生创新思维，提高创业就业能力发挥了重要作用。但是总体来看存在四个方面问题，针对这些问题我们分别给出以下解决办法。

1. 创新创业教育理念相对滞后

据相关调查数据显示，我国高校中开设相关课程的学校不足一半。大部分高校认为创新创业教育就是创办企业所具备的基本能力和基础知识的讲授，甚至将创新创业学科定位于企业管理者速成班或技术创业培训班等层面，而并非培养学生全面的创新创业素养，从而忽略了这一学科真正的教学目的。这对接受创新创业教育的大学生造成了误导，使他们肤浅地认识创新、功利地看待创业。

对策

创新创业教育是学校重要的教学组成部分。我们提出的教学理念是"创新引领未来、创业是一种生活方式"，而并非办一所企业就是创业，事实上创业无处不在，以创业的心态、创造性地做好本职工作就是一种创业。

2. 创新创业教育师资力量薄弱

现有的创新创业课程师资多为"自我研修型"，缺乏创业、管理和经营经历，实践经验不足，授课方式也往往以"照本宣科"的形式呈现，难以做到理论联系实际，无法帮助学生从课堂走向创新创业"最前线"。

对策

通过师资培训，使教师树立正确的双创教学理念、掌握系统的双创培训手段，不仅成为双创课的老师、更要逐步成为学生的创业导师。

3．创新创业教育体系有待健全

目前，国内高校创新创业教育依旧处于起步阶段，虽然很多院校开设了"创业管理""创业基础"等课程，但较为全面、系统的创新创业教育课程体系以及科学的创新创业人才培养体系还未搭建成型。教学内容也没有随着社会的发展和环境的变化不断更新，教学内容陈旧、教学方法单一已成为制约高校创新创业教育发展的重要因素。

对策

通过大量的调研、研讨，在比较国内外众多教材和教学体系的基础上，开发出独特的教学体系。与现有大多数教材不同，我们在注重创业教育的同时，更注重创新教育，认为创新是创业的原始驱动力。

4．创新创业教育理论与实践脱节

实践是创新创业课堂教育的最终实现方式，创新创业教育相对于传统课程的理论教育模式而言，更注重对学生实践能力和行动能力的培养，从而更好地适应快速发展的科学技术和市场需求。目前各高校普遍缺乏与之相配套的实践体验类课程。

对策

将实践贯穿在整个教学过程中，具体表现在以下三个阶段。

课程中：邀请企业创业导师走入课堂，讲授相关知识和案例。

结课时：以创业计划报告替代书面试卷，以项目路演替代期末考试，以企业导师+授课教授评价替代授课教师评分。

结课后：与所在学校双创中心、地方孵化器对接，对优秀项目进行后期跟踪或孵化。无论项目是否最终成功，学生从中得到的创业体验对其今后的工作和生活都至关重要。

本教材体系

（1）模型：创新驱动创业。

（2）结构：创新篇、创业篇、人生篇。

（3）主线：创新思维（寻找问题、发现需求）—创意—产品创新—技术创新—商业模式创新—团队建设创新—市场营销创新—企业管理创新—融资创新。

本教学体系

（1）教学方法：学生为中心、案例教学、问题驱动、注重实践。

（2）教学工具：教师手册、在线课程（国内知名高校双创教师和知名企业家在线课程），为学校教学提供慕课平台。

（3）考核方法：按照小组完成创业计划，通过路演方式进行考核，优秀的创业计划发布在免费提供的学校专属公共网络平台上，日积月累成为学校创业计划和项目资源的大数据库。

编写分工

第 1 章、第 17 章由北京大学创新创业课题组黄远征编写，第 2 章、第 3 章、第 5 章由清华大学陈劲编写，第 4 章由河北工业大学檀润华编写，第 6 章由吴印涛编写，第 7 章和第 8 章由吴昌霞编写，第 9 章由梁馨月编写，第 10 章、第 18 章由张有明编写，第 11 章由北京大学黄恒学编写，第 12 章由张瑞彬编写，第 13 章由杜志刚编写，第 14 章由朱孟银编写，第 15 章、第 16 章由南开大学张勇编写。

鸣谢

本书编写过程得到高等教育学会瞿振元会长及全体编委会成员的支持。中国高科、北大创业众筹、北创学堂、顶你学堂等企业为本书的撰写提供了丰富的案例。

由于时间有限，引用一些作者的成果时，未能来得及一一注明或联系作者本人。对所有为本书编写及内容提供者表示感激，请书中引用尚未详细标明的作者联系出版方。创新创业课程体系、教学内容等的逐步完善仍需要长期的努力，诚挚期望各位研究者、教材使用者提出宝贵意见。

《创新与创业基础教程》全体作者
2016 年 10 月 25 日

第1篇 创 新 篇

第1章 创新与财富 ... 3
1.1 创新驱动经济增长 ... 8
1.2 制度创新与经济增长 ... 12
1.3 企业创新与转型升级 ... 19
课程思考 ... 21

第2章 创新者的素质 ... 22
2.1 创新者的胜任力 ... 22
2.2 创新者的胜任力结构 ... 23
2.3 创新者的胜任力特征 ... 26
课程思考 ... 29

第3章 创新的类型、过程、模式 ... 30
3.1 创新的概念 ... 30
3.2 创新的类型 ... 32
3.3 创新的模式 ... 45
3.4 创新的过程 ... 47
课程思考 ... 48

第4章 TRIZ创新方法 ... 49
4.1 创新方法概述 ... 49
4.2 问题及求解 ... 49
4.3 TRIZ及其体系结构 ... 53
4.4 冲突解决原理 ... 55
4.5 TRIZ在产品创新中的应用 ... 68
课程思考 ... 71

第 5 章　创新思维与创新驱动型创业 72
5.1　创新者的脑 72
5.2　创新者的思维特征 74
5.3　创新驱动型的创业 76
课程思考 77

第 2 篇　创 业 篇

第 6 章　创业者品质 81
6.1　创业者心理 81
6.2　创业者特质 86
6.3　创业者测评 90
6.4　创业者品质 93
6.5　企业家精神 95
课程思考 97

第 7 章　创意、创新、创业项目选择 98
7.1　创意与创业机会识别 98
7.2　创业机会评价 106
7.3　创业项目分析 110
7.4　创业机会与创业风险 118
7.5　创业项目选择 123
课程思考 127

第 8 章　初创企业产品创新 128
8.1　初创企业产品创新的流程 128
8.2　产品创新的思路、模式和途径 135
8.3　产品创新管理 141
8.4　初创企业产品的市场策略 144
课程思考 148

第 9 章　初创企业商业模式创新 149
9.1　关注商业模式——生存与发展 149
9.2　商业模式的定义和本质 151
9.3　商业模式和企业战略的关系 155
9.4　商业模式因果关系链条的分解 158

9.5 商业模式的类型 163
9.6 设计商业模式的思路和方法 165
课程思考 170

第 10 章 初创企业团队建设创新 171

10.1 创业团队及其对创业的重要性 171
10.2 创业团队的组成原则 173
10.3 创业团队的优劣势分析 174
10.4 组建创业团队的策略及其后续影响 176
10.5 创业团队的管理技巧和策略 178
10.6 领导创业者的角色与行为策略 181
10.7 创业团队的社会责任 182

第 11 章 市场创新 185

11.1 市场创新的基本概念与主要意义 185
11.2 市场创新制度及其战略选择 187
11.3 市场创新域及其维度组合与选择 189
11.4 市场创新与市场发展趋势分析 191
11.5 市场创新源及其开发与利用 193
11.6 市场创新阻与市场创新险分析 195
11.7 市场创新战略选择 197
课程思考 199

第 12 章 创业项目（企业）价值评估与融资创新 200

12.1 创业项目价值评估 200
12.2 创业所需资金测算 205
12.3 创业融资渠道 209
12.4 创业融资的选择策略 211
课程思考 214

第 13 章 演讲与路演 215

13.1 创业家的日常工作 215
13.2 "演"自己 217
13.3 演讲的训练 219
13.4 路演的秘诀 221
课程思考 224

第 14 章　创业计划 ... 225

14.1　什么是创业计划 ... 225
14.2　为什么要制订创业计划 ... 226
14.3　创业计划书的类型、结构、格式 ... 227
14.4　如何撰写创业计划书 ... 232
14.5　如何展示创业计划书 ... 245
课程思考 ... 246

第 15 章　新企业设立需要规避的问题与管理创新 ... 247

15.1　企业组织形式与法律责任 ... 247
15.2　成立新企业需要注意哪些方面 ... 251
15.3　成立新企业应该规避的问题 ... 257
15.4　新企业管理创新 ... 262
课程思考 ... 265

第 16 章　企业股权结构与股权激励 ... 266

16.1　股权结构与企业长远发展 ... 266
16.2　融资方式与股权变更 ... 268
16.3　股权激励 ... 272
课程思考 ... 279

第 3 篇　人　生　篇

第 17 章　创新创业教育与大学生未来发展 ... 283

17.1　大学生毕业后的选择 ... 283
17.2　创新创业教育与升学 ... 284
17.3　创新创业教育与就业 ... 287
17.4　创新创业教育与创业 ... 290
17.5　创新创业教育与学生未来发展 ... 293
课程思考 ... 294

第 18 章　创新创业精神 ... 295

18.1　创新创业精神 ... 295
18.2　创新创业是一种工作方式 ... 299
18.3　创新创业是一种生活方式 ... 302
18.4　创新创业创造美好人生 ... 307
课程思考 ... 313

附录 314
　　附录一　2016全球创新指数报告 314
　　附录二　规范的现金流量表主表 314
　　附录三　简化版现金流量表 315
　　附录四　工作计划与收支预测表 316

参考文献 319

第1篇

PART 1

创 新 篇

　　从全球经济的发展趋势来看,创新是经济增长和企业创造财富的关键,是获得持续竞争优势的主要源泉。面对知识经济条件下的创新出现的趋势与特点,我们必须准确地把握创新的实质,在掌握创新规律的基础上,经过准备、酝酿、顿悟和验证的渐进历程来历练和提升创新能力,去探索创新中蕴藏的无限发展生机。

第 1 篇

PART 1

句 法 篇

第1章 创新与财富

 学习目标

1. 了解创新对经济发展和企业转型的重要作用。
2. 了解基础的经济学概念和知识。
3. 了解创新与财富之间的关系。

 开篇案例

1980—2015年中美日经济发展历史——创新引领未来

纵观世界经济发展历史,主要经济体都经历了一场从粗放型增长到集约型增长,再到创新驱动型增长的过程。以目前全球排名前三位的经济体美国、中国、日本为例,从中可以得到什么启发(如表1-1、图1-1所示)?

表1-1 1980—2015年中美日GDP比较[1] 单位:十亿美元

年份	美国	中国	日本	年份	美国	中国	日本
1980	2 789.5	303.4	1 059.4	1998	8 747	1 019.5	3 857
1981	3 128.4	286.9	1 170.8	1999	9 268	1 083.3	4 368.7
1982	3 255	281.2	1 088.1	2000	9 817	1 198.4	4 667.5
1983	3 536.7	301.8	1 186.9	2001	10 128	1 324.8	4 095.5
1984	3 933.2	310.6	1 263	2002	10 470	1 453.8	3 918.3
1985	4 220.3	307	1 352.1	2003	10 961	1 641	4 229.1
1986	4 462.8	297.6	2 003.3	2004	11 686	1 931.6	4 605.9
1987	4 739.5	324	2 429.6	2005	12 422	2 234.4	4 552.2
1988	5 103.8	404.2	2 950	2006	13 398.9	2 680.1	4 362.6
1989	5 484.4	451.3	2 951.8	2007	14 061.8	3 402.2	4 378
1990	5 803.1	390.3	3 030.1	2008	14 369.1	4 302.6	4 887
1991	5 995.9	409.2	3 464.9	2009	14 119.1	4 996.4	5 068.9
1992	6 337.7	488.1	3 781.8	2010	14 624.2	5 984.7	5 474.2
1993	6 657.4	613.2	4 340.9	2011	15 064.8	6 988.5	5 855.4
1994	7 072.2	559.2	4 779	2012	15 094.4	7 484.1	5 872.9
1995	7 397.7	728	5 264.4	2013	16 198	9 038.7	5 997.3
1996	7 816.9	856.1	4 642.6	2014	17 418.9	10 380.4	4 616.3
1997	8 304.3	952.5	4 261.8	2015	17 968.2	10 864.9	4 120.1

---

1 世界银行数据 OL,http://data.worldbank.org.cn/.

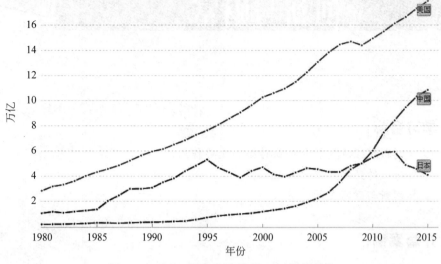

图 1-1 1980—2015 年中美日 GDP 增长趋势

1978 年中国开始实施改革开放政策，经济开始从计划经济向市场经济过渡，在过去的 36 年时间里，世界先后经历了 1998 年亚洲金融危机、2008 年美国次贷危机引发的世界经济危机。在这期间，中国从连基本温饱都成问题的贫困国家跃升为第二大经济体，美日两国也有各自独特的发展历程。

从图 1-1 可以看出，中美日三国经济发展走过了不同的历程。中国经济经过预热（1980—1990 年）、滑跑（1991—2000 年）、起飞（2001 年至今）三个阶段，经济总量在 2008 年超过日本成为第二大经济体。美国经济在这期间保持了持续的增长。日本经济从 20 世纪 90 年代中期开始步入徘徊。这个现象背后的原因何在？让我们从三个国家经济发展历史中寻找答案。

1. 美国经济增长方式

1）工业化前期生产要素粗放投入增长期

19 世纪上半叶美国还是一个农业国。在内战结束后的 60 年间，美国完成了工业化。在美国工业化前期，生产要素的投入对 GDP 增长的贡献占主要地位，表现为资本、劳动、土地等生产要素的大规模投入驱动经济增长。

2）调整产业结构与提高效率型增长期

"二战"后美国经济呈现较高增长速度，1950—1960 年，美国 GDP 的年均增长率为 3.3%，其中，生产要素投入增加的贡献度为 47%，要素生产率提高的贡献度为 53%。20 世纪 70 年代初期的石油危机，伴随着 1975 年的第三次世界性经济危机，使美国经济陷入滞胀的深渊。这迫使美国转变增长方式，进入以调整产业结构和提高效率为主的增长期。从这个阶段，随着经济增长方式的转变，要素的投入不再采用大规模粗放方式，而是更强调科技发展基础上的高效率投入。

3）以 IT 产业革命引发的新经济增长期

伴随着信息技术革命，1992 年美国开始进入"互联网经济"增长期。期间年均 GDP 增长率为 2.7%。技术的创新、产业的革命、加上政策的推动，促使互联网经济异军突起。

美国用于计算机、互联网等相关IT产业的投资迅速增长，相关装备的投资是其他工业设备投资的1.6倍。在工业增加值中，约有45%是由IT产业创造的。IT产业虽只占美国经济总产出的8.3%，但其在1995—1999年对美国经济增长的贡献率却在30%以上。IT技术的创新和大面积应用，带动了美国经济的持续强劲增长。[1]

2. 战后日本经济增长方式

第二次世界大战后，日本的经济实力迅速增强。1950—1960年日本国民生产总值年均增长率为9.1%，1961—1965年为9.8%，1966—1970年高达12.1%。1966年日本国民生产总值超过英国，1967年又超过法国和联邦德国，成为世界第二经济大国。

20世纪70年代中期以后，由于两次石油危机和日元大幅度升值的影响，日本经济转入低速增长时期，1970—1989年平均增长率为4.8%。

20世纪90年代以来，由于泡沫经济的破灭，日本出现了战后持续时间最长的经济萧条。加之受到1997年下半年亚洲金融危机的影响，日本经济增长陷入了衰退局面。从20世纪90年代至今，日本经济一直停滞不前，如果考虑到货币贬值因素，日本的实际GDP是下降的（如图1-2、图1-3所示）。

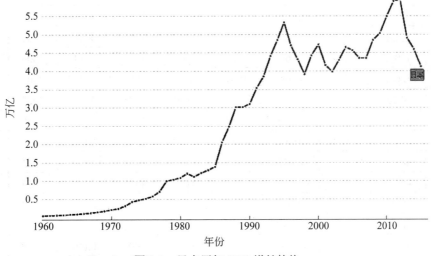

图1-2 日本历年GDP增长趋势

3. 新中国成立68年经济发展回顾

新中国成立68年中国经济经过了从计划经济到市场经济的重大转变（如表1-2所示），从人均GDP只有60美元的最不发达国家发展步入人均GDP超过8 000美元的中高收入国家行列，经济总量更是达到全球第二。这68年可分为三大阶段：第一阶段（1949—1977年）从新中国成立到改革开放之前，经济体制以计划经济为主导，GDP增长大起大落；第二阶段（1978—2013年）从改革开放到工业化初步完成，经济体制从计划体制逐步过渡到市场经济体制；第三阶段（2014年至今）我国经济发展进入"新常态"。

---

[1] 中美日的经济增长历史及启示，http://wenku.baidu.com/view/71d588eaee06eff9aef807f5.html?from=search.

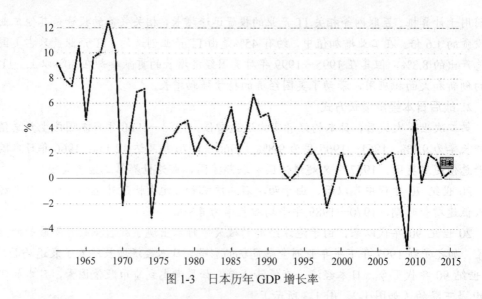

图 1-3 日本历年 GDP 增长率

表 1-2 1953—2015 年我国 GDP 年度增长率

年份	增长率	年份	增长率	年份	增长率	年份	增长率	年份	增长率
1953	0.156	1966	0.107	1979	0.076	1992	0.142	2005	0.104
1954	0.042	1967	−0.057	1980	0.078	1993	0.14	2006	0.111
1955	0.068	1968	−0.041	1981	0.052	1994	0.131	2007	0.114
1956	0.15	1969	0.169	1982	0.091	1995	0.109	2008	0.09
1957	0.051	1970	0.194	1983	0.109	1996	0.1	2009	0.087
1958	0.213	1971	0.07	1984	0.152	1997	0.093	2010	0.103
1959	0.088	1972	0.038	1985	0.135	1998	0.078	2011	0.092
1960	−0.003	1973	0.079	1986	0.088	1999	0.076	2012	0.078
1961	−0.273	1974	0.023	1987	0.116	2000	0.084	2013	0.077
1962	−0.056	1975	0.087	1988	0.113	2001	0.083	2014	0.073
1963	0.102	1976	−0.016	1989	0.041	2002	0.091	2015	0.069
1964	0.183	1977	0.076	1990	0.038	2003	0.1		
1965	0.17	1978	0.117	1991	0.092	2004	0.101		

资料来源：世界银行数据。

从图 1-4 中可以清晰地看出，我国经济增长率的变动轨迹，在改革开放之后，我国经济步入良性发展轨道，很少出现大起大落的情况。

在过去的 68 年时间里，能够代表经济生活重大走向的要数"五年计划（规划）"（如表 1-3 所示），从各个时期的五年计划（规划）中不仅可以看到经济和社会发展的概况，而且可以看出发展模式和发展思路的变化。

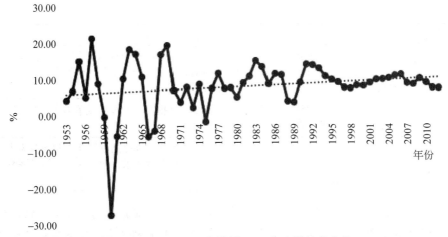

图 1-4 1953—2015 年我国 GDP 年度增长率走势

表 1-3 1953—2016 年五年计划（规划）及主要内容和成就[1]

计划名称	主要内容或成就
"一五"计划 1953—1957 年	至 1957 年，"一五"计划超额完成了规定的任务，实现了国民经济的快速增长，并为我国的工业化奠定了初步基础
"二五"计划 1958—1962 年	分为"大跃进"和调整期两个阶段
"三五"计划 1966—1975 年	指导思想经历了由"解决吃穿用"到"以战备为中心"的变化，从准备大打、早打出发，积极备战，把国防建设放在第一位，加快"三线"建设
"四五"计划 1971—1975 年	开始强调经济效益，注意沿海和"三线"地区并重，大规模的"三线"建设进入收尾阶段。经过 1975 年邓小平主持的整顿工作，"四五"计划得到了基本完成
"五五"计划 1976—1980 年	党的十一届三中全会以后，国民经济处于全面调整时期，"五五"计划指标相应做了较大幅度的调整。1980 年年底，国民经济主要比例关系开始改善，生产和建设也取得较大发展。三中全会后，国策重大调整，生产和建设取得较大发展
"六五"计划 1981—1985 年	"六五"计划是继"一五"计划后的一个比较完备的五年计划，是在调整中使国民经济走上稳步发展的健康轨道的五年计划
"七五"计划 1986—1990 年	我国社会主义计划经济史上第一次在一个新的五年计划刚刚起步的时候就制订出来的经济和社会发展计划
"八五"计划 1991—1995 年	以 1992 年邓小平同志重要谈话和中共十四大为标志，"八五"期间中国改革开放和现代化建设进入新的阶段。"八五"期间成为中国改革开放推进最快的时期，确立了社会主义市场经济目标，形成了总体开放的格局
"九五"计划 1996—2000 年	中国社会主义市场经济条件下的第一个中长期计划，是一个跨世纪的发展规划。"九五"期间国民经济和社会发展的主要奋斗目标确定为"全面完成现代化建设的第二步战略部署"
"十五"计划 2001—2005 年	按照发展社会主义市场经济的需要，确立以经济结构的战略性调整作为主线。生态建设、环保、经济与社会的可持续发展得到了加倍的重视。更多关注教育、文化、医疗卫生、体育等各项社会事业，更加注意经济与社会的协调发展，以更好地满足广大人民群众发展的需要、享受的需要

---

1 从第一个五年计划到第十二个五年规划主要内容，http://wenku.baidu.com/view/df134e63caaedd3383c4d392.html?from =search.

续表

计划名称	主要内容或成就
"十一五"计划 2006—2010年	是为后十年顺利发展打下坚实基础的关键时期,积极应对国际金融危机冲击,克服汶川大地震等重大自然灾害带来的严重困难,保持了经济平稳较快发展,综合国力显著提高,社会事业显著进步,人民生活显著改善
"十二五"计划 2011—2015年	提出转变方式开创科学发展新局面、转型升级提高产业核心竞争力、改善民生建立健全基本公共服务体系等内容
"十三五"计划 2016—2020年	提出创新、协调、绿色、开放、共享的发展理念,以提高发展质量和效益为中心,以供给侧结构改革为主线,扩大有效供给,满足有效需求,加快形成引领经济发展新常态的体制机制和发展方式

纵观中美日三国经济发展历史,虽然美国经历了经济滞胀和两次经济危机,但都通过宏观经济政策调整,产业革命走出困境。每当经济下滑都会出台政策推动产业创新,每个经济低迷期都有新兴产业涌现并迅速发展起来,美国的科学技术水平、现代化水平都一直领先于世界各国。

20世纪40年代至50年代,日本从战后的一片废墟中恢复到战前水平。60年代以后,日本经济进入高速增长时期,至80年代前后,日本不仅在经济规模上仅次于美国,而且在工业技术装备水平、高精尖加工能力、产业结构方面均已位居世界前列。但是,日本一直采取跟随战略,学习和照搬美国的成果,不注重自主创新和产业革命,自90年代至今,经济进入持续26年的低迷期。

我国从战后到现在,从贫困国家发展成为世界第二大经济体,走出了一条符合国情的发展道路,取得了举世瞩目的成就,但也要看到经济发展中出现的新情况,可以说机遇和挑战并存。我国政府提出创新创业国策,就是要在新的国际国内经济背景下,转变增长方式,由世界制造大国转变成为世界创造大国,依靠创新驱动经济持续增长。

案例思考

通过本案例,我们从中可以得到哪些启示?试着回答下列问题。
1. 新中国经济发展经过了哪些阶段?
2. 改革开放以来中国经济发展有哪些标志性的事件?推出了哪些政策?
3. 日本为什么在过去的26年经济停滞不前?
4. 美国经济为何一直保持持续增长?
5. 中国能够成为第一大经济体吗?还需要多少年?
6. 中国经济如何才能持续稳定增长?

1.1 创新驱动经济增长

1.1.1 索罗经济增长

1957年经济学家罗伯特·索罗提出经济增长模型:

$$Q=A(t)f(K,L)$$

式中：

Q ——总产出；

$A(t)$ ——技术进步；

$f(K, L)$ ——资本与劳动力函数。

以上模型经过推导可以得出如下方程[1]：

$$y = a + \alpha k + \beta l$$

式中：

y ——产出增长速度；

k ——资金增长速度；

l ——劳动者人数增长速度；

a ——技术进步速度。

该模型能从总量上分析投入与产出的关系，并在总量上给出技术进步对经济增长的贡献。研究表明，在工业化发展的不同阶段技术进步对经济增长的贡献率不同，越是接近工业化后期，技术进步对经济增长的贡献率越大。

1.1.2 新常态经济增长特点及新增长理论思考

2014年我国经济进入新常态，新常态下经济发展面临与以往不同的情况，表现在三个方面：一是从高速增长转为中高速增长；二是经济结构不断优化升级，第三产业消费需求逐步成为主体；三是从要素驱动、投资驱动转向创新驱动。[2]在这种情况下新增长理论的研究成果对新常态下经济增长方式的选择有一定参考价值。

新增长理论最重要的突破是将知识、人力资本等内生技术变化因素引入经济增长模式中，提出要素收益递增假定，其结果是资本收益率可以不变或增长，人均产出可以无限增长，并且增长在长期内可以单独递增。技术内生化的引入，说明技术不再是外生和人类无法控制的东西，而是人类出于自身利益而进行投资的产物[3]。新增长理论主要有以下研究思路。

1. 知识外溢和边干边学的内生增长思路

以 Romer P、Lueas R、Stokey N 和 Young、Alwyn 等人为代表，强调知识和人力资本是"增长的发动机"。因为知识和人力资源本身就是一个生产投入要素：一方面它是投资的副产品，即每一个厂商的资本增加会导致其知识存量的相应提高；另一方面知识和人力资本具有"外溢效应"即一个厂商的新资本积累对其他厂商的资本生产率有贡献。通过这种知识外溢的作用，资本的边际产出率会持久地高于贴现率，使生产出现递增。也就是说，任一给定厂商的生产力是全行业积累的总投资的递增函数，随着投资和生产的进行，新知识将被发现，并由此形成递增收益。因此，通过产生正的外在效应的投入（知识和人力资本）的不断积累，增长就可以持续。

---

1 索罗经济增长模型《宏观经济学》。

2 习近平谈新常态[2016-02-25]，http://news.china.com/domestic/945/20160225/21603012_all.html。

3 经济增长理论和模型综述，http://wenku.baidu.com/view/75631d230722192e4536f67c.html?from=search。

2. 内生技术变化的增长思路

Romer P、Helpman E 和 Howitt P 等人认为，有意识地发展研究所取得的知识是经济增长的源泉。大量的创新和发明正是厂商为追求利润极大化而有意识地进行投资的产物。由于这一研究与开发产生的知识必定具有某种程度的排他性，因此开发者拥有某种程度的市场力量。可见，创新需要垄断利润的存在，但是，发明者的垄断地位具有暂时的性质，在新的创新出现时，它就会被取代并丧失其垄断利润。正是这种对垄断利润的追求，以及垄断利润的暂时性质，使得创新不断继续，从而，经济就进入持续的长期增长中。

3. 线性技术内生的增长思路

以 Rebdo S 和 Barm R 等人为代表，其显著特点是生产函数的线性技术（或称凸性技术 eonvextechnology），产出是资本存量的函数。与新古典模式不同的是，这里的资本是广义概念的资本，它不仅包括物质资本，还包括人力资本，即两者的复合。它们在生产中未被完全替代，因而虽然每一种投入具有递减收益，但两种资本在一起就具有不变规模收益。从而随着资本存量的增加，产出同比例地增加，以致长期增长成为可能。

4. 开放经济中的内生增长思路

以 Romer P、Grossman G、Helpman E 和 Krugman R P 等人为代表，强调政府贸易政策对世界经济的长期增长具有影响，即政府政策对技术投资结构产生的作用，将会使世界经济的增长状况呈现相应的变化。同时由于知识外溢和边干边学的作用，国际贸易对发达国家和发展中国家的经济增长都有促进作用，并且偶然的主要技术变化的作用可能会导致后进国家的"蛙跳"式增长，实现赶超。

这些思路对新常态下中国经济的增长政策选择有一定参考价值，但是中国经济发展更需要扎根本土的创新政策组合。

1.1.3 创新驱动经济增长

人均 GDP 水平与增长模式如表 1-4 所示。

表 1-4 人均 GDP 水平与增长模式[1]

类型 \ 人均GDP（美元）贡献率（%）	<2 000（低）	3 000~9 000（中）	>17 000（高）
要素驱动型	60	40	20
效率驱动型	35	50	50
创新驱动型	5	10	30

如表 1-4 所示，主要经济体在工业化过程中，增长方式的转变经历了一个较长的演化过程，在不同的发展阶段，主要驱动因素对经济增长的贡献比例各不相同。在人均 GDP 低于 2 000 美元时，经济增长方式主要靠大规模要素投入带来的粗放式增长，即在工业化起步阶段，经济发展主要依靠生产要素，即资本、劳动力的大量投入来推动。

但由于市场的饱和、竞争的压力，为了获取竞争优势，企业自发进行的技术创新，

---

[1] 孙洪义.创新创业基础［M］.1 版.北京：机械工业出版社，2016.

逐步促进了整个社会生产方式的改变，导致经济增长方式不断演变，技术进步和经营效率的提高成为推动其经济发展的主要力量，即在中等收入阶段，主要靠生产要素的优化组合，通过提高生产要素的质量和使用效率，通过技术进步、提高劳动者素质、提高资金、设备、原材料的利用率而实现的集约型（效率驱动型）增长。

在高收入阶段，由于工业化基本完成，生产要素的效率增长空间已经很小，为了保持持续的增长，需要加大创新投入，创新对经济增长的贡献将占重要地位。

从根据世界银行发布的报告来看，在1870—1913年，美国GDP年均增长率为4.1%，英国为1.95%，法国为1.7%。在此期间，技术变革对于西方国家经济增长的贡献率并不高，美、英、法等国家的科技因素在经济增长中的贡献率只占30%左右。然而，"二战"结束后，科技进步对经济增长起了决定性的作用，在发达国家的经济增长中，科技对经济增长的贡献率已高达50%~70%。1992年后，以美国为源头的信息技术革命引发了第三次浪潮，称为继农业革命、工业革命之后的第三次影响人类发展进程的重大事件，这个阶段发达经济体经济发展主要靠创新驱动。[1]

从总体上看，改革开放以来我国的经济增长主要依赖的是要素投入。每当GDP增速下滑时，为保持较高的增长速度，增加社会就业，就开始制订大规模的经济刺激计划，这样做虽然短期促进了经济发展，但也产生了一些问题，如产能过剩、环境压力加大、地方政府债务负担加重等。

2014年以后，随着进入工业化中后期，中国经济出现换挡，从高速增长转变为中高速增长，经济发展步入新常态。我国未来的经济增长将主要依靠创新驱动，创新将成为经济增长的最重要驱动力。

1990—2015年中国人均GDP增长阶段如图1-5所示。

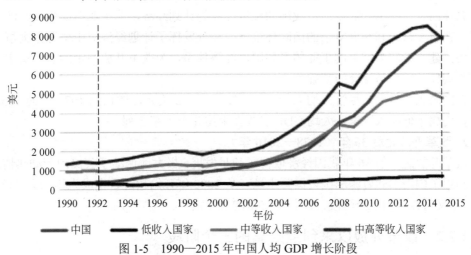

图1-5　1990—2015年中国人均GDP增长阶段

从图1-5可以看出，从1990—2015年，我国人均GDP实现了三次跨越，1992年跨过低收入国家线，2008年跨过中等收入国家线，2015年跨过中高收入国家线。与之对应，2008年之前我国经济发展主要靠大规模要素投入；2008年之后主要靠集约化投入带来的

1　中美日的经济增长历史及启示，http://wenku.baidu.com/view/71d588eaee06eff9aef807f5.html?from=search.

效率驱动增长；2015年人均GDP超过8 000美元，越过中高收入线，随着步入工业化后期和新常态的到来，未来中国经济发展，由创新带来的经济增长贡献率越来越大，将成为最重要的增长因素。

1.2 制度创新与经济增长

以1978年改革开放为节点，中国经济发展分为两个阶段，即以计划经济为主的阶段和以市场经济为主的阶段。

1.2.1 中国经济发展的历史阶段

1. 改革开放之前30年（1949—1978年）

这期间我国实施计划经济体制，国家可以集中财力物力进行大规模经济建设。经过三年的恢复发展，到1952年我国GDP增长为679亿元人民币，1949—1952年GDP年均增长率高达34.8%，经济快速恢复到战前最高水平。

1953—1978年，我国经济虽然出现过较大波动，但总体保持了较高速度增长，GDP年均增长率为6.68%，从1953年的824.2亿元增加到1978年的3 650.2亿元。

这期间我国从1953年开始制订并实施第一个5年计划，截至1980年共实施了5个五年计划，基本建立起比较完善的国民经济体系。同期在个别国防相关的高科技领域也取得了巨大成就，"两弹一星"的成功使得我国成为世界上有影响力的国家。这期间经历了抗美援朝、抗美援越、中印自卫反击战、中苏珍宝岛保卫战等战争，第一代领导人在纷繁复杂的国际环境下，实现了计划经济，为中国的发展奠定了扎实的基础。

总体而言，改革开放以前，我国的经济体制为计划经济，属于典型的粗放经济增长模式。在百废待兴和纷繁复杂的国际环境下，充分发挥了计划经济集中资源办大事的制度优势，建立起较为完善的工业体系和国民经济体系，为改革开放国策的实施奠定了一个初具规模的物质与社会的基础。

但同时也要看到，尽管人均GDP从1952年的52美元，增长到1978年的155.185美元，仍属于低收入国家，人均GDP仍排在末尾几个国家之列。

2. 改革开放之后36年（1978—2016年）

改革开放之后的36年我国经济取得了长足发展，极大地调动了公民的劳动热情，较好地利用了国内国际资源和国内国际市场，从2008年开始超过日本成为第二大经济体。这36年又可以分为三个阶段，即创造财富的三次浪潮。

1.2.2 改革开放以来创造财富的三个阶段

1. 第一个阶段（1979—1991年）：承包制的出现与普及

改革开放之前，农村实行土地和生产资料集体所有，农民缺乏生产积极性，无法解决温饱问题；城镇居民商品粮供应紧张，住房困难，各类商品严重短缺，收入水平比新中国成立初期还低（如图1-6、图1-7所示）。1978年我国城市化率只有17.92%，年人均可支配收入仅为343元。

图 1-6 改革开放之前的农村居民住房　　　　图 1-7 改革开放之初的城镇筒子楼

计划经济体制下的商品短缺与计划分配制度是那个时代的鲜明特征，由于生产积极性受到压制，以及国家政策上重视重工业发展轻视轻工业发展，所有的生活用品十分短缺，都是通过中央政府及地方政府有计划按比例的进行分配（如图1-8、图1-9所示）。

图 1-8 配给制下的粮食供应凭证　　　　图 1-9 配给制下的布匹供应凭证

改革开放初期最需要解决的是商品短缺问题和民生问题，随着生产要素由重工业向轻工业的转移，推动了以满足居民日常生活为对象的生产领域的快速发展，高额利润与旺盛的市场需求，刺激了经济粗放式增长。在产业结构上，这一时期行业的发展主要表现为农业和轻工业的快速发展。

这是改革开放以来的第一次创富浪潮。这段时期主要制度创新是"承包制"。1978年在小岗村诞生和逐步普及的"农村家庭联产承包责任制"，激发了广大农民的生产热情，在短短几年内实现了粮食自给和各类商品的丰富（如图1-10所示）。在农村改革取得初步成功的基础上，承包制开始进入城镇企业，伴随着农村富余劳动力的涌入和承包制的实施，国有企业焕发出活力，取得了一定的发展，但由于国有企业产权不清，责任不明，出现了短期行为，在任的企业领导不会考虑企业的长远发展。

这是中国改革开放创富的第一阶段，我国在短短几年时间解决了13亿人的温饱问题，各类商品极大的丰富，从极度的短缺变成了过剩。这个阶段只要是经商基本都可以致富，财富似乎来得太容易。这期间涌现出一批优秀的企业和企业家，他们创造和拥有了巨大财富。

第 1 章 创新与财富

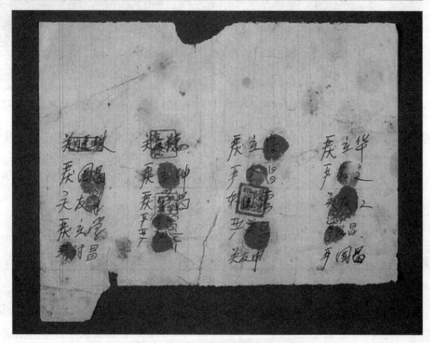

图1-10 小岗村农民签字的契约

2. 第二个阶段（1992—2000年）：股份制推出与发展

1992年，受邓小平南方谈话的影响，中国经济再次提速，市场化进程大大加快。到2000年进入21世纪，我国GDP达到1.2万亿美元，城市化率达到36.22%，人均可支配收入达到6 280元，是1978年的18.3倍。我国改革开放的最早出现的纸质股票如图1-11所示。

图1-11 我国改革开放最早出现的纸质股票

随着经济的发展，国企的改革遇到了新问题，经济发展需要新的理论支撑和制度保障，而产权制度的变革，也就是股份制的试点与推广，以及证券市场的建立和发展，为国有企业和发展注入了生机和活力。这个阶段涌现出一批优秀的企业和企业家，创造和拥有了巨额财富，这是中国改革开放以来创富的第二次浪潮。

3. 第三个阶段（2001—2013年）：新经济阶段

2001年加入世界贸易组织进一步加快了中国融入全球经济的步伐。到21世纪初，社会主义市场经济体制的基本框架初步形成。加入世界贸易组织倒逼我国废除和修订了一系列与市场经济不符、束缚经济发展的法律法规，为经济的发展提供了制度保障，我国迅速融入全球经济一体化大潮之中。随着市场化改革更加深入，国际市场的扩大，加快了我国出口加工贸易的发展步伐，国外的高新技术和大量资本也涌入国内，我国经济发展进入新一轮增长周期。到2015年我国GDP达到10.866万亿美元，城市化率达到56.1%，人均可支配收入达到21 966元，进入中高收入国家行列。

这个阶段多层次资本市场开始建立和完善，国外资本市场也对国内企业更加开放，一批受过良好教育的年轻人，拥有自己的专利或者通过引入国外的先进商业模式，结合中国巨大的市场，伴随着资本市场的开放，依靠资本市场的助力，创造和拥有了巨额财富。比较有代表性的轻资产类高成长企业有搜狐、阿里巴巴等（如图1-12所示）。

图1-12 搜狐、阿里巴巴图标

1.2.3 制度创新带来财富增长

如上节所述，改革开放以来我国经历了三次创富浪潮（如表1-5所示），这三次浪潮的背后推手都是制度创新，即制度创新带来财富增长。

我国政策（创新的制度）的推出一般是以执政周期为节点，不同阶段的政府会推出相应的政策，既有创新性又有延续性，而每次三中全会文件是重要政策推出的纲领性文件。

表1-5 改革开放以来我国三次创富浪潮

阶段	时间	主要制度创新	期末主要经济指标		经济发展方式
			GDP万亿(美元)	人均GDP(美元)	
第一阶段	1978—1990年	承包制	0.36	316	要素驱动
第二阶段	1992—2000年	股份制	1.21	954	要素驱动
第三阶段	2001—2013年	与WTO相适应的法规	9.49	6 991	效率驱动

历届三中全会都会推出一些重大政策，这些政策为之后10年的发展指引了方向。研究这些政策，从中发掘机会，是优秀企业家和创业者必须做好的功课（如表1-6所示）。

表 1-6 历届三中全会主要政策和期末经济指标[1]

历届三中全会主要政策	期间主要数据（美元）
十一届三中全会（1978年12月18—22日）：全面拨乱反正 高度评价了关于真理标准问题的讨论，确定了解放思想、实事求是的指导方针；形成了以邓小平为核心的党中央领导集体；做出把全党工作重点转移到社会主义现代化建设上来的战略决策。 在经济建设问题上，要求从纠正急于求成的错误倾向和全党要注意解决好国民经济重大比例严重失调等问题出发，对陷于失调的国民经济比例关系进行调整，对过分集中的经济管理体制着手认真的改革；印发《中共中央关于加快农业发展若干问题的决定（草案）》	1978年 GDP：2 119.3亿 人均GDP：222 期间GDP年均增长率： 1978—1984年 9.64%
十二届三中全会（1984年10月20日）：经济体制改革 通过《中共中央关于经济体制改革的决定》，阐明了加快以城市为重点的整个经济体制改革的必要性、紧迫性，规定了改革的方向、性质、任务和各项基本方针政策，是指导中国经济体制改革的纲领性文件。 会议提出要增强企业活力，发展社会主义商品经济，建立合理的价格体系，充分重视经济杠杆的作用。还要进一步完善税收制度，改革财政体制和金融体制	1985年 GDP：3 070.2亿 人均GDP：292 期间GDP年均增长率： 1985—1988年 11.3%
十三届三中全会（1988年9月26—30日）：治理整顿 深化改革 全会批准了中央政治局向这次全会提出的治理经济环境、整顿经济秩序、全面深化改革的指导方针、政策和措施；原则通过了《关于价格、工资改革的初步方案》，建议国务院在今后五年或较长一些时间内，根据严格控制物价上涨的要求，并考虑各方面的实际可能，逐步地稳妥地组织实施。全会还原则通过了《中共中央关于加强和改进企业思想政治工作的通知》	1989年 GDP：4 513.1亿 人均GDP：403 期间GDP年均增长率： 1989—1993年 9.06%
十四届三中全会（1993年11月11—14日）：建立社会主义市场经济体制 全会审议并通过了《中共中央关于建立社会主义市场经济体制若干问题的决定》。把党的十四大确定的经济体制改革的目标和基本原则加以系统化、具体化，是中国建立社会主义市场经济体制的总体规划，是20世纪90年代进行经济体制改革的行动纲领。其中提出要转换国有企业经营机制，建立现代企业制度，转变政府职能，建立合理的个人收入分配和社会保障制度等重要内容	1994年 GDP：5 592.3亿 人均GDP：469 期间GDP年均增长率： 1994—1998年 10.22%
十五届三中全会（1998年10月12—14日）：建设新农村 通过了《中共中央关于农业和农村工作若干重大问题的决定》，提出了到2010年，建设有中国特色社会主义新农村的奋斗目标，确定了实现这些目标必须坚持的方针。并强调要长期坚持以家庭承包经营为基础、统分结合的经营制度	1999年 GDP：10 832.8亿 人均GDP：865 期间GDP年均增长率： 1999—2004年 8.92%
十六届三中全会（2003年10月11—14日）：新任务、新起点 通过的《中共中央关于完善市场经济体制若干问题的决定》不仅是今后十年改革与发展的"蓝图"，同时也是科学发展观的全面展示，对完善社会主义市场经济体制提出了新的思路和举措。其中所提出的科学发展观和"五个统筹"的发展目标，是党的执政理论的重大创新，是更加现代、更加符合人类发展进步潮流的执政理念。提出使股份制成为公有制的主要实现形式，首次提出建立现代产权制度，并明确法律没有明令禁止的领域非公有经济都可以进入，以及深化国有企业改革、深化农村改革等	2004年 GDP：19 316.4亿 人均GDP：1 490 期间GDP年均增长率： 2005—2008年 11.95%

1　历届三中全会内容总结表，http://wenku.baidu.com/view/51eb53ca998fcc22bcd10dec.html?from=s.

续表

历届三中全会主要政策	期间主要数据（美元）
十七届三中全会（2008年10月9—12日）：研究我国农村改革与发展问题 通过《中共中央关于推进农村改革发展若干重大问题的决定》，提出必须毫不动摇坚持以家庭承包经营为基础、统分结合的双层经营体制，健全严格规范的农村土地管理制度，建立现代农村金融制度，积极发展现代农业，加快发展农村公共事业	2009年 GDP：49 905.3亿 人均GDP：3 749 期间GDP年均增长率： 2009—2013年 8.9%
十八届三中全会（2013年11月9—12日）：全面深化改革 通过《中共中央关于全面深化改革若干重大问题的决定》（以下简称《决定》），对改革进行整体系统部署，不仅仅是经济体制改革，还包括政治、文化、社会、生态文明体制改革等多方面。《决定》指出，要坚持公有制经济的主体地位，让市场在资源配置中起决定性作用和更好发挥政府作用，建立事权和支出责任相适应的财税制度，并建立城乡统一的建设用地市场	2014年 GDP：102 381.2亿 人均GDP：7 485 期间GDP年均增长率： 2014—2015年 7.1%

1.2.4 把握制度创新带来的发展机遇

任何一种增长模式都是建立在特定的制度基础之上。随着经济不断发展，旧有的宏观调控机制和模式存在的问题越来越突出，这就需要不断推进体制改革。

我国经济体制的改革就是制度创新，体制改革为经济增长创造了制度环境，使经济增长的三个要素资本、劳动、技术进步得到"质量"的提高和"数量"的增加，从而推动了经济的增长和财富的积累。

我国另外一个重要制度创新是对外开放，对外开放实际上是通过国外资本、人才、技术的引入提升了经济增长的三个要素的数量和质量。

如图1-13所示，我国经济发展的不同时期都对应着特定历史条件下的制度创新，这些制度创新扎根中国实际国情，解决了当时经济发展的主要矛盾。可以说制度创新是中国改革开放36年来的高速经济增长最重要的动力。渐进推行的体制改革既顺应了中国经济发展的需要，也保证了国家社会和经济的稳定，避免了苏联和东欧政治制度剧变给经济发展带来的灾难性影响。

我国改革开放36年经历了3次制度创新带来的创富浪潮，随着新常态的到来，我国正在推出系列配套政策，这些政策逐步构成了当前的制度创新集合，研究政策并发现机会是处于产能过剩阶段的广大企业家和创业家的必修要做的功课。

目前主要的制度创新除了十八届三中全会文件外，主要有如下几个方面："十三五"规划、"一带一路"、"互联网+"、大众创业万众创新、多层次资本市场等。这些制度创新带来的机会在哪里？

基于我国处于工业化中后期的基本判断，有两个方向将存在比较大的机会：一是欠发达地区完成工业化带来的机会；二是发达地区创新发展带来的机会。

由于我国幅员辽阔、发展不均衡，很多欠发达地区依然处于工业化中期或前期，要完成工业化这一历史目标就会产生巨大的需求，这就为广大传统产业提供了产能释放的机会。事实上，目前国家陆续出台了系列政策，支持欠发达地区发展。对于经济发达地

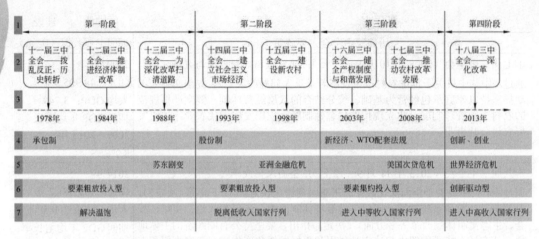

图 1-13 我国改革开放制度创新与成就

注：第 1 行是改革开放各个阶段，第 2 行是各个阶段三中全会要点，第 3 行是重要时刻，第 4 行是各个阶段的重要制度创新，第 5 行是各个阶段的国外环境，第 6 行是各个阶段经济增长的特点，第 7 行是基于我国人均 GDP 与世界富裕程度指标对比得出的经济发展阶段。

区，如北上广这样的城市，企业的机会来自于创新，创新是多方面的，包括需求创新，技术、工艺、商业模式创新等，注重创新的企业将获得更多的发展机会。根据相关数据统计，2015 年我国有 30 个城市人均 GDP 超过 15 000 美元，达到高收入标准，研究和发掘高收入群体的需求，研发出创新的产品，将给企业发展提供巨大的市场。[1]

回顾中国改革开放的历史，每个发展阶段政策都是明确的，人人皆知，但每个阶段只有少数人创造和拥有了财富，区别在于能否研究政策带来的深层次信号，能否把握经济发展趋势，能否与时俱进跟上形势，能否率先创造性的进入新的领域，只有顺势而为、把握住政策机会才能让企业踏上经济发展的这辆高速列车，创造和拥有财富。

1.2.5 制度创新的经济学依据

《新制度经济学》认为，制度变迁是制度的替代、转换与交易过程。制度变迁可以被理解为一种效益更高的制度（即"目标模式"），对另一种制度（即"起点模式"）的替代过程。在这个过程中，实际制度需求的约束条件是制度的边际替代成本（即机会成本）[2]。

制度变迁还可以被理解为对一种更有效益的制度的生产过程。在这个过程中，实际制度供给的约束条件是制度的边际转换成本，它应该等于制度的边际收益。

制度变迁还可以被理解为制度的交易过程。实际的制度交易的约束条件是制度的边际交易成本。制度的交易成本是有关的制度主体在动态的制度变迁中从事对制度这种物品的交易时所付出的成本。

研究制度变迁的基本方法就是由科斯开创的边际替代分析法。如企业制度对市场制度的替代中，其约束条件是企业的边际管理成本等于市场的边际交易成本。

1　2015 年中国城市人均 GDP 排名，http://www.phbang.cn/city/152436.html。

2　制度变迁与制度创新，http://wenku.baidu.com/view/b803f1370b4c2e3f57276318.html?from=search。

1.3 企业创新与转型升级

1.3.1 工业化中后期我国企业的困境

1. 对工业化阶段的判断

基于人均 GDP 指标衡量，我国已处于工业化后期。早在 2010 年，我国的人均 GDP 达到 4 514.9 美元，按 2005 年美元购买力平价计算为 8 506 美元，已经处于钱纳里一般标准工业化模型中的工业化后期阶段。

虽然基于人均 GDP 指标衡量，我国已处于工业化后期阶段，但从三次产业结构判断，我国处于工业化后期的起步阶段；从就业结构看，处于工业化中期阶段；从城市化水平看则是刚迈入工业化中期门槛。综合而言，我国的工业化总体上处于中期阶段，但已出现向后期阶段过渡的明显特征。[1]

工业化发展阶段的变化，意味着经济发展的驱动因素将发生改变，工业化中期阶段的经济增长主要依靠要素投入，而后期阶段就转变到主要依靠技术进步和创新上来。

2. 工业化中后期我国企业面临的问题

（1）逆周期：经济下降阶段，中国处于逆周期。通常情况，顺周期时经济高速增长、财富快速增加、产生泡沫和通货膨胀；经济逆周期时，经济下降、泡沫破裂、产能过剩、资产价格和产品价格等下跌以及通货紧缩。

（2）刘易斯拐点：即劳动力过剩向短缺的转折点，在工业化过程中，随着农村富余劳动力向非农产业的逐步转移，农村富余劳动力逐渐减少，最终达到瓶颈状态。中国从 2009 年开始已逐步出现劳动力短缺现象。

（3）中等收入陷阱：当一个国家的人均收入达到中等水平后，由于不能顺利实现经济发展方式的转变，导致经济增长动力不足，最终出现经济停滞的一种状态。通常 4 000~12 000 美元为中等收入区间，中国 2015 年人均 GDP 超过 8 000 美元，应警惕中等收入陷阱。事实上，从 1970 年开始进入这个段位的国家：巴西、墨西哥、阿根廷、马来西亚、印度尼西亚、菲律宾、智利、委内瑞拉等均面临增长乏力的困境。

1.3.2 创新驱动传统产业转型升级

案例 1-1

传统企业如何实现转型升级？

近年来，福建 AA 运动鞋企业受市场环境影响，公司盈利能力持续下降。公司目前采用较为传统的区域性经销商销售模式，随着市场竞争日益激烈，2013 年、2014 年运动鞋行业受到较大冲击，传统的销售模式逐渐失去竞争活力，网购的兴起对传统销售模式造成巨大冲击；但公司自成立以来一直采用传统经销模式，经销商手中拥有公司主要的

---

[1] 对工业化发展阶段的判断，http://wenku.baidu.com/view/ab5ca4417cd184254b35359e.html?from=search.

销售渠道，为了确保销售计划的顺利完成，2014年公司对经销商进行资金支持，主要通过以更低的折扣价格向经销商销售产品和延长账期的方式进行，造成公司应收账款金额大幅增加、毛利急剧下降。主要经营数据如表1-7所示。

表1-7 福建AA运动鞋厂主要经营数据

	2015年1—7月	2014年度	2013年度
应收账款周转率（次）	0.2	0.87	1.95
存货周转率（次）	1.91	8.86	8.63
资产负债情况			
	2015年1—7月	2014年度	2013年度
总资产（万元）	266 706.51	238 628.48	189 528.3
每股净资产（元/股）	6.87	6.7	6.55
资产负债率（合并）（%）	50.42	45.20	32.59

AA运动鞋厂商从2013年开始遇到的困境，是我国传统制造业遇到困境的缩影：产能过剩、利润下滑、应收账款增加、资产负债率提高。

为了走出困境，该企业通过引入北斗定位技术并将该技术与运动鞋有机结合，开发出"安全运动鞋"，首先实现了产品创新，这样客户不仅得到了一双品牌运动鞋，而且可以通过智能手机就看到孩子或者老人的位置。其次是销售模式创新，将卖鞋变成了送鞋，鞋子免费但收信息服务费，通过与众多中小学合作，将一双售价在150～200元的儿童运动鞋免费送给学生，转而向家长收取每个月25元的信息服务费，如一次性交一年服务费可享8折优惠。最后是商业模式创新，将卖鞋赚取利润变成通过卖鞋获得海量的移动终端位置数据，进而在海量位置数据的基础上研发和推广服务项目。

通过创新，该公司从一个普通的面临困境的传统企业转变成一个充满活力的移动互联网企业。在资本市场上传统制鞋业的市盈率平均为10倍，而移动互联网企业市盈率可以达到100倍，该企业通过转型升级实现了10倍的增长。简单地讲就是1+1+1，即传统产业+新技术+移动互联网，让企业价值增长了10倍。

这一转型升级的成功源于创新，是创新助力企业实现了转型升级。从这个案例中我们总结出如下要点，这对传统企业转型升级都有一定指导意义。

（1）不能完全抛开已有的产业，因为在生产、销售、客户方面的多年积累，如果完全抛弃，进入一个新的领域，没有任何优势。

（2）需要根据市场的变化发掘新的需求，并引入新的技术满足客户需求，将传统产品和新技术有机结合，开发出新产品。

（3）需要研究客户不断变化的习惯，与时俱进，比如当智能手机已经成为人们重要的生活组成部分的时候，与之相关的产品将更容易被客户接受。

补充材料：附录一（314页）

延伸阅读：附录一《2016全球创新指数报告》摘要（314页）

课程思考

1. 我国经济发展经历了哪些阶段？
2. 未来我国经济增长依靠什么？
3. 创新为什么是未来中国经济增长的驱动力？
4. 如何把握政策带来的企业发展机会？
5. 如果你来创办一家企业，从本章中可以发现有哪些知识值得借鉴？

第 2 章 创新者的素质

1. 明晰企业家与创新者的区别与联系。
2. 明确创新者的胜任力特征。
3. 成为创新者的关键因素。

按照熊彼特的理论，创新是创意向市场化的转化，因此创新者首先必须是富有创造力的。但是创新者又不应仅仅是高创造力者，因为创意的产生只是创新的开始，还应是具有企业家思维的人，他们对商业有敏锐的预见性，具备首创精神和冒险本性，有坚忍不拔的品格和卓越出色的管理能力。创新者是企业创新最重要的资源。

十年、二十年、五十年后的世界需要什么样的人才？要怎样的教育才能培养出这样的人才？在教育领域，引导诸多教育创新的理念和实践的，往往是对一些基本问题的叩问。社会经济的快速发展，越来越依赖于技术创新和社会创新水平的提高，而这也意味着对教育的诉求在不断提升。党的十八大提出了创新驱动发展的伟大战略，更对创新型人才（创新者）的培养提出了更迫切的要求。

2.1 创新者的胜任力

胜任力（Competence & Competency）就是"具备或完全具备某种资质的状态或者品质"。在 1995 年约翰内斯堡举行的关于胜任能力会议上明确提出胜任力的定义即"影响一个人大部分工作（角色或职责）的一些相关知识、技能和态度，它们与工作的绩效紧密相连，不仅可用一些被广泛接受的标准对它们进行测量，而且可以通过培训与发展加以改善和提高"。胜任力可以根据显现程度的不同分为外显胜任力和内隐胜任力，常用冰山模型来描述（如图 2-1 所示）。其中外显胜任力包括知识、技能，内隐胜任力包括社会角色、价值观、态度、个性、动机。创新者胜任力是指创新者个体所具备的，与成功实施创新和管理有关的一种专业知识、专业技能和专业价值观和动机。

胜任能力层级定义

根据冰山模型，胜任能力可以概括为以下 6 个层级（如表 2-1 所示）。

表 2-1 创新者胜任能力层级定义表

胜任能力 层级	定 义	内 容
技能	指一个人能完成某项工作或任务所具备的能力	如表达能力、组织能力、决策能力、学习能力等

续表

胜任能力 层级	定 义	内 容
知识	指一个人对某特定领域的了解	如管理知识、财务知识、文学知识等
价值观	指一个人对事务是非、重要性、必要性等的价值取向	如合作精神、献身精神
自我认知	指一个人对自己的认识和看法	如自信心、乐观精神
品质	指一个人持续而稳定的行为特性	如正直、诚实、责任心
动机	指在一个人内在的自然而持续的想法和偏好，驱动、引导和决定个人行动	如成就需求、人际交往需求

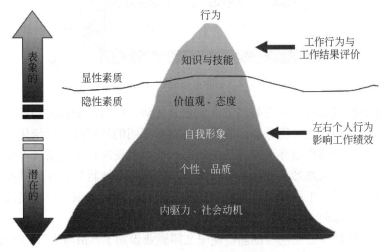

图 2-1　胜任能力的冰山模型

2.2　创新者的胜任力结构

在以信息技术和网络为基础、以全球化为支撑的知识型经济时代，经济的变革对人才培养提出了新的、更高的要求。在创新管理中，我们所需要的创新者是拥有知识和创造力，并运用知识进行创新性工作，他们可以通过自己的创造力和知识使价值得以实现。创新者是科学知识、工程技术、实践经验、创新意识与创新能力以及其他要素（伦理道德的、艺术的、文化的）有机结合的载体，新时代创新者胜任力结构（如图2-2所示）。

1. 汇聚科学、技术、工程与人文的知识基础

人的创新能力的形成，也是以掌握丰富的知识为基础的，只有及时掌握最先进的知识和技能，才能始终站在创新的最前沿。扎实的文化基础、宽阔的知识信息面、独到的专业知识和技能，是创新能力的基本功底。因此，新时代的创新者不仅要适应，还要主动开拓新的知识领域，主动从事科学技术的创新。现代科学技术日新月异且飞速发展，自然科学与社会科学相互渗透，知识日趋综合化，这就要求现代化的人才不仅要重视知识的掌握，而且还要有完善而合理的知识结构。有人曾经用"人才=知识×知识结构×能力"这个公式来描述知识结构的重要作用。知识结构不同，其功能和作用就各异，人所表现出来的能力大小也不同。在知识比较丰富的情况下，知识结构越合理，人的能力

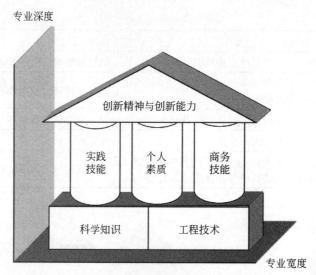

图 2-2 创新者的胜任力结构

就越强,知识结构越独特,人在某些方面就更具优势。同时,知识结构还应该是一个不断适应、不断创新的动态平衡系统,它能适时地将不同的知识经过系统化、网络化后重新组合,从而使知识结构始终保持高效的状态。所以,新时代的创新者不仅精通本门学科的专业知识,还必须熟悉其他相关学科知识,既掌握自然科学,又涉猎社会科学,将科学知识、技术知识、工程知识、人文知识相互融合,各种知识广泛交叉渗透,建立全方位、综合的、立体的、动态的知识结构。

北京大学王选教授的发明与创新,使中文印刷业告别了"铅与火",大步跨进"光与电"的时代。他被公认是对中国印刷出版业的现代化作出最大贡献者之一,被人们赞誉为"当代毕昇"和"汉字激光照排之父"。王选老师成为杰出创新者的原因如下所述。

第一,对科学的热爱和激情。王选老师曾说:"一个献身于学术的人,就没有权利再像普通人那样生活,必然失掉常人所能享受的一些乐趣,也会得到常人所不能享受到的不少乐趣。"就像他讲的,名誉也好,地位也好,都不能够带来真正的快乐,只有为一个科学研究中的问题长期思考一直找不到答案,某一天躺在床上突然想到了解决办法,立刻起身把问题解决了,这个时候所享受到的那种愉悦是无法形容的。只有投身于科学实践的人,才会有这样切身的体会,才能够得到这样的享受。王选老师之所以能够获得成功,首先就在于他对科学的热爱和激情。

第二,具有胆识和魄力,以及坚忍不拔的精神。王选老师曾经提出,搞科学技术一定要"顶天立地"。"顶天"就是要一流原始创新的学术,"立地"就是要让成果转化为生产力。他一开始给自己定下的目标就是"顶天",因为照排机在当时的国外也只有一代机,二代机和三代机都还在探索实验阶段,而王选却跳过了二代机和三代机,直接研制四代激光照排机。他提出的设计方案在世界上首次采用由控制信息(参数)描述汉字笔画特性的方法,而这在当时看来就是"异想天开",绝大多数人甚至有些权威人士都表示怀疑,王选老师却坚信这个事业是一定能够做成的。在一片质疑声中和异常艰苦的条件下,他脚踏实地,一步一步地攻关,最终取得了成功。

第三，自信而不自负，懂得要依靠团队。王选认为做人首先懂得要为别人考虑，要以身作则，先要做个好人，才能成就事业。王选老师从来不想自己，他想的都是别人，所以别人才愿意跟他合作。王选老师非常重视提拔优秀的年轻人，为他们创造条件。正因为这样，他在北大方正计算机研究所里才能成为精神领袖，他用自己个人的这种人格魅力取得了大家的信任，并团结起这样一个团队取得了重大成就。

第四，交叉的知识结构。王选老师非常重视学科交叉，他曾经说，我为什么能够取得这些成绩？有两条，一条就是有非常扎实的数学基础。他在北京大学遇到了一个非常好的时期，听了许多大师讲的基础课，打下了扎实的数学基础。另外一条就是搞学科交叉。毕业后，他选修的是当时的冷门——计算机数学专业，使他后来较易进入计算机技术领域。他在搞了两年硬件以后，又转向软件，使他能够驾驭相关领域的知识，促进创新成果的产出。此外，王选老师还具有良好的人文素质，他深厚的人文功底对科研创新起着非常重要的作用。

2．多元复合的实践技能

创新是从创意产生直至成功商业化的系统过程，创新者在推进创新成功的过程中也需要具有相应的多元复合的实践技能。在研究开发阶段，作为企业创新重要力量的创新者必须具备较高的研究开发和应用新技术的能力，具有一定的创造力倾向；创新的本质是"新"和"商品化"，因此在创新扩散的过程中，技术推动和市场拉动同样重要，创新者树立市场意识，重视顾客需求是非常重要的；创新的不确定性要求创新者在创新开拓、创新设计时还要有风险意识，创新者应该具备敢于承担风险的心理准备，更要具备善于化解风险的创新能力。

在创新过程中，企业资源开始从资本转变为信息和知识创造力，获取信息和资源的商务能力也是创新者所必须具备的。以信息技术为主要标志的高科技进步日新月异，高科技成果向现实生产力的转化越来越快，获取大量有价值的信息是有效创新的基础，因此创新者需要具有较强的信息获取、分析和整合的能力，具有使用多种高效的信息数据处理工具和信息沟通设备能力，能够快速地捕捉瞬息万变的信息，使自己在创新中立于不败之地。

3．卓越的合作技能

互联网的诞生使人类个体和群体之间的沟通与交流变得空前容易，竞争与合作已经日益突破国家或区域界限而出现不可逆转的全球化趋势，创新资源的流转呈现出网络化和分布化的特点。在这种背景下，合作精神变得空前重要，任何企业的发展与繁荣、任何个人的进步与成功都离不开各种各样的合作。这里讲的"合作"绝不是对独立创造精神的否定，它恰恰是个人潜能得到创造性发挥前提下的合作。因此创新者必须掌握人际交流和沟通的良好技巧，构建和谐的人际关系和环境。

4．持续的创新创业精神

一个国家如果缺少雄厚的科学和技术储备，缺乏创新能力，必将失去在国际市场的竞争力，因此，创新型人才的状况，实际上是决定国家竞争力的关键。所谓创新型人才不仅需要较高的智力因素，也需要较高的非智力因素，甚至非智力因素比智力因素更为重要。国外学者将创新能力与智力作了比较，认为二者最大的差别是创新能力包含了态度和性格的要素，有创新思维而没有勇气胆识、献身精神和坚强意志，是不可能完成创新过程的，自然也不会有创新带来的辉煌。

哈佛大学的托尼·瓦格纳教授在《教育大未来》一书中提到了面向未来的"七大生存能力"，包括批判性思考与解决问题的能力、跨界合作与以身作则的领导力、灵活性与适应力、主动进取与开创精神、有效的口头与书面沟通能力、评估与分析信息的能力、好奇心与想象力。但在近几年，他意识到上述能力尽管是职业成功的必要条件，但未必能确保年轻人在动态发展的全球社会中发挥最大的潜力。许多公司和政府的领导者都对人才的自主创新能力寄予期望。托尼·瓦格纳教授发现，尽管一个成功的创新者需要具备专业知识和创造性思维能力，但创新者们的内在动机——始终具有改变世界的信念和勇气，这种独特的创新创业精神才是创新者最重要的素质。

微软公司对专业技术人员的素质要求

在对创新者的素质要求上，微软公司具有独到的见解：
（1）了解和关注公司的产品、技术与顾客的需求；
（2）自己有一个长期的发展计划，并注重开发自己的独特能力；
（3）充分利用所给予的机会；
（4）了解公司是如何赚钱的（公司赚钱的途径与商业运作模式）；
（5）关注竞争对手；
（6）善于动脑筋；
（7）保持基本的人品：诚实、讲究伦理和勤奋工作；
（8）具有独创精神和团队合作精神，也是创新者的非常重要的素质。

2.3　创新者的胜任力特征

创新者工作有一定的复杂性。创新者拥有知识资本，成为资本拥有者，这是其资本性的一面，但同时创新者又是劳动者，其人性的一面与普通员工没有本质区别。创新者的工作具有创造性，对新知识的探索、对新事物的创造过程主要是在独立、自主的环境下进行。他们更多从事思维性工作，他们的工作是一种全过程式的劳动，工作时间和地点灵活多变，经常延伸至八小时以外和家庭之中；加上创新者劳动过程的内隐性，劳动的结果不易衡量。企业如何给创新者创造一个宽松的工作环境，给予一定的自主、自治权，已被看作创新者激励手段的一方面。

创新者需求具有个性化。由于创新者的生存需求及安全需要往往已得到满足，因而会转向追求更高层次的需求。对创新者而言，高薪职位只是前来投效的诱因，工作的主要目的是满足发展需求和从工作中获得内部满足感，他们希望在工作中拥有更大的自主权、工作弹性和决定权，同时也特别看重支持；他们期望通过一种创造性或者挑战性的工作实绩来获得精神、物质及地位上的满足。所以，对创新者的激励必须由以外在、当前的物质激励为主转向以内在、未来的成就和成长激励为主。创新者的教育程度、工作性质、工作方法和环境等与众不同，使他们形成了独特的思维方式、情感表达方式和心理需求。特别是随着社会的不断进步，创新者的需求正向个性化和多元化趋势发展。

创新者的工作投入高于组织承诺。创新者与传统意义上的员工最大的不同是拥有随身携带的巨大的资本资产。这就决定了他们在就业选择上具有了相当程度的主动权，对组织的依赖性明显低于普通员工，相应的职业流动性也随之增大。他们有自己的福利最大化函数，是否加入某个企业是出于自身的选择，如果待遇不公或者收入未达到他们的期望值，就可能另谋出路。为了和专业的发展保持同步，他们需要经常更新知识，得到更多的学习提高机会，希望工作性质能使自己不断充实提高。如果不能满足其职业发展上的要求，他们很可能选择"背叛"组织而不是"背叛"专业，另谋出路。因此，与其他类型的员工相比，创新者更重视能够促进他们不断发展的、有挑战性的工作，他们对知识、对个体和事业的成功有着持续不断的追求；他们要求给予自主权，使之能够以自己认为有效的方式进行工作并完成组织交给的任务，获得一份与自己贡献相称的报酬并分享自己创造的财富，与成功、自主和成就相比，金钱的边际价值已经退居相对次要的地位。

一般而言，创新者最重要的特征如表 2-2 所示。

表 2-2　创新者的胜任力特征

胜任力要素	典型特征
具有开拓精神，不墨守成规，喜欢做挑战性的工作，敢于冒险	创新者首先应该具备这种精神，或者说这种性格。这种精神，有天生的成分，但更多的是在后天环境中逐步形成，如家庭以及其他成长环境的影响等。惯例、定规的东西，可能是对前人创新成果的最佳肯定，但反过来对后人产生一定的束缚作用。积极创新的人应该勇于突破，在借鉴前人优秀成果的同时，不要拘泥于他们的所有条条框框中。当然，这种挑战性的工作具有风险，你很有可能做了几年甚至更长时间的研究，换来的却是失败。这就需创新者具有足够的勇气
有恒心和毅力	"千里之行，始于足下。"创新是一个漫长而又艰难的过程，挫折是家常便饭。对于创新者而言，除了创新意识和勇气之外，更要有恒心和毅力。创新是要突破现有的条条框框，发现新的东西，这不是一蹴而就的事。正因为拥有这种恒心和毅力，爱迪生才能发明电灯
有敬业精神和责任心	创新者要钟爱自己的行业（或者说事业），并且敢于负责。很难想象一个整天想着别的事情的人会把精力放在创新上，会有所作为。创新型人才应该具备强烈的敬业精神和责任心，对自己的事业敢于创新，对自己的行为勇于负责
具有强烈的自信心	自信心对什么事都很重要，对创新者尤其重要。凡成功人士，大部分人都具有比常人强烈的自信心。自信心是建立在客观基础上的，是基于对自己能力、对周围环境、对技术条件等综合因素的正确分析
兴趣广泛，信息沟通广泛	时代的迅速发展告诉我们，要创新，不仅要有扎实的专业知识，还要有广泛的知识面和广泛的兴趣。信息时代信息变化很快，这就需要有优越的沟通设备和手段，快速地捕捉瞬息万变的信息，使自己在创新中立于不败之地
有好奇心，并能够拼搏之	心理学研究表明，好奇心具有强大的推动力，并且使人发挥出超常的创造力。创新者的性格特征中，应该有强烈的好奇心，这样才能引起对未知事物的好奇，驱使创新。研究表明，在好奇心的驱使下，创新行为的发生率大大提高，人的拼搏力也得到很大的加强

续表

胜任力要素	典型特征
有远大抱负,有魄力	创新者必须有远大抱负,不拘泥于眼前的既得成果,要站得高看得远,具有战略眼光和洞察力。只有具备了这种抱负、这种魄力,才有可能不断创新,成果不断
有风险意识	创新具有不确定性,在开发出来产品以前,很难准确预测有什么样的新技术出现。相反,即使投入大量的人力和资金,却没有搞出成果的研究开发事例也不少。因此,创新者的创新开拓、创新设计要有风险意识,应该具备敢于承担风险的心理准备,具备善于化解风险的创新能力
善于合作	信息社会,企业资源开始从资本转变为信息和知识创造力。而信息是个网络,知识创造力是个工程,创新者需要组成团队,形成梯队,善于合作,增强全球意识,树立不断进取精神,才能有较大作为
具有市场和应用意识	市场经济条件下企业创新的本质是"新"和"商品化",技术推动和市场推动同样重要,从企业经济效益的角度看,尤其注重市场实现,要把创新者的市场观念转变放在不可忽视的地位

农业领域的杰出创新者——袁隆平

"我梦见我们种的水稻,长得跟高粱一样高,穗子像扫把那么长,颗粒像花生米那么大,我和助手们就坐在稻穗下面乘凉……"这个禾下乘凉梦,袁隆平做了两次。而作为"杂交水稻之父",关于水稻的梦,他一做就是40多年。从亚洲到美洲,再到非洲、欧洲,增产优势明显的杂交水稻被冠以"东方魔稻""巨人稻""瀑布稻"等美称,甚至将之与中国古代四大发明相媲美。"杂交水稻外交"成为我国重要的外交品牌。袁隆平院士也获得了包括"拯救饥饿奖"、联合国粮农组织"世界粮食安全保障奖""世界粮食奖"、中国国家科技进步奖等多个世界奖项和荣誉。袁隆平院士的创新历程对于专业技术人员创新能力的培养具有很多的启发[1]。

首先,强烈的使命感是创新前行的动力。袁隆平从重庆西南农业学院毕业后,被分配到湖南一所农校教书。他一边上课,一边从事生产实践,选择课题进行研究。最开始袁隆平研究的是红薯、西红柿的育种和栽培。后来,中国经历了严重的三年自然灾害,目睹了饥荒给国家和人民带来的灾难和痛苦,袁隆平的内心受到了极大的震撼。他意识到,光研究杂粮还不行,水稻才是老百姓最根本的救命粮。于是他下决心致力于水稻的研究。

其次,不畏权威,重视科学精神。一次在早稻品种试验田里,袁隆平被一株"鹤立鸡群"的水稻吸引了:株型优异,穗大粒多。他蹲下身子仔细地数了数稻粒数,竟然有160多粒,远远超过普通稻穗。兴奋的袁隆平给这株水稻做了记号,将其所有谷粒留作试验的种子。但是,第二年的结果却让人很失望,这些种子生长的禾苗,长得高矮不一,抽穗的时间也有的早,有的迟,没有一株超过它们的前代。袁隆平百思不得其解,根据

---

1 改编自 http://www.people.com.cn.

蒙德尔遗传学理论，纯种水稻品种的第二代应该不会分离，只有杂种第二代才会出现分离现象。灵感的火花来了：难道这是一株天然杂交稻？而当时权威看法是水稻是自花授粉植物，不具有杂交优势。从这时开始，袁隆平下定决心不为权威所限，通过科学的研究揭示出水稻杂交的奥秘和规律。1966 年，他发表论文《水稻的雄性不孕性》，论述了水稻具有雄性不孕性，并预言：通过进一步选育，可以从中获得雄性不育系、保持系和恢复系，实现三系配套，使利用杂交水稻第一代优势成为可能，带来大幅度、大面积增产。这就是袁隆平首创的"三系法"杂交水稻。

最后，永不言败的创新精神。方向找到了，并不代表研究就一帆风顺。从纸上理论到田里的累累稻穗，杂交水稻研究走过一条充满荆棘的艰辛之路：在遭遇了"文化大革命"的暴风雨，人为的毁禾、地震的死亡考验，以及试验技术上的数次重大失败后，袁隆平和助手尹华奇、李必湖轮流到气候温暖的海南、云南等地育种，用 1 000 多个品种的常规水稻与最初找到的雄性不育株及其后代进行了 3 000 多个试验，但能保持不育特性的比例不但没有提高，而且不断下降。袁隆平静下心来阅读国外有关高粱杂交试验的论著，灵感再一次显现：利用野生稻走远缘杂交之路。在袁隆平这一思想的指导下，1970 年，两名助手在海南找到了野生稻雄性不育株。袁隆平确认后，将这株珍贵的野生稻命名为"野败"。1971 年，袁隆平无私地将"野败"材料提供给全国各地的研究者，大大推进了杂交水稻在全国的研究。但是，失败并没有就此离开。1972 年，袁隆平和助手将"野败"与栽培稻杂交转育成功的杂交水稻，试验的结果只表现在禾苗长势上，除了稻草比常规稻多一倍之外，稻谷没有表现出增产优势。袁隆平顶住巨大压力，认真分析试验后判断：这次失败，恰好证明了杂交水稻具有优势，关键是将这种优势向稻谷发展。在他的指导下，研究人员改进品种组合，在第三年达到亩产 505 公斤，比常规水稻增产 30%。袁隆平拉得一手好提琴，他说："艺术创作要有灵感，灵感来了，一首曲子哗哗哗就流出来了。我们科研也有灵感，一定不能害怕失败，恰恰在失败中会产生灵感的火花。"

课程思考

1. 为什么创新者的重要性超过一般的企业家？
2. 阅读有关爱迪生的传记，总结其成为创新者的关键因素。
3. 从王选、袁隆平两位院士的事迹看，中国的创新者需要具备哪些素质？

第 3 章 创新的类型、过程、模式

 学习目标

1. 掌握创新的内涵与本质。
2. 理解创新的不同类型。
3. 熟悉创新的微观过程。
4. 掌握创新的主要模式。

3.1 创新的概念

推动创新发展的基础必须正确地理解与把握其概念及本质，这是有效提升创新能力的前提和关键。一般说来，可以从经济学和管理学两个角度加以解释创新的含义。

3.1.1 创新概念的经济学解释

创新这一概念是美籍奥地利经济学家熊彼特首先系统地定义的，他在其著作《经济发展理论》中提出，创新是指企业家对于生产要素"进行新的组合"，从而获得超额利润的过程。熊彼特将其所指的创新组合概括为以下五种形式[1]：①引入新的产品或提供产品的新质量；②采用新的生产方法、新的工艺过程；③开辟新的市场；④开拓并利用新的原材料或半制成品新的供给来源；⑤采用新的组织方法。熊彼特创立创新理论的主要目的在于对经济增长和经济周期的内在机理提供一种全新的解释，利用创新理论分析资本主义经济运行呈现"繁荣—衰退—萧条—复苏"四阶段循环的原因，说明了不同程度的创新，会导引长短不等的三种经济周期，并确认创新能够引发经济增长。熊彼特等人对创新的定义，突出之处是强调了经济要素的有效组合，即创新应是信息、人才、物质材料与企业家才能等经济要素的有机配合，形成独特的协同效用。

熊彼特所描绘的五种创新组合，大致可归纳为三大类：一是技术创新，包括新产品的开发，老产品的改造，新生产方式的采用，新供给来源的获得，以及新原材料的利用；二是市场创新，包括扩大原有市场的份额及开拓新的市场；三是组织创新，包括变革原有组织形式及建立新的经营组织。熊彼特谢世之后，他的主要追随者从不同的角度与层次，对创新理论进行了分解研究，并发展出两个独立的分支：一是技术创新理论，主要以技术创新和市场创新为研究对象；二是组织创新理论，主要以组织变革和组织形成研究对象。本书所介绍的创新思想是基于技术创新理论的分析和综合。

---

[1] 陈劲. 企业技术创新透析 [M]. 北京：科学出版社，2001.

3.1.2 创新概念的管理学解释

从企业管理的角度，组织创新作为技术创新的平台，推动技术创新成为企业永续发展的根基，因此技术创新能力的提升是企业核心竞争力提升的关键。技术创新的管理学解释强调了"过程"与"产出"（将设想做到市场），是指从新思想产生，到研究、发展、试制、生产制造直至首次商业化的全过程，是发明、发展和商业化的聚合，在这一复杂过程中，任何一个环节的短缺，都不能形成最终的市场价值（如图3-1所示），任何一个环节的低效连接，都会导致创新的滞后。

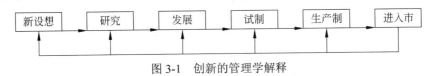

图3-1 创新的管理学解释

3.1.3 创新与创造的区别

创新与创造密切相关，在某些情况下，互相包容，互相替用，二者又有区别。美国创造学家帕内斯指出："创造行为就是产生具有独特性和价值性成果的行为。这种成果对小群体，一个组织，整个社会乃至一个人都具有独特性，价值性。"据此可以推断，创造的本质内涵是：主体为了达到一定的目的，遵循人的创造活动的规律，发挥创造的能力和人格特质，创造出新颖独特，具有社会或个人价值的产品活动。"新颖独特"则是创造的本质性内涵，表明了创造的"首创性""独特性"。人人都有创造力，创造力是一种潜能，人的创造潜能表现在某一个领域方面，要求具备领域内或相关领域的知识和自身在这个领域的"先天"潜能得到开发、启动、激活，这需要主体在创新实践过程中把这种创造潜能开发出来，在某一个领域方面虽然没有这个方面的"先天"条件，但是只要经过创新实践去培养、开发主体的创新思维，也同样能够创造出某个领域内的新成果。

而创新的基本特征也具有"独创性"，这一点创新和创造是相似的。但是创新的标志是技术进步，而创造的标志是专利和首创权；创新还具有价值性，即创新符合社会意义和社会价值；同时还具有实践性，创新是一个实践过程，在实践基础上，实现主体客体化和客体主体化的统一；此外创新强调商业化的首次运用，创新过程是主体创新个性因素和创新社会因素的内外整合过程，创新成果是创新主体对创新能力各个构成要素实现有机整合的结果。

技术创新与其他概念的区别

由于我们已熟知了其他诸如研究、发明、技术改造等概念，它们与技术创新的本质区别如何？表3-1介绍了技术创新与其他技术经济、科学研究等概念的区别。

从表3-1的比较分析中，可以看出，技术变革、技术进步等概念往往是综合性的经济学概念，在实际中操作性不强。而技术发明、技术引进、技术改造等概念与技术创新的最大区别就在于市场化工作，因此，这些概念不能很好地解决先进的思想（如科学理论）如何获得商业利润这一重大问题，以技术创新概念来逐步取代原有的技术经济概念，

表 3-1　技术创新与其他概念的区别

概念名称	简要定义	与技术创新的显著区别
发明	第一次提出新概念、新思想、新原理	缺少大量生产与市场化的活动
基础研究	认识世界，为推动科技进步而进行的探索性活动，没有特定的商业目的	缺乏深入的试制、生产与市场化活动
应用研究	为增加科技知识并为某一特定实际目标而进行的系统性创造活动	与生产和市场化联系不足
发展	运用基础研究与应用研究的知识来开发新材料、新产品、新装置	仍未考虑市场化的工作
技术引进	引进新设备、人才，提高生产与市场能力	能否进入市场不能保证
技术改造	主要是对生产设备进行系统或部分地更新	可以完善生产能力，但能否市场化尚不得知
技术变革	严格意义上是从发明到技术创新、技术扩散的全过程	比技术创新的过程更长，属于经济学概念，现实中操作较难
技术进步	若干年内技术创新的累积与综合性过程	对技术创新的后期总结

资料来源：陈劲：企业技术创新透析［M］. 北京：科学出版社，2001.

强调了科技与经济、科技与市场的紧密结合，这是解决科技与经济脱离的重要理论突破。

需要指出的是，上述这些概念在技术创新过程中也有重要的作用，如：

- 基础研究与应用研究是产生高质量设想与产品、工艺设计的主要源泉之一，特别是开展重大的、突破型的创新，科学研究的作用是不可或缺的；
- 技术引进可以带来新的技术、设备或工艺，可以显著地提高企业创新水平；
- 技术改造主要作用是提高生产能力，为技术创新提供规模生产的能力。

3.2　创新的类型

从本质上说，创新是一种变革，在创新过程中聚焦于技术方面的变革是永恒的主题，因此有必要了解创新的多种类型和相关特点。

3.2.1　产品创新

产品创新就是指提出一种能够满足顾客需要或解决顾客问题的新产品。例如，苹果公司推出的 iPhone 手机、海尔推出的"环保双动力"洗衣机（"不用洗衣粉的洗衣机"）、华为推出的带指纹识别功能的 Mate8 智能手机等，都是产品创新的例子。

3M 公司的创新产品

3M 公司是世界著名的产品多元化跨国企业，著名的《财富》杂志每年都出版一份美国企业排行榜，其中有 10 年 3M 公司均名列前 10 名。但 3M 公司为世人瞩目并不仅仅因为它的规模，和 GE、IBM 等美国大公司相比，其不足 200 亿美元的销售额不会给人留下多深的印象，3M 公司最吸引人之处是它在创新方面的非凡成就。3M 公司以其为员工提供创新的环境而著称,视革新为其成长的方式,视新产品为生命。在过去的100多年间,3M为至少30多个技术平台开发出6万多种各类高品质产品,涉及工业、化工、电子、医疗、文教办公等十几个领域。目前,3M公司每年都有数以千计的新产品问世。据测算,在现代社会中,世界上有50%的人每天直接或间接地接触3M产品。公司的目标是:每年销售量的30%从前4年研制的产品中取得。它那传奇般的注重创新的精神已使3M公司连续多年成为最受人羡慕的企业之一。

产品创新又可分为元器件创新(Component Innovation)、架构创新(Architecture Innovation)和复杂产品系统(Complex Products and Systems,CoPS)创新三类。

1)元器件创新

大部分产品和工艺是分级嵌套的系统,也就是说,不管用怎样的分析单位,该产品都是由一个元器件构成的系统,并且每一级元器件都是一个由次一级元器件组成的系统,直到某一级上的元器件是不可再分的基本元件为止。举例来说,自行车是一个由车架、车轮、轮胎、车座和刹车闸等元器件组成的系统。这些元器件里每一个也都是一个元器件系统,例如,车座可以看作是由包括金属和塑料框架、填料,以及尼龙封皮等元器件组成的系统。

以下创新可能导致个别元器件的变化,也可能导致元器件运转所处的整个结构的变化,或者两者都发生变化。如果创新导致一个或多个元器件发生变化,但是并不严重影响整个系统的结构,这样的创新称为元器件创新。例如,一项自行车车座技术的创新(如添加灌有凝胶的材料从而增强减震效果)并不需要对自行车的其余结构作任何改变。

2)构架创新

与此相反,如果创新导致整个系统结构或者组件之间作用方式的变化,就称为构架创新。一项严格的构架创新可能改变了系统中组件互连的方式,却并不改变这些组件本身。但是,大部分构架创新不仅仅改变组件的互连方式,还改变组件本身,从整个设计上改变了系统。构架创新条对产业内竞争者和技术用户产生深远和复杂的影响。

举例来说,从功能手机到智能手机的转变是一种构架创新,这项创新要求许多手机组件的变化(并使这些变化可行),包括人们使用手机的方式都发生了改变。

要发起或者采用一件元器件创新只要求一个企业具备该元器件的专业知识就行了。然而,发起或者采用一个构架创新要求企业掌握元器件间如何连接并整合起来组成整个系统的结构知识。企业必须了解各种元器件的特性如果相互作用,以及一些系统特性的改变会触发整个系统或者个别元器件的许多其他结构特性的变化。

3)复杂产品系统创新

复杂产品系统(Complex Product Systems,CoPS)创新是由美国军事开发系统中大型技术系统(Large Technical Systems)演化而来的(Hobday,1998),即使在西方,复杂产品系统也是一个较新的概念,到20世纪90年代末期才出现了比较清晰简单的定义(陈劲等,2004)。

复杂产品系统指的是研发开发投入大、技术含量高、单件或小批量定制生产的大型产品、系统或基础设施(Hobday 1998;Hansen and Rush,1998)。它包括了大型电信通信系统、大型计算机、航空航天系统、智能大厦、电力网络控制系统、大型船只、高速列车、半导体生产线、信息系统等（如表 3-2 所示），与现代工业休戚相关。它们虽然生产产量小，但由于其规模大、单价高，所以整个复杂产品系统产业的总产值占 GDP 的份额比较高，在现代经济发展中发挥着非常重要的作用。

表 3-2 复杂产品系统实例

航空控制系统	航空发动机	飞机跑道
机场	导航设备	大型船只
机场行李处理系统	银行自动交易系统	天文台
商业信息网络	大型化工厂	大型计算机
电力网络控制系统	大型桥梁	电信程控交换机
飞行模拟器	船坞	空间站
高速列车	柔性制造系统	同步粒子加速器
智能大厦	直升机	电信业务集散处理系统
半导体生产车间	喷气式战斗机	水净化系统
微芯片生产车间	制导系统	供水系统
核电厂	核聚变设施	污水处理设施
海洋钻井	码头卸载系统	微波发射塔
客机	半导体光刻设施	

资料来源：Hobday M. Product complexity, innovation and industrial organisation[J]. Research Policy, 1998, 26(6): 689-710.

英国 Sussex 大学 SPRU 中心研究人员 Miller 和 Hobday 通过调查英国各种产品数据资料认为复杂产品系统至少占 GDP 的 11%，至少提供了 140 万～430 万个工作岗位（Miller and Hobday，1995），他们的研究进一步指出英国之所以能够维持其在世界经济中的地位，复杂产品系统创新功不可没。复杂产品系统由于其综合程度高，由众多子系统和零部件组成，其开发的成功能够推动其他产业发展，进而带动其他普通大规模制造产品的发展（如更为先进的大规模制造产品生产线的研制和应用）。

从技术扩散的角度来看，复杂产品系统由于涉及的技术种类多，技术含量高，其开发成功能够直接导致内嵌在复杂产品系统的各种模块技术可以应用到其他领域，这种技术扩散的速度远远快于普通产品创新，从而引起整个相关产业链的技术升级，带来国家竞争力的提升。

3.2.2 工艺创新

工艺创新则是指企业采取某种方式对新产品及新服务进行生产、传输，是对产品的加工过程、工艺路线以及设备所进行的创新，例如，新型洗衣机和抗癌新药的生产过程中生产工艺及生产设备的调整，银行数据信息处理系统的相关使用程序及处理程序等。工艺创新的目的是提高产品质量、降低生产成本、降低消耗与改善工作环境。当然，上述两种区分并不是绝对的，有时两者之间的边界不甚清晰，例如，一台新型的太阳能动力轿车既是产品创新，也是工艺创新。尤其值得注意的是，在服务领域产品创新和工艺创新通常交织在一起。

在新的市场竞争中,企业面临着不断提高效率、质量和灵活性的要求。企业如果能够生产出别的企业生产不出的产品、或者企业能够以一种更为经济有效的方式组织生产,那么企业同样能够建立竞争优势。研究表明,企业利用外部技术和快速进入新产品市场的巨大优势来源于企业注重对新产品和新服务进行生产和传输的能力,即企业进行工艺创新的能力。创新型企业就是在其所涉及的领域内持续不断地寻求新的突破,从而降低成本、提高质量、增强灵活性,最终将价格、质量和性能各方面都很突出的产品提供给市场。例如,日本汽车、摩托车、造船和家用电器等领域的成功很大程度上应归功于其先进的制造能力,而先进的制造能力的来源是持续不断地工艺创新。

丰田公司的强大生产系统

丰田的强大在于其生产系统的强大。丰田倡导"精细生产方式",其基本的思想就是彻底消除无用功,这种思想外化成为两大支柱体系:"即时到位系统""智能自动化"。所谓"即时到位系统"就是指在以流水作业方式进行的汽车组装过程中让所有需要安装的部件在必要时候自动达到流水线上的结构。"智能自动化"则是让生产机械具有人的某些智慧,丰田非常重视智能自动化并采用了具有智能的自动机械也就是带有自动停止装置的机械,在人工生产线上一旦发现异常情况,操作者也可按停止按钮来停止生产线。这个生产系统在近40年后又被丰田与通用合资的新联合汽车制造公司(NUMMI)在1984年引进美国,并且创造出让人惊讶的结果,丰田的生产系统使这个本来是利用继承原有工厂设备和人员的基础上建立的工厂比原来的工厂效率提高了2倍以上。

3.2.3 服务创新

现代经济发展过程中一个显著的特征是服务业的迅猛发展,其在国民经济中的地位越来越重要。服务业已成为世界经济发展的核心,是世界经济一体化的推动力。越来越多的企业和服务行业开展服务创新,以提高服务生产和服务产品的质量,降低企业的成本率,发展新的服务理念。

服务创新是企业为了提高服务质量和创造新的市场价值而发生的服务要素变化,对服务系统进行有目的、有组织的改变的动态过程。服务创新的理论研究来源于技术创新,两者之间有着紧密的联系。但是由于服务业的独特性,使服务业的创新与制造业的技术创新有所区别,并有它独特的创新战略。

市场竞争的日益激烈使服务的重要性越来越突出,在产品日益同质化的今天,谁拥有较高的客户满意度,谁就拥有向竞争对手叫板的资本。企业的竞争优势从根本上说,来自产品和服务的品质;从长远来说,则来自企业的管理整合能力。质优价廉的产品和优良的服务是吸引并留住客户的不二法门,而优秀的管理则是企业在更高层次上展开竞争的最重要的基础。因此,要保持并进一步提高企业的市场竞争优势,就必须深入贯彻"产品差异化"和"成本领先策略"。要实现"产品差异化",我们必须坚持不断地开展产品、技术、市场和服务创新;要实现"成本领先策略",我们就必须深入开展管理创新,加强企业内部管理整合,通过引进内部竞争机制等多种途径,在保证产品质量不断提高的同时,努力降低企业运作成本和产品生产成本,提高企业效益。企业的服务创新的本质就是以顾客需求为中心,长期重视创新能力的积聚,在关键技术领域建立企业的核心能力,向顾客提供高质量的、精心设计的产品。例如,花旗银行通过技术创新的应用,为顾客提供自动提款机(ATM)之类的服务,从而在市场中成为技术主导,提高银行的可持续竞争力。

西南航空的服务创新

西南航空公司是全美唯一年年获利近30年的大型航空公司,公司的运行成本比同业平均成本低了20%,这得益于公司成功的服务创新。西南航空公司主要提供短程飞航服务,为了简化作业,公司在飞行中不提供餐点服务,只供应饮料和花生,较长的旅程提供一些饼干之类的点心;西南航空不划位,采用先到先上制,登机前一个小时开始报到,报到手续完成后,每位旅客会拿到一张可以重复使用的塑胶登机证,上面只有1~137的序号,然后乘客每30人一组,号码较小的旅客先登机;西南航空还通过调整业流程,加强团队合作,缩短乘客在机场的登机时间。

服务创新可以分为五种类型:服务产品创新、服务流程创新、服务管理创新、服务技术创新、服务模式创新。

1. 服务产品创新

服务产品创新是指服务内容或者服务产品的变革。创新重点是产品的设计和生产能力。例如,一项自行车车座技术的元件可以添加灌有凝胶的材料从而增强减震效果,而并不需要对自行车的其余结构作任何改变。

2. 服务流程创新

服务流程创新是指服务产品生产和交付流程的更新。过程创新可以划分为两类:生产过程创新,即后台创新;以及交付过程创新,即前台创新。过程和产品创新的区分有时是困难的。在供应商和顾客的关系比较密切的服务企业,顾客需要参与到服务过程中,服务产品由供应商和顾客共同完成,那么产品与过程就很难区分,所以在这些企业中,产品创新和过程创新的区别是困难的。

3. 服务管理创新

服务管理创新是指服务组织形式或服务管理的新模式,例如,服务企业导入全面质量管理(TQM)、海底捞火锅对员工独特的管理创新等。

4. 服务技术创新

服务技术创新是指支撑所提供服务的技术手段方面的创新,如支付宝推出的"刷脸支付"、华为Mate8智能手机的指纹识别服务、电影院推出的网上自助订票选座服务等。

5. 服务模式创新

服务模式创新是指服务企业所提供服务的商业模式方面的创新。例如,有初创公司针对传统的洗车店洗车、去推拿店推拿而推出O2O上门洗车服务、O2O上门推拿服务等。

以上五种服务创新都应围绕用户的服务体验为核心,如图3-2所示。

图 3-2 服务创新五角星模型

3.2.4 商业模式创新

管理学大师彼得·德鲁克曾经说过:"当今企业之间的竞争,不是产品之间的竞争,而是商业模式之间的竞争。"

商业模式创新:对目前行业内通用的为顾客创造价值的方式提出挑战,力求满足顾客不断变化的要求,为顾客提供更多的价值,为企业开拓新的市场,吸引新的客户群。一个简单的例子是:传统的书店决定利用互联网来销售书籍,即开通网上书店。与传统书店相比,Amazon 和当当网就是一种商业模式创新。

商业模式的概念

商业模式的定义有很多,但目前最为管理学界接受的是 Osterwalder, Pigneur 和 Tucci 在 2005 年发表的《厘清商业模式:这个概念的起源、现状和未来》一文中提出的定义:"商业模式是一种包含了一系列要素及其关系的概念性工具,用以阐明某个特定实体的商业逻辑。它描述了公司所能为客户提供的价值以及公司的内部结构、合作伙伴网络和关系资本等用以实现(创造、营销和交付)这一价值并产生可持续、可营利性收入的要素。"

这个定义明确了商业模式的特征,商业模式展现的一个公司赖以创造和出售价值的关系和要素可以细分为 9 个要素(价值主张、消费者目标群体、分销渠道、客户关系、价值配置、核心能力、合作伙伴网络、成本结构、收入模型),衡量一个企业商业模式是否合格,我们就可以用以下这 9 个要素去衡量。

- **价值主张**(Value Proposition):公司通过其产品和服务所能向消费者提供的价值。价值主张确认了公司对消费者的实用意义。
- **消费者目标群体**(Target Customer Segments):公司所瞄准的消费者群体。这些群体具有某些共性,从而使公司能够(针对这些共性)创造价值。定义消费者群体的过程也被称为市场划分(Market Segmentation)。
- **分销渠道**(Distribution Channels):公司用来接触消费者的各种途径。这里阐述了公司如何开拓市场。它涉及公司的市场和分销策略。
- **客户关系**(Customer Relationships):公司同其消费者群体之间所建立的联系。我们所说的客户关系管理（Customer Relationship Management）即与此相关。
- **价值配置**（Value Configurations）：资源和活动的配置。
- **核心能力**（Core Capabilities）：公司执行其商业模式所需的能力和资格。
- **合作伙伴网络**（Partner Network）：公司同其他公司之间为有效地提供价值并实现其商业化而形成的合作关系网络。这也描述了公司的商业联盟（Business Alliances）范围。
- **成本结构**（Cost Structure）：所使用的工具和方法的货币描述。
- **收入模型**（Revenue Model）：公司通过各种收入流（Revenue Flow）来创造财富的途径。

商业模式画布如图3-3所示。

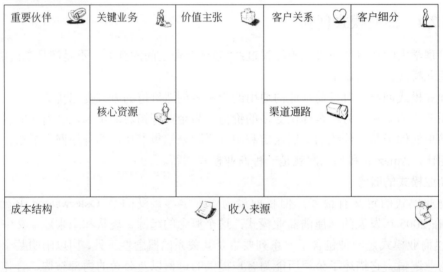

资料来源：亚历山大·奥斯特瓦德（Alexander Osterwalder），伊夫·皮尼厄（Yves Pigneur）. 商业模式新生代［M］. 北京：机械工业出版社，2010.

图3-3　商业模式画布

支付宝的商业模式创新

支付宝最初是淘宝网为了解决网络交易安全问题而设立的以提供支付功能为主的公司，在国内首先采用"第三方担保交易模式"而提供"安全、简单、快速"的在线支付解决方案。支付宝用买家先打款到支付宝账户，由支付宝向卖家通知发货，买家收到商品并确认后指令支付宝将货款转付给卖家，至此完成网络交易。支付宝用创新的第三方担保支付模式，有效解决了网上购物的信用问题，大大降低了网购交易风险，抓准了买家的痛点，是淘宝在早期能够迅速制胜的一大武器。

而从淘宝网分拆之后，支付宝作为独立支付平台，在电子商务支付领域展现出更广阔的图景。在先后与各大国有银行、VISA等达成战略合作协议之后，支付宝在整个互联网电子商务大发展的背景下，先后切入网游、机票等市场，用全额赔付制度树立起支付宝"安全、可靠"的形象。随后，通过进入水、电、煤、气、通信费等公共事业性缴费市场，支付宝将自己的商业模式从电子商务的付款平台拓展为涉及生活各方面的缴费支付平台。之后，支付宝进一步进军信用卡还款、缴纳学费、罚款、行政类缴费、甚至网络捐赠等多项服务，将商业模式从缴费平台进一步拓宽为整合生活资源的平台。

3.2.5 渐进性创新

按照创新强度的不同，技术创新可以分为渐进性创新（Incremental Innovation）与突破性创新（Breakthrough Innovation/Radical Innovation）。

渐进性创新是指，在原有的技术轨迹下，对产品或工艺流程等进行的程度较小的改进和提升。

一般认为，渐进性创新对现有产品的改变相对较小，能充分发挥已有技术的潜能，并经常能强化现有的成熟型公司的优势，特别是强化已有企业的组织能力，对公司的技术能力、规模等要求较低。

对火箭发动机、计算机和合成纤维的研究表明，渐进性创新对产品成本、可靠性和其他性能都有显著影响。虽然单个创新所带来的变化都很小，但它们的累计效果常常超过初始创新。福特T型车早期价格的降低和可靠性的提高就呈现出这种格局。1908—1926年，汽车价格从1 200美元降到290美元，而劳动生产率和资本生产率却都得到了显著提高。成本的降低是无数次工艺改进的结果，究竟多少，福特本人也数不清楚。它们一方面通过改进焊接、铸造和装配技术以及通过材料替代降低成本；另一方面他们还通过改进产品设计提高汽车的性能及可靠性，从而使T型车在市场上更具吸引力。

虽然渐进性创新对于企业盈利状况的影响力往往是相对较小的，但通过渐进性创新，能够提高顾客满意度，增加产品或服务的功效，由此也可以产生正面的影响力。同样，渐进性的流程创新能够提高企业生产力并降低成本。

从理论上说，虽然渐进性创新没有显著利用新的科学原理，但随着时间的流逝，逐渐产生巨大的积累性经济效果，相对于突破性创新给企业带来的巨大风险与困难，许多公司经营者倾向于采取渐进性创新模式。

在腾讯，渐进性创新的案例数不胜数，维持快速迭代的渐进性创新，是腾讯产品持续成功的重要因素之一。从QQ第一个版本到现在，腾讯发布了数以百计个版本的QQ，这其中当然有大的重构和功能的革新，但更多的是遍布在小版本中的渐进性创新。

腾讯是最早执行快速迭代微创新的互联网企业之一，正是这种微创新能力使它击败了MSN、联众、盛大等众多的互联网巨头，获得强大的盈利能力。

从2011年1月推出到年底，微信在1年的时间里更新了11个版本，平均每个月迭代一个版本。1.0版本仅有聊天功能，1.1版本增加对手机通信录的读取，1.2版本打通腾讯微博，1.3版本加入多人会话，2.0版本加入语音对讲功能。直到这个时候，腾讯才完成了对竞争对手的模仿和追赶，开始创新之路。

许多实证的研究显示，渐进性创新只能维持企业现有产品的竞争能力，当市场出现携突破性创新成果进行竞争的企业对手时，现有的成熟大型公司就可能丧失其市场领先地位。历史上，晶体管的出现几乎击溃了所有的电子管生产企业，而当时电子管生产企业正孜孜不倦的致力于渐进性创新、日本石英钟技术的发展给瑞士的钟表业致命的打击，而这种技术恰是当年从瑞士流出的，优秀的瑞士科技人员和企业家正精益求精地进行着自己的渐进性创新以提高机械表的性能，这些教训说明，渐进性创新可以保持优势，但是，它很容易被突破性创新的旋涡所吞噬。

服务型行业的渐进性创新表现为：旅馆简化顾客登记程序；银行重新装修营业大厅；养老院更换上显眼的标志以方便视力退化的老年人；国际航线座椅增加 USB 充电口等。

对于一直致力于开拓新市场和开发新产品的企业来说，不断改进是获得成功的要素。这些企业都认识到，无数次的渐进性创新是整个创新过程必不可少的一部分。因此渐进性创新也是一种有益的、不可或缺的尝试，应该予以支持。但是缺乏前瞻性的渐进性创新最终产生的效果是，企业止步不前，无法创造出更好的产品、服务和市场。

3.2.6 突破性创新

突破性创新是导致产品性能主要指标发生巨大跃迁，对市场规则、竞争态势、产业版图具有决定性影响，甚至导致产业重新洗牌的一类创新（付玉秀，张洪石，2004）。

这类创新需要全新的概念与重大的技术突破，往往需要优秀的科学家或工程师花费大量的资金来实现，历时 8～10 年或更长的时间。这些创新常伴有一系列的产品创新与工艺创新以及企业组织创新，甚至导致产业结构的变革。很难用增加多少收入衡量什么是突破性创新，因为这还取决于公司的规模和耗费的成本。因此突破性创新只能是所谓的"突破"，但如果给突破性创新下个定义，也只能用它自身来界定其含义。通过流程改进显著降低成本或显著提高产量，那么这样的流程改进也可以说是一种突破。

有时候突破性发明也会使企业获得突破性的创新成果。突破性发明是人类向前跨越的一大步，它可能无法使某个企业获得"先来者的优势"，但往往能孕育出一个全新的行业。汽车、电、青霉素、互联网、万维网，这些都是具有突破性的发明和发现。

所有成功的技术型企业都需要持续性（渐进性）创新来满足当前客户不断变化的需求，由此实现企业的持续成长。但是这些创新还必须周期性地辅以不连续性创新（Discontinuous Innovation）。突破性创新就是一类主要的不连续性创新。一个突破性创新项目有潜力至少达成下列目标中的一个：

- 一套全新的性能特征；
- 已知性能指标至少 5 倍的改进；
- 成本的大幅度（>30%）下降。

渐进性创新、突破性创新间的区别如图 3-4 所示。

那些生存了数十年的大公司，如 IBM、GE、摩托罗拉、惠普、西门子、飞利浦、3M、通用汽车和杜邦等会有规律地用突破性创新来打断正在进行的渐进性创新。

但是在重大的突破性创新方面所作的努力，包括大公司所作的工作，失败往往多过成功。虽然看起来有很多小型的创业型企业（特别是来自美国硅谷的企业）在进行突破性创新，并将它们带入市场，实际情况却是，它们中的大多数都失败了。一项最近的研究表明，在美国风险资本（VC）支持的新企业所进行的创新中，只有小部分从属于第一类（真正的突破性发现）和第二类（基础技术的改进）创新，因为风险基金的生命周期

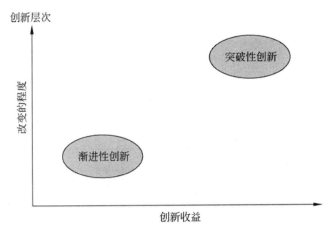

图 3-4　渐进性创新、突破性创新的区别

有限（通常是 8 年），并不鼓励投资长期的、高风险项目，尽管这些项目的获利潜力很高。

显而易见，就算在美国、欧洲和日本之类先进的发达国家，突破性创新的方法也很难实施，因为该方法不仅需要投入大量的时间和资金，还需要高层领导的关注。因此，对发展中国家来说，理解突破性创新的本质并以开放的眼光实施创新是非常重要的。除此之外，同步引入/推广哈佛大学克莱顿·克里斯藤森教授提出的另一种不连续性创新方法——破坏性（Disruptive）创新，对发展中国家来说也许是一种明智和更为现实的做法。

突破性创新与渐进性创新的总体区别可以借助技术轨道的概念来理解。由图 3-5 可以看出，当一种区别于技术 Ⅰ 的新技术 Ⅱ 的新思想提出以后，首先要进行突破性的创新，尽管这种突破性创新的产品可能在早期阶段要比前一代技术差，产品的性能不如前一代产品。例如，最初发明的火车其速度不如马车跑的快，但当解决了主要技术难题之后，将经历一个技术水平与产品性能急剧上升的过程，直到产品的主要技术性能指标稳定下来。这时，企业就转入渐进性创新阶段，直到出现新的技术轨道Ⅲ，当技术轨道Ⅲ所带来的技术生产的产品在市场上超过技术轨道Ⅱ时，渐进性创新便以衰败告终。如果一个企业同时开展技术轨道Ⅱ上的渐进性创新与技术轨道Ⅲ上的突破性创新的研究工作，

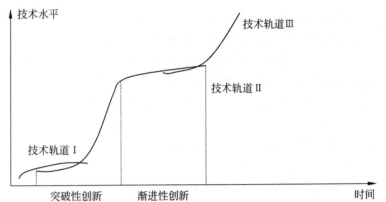

资料来源：Christensen C（1997）. The innovator's dilemma: when new technologiescause great firms to fail ［M］. Boston: Harvard Business School Press,1997, 73.

图 3-5　突破性与渐进性创新的技术轨道比较

该企业可以保持持续的竞争优势,如果从事技术轨道Ⅱ的企业没有从事技术轨道Ⅲ的技术轨道的研究,新企业将挑战在技术轨道Ⅲ领先的企业,导致技术轨道Ⅲ中期阶段市场竞争格局的重新洗牌。

突破性创新与渐进性创新在创新目标、组织、过程以及不确定性等方面都存在显著的不同(如表3-3所示)。

表 3-3 渐进性创新与突破性创新的多角度比较

比 较 项 目	渐进性创新	突破性创新
创新目标	维持与加强现有市场地位	改变游戏规则,实现跨越
重点	原有产品成本和性能的提高	开发新产业、产品/工艺
技术	现有技术的开发利用	研究探索新技术
不确定性	低	高
技术轨道	线性的、连续的	发散的、不连续的
商业计划	创新开始即制订计划	基于探索性学习而演化
新思想产生与机会识别	在前一创新末期产生	偶发于整个生命周期
主要参与者	正式的交叉功能的团队	具有多种功能知识的个人,非正式的网络
过程	正式的阶段模型	早期阶段为非正式的柔性→后期阶段为正式的
组织结构	在业务单位内部运转的跨功能项目小组	思想→孵化器→目标驱动的项目组
资源与能力	标准的资源配置	创造性获取资源与能力
运营单位的介入	早在一开始就正式介入	早期的非正式介入→后期正式介入

资料来源:Leifer R, McDermott C, O'Connor G, Peters L, Rice M, Veryzer R.(2000) Radical innovation: how mature companies can outsmart upstarts [M]. Boston: Harvard Business School Press, 2000: 78.

进一步的统计研究发现,在适应对象方面,突破性创新与渐进性创新也存在差异。突破性创新多发生于一些中小企业,而大型企业多从事渐进性的创新。学术界从技术历史角度的研究也发现,成熟型大公司往往被小公司的突破性创新淘汰出局。这主要是因为原有的在前一代技术轨道建立起来的组织规章、企业文化、激励机制、经营策略、组织能力都与前一代技术轨道后期的渐进性创新相适用。在前一代技术轨道积累的成功经验、核心能力与竞争优势恰恰成为新一轮竞争的障碍(Christernsen,1997)。

Leifer等人(2000)利用生命周期观点,建立了突破性创新的过程模型,对突破性创新过程的内在规律进行了考察,得到了突破性创新生命周期不同于渐进性创新生命周期的一般特性,归纳如下:

- 长期性——往往是十年或者更长的时间;
- 高度的不确定性和不可预测性;
- 偶发性——停止和开始,中断和再生;
- 非线性——需要通过对中断作出反应的一些活动和反馈周而复始,需要不断地应用全部关键的突破性创新项目管理能力;
- 随机性——主要参与人员不固定,重点不断变化,容易受外界环境的影响等;

- 背景依赖性——历史、经验、企业文化、个性和非正式关系等各种因素相互影响，产生各种积极和消极的因素。

3.2.7 原始性创新、集成创新和引进消化吸收再创新

提高自主创新能力是增强国家核心竞争力的迫切要求，自主创新的内涵包括原始性创新、集成创新和引进消化吸收再创新三个方面，这些创新模式各自具有以下特征。

技术引进消化吸收再创新，是指要想通过技术引进培育本国的技术能力，就必须实现对引进技术消化吸收的基础上进行再次创新，使引进技术在适应本国条件的情况下快速商业化，形成具有本国特色的自主创新能力，技术引进消化吸收再创新的竞争战略的核心在于赢得"后发优势"。

光纤通信技术是一项具有划时代意义的高技术，它的诞生为信息社会的发展奠定了基础，其意义并不亚于一百多年前电报的发明。正因为如此，1990年美国工程科学院评出的35年来人类取得的十大工程技术成就中，与登月、应用卫星、遗传工程并列的一项，就是光纤通信技术。

与许多其他高技术在中国的发展和实用化过程相比，长飞公司光纤通信技术的创新是成功的，不但研究工作跟踪了国际水平，而且在消化吸收与创新国际先进技术与工艺、形成产业和推广应用方面成绩斐然，表现在以下方面：①形成了较大的光纤生产能力，可年产光纤4.8万公里，将中国光纤生产总量提高一倍，对引进的生产工艺稍加改进，年产光纤量可达12万公里，已接近光纤生产的国际先进水平，从而改变了中国光纤依靠进口的局面；②中国的光纤逐步进入国际市场，合资生产的光纤有20%外销；③CPVD工艺，作为迄今世界上生产光纤最先进的工艺之一，已于1990年为长飞公司通过自主的研究开发所掌握。

案例 3-1

京东方科技集团股份有限公司（BOE，以下简称京东方）是实现引进消化吸收再创新的典型代表。京东方创立于1993年4月，是全球领先的半导体显示技术、产品与服务提供商。2015年，京东方全球首发产品覆盖率39%，年新增专利申请量6 156件，累计可使用专利超过40 000件，位居全球业内前列。

在京东方的发展过程中，早期通过技术并购实现技术引进，并在引进和模仿技术的基础上实现对技术的消化，结合国内市场做出改进并实现合作创新。具体说来，京东方的引进消化吸收再创新过程可以分为三个阶段：一是以技术并购和生产线模仿为主的模仿阶段（1993—2003年）；二是以基于国内市场的改进和自主建设为主的改进阶段（2004—2010年）；三是以建立技术联盟、实现合作创新、开发国际领先产品的创新阶段（2011年至今）。

而京东方之所以没有陷入引进—没有消化吸收—没有创新—再引进的怪圈，而是成功从模仿实现创新，关键要点在于：一是保证了高强度的研发投入；二是作为战略性新兴产业，获得了政府的大力支持；三是在发展之余，积极带动上游厂商共同创新；四是

强调从做中学；五是高度重视人才培训与学习；六是强调技术并购过程中的学习和产学研合作。

由此可见，基于技术引进的二次创新模式相当长时间内仍将为发展中国家广大企业实现技术追赶的主要模式。而要通过二次创新模式实现自主创新，要解决的重点问题不是要不要引进先进技术，而是在引进技术的基础上，怎样实现消化吸收，并最终完成从模仿到创新的跨越。

集成创新指出创新需要同时关注三个方面的管理领域：其一，将用户培养成协作开发者；其二，创造一个支持系统，包括一个支持者网络以及充分适用的用户配送系统；其三，组织模型，也就是通过实验和有计划地学习新技术的集成；集成创新的实现模式可以大致分为一体化集成模式、市场型集成模式，以及一体化组织形式与市场组织形式之间的各种网络[1]。

中车四方在集成创新方面取得了卓越的成就。中车四方的 CRH380A 型高速动车组，就属于顶层设计驱动下的集成创新（如图 3-6 所示）。2008 年，铁道部和科技部签署了《中国高速列车自主创新联合行动计划协议》，确定了时速 350 公里及以上中国高速铁路技术体系的顶层设计，中车四方等公司就按照顶层设计的要求开展产品的研发设计工作。中车四方遵循顶层设计提出的目标，将整体目标拆解成多个子系统，然后找到各子系统现有解决方案和设计目标之间的差距，针对性对各个子系统的解决方案进行优化或重新设计，最后形成从内到外的一揽子整体解决方案。

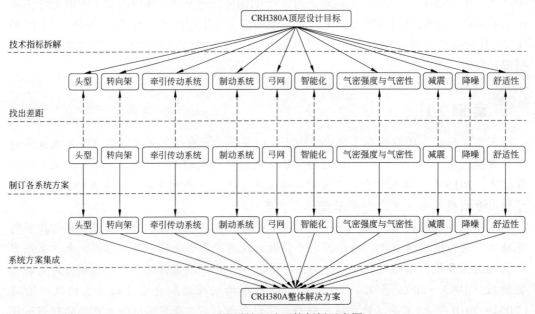

图 3-6　顶层设计驱动下的创新示意图

原始创新意味着在研究开发方面，特别是在基础研究和高技术研究领域做出前人所没有的发现或发明，推出创新成果，与一般的创新机制相比，原始性创新的创新源广泛，

1　张华胜，薛澜. 技术创新管理新范式：集成创新 [J]. 中国软科学，2002（12）：6-20.

创新过程漫长且需要持续的激励[1]。原始创新具有四方面特征：其一，是不连续事件和小概率事件；其二，在基本观念、研究思路、研究方法和研究方向上有根本的转变，其结果或者是实现"范式"的变革，导致科学革命，或者是开辟新的研究方向和研究领域，创建新的学科；其三，往往在一段时间内，导致与之相关的创新簇群，或知识生产的"连锁反应"；其四，其效果通常不是短时间内能够准确估量的。中国现有的技术创新绝大多数是基于技术引进或模仿创新，原始性创新极少，这对我国的持续竞争力提出了极大的挑战。知识经济的核心是创新，只有创新才能使企业的产品和服务获得高附加值，只有创新才能使企业赢得竞争优势，只有创新才能为企业带来可持续的增长。

戴姆勒公司是世界汽车工业的鼻祖，始建于1926年，创立人是被誉为"汽车之父"的德国人卡尔•本茨和戈特利布•戴姆勒。奔驰汽车公司是用其创始人之一的卡尔•本茨的姓名命名的。

世界汽车工业先驱、著名的汽车发明家卡尔•本茨，1844年11月25日出生在德国南方小城卡尔斯鲁厄，父亲是一位火车司机。年轻的卡尔•本茨在不同的公司打工，做过制图员、设计师和厂长。1871年他创建了自己的公司，研制两冲程引擎。1879年圣诞节前，他的引擎终于研制成功，已经有了电池和火花塞，并且获得了多项专利。1883年，卡尔•本茨创建了"本茨公司"（Benz & Co）。1886年1月29日，卡尔•本茨发明的"安装有汽油发动机的交通工具"，即世界上第一辆汽车诞生，得到了柏林专利局颁发的专利证书。这辆采用单缸发动机的三个轮子的汽车，时速最快为15公里。为了让世人了解这项伟大发明将会给人类带来多么大的方便，勇敢的本茨太太于1888年8月，带上两个孩子，驾着这辆被命名为"奔驰1号"的汽车，成功地驶向100公里以外的一个小镇去访问亲戚。这次历史性"汽车之旅"，引起了当时社会的震动。1890年，"本茨公司"又有新的投资者加入，全年向市场供应了603辆汽车，其中341辆被运往国外，成为当时世界上最大的汽车制造和销售公司。

3.3 创新的模式

3.3.1 线性模型

"二战"后，英国经济学家提出了线性模型。由于该模型简单明了，因此被运用于科技和工业政策达四十年之久。直到20世纪80年代，这种线性式模型才开始受到新型创新理论的挑战。随着对创新理论的理解不断深化，人们现在认识到各种创新模型的基础与前提是科学基础、技术开发与市场需求的相互作用，如图3-7所示。

图3-7 创新的概念框架

---

[1] 陈劲，谢靓红. 原始创新研究综述［J］. 科学学与科学技术管理，2004（2）：23-26.

对于图 3-7，目前仍有许多争议，其中最重要的一点就是在此概念框架中未提及企业的内部活动。但不管怎么说，现在人们在这一点上已达成了共识：上述关键要素的有效链接将促成创新的产生。同时，上述框架与一国或一个地区的传统亦有密切关系，如美国的大学与工业组织建立了紧密的联系，而欧洲的大学与工业组织间则缺乏这种联系。

根据线性模型，创新过程被看作一系列相互继起、而又相互隔离的步骤。这个模型又有两种不同形式：技术驱动型和市场拉动型，如图-8 所示。在技术驱动模式下，科学家得到科学发现，技术专家将其进一步发展为新产品概念，然后由工程设计人员生产原型并进行测试，制造人员进行工艺设计并生产出批量产品，最后由营销人员将产品推向潜在消费者。这种模式在"二战"后曾风行一时，然而并不是所有的行业都能适用这种创新模式，研究表明这种模式仅对制药等行业比较有效。20 世纪 70 年代后，研究者逐渐认识到市场对于创新过程的影响，并由此产生了市场拉动模式，在该模式下，市场代替技术成为创新的驱动者。

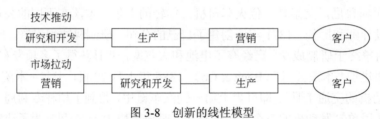

图 3-8　创新的线性模型

3.3.2　同步耦合模型

上述的线性模型仅仅解释了创新的最初驱动力，而对于创新过程中各功能的相互作用并没有提及。图 3-9 提供的同步耦合模型表明企业内部三大基本职能的相互耦合作用促进了创新的产生，同时创新的起点并不能预知。

图 3-9　同步耦合模型

3.3.3　相互作用模型

相互作用模型是同步耦合模型的进一步发展,同时它将线性模型融合进来(如图 3-10 所示)。

相互作用模型认为创新来源于市场、科学基础与组织能力之间的相互作用。与耦合模型相似的是，该模型也不能提供创新的最初起点，同时，该模型引入信息流的概念，对创新的形成与沟通作出了合理的解释。该模型是一个综合性更强的关于创新过程的描述，模型的中心是组织的四大职能：研究与发展、制造准备和设计、生产制造以及市场营销。与线性模型相似，这四大功能相互继起，但同时它们之间通过信息流进行有效反馈，科学基础、市场与每一职能相联结，而不再仅仅局限于研究与发展或营销职能。整

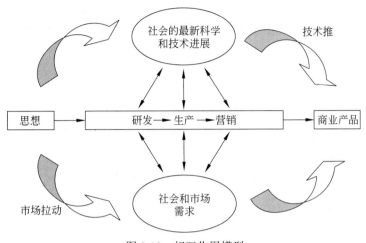

图 3-10 相互作用模型

个模型中贯穿一条逻辑主线：创新过程由一系列边界清晰的功能组成，同时这些功能又相互作用，整个创新过程可以看作一套复杂的知识通道，这些通道包括内部与外部的有效知识链接与沟通。从图 3-10 中我们可以看出，创新过程的成功与否取决于组织能力与市场、科学基础的有效链接，能够有效管理、控制这些联结过程的组织在创新中获胜机会更大。

3.4 创新的过程

将创新过程进行阶段划分，一般分为三个阶段（如图 3-11 所示）：发明阶段，也即获得设想；实施阶段，也即将设想在公司内进行转化；市场渗透阶段，也即将新产品、新设想、新材料等首次商业化运作的过程。成功的创新包含大量反馈过程：一方面，要获取技术、占领市场和顾客，并形成企业的专长；另一方面，还需良好的财务基础。一个公司具有良好的创新能力意味着对反馈过程的准确把握。

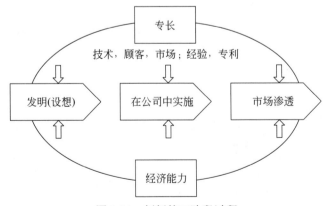

图 3-11 创新的三阶段过程

在创新的三阶段过程中，知识和信息是创新的基本投入要素，是保持生产力增长的中心所在，而创新人才作为知识和信息要素传递的有效载体，在创新过程中承担重要的角色，因此，创新过程的核心是获得知识基础和对创新人才创新能力的培养。

课程思考

1. 创新与发明有哪些区别与联系？
2. 从集装箱、汽车、飞机的创新案例，提炼出创新的本质？
3. 产品创新与工艺创新有哪些联系与区别？
4. 为何说单纯的商业模式创新无法产生持续的竞争优势？
5. 分析苹果和阿里巴巴的案例，其创新的过程与模式有何异同？

第4章 TRIZ 创新方法

学习目标

1. 了解创新问题的分类。
2. 掌握发明问题的特点。
3. 掌握 TRIZ 创新方法的主要组成。
4. 了解什么是标准工程参数。
5. 了解什么是技术冲突与物理冲突,如何解决技术冲突与物理冲突。

4.1 创新方法概述

全世界的企业都在参与市场竞争,开发出成功进入市场的新产品是在竞争中取胜的关键。新产品是创新的结果。产品创新包含模糊前端、新产品开发及商品化三个阶段,每个阶段都存在很多问题需要解决。依据经验能够解决其中的一些问题,但不能解决困难问题,这些不能解决的问题形成了产品或过程创新的障碍。创新方法能帮助企业研发人员解决困难问题,从而克服产品创新或过程创新中的障碍。推广应用创新方法将成为创新型企业建立的助推力。

为了指导技术创新,多年来很多研究人员一直总结前人发明创造的经验。这种经验的总结可分为两类:适应于本领域的经验与适应于不同领域的通用经验或规律。

第一类经验主要由本领域的专家、研究人员本身总结,或与这些人员讨论并整理总结。这些经验对指导本领域的产品创新有一定的意义,但对其他领域的创新意义并不明显。第二类经验由专门研究人员对不同领域的已有创新成果进行分析、总结,得到具有普遍意义的规律,这些规律对指导不同领域的产品创新都有重要应用价值。

诞生于苏联的发明问题解决理论(TRIZ)是在分析全世界大量专利的基础上提出的,属于第二类经验的总结。TRIZ 研究人员发现,以往不同领域的发明中所用到的规则并不多,不同时代、不同领域的发明,反复采用这些规则。这些规则融合了物理的、化学的以及各工程领域的原理,不仅能用于产生该规则的领域,也适用于其他领域的发明创造。

本章介绍 TRIZ 组成及其中的冲突解决原理,以及相关工程实例。

4.2 问题及求解

4.2.1 问题

关于问题的定义,在不同的时期,不同的领域并不相同。如早在 1910 年心理学家 Dewey 定义问题为当一个人不能以已有的习惯或经验来应付面临的情况,人们对现状不满或不知如何获得想要的东西时,问题即已产生;Duncker 认为当人们有一个目标而不知如何达到目标时,便是问题;Skinner 将没有办法立即获得解答的刺激称为问题;Maier 认为在对一个状况所期望的反应受到阻碍时,就是问题;Kepner 及 Tregoe 将问题定义为离开工作标准的一种偏差;Newell 及 Simon 认为当一个人想去获得他想要的东西但不知如何行动时就是问题;佐藤允一认为问题就是目标与现状的差距,是必须要解决的事情;韦氏在线词典解释问题为"苦恼或混乱的根源";现代汉语词典解释问题为"需要研究讨论并加以解决的矛盾和疑难"。

可以看出,以上各学者给出了不同的定义。他们是从个人掌握的知识和经验、心理期望以及从事情的发展与目标的比对等不同侧面进行的。这反映了问题存在的广泛性与复杂性。综合以上学者们对问题定义的不同观点,研究其共同点,可以给出问题的定义:"期望状态"与"当前状态"相比存在的距离。

Savransky 将工程中的问题分为两类,即通常问题和发明问题。所谓通常问题是指所有解决问题的关键步骤均为已知。而发明问题是指对于问题的解,至少有一关键步骤是未知、解的目标不清楚或含冲突的需求。所谓关键步骤是指如果缺少此步骤,则问题不能得到解决。此分类方法适合工程技术问题。Savransky 依据发明问题解决理论(TRIZ)的基本原理,对问题的划分是以解决问题的关键步骤是否已知为依据的。这种分类方法能够使问题解决者迅速判断解决问题的难易程度,以及据此应该配备何种水平的解决问题的资源。

【例 4-1】 小型混凝土搅拌机的滚筒转速较低,如果搅拌机采用电动机驱动,电动机转速较高,需要将电动机的转速降低到与滚筒的转速相匹配。试解决该问题。

该例中需要解决的问题是如何实现减速,属于通常问题。根据经验及已有的研究成果可知,减速器是该问题的解。设计人员可以借助手册或机械设计教材完成减速器的设计,也可向有关减速器生产企业直接订购与该设计相匹配的产品。该问题属于通常问题。如图 4-1 所示。

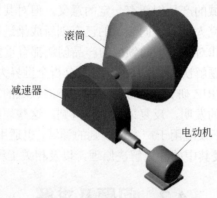

图 4-1　小型混凝土搅拌机原理图

【例 4-2】 我国青海省盛产高品质枸杞,企业收购或种植枸杞晒干后在市场上销售。为了增值,可销售鲜果,特别是能将鲜果销售到中国的东部沿海,企业将获得较大的经济效益。但将鲜果销售到东部的技术问题如何解决?枸杞销售如图 4-2 所示。

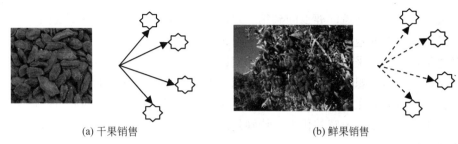

(a) 干果销售　　　　　　　　　(b) 鲜果销售

图 4-2　枸杞销售

销售枸杞干果，没有什么技术难题。但销售鲜果必须解决的难题是保鲜。枸杞较长时间及运输过程中的保鲜没有人尝试过，保鲜的需求与实现该需求的技术与系统难度构成冲突。解决该类冲突没有直接的经验可以应用，属于全新的问题，解决该问题的关键步骤很难判断。因此，该问题属于发明问题。

4.2.2　问题的解决过程

问题解决是一个过程，该过程由一系列联系在一起的子过程构成，分为 6 步：定义问题、分析问题、产生可能的解、分析解、选择最好的解、规划未来的行动。问题求解过程不是一个单纯的线性过程，而是存在反馈的过程，如图 4-3 所示。

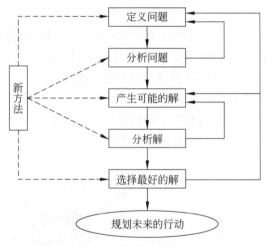

图 4-3　问题求解过程

定义问题：解决问题的第一步首先应定义感兴趣的待解决问题。设计者或企业有关人员，要决定希望取得什么结果，并记录下来。人们的头脑中经常会产生一些问题的设想，如果没有显然的解决方案，很快就忘记了，记录下希望解决的问题，以及希望得到多少结果。不仅记录问题，还要检查问题是否正确或有意义。

分析问题：问题解决的第二步是检查我们现在的位置、问题情境、问题所包含的内容等。如什么是当前产品、服务、过程的效益？如何与目前的发展相匹配？实施问题的答案是否特别重要？还应制定一系列限制条件评估可能的解，已确定解能否正常发挥作用。该步骤的主要作用是确定目前的情景及需要改变的内容。

完成了分析问题之后，要返回到第一步，确认问题的定义仍然是有效的。有时会发现人们最初提出的问题不是要解决的根本问题。

产生可能的解：采用创新技法，帮助问题解决团队发现尽可能多的问题解决设想。该阶段不应对任何设想进行评价，而将所产生的每个设想都作为新设想。

分析解：研究潜在解的各种影响因素，记录下对每个解有关系的要点。该阶段不进行解得评价，主要是发现解的优点，特别是独一无二的优点。这些优点对未来发展设想具有重要的作用。

选择最好的解：研究每一个解的影响因素，决定保留或剔出的解。将每个解作为一个整体考虑，并判断其可用性。有时一些数据、图表或事实可以帮助决策，有时纯粹是一种感觉或直觉帮助人们决策。

经过第一轮选择后，已经有一个潜力解（Potential Solutions）的目录，可以进一步研究该目录中的每一个解，使目录中的数目减少。

经过该过程，可能获得了一个解、多个解或无解。对于后一种情况，需要返回到第三步，重新产生多个解，并重复后续的过程。或返回到第一步，检查是否问题的定义有问题，可以重新定义问题，并继续后续的过程。

规划未来的行动：记录下后续需要进行的事项。已经得到了问题的解，如何使这些解真正出现并应用于后续的工作。

图 4-3 所示过程由创新方法支持，其核心步骤是产生可能的解。自从 20 世纪 30 年代头脑风暴法诞生以来，国际上已创造出很多创新方法。1977 年 Souder 和 Ziegler 描述了 20 种可操作的创新方法；1991 年，Michalk 归纳出了 34 种线性激发直觉的方法；1994 年，Higgins 总结了 101 种方法。随着复杂问题越来越多，越来越复杂，新的创新方法不断出现，创新方法处于进化状态。创新方法的应用确实帮助设计人员解决了很多实际问题。但也有一些问题很难解决。TRIZ 是解决发明问题的专门方法，是创新方法进化到高级阶段的产物，如图 4-4 所示。TRIZ 已被认为是一种世界级创新方法，即世界各国大公司都要采用的方法。

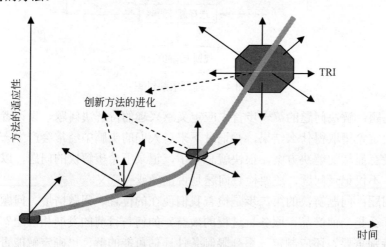

图 4-4 创新方法的进化

4.3 TRIZ 及其体系结构

4.3.1 TRIZ

苏联发明专家 Genrich S Altshuller 及一批研究人员，经过多年的努力提出及创建了发明问题解决理论（TRIZ）。TRIZ 是发明问题解决理论俄文"теориирешенияизобретательскихзадач"词头ТРИЗ转换成拉丁字母的专门用语，其英文缩写为 TIPS（Theory of Inventive Problem Solving）。该理论是 Altshuler 等人自 1946 年开始，在研究世界各国大量高水平专利基础上，提出的具有完整体系的发明问题解决理论。其核心是发明问题解决的过程、支持工具及可用资源等，使设计者或问题解决人员能运用前人不同领域创新的知识和经验，能够快速高效地解决自己的问题。

Savransky 认为 TRIZ 是基于知识的、面向人的、发明问题解决系统化的方法学。

1）TRIZ 是基于知识的方法
- TRIZ 是解决发明问题的启发式方法的知识。这些知识是从全世界范围内的专利中抽象出来的，TRIZ 是为数不多的基于产品进化趋势的客观启发式方法。
- TRIZ 大量采用自然科学及工程中的效应知识。
- TRIZ 利用出现问题领域的知识。这些知识包括技术本身、相似或相反的技术或过程、环境、发展及进化。

2）TRIZ 是面向人的方法

TRIZ 中的启发式方法是面向设计人员的，不是面向机器的。TRIZ 理论本身是基于将系统分解为子系统、区分有益及有害功能的实践，这些分解取决于问题及环境，本身就具有随机性。计算机辅助创新软件仅起支持的作用，而不能完全代替设计人员。TRIZ 为处理这些随机问题的设计人员们提供了方法与工具。

3）TRIZ 是系统化的方法
- 在 TRIZ 中，问题的分析采用了通用及详细的模型，该模型中问题的系统化知识是重要的。
- 解决问题的过程已系统化，设计人员可以方便地应用已有的知识。

4）TRIZ 是发明问题解决理论
- 为了取得创新解，需要解决设计中的冲突，但解决冲突的某些步骤是不知道的。
- 未知所需要的情况往往可以被虚构的理想解代替。
- 理想解可通过环境或系统本身的资源获得。
- 理想解可通过已知的系统进化趋势推断。

4.3.2 TRIZ 体系结构

TRIZ 通过由若干工具支持的系统化、结构化思维过程与方法定义问题、分析问题和解决问题，避免解决问题过程中烦琐的试验究错，最大限度地应用前人在不同领域实现创新的知识，指导设计人员或发明人突破原有惯性思维、循序渐进得解决问题，提高解决问题的成功率、质量与效率。

TRIZ 体系包含丰富的定义问题、分析问题及解决问题的方法。定义问题的方法主要有有理想解与最终理想解；分析问题工具包括九窗口分析、冲突分析、物质—场分析、资源分析等方法；解决问题方法或工具包括需求进化定律、技术进化理论、技术成熟度预测、冲突解决原理、76 个标准解、效应原理、发明问题解决算法（ARIZ）等。这些方法有序的集合即构成了 TRIZ 理论体系，如图 4-5 所示。

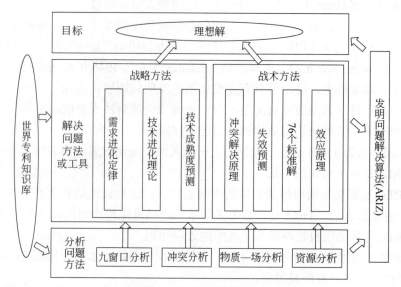

图 4-5　TRIZ 体系结构

1）TRIZ 分析方法

TRIZ 中有九窗口分析、冲突分析、物质—场分析、资源分析等方法，主要用于模型建立、分析和转换，以发现并确定问题。

- 九窗口分析：以时间与空间分别为横轴与纵轴，考察系统、超系统与子系统的现在、过去与将来的九种状态，以便发现问题。
- 冲突分析：发现冲突、解决冲突、实现创新是 TRIZ 的基本思想。冲突分析是建立各种模型，如物质—场模型、QFD（质量功能布置）模型、TOC（约束理论）模型，通过模型确定冲突是否存在。
- 物质—场分析：Altshuller 提出了面向系统功能的物质—场（Substance-Field）描述方法与模型。物质—场分析是 TRIZ 理论中的一种分析工具，它将所有功能分解为两种物质与一种场，用于建立与已存在的系统或新技术系统问题相联系的功能模型，并通过场"作用"的有无、强弱等发现问题。
- 资源分析：TRIZ 中的资源指的是系统内部或外部一切可用资源的总称。资源的有效利用是提高系统理想化水平的关键。资源分析是确定可用资源，实现低成本创新的方法。

2）TRIZ 解决问题方法

TRIZ 中包括需求进化定律、技术进化理论、技术成熟度预测、冲突解决原理、76 个标准解和效应原理等方法。这些方法是在分析人们创新的经验和大量专利的基础之上发展起来的。下面对几个重点内容详细叙述一下。

- 技术进化理论：技术进化理论包括需求预测、技术成熟度预测、技术进化定律。这些方法能够分析当前技术所处阶段，防患于未然。如技术进化定律指导设计人员通过技术进化路线，发现未来技术发展的潜力状态并产生具有商业价值的创意。
- 冲突解决原理：Altshuller 认为发明问题的原理一定是客观存在的，如果掌握这些原理，不仅可以提高发明的效率、缩短发明的周期，而且能使发明问题更具有可预见性。通过对大量的专利进行研究、分析、总结，归纳出 TRIZ 中最重要的、具有普遍用途的 40 个发明原理，用于指导 TRIZ 使用者找出创新的解决方案，每一种解决方案都是一个创意，应用这些创意可以使系统产生特定的变化以消除冲突。
- 76 个标准解：标准解法是 Altshuller 于 1985 年创立的，用于解决基于技术系统进化模式的标准问题，这些标准解共有 76 个，按照目标被分为 5 级，各级中解法的先后顺序反映了技术系统必然的进化过程和进化方向。标准解法既是 TRIZ 高级理论的精华，也是解决非标准问题的基础，非标准问题主要应用 ARIZ 来进行解决，而 ARIZ 的主要思路是将非标准问题通过各种方法进行变化，转化为标准问题，然后应用标准解法来获得解决方案。
- 效应原理：效应原理是应用知识库转换并实现预期的功能，该库包含数理化等不同学科中的科学原理，是 TRIZ 中最常使用的一种工具。应用科学效应应遵循 5 个步骤，解决发明问题时会经常遇到需要实现的 30 种功能，这些功能的实现经常要用到 100 个科学效应。对于一个给定的功能求解难题，运用物理、化学和几何等效应可使解决方案更理想和简单地实现。

虽然 TRIZ 中已有很多成熟方法并在世界各国的工业界得到了成功应用，但 TRIZ 本身并不完善，理论界不断地进行相关基础理论研究使其更适应工业界的要求。

4.4 冲突解决原理

4.4.1 TRIZ 中的冲突分类

G. S. Altshuller 将冲突分为三类，即管理冲突（Administrative Contradictions）、技术冲突（Technical Contradictions）、物理冲突（Physical Contradictions）。

管理冲突是指为了避免某些现象或希望取得某些结果，需要做一些事情，但不知如何去做。如希望提高产品质量、降低原材料的成本，但不知方法。管理冲突本身具有暂时性，而无启发价值。因此，不能表现出问题的解的可能方向，不属于经典 TRIZ 的研究内容。

技术冲突是指一个作用同时导致有用及有害两种结果，也可指有用作用的引入或有害效应的消除导致一个或几个子系统或系统变坏。技术冲突常表现为一个系统中两个子系统之间的冲突。技术冲突出现的几种情况如下所述。

（1）在一个子系统中引入一种有用功能，导致另一个子系统产生一种有害功能，或加强了已存在的一种有害功能。

（2）消除一种有害功能导致另一个子系统有用功能变坏。

（3）有用功能的加强或有害功能的减少使另一个子系统或系统变得太复杂。

物理冲突是指为了实现某种功能，一个子系统或元件应具有一种特性，但同时出现了与此特性相反的特性。物理冲突出现的几种情况：

（1）一个子系统中有用功能加强的同时导致该系统中有害功能的加强。

（2）一个子系统中有害功能降低的同时导致该子系统中有用功能的降低。

产品设计中的冲突是普遍存在的，发现并解决这些冲突使产品向理想化的方向进化。现举几例说明产品设计中冲突的存在。

【例 4-3】 通过燃烧更多的天然气可以加速烧开水的过程。但消耗更多的天然气与满足加速烧开水的过程之间存在冲突。

【例 4-4】 为了更快的到达目的地，可以通过汽车加速实现。但高速运行的汽车消耗更多的汽油。因此，汽车的高速与耗油之间存在冲突。

【例 4-5】 城市中需要尺寸较小的汽车，以占用较小面积方便停车。但在发生交通事故时，撞击可能使小汽车受到更大的伤害。因此，方便停车与造成伤害之间构成冲突。

对于不同的设计对象，根据其内部性能找出技术冲突，并用语言描述，之后应用发明原理解决冲突。

4.4.2 技术冲突解决原理

1. 技术冲突表达

产品设计中的冲突是普遍存在的，应该有一种通用化、标准化的方法描述设计冲突，设计人员使用这些标准化的方法共同研究与交流将促进产品创新。

通过对 250 万件专利的详细研究，TRIZ 理论提出用 39 个通用工程参数描述冲突。实际应用中，首先要把一组或多组冲突均用该 39 个工程参数来表示。利用该方法把实际工程设计中的冲突转化为一般的或标准的技术冲突。

39 个工程参数中常用到运动物体（Moving Objects）与静止物体（Stationary Objects）两个术语。运动物体是指自身或借助于外力可在一定的空间内运动的物体。静止物体是指自身或借助于外力都不能使其在空间内运动的物体。

表 4-1 是 39 个通用工程参数名称的汇总。

表 4-1 通用工程参数名称

序号	名　　称	序号	名　　称
No.1	运动物体的重量	No.8	静止物体的体积
No.2	静止物体的重量	No.9	速度
No.3	运动物体的长度	No.10	力
No.4	静止物体的长度	No.11	应力或压力
No.5	运动物体的面积	No.12	形状
No.6	静止物体的面积	No.13	结构的稳定性
No.7	运动物体的体积	No.14	强度

续表

序号	名称	序号	名称
No.15	运动物体作用时间	No.28	测试精度
No.16	静止物体作用时间	No.29	制造精度
No.17	温度	No.30	物体外部有害因素作用的敏感性
No.18	光照强度	No.31	物体产生的有害因素
No.19	运动物体的能量	No.32	可制造性
No.21	功率	No.33	可操作性
No.22	能量损失	No.34	可维修性
No.23	物质损失	No.35	适应性及多用性
No.24	信息损失	No.36	装置的复杂性
No.25	时间损失	No.37	监控与测试的困难程度
No.26	物质或事物的数量	No.38	自动化程度
No.27	可靠性	No.39	生产率

为了应用方便，上述 39 个通用工程参数可分为如下三类。

（1）通用物理及几何参数：No.1~No.12，No.17~No.18，No.21。

（2）通用技术负向参数：No.15~No.16，No.19~No.20，No.22~No.26，No.30~No.31。

（3）通用技术正向参数：No.13~No.14，No.27~No.29，No.32~No.39。

负向参数（Negative Parameters）指这些参数变大时，使系统或子系统的性能变差。如子系统为完成特定的功能所消耗的能量（No.19~No.20）越大，则设计越不合理。

正向参数（Positive Parameters）指这些参数变大时，使系统或子系统的性能变好。如子系统可制造性（No.32）指标越高，子系统制造成本就越低。

2. 发明原理

在对全世界专利进行分析研究的基础上，Altshuller 等人提出了 40 条发明原理。实践证明这些原理对于指导设计人员的发明创造具有重要的作用。表 4-2 是 40 条发明原理的名称。

表 4-2　40 条发明原理

序号	名称	序号	名称
No.1	分割	No.10	预操作
No.2	分离	No.11	预补偿
No.3	局部质量	No.12	等势性
No.4	不对称	No.13	反向
No.5	合并	No.14	曲面化
No.6	多用性	No.15	动态化
No.7	套装	No.16	未达到或超过的作用
No.8	重量补偿	No.17	维数变化
No.9	预加反作用	No.18	振动

续表

序号	名称	序号	名称
No.19	周期性作用	No.30	柔性壳体或薄膜
No.20	有效作用的连续性	No.31	多孔材料
No.21	紧急行动	No.32	改变颜色
No.22	变有害为有益	No.33	同质性
No.23	反馈	No.34	抛弃与修复
No.24	中介物	No.35	参数变化
No.25	自服务	No.36	状态变化
No.26	复制	No.37	热膨胀
No.27	低成本、不耐用的物体代替昂贵、耐用的物体	No.38	加速强氧化
No.28	机械系统的替代	No.39	惰性环境
No.29	气动与液压结构	No.40	复合材料

下面将对部分发明原理的含义及应用实例进行详细介绍。

发明原理1：分割

（1）将一个物体分成相互独立的部分。

【例4-6】用多台个人计算机代替一台大型计算机完成相同的功能

用一辆卡车加拖车代替一辆载重量大的卡车

将大的工程项目分解为子项目

强势、弱势、机会、危险（SWOT）分析

多房间、多层住宅群

将企业的办公区与制造车间分开

将卡车分成牵引车头和拖车如图4-6所示。

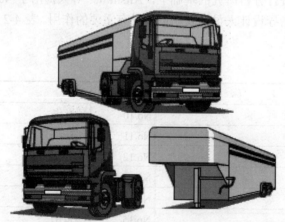

图4-6 将卡车分成牵引车头和拖车

（2）使物体分成容易组装及拆卸的部分。

美国陆军M270多管火箭炮：母弹内含644个M77式子弹,一门火箭炮一次12管齐射可抛出 7 728 枚子弹，覆盖面积达 24 万平方米（如图 4-7 所示）。

(a)发射中的M270　　　(b)正在爆裂的M270子母弹　　　(c)M270反装甲子母弹攻击

图 4-7　M270 多管火箭炮

发明原理 2：分离（分开）

（1）将一个物体中的"干扰"部分分离出去。

【例 4-7】　在飞机场环境中，采用播放刺激鸟类的声音使鸟与机场分离
将空调中产生噪声的空气压缩机放于室外
别墅中的车库

（2）将物体中的关键部分挑选或分离出来。

【例 4-8】　飞机场候机大厅中的专用吸烟室
加工车间中的休息室
办公区中的透明（如玻璃）隔离室
分体空调如图 4-8 所示。

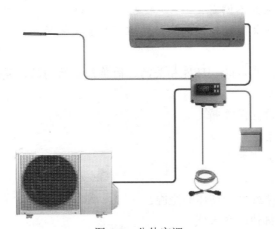

图 4-8　分体空调

发明原理 3：不对称

（1）将物体的形状由对称变为不对称。

【例 4-9】　不对称搅拌容器，或对称搅拌容器中的不对称叶片
将 O 形圈的截面形状改为其他形状，以改善其密封性能

非正态分布
对不同的顾客群采用不同的营销策略
非圆截面的烟囱改变气流的分布
倾斜的屋顶
（2）如果物体是不对称的，增加其不对称的程度。
【例4-10】 轮胎的一侧强度大于另一侧，以增加其抗冲击的能力
管理者与雇员之间的双向对话
复合的多斜面屋顶
钢索加固的悬臂式屋顶
数据线接口与漏斗如图4-9所示。

图4-9 数据线接口与漏斗

发明原理4：套装

（1）将一个物体放在第二个物体中，将第二个物体放在第三个物体中，可进行下去。
【例4-11】 儿童玩具不倒翁
套装式油罐，内罐装黏度较高的油，外罐装黏度较低的油
仓库中的仓库
雇员的层次结构：基本的、环境相关的、简单知识结构的、复合型的、卓越的
超市中的监视系统
在墙内或地板内设置保险箱
在三维结构中设置空腔
地板内部沟槽式加热方式
布在墙内的电缆
（2）使一个物体穿过另一物体的空腔。
【例4-12】 收音机伸缩式天线
伸缩液压缸
伸缩式钓鱼竿
汽车安全带卷收器
音乐厅观众席内的可回收式座椅
带有空气加热系统的商场出/入口循环空间

可回收楼梯
推拉门
套娃与手写笔如图 4-10 所示。

图 4-10　套娃与手写笔

发明原理 5：预补偿

采用预先准备好的应急措施补偿物体相对较低的可靠性。

【例 4-13】 飞机上的降落伞
汽车安全气囊
应急电路照明
双通道控制系统
防火通道
避雷针
安全阀
抗 SARS 预案
谈判前考虑最坏情况及最不利的位置
备份计算机数据
运行反病毒软件
汽车安全气囊如图 4-11 所示。

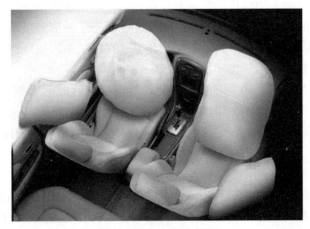

图 4-11　汽车安全气囊

发明原理 6：复合材料

将材质单一的材料改为复合材料。

【例 4-14】 玻璃纤维与木材相比较轻并且在形成不同形状时更容易控制

钢筋混凝土结构

玻璃纤维加强结构

混合纤维地毯

机电一体化

多学科项目小组

高/低风险投资策略

飞轮与不粘锅如图 4-12 所示。

图 4-12 飞轮与不粘锅

上述这些原理都是通用发明原理，未针对具体领域，其表达方法是描述可能解的概念。如不对称原理建议首先将对称形状、结构、物体变为不对称，之后增加不对称的程度，设计者根据该建议提出已有系统的改进方案，实现形状、结构或物体的创新。应用这些原理将有助于问题的迅速且高质量的解决。一些原理范围很宽，应用面广，既可应用于工程，又可用于管理等领域。

3. 技术冲突矩阵

在设计人员或发明人如何选用发明原理作为产生新概念的指导是一个具有现实意义的问题。通过多年的研究、分析、比较，Altshuller 提出了冲突解决矩阵，该矩阵将描述技术冲突的 39 个工程参数与 40 条发明原理建立了对应关系，很好地解决了设计过程中选择发明原理的难题。

冲突解决矩阵为 40 行 40 列的一个矩阵，其中第 1 行或第 1 列为按顺序排列的 39 个描述冲突的工程参数序号。除第 1 行与第 1 列以外，其余 39 行与 39 列形成一个矩阵，矩阵元素中或空、或有几个数字，这些数字表示在 40 条发明原理中的推荐采用原理序号。表 4-3 为矩阵简图。矩阵中第一列描述的工程参数为冲突中改善的一方，第一行所代表的工程参数是恶化的一方。

应用该矩阵的过程为：首先在 39 个标准工程参数中，确定使产品某一方面性能、质量等提高的工程参数 A，同时确定由于 A 的变化使系统恶化的工程参数 B 的序号，之后将参数 A 及 B 的序号从第 1 列及第 1 行中选取对应的序号，最后在矩阵中两序号对应行

表 4-3 冲突解决矩阵

	No.1	No.2	No.3	No.4	No.5	...	No.39
No.1			15,8,29,34		29,17,38,34		35,3,24,37
No.2				10,1,29,35			1,28,15,35
No.3	8,15,29,34				15,17,4		14,4,28,29
No.4		35,28,40,29					30,14,7,26
No.5	2,17,29,4		14,15,16,4				10,26,34,2
...							
No.39	35,26,24,37	28,27,15,3	18,4,28,38	30,7,14,26	10,26,34,31		

与列的交叉处确定某一特定矩阵元素，该元素所给出的数字为推荐采用的发明原理序号。如希望质量提高与导致恶化的工程参数序号分别为 No.5 及 No.3，在矩阵中，第 5 行与第 3 列交叉处所对应的矩阵元素如表 4-3 中的椭圆所示，该元素中的数字 14、15、16 及 4 为推荐的发明原理序号。冲突矩阵详见附录 1。

4. 技术冲突解决过程

Altshuller 的冲突理论似乎是产品创新的灵丹妙药，实际在应用该理论之前的前处理与应用之后的后处理仍然是关键的问题。图 4-13 表明了问题求解的全过程。

图 4-13 技术冲突解决原理

当针对某领域的具体问题确认了一个技术冲突后，首先用该领域中的特定术语描述该冲突，从而形成领域问题。之后，将冲突的描述翻译成 39 个标准工程参数中的术语，形成 TRIZ 问题。由确定冲突的两个标准工程参数在冲突解决矩阵中选择可用发明原理，即 TRIZ 解。一旦某一或某几个发明原理被选定后，根据领域问题、应用发明原理及与之对应的成功案例，通过类比产生一个或多个特定解或领域解。对于复杂的问题一条原理是不够的，原理的作用是使原系统向着改进的方向发展。在改进的过程中，设计者或发明人对问题的深入思考、创造性、经验都是需要的。

可把上述技术冲突解决原理具体化为 12 步：

（1）定义待设计系统的名称。

（2）确定待设计系统的主要功能。

（3）列出待设计系统的关键子系统、各种辅助功能。

（4）对待设计系统的操作进行描述。

（5）确定待设计系统应改善的特性、应该消除的特性。

（6）将涉及的参数要按标准的 39 个工程参数重新描述。

(7) 对技术冲突进行描述：如果某一工程参数得到改善，将导致哪些参数恶化。

(8) 对技术冲突进行另一种描述：假如降低参数恶化的程度，要改善参数将被虚弱，或另一恶化参数被加强。

(9) 在冲突矩阵中由冲突双方确定相应的矩阵元素。

(10) 由上述元素确定可用发明原理。

(11) 将所确定的原理应用于设计者的问题。

(12) 确定多个领域解并通过评价选定领域解。

通常所选定的发明原理多于 1 个，这说明前人已用这几个原理解决了一些特定的技术冲突。这些原理仅仅表明解的可能方向，即应用这些原理过滤掉了很多不太可能的解的方向。尽可能将所选定的每条原理都用到待设计过程中去，不要拒绝采用推荐的任何原理。假如所有可能的解都不满足要求，对冲突重新定义并求解。

应用 TRIZ 解决技术冲突的基本思想见图 4-14。传统的冲突解决方法是折中法，即参数 A 较好，参数 B 也不太差。应用 TRIZ 是要彻底消除冲突，发明原理用来启发设计者找到消除该冲突的方向或方案。

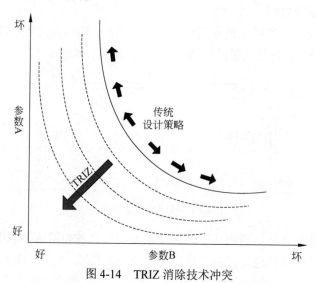

图 4-14　TRIZ 消除技术冲突

【例 4-15】 开口扳手改进设计

图 4-15 是一种开口扳手的示意图。图中，扳手在外力的作用下拧紧或松开一个六角螺钉或螺母。由于螺钉或螺母的受力集中到两条棱边，容易产生变形，而导致螺钉或螺母的拧紧或松开困难。

开口扳手已有多年的生产及应用历史，在产品进化曲线上应该处于成熟期或衰退期，但对于传统产品很少有人去考虑设计中的不足并且改进其设计。按照 TRIZ 理论，处于成熟期或衰退期的改进设计，必须发现并解决深层次的冲突，提出更合理的设计概念。目

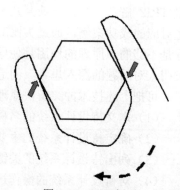

图 4-15　开口扳手

前的扳手可能损坏螺钉/螺母棱边提示设计者，新的设计必须克服目前设计中的该缺点。现应用冲突矩阵解决该问题。

首先从 39 个标准工程参数中选择并确定技术冲突的一对特性参数。

质量提高的参数：物体产生的有害因素（No.31）；

带来负面影响的参数：制造精度（No.29）。

由冲突矩阵（附录 1）的第 31 行及第 29 列确定可用发明原理为：

No.4 不对称；

No.17 维数变化；

No.34 抛弃与修复；

No.26 复制。

对 No.17 及 No.4 两条原理的分析表明，扳手工作面的一些点要与螺母/螺钉的侧面接触，而不仅是与其棱边接触就可解决该冲突。美国专利 US Patent 5 406 868 正是基于这种原理设计的，如图 4-16 所示。

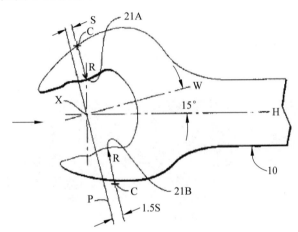

图 4-16 开口扳手美国专利（US Patent 5 406 868）

4.4.3 物理冲突解决原理

物理冲突是 TRIZ 要研究解决的关键问题之一。当对一子系统具有相反的要求时就出现了物理冲突。例如，为了容易起飞，飞机的机翼应有较大的面积，但为了高速飞行，机翼又应有较小的面积，这种要求机翼具有大的面积与小的面积同时存在的情况，对于机翼的设计就是物理冲突，解决该冲突是机翼设计的关键。与技术冲突相比，物理冲突是一种更尖锐的冲突，设计中必须解决。

现代 TRIZ 在总结物理冲突解决的各种研究方法的基础上，提出了采用如下的分离原理解决物理冲突的方法：

- 空间分离；
- 时间分离；
- 基于条件的分离；
- 总体与部分的分离。

通过采用内部资源，物理冲突已用于解决不同工程领域中的很多技术问题。所谓的内部资源是在特定的条件下，系统内部能发现及可利用的资源，如材料及能量。假如关键子系统是物质，则几何或化学原理的应用是有效的，如关键子系统是场，则物理原理的应用是有效的。有时从物质到场，或从场到物质的传递是解决问题的有效方案。

空间分离原理

所谓空间分离原理是将冲突双方在不同的空间分离，以降低解决问题的难度。当关键子系统冲突双方在某一空间只出现一方时，空间分离是可能的。应用该原理时，首先应回答如下问题：

是否冲突一方在整个空间中"正向"或"负向"变化？在空间中的某一处冲突的一方是否可不按一个方向变化？如果冲突的一方可不按一个方向变化，利用空间分离原理是可能的。

【例 4-16】潜水艇利用电缆拖着千米之外的声呐探测器（如图 4-17 所示），以在黑暗的海洋中感知外部世界的信息。被拖的声呐探测器与产生噪声的潜水艇在空间处于分离状态。

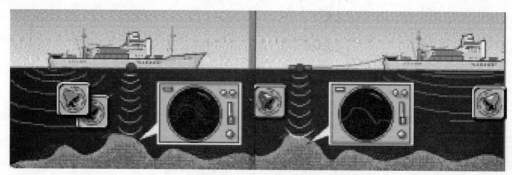

图 4-17　声呐探测器

拖曳声呐的使用大幅强化潜艇对于全方位与不同深度的侦测能力，尤其是潜艇的尾端。这是因为潜艇的尾端同时也是动力输出的部分，由于水流的声音的干扰，位于前方的声呐无法听到这个区域的信号而形成一个盲区。使用拖曳声呐之后就能够消除这个盲区，找出躲在这个区域的目标。

时间分离原理

所谓时间分离原理是将冲突双方在不同的时间段分离，以降低解决问题的难度。当关键子系统冲突双方在某一时间段只出现一方时，时间分离是可能的。应用该原理时，首先应回答如下问题：

是否冲突一方在整个时间段中"正向"或"负向"变化？在时间段中冲突的一方是否可不按一个方向变化？如果冲突的一方可不按一个方向变化，利用时间分离原理是可能的。

【例 4-17】折叠式自行车在行走时体积较大，在存放时因已折叠体积较小。行走与存放发生在不同的时间段，因此采用了时间分离原理（如图 4-18 所示）。

图 4-18　折叠式自行车

基于条件的分离

所谓基于条件的分离原理是将冲突双方在不同的条件下分离,以降低解决问题的难度。当关键子系统冲突双方在某一条件下只出现一方时,基于条件分离是可能的。应用该原理时,首先应回答如下问题:

是否冲突一方在所有的条件下都要求"正向"或"负向"变化?在某些条件下,冲突的一方是否可不按一个方向变化?如果冲突的一方可不按一个方向变化,利用基于条件的分离原理是可能的。

【例 4-18】　水与跳水运动员所组成的系统中,水既是硬物质,又是软物质,这取决于运动员入水时的相对速度。相对速度高,水是硬物质,反之是软物质。因此,在运动员需要高速入水的条件下可以释放气泡,降低水的硬度(如图 4-19 所示)。

图 4-19　水的硬度变化

总体与部分的分离

所谓总体与部分的分离原理是将冲突双方在不同的层次分离,以降低解决问题的难度。当冲突双方在关键子系统层次只出现一方,而该方在子系统、系统或超系统层次内不出现时,总体与部分的分离是可能的。

【例 4-19】　自行车链条微观层面上是刚性的,宏观层面上是柔性的(如图 4-20 所示)。

图 4-20　自行车链条

第 4 章　TRIZ 创新方法

【例 4-20】 自动装配生产线与零部件供应的批量化之间存在冲突。自动生产线要求零部件连续供应,但零部件从自身的加工车间或供应商运到装配车间时要求批量运输。专用转换装置接受批量零部件,但连续的将零部件输送给自动装配生产线。

4.4.4 分离原理与发明原理的关系

Mann 通过研究提出,解决物理冲突的分离原理与解决技术冲突的发明原理之间存在关系,对于一条分离原理,可以有多条发明原理与之对应。表 4-4 是其研究结果。

表 4-4 分离原理和发明原理的对应关系

分 离 原 理	发 明 原 理
空间分离	1、2、3、4、7、13、17、24、26、30
时间分离	9、10、11、15、16、18、19、20、21、29、34、37
整体与部分分离	12、28、31、32、35、36、38、39、40
条件分离	1、7、25、27、5、22、23、33、6、8、14、25、35、13

4.5 TRIZ 在产品创新中的应用

产品创新的核心问题之一是发现冲突并解决冲突。发现冲突是通过对已有系统或虚拟系统的分析得到的,冲突的解可通过解决技术冲突或物理冲突得到。在确定冲突前首先要对已有系统或虚拟系统经行功能分析、确定理想解与可用资源、还要确定冲突可能存在的区域,最后确定泵解决冲突。图 4-21 是基于 TRIZ 的问题解决流程,该流程也是创新过程中的重要附加过程。

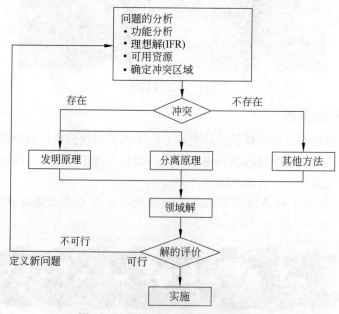

图 4-21 应用 TRIZ 的问题解决流程

应用图 4-21 所示的流程的第一步是问题分析。包括已有系统或虚拟系统的功能分析、理想解（ideal final result，IFR）的确定、可用资源分析、冲突区域的确定。分析是解决问题的一个重要阶段。

功能分析的目的是从完成功能的角度而不是从技术的角度分析系统、子系统、部件。该过程包括裁剪（trimming），即研究每一个功能是否必需，如果必需，系统中的其他元件是否可完成其功能。设计中的重要突破、成本或复杂程度的显著降低往往是功能分析及裁剪的结果。

通过分析，如果发现了冲突，TRIZ 中的发明原理、分离原理都是可用解决冲突的工具。应用发明原理、分离原理所得到的解往往是通解或 TRIZ 解，是设计思路、领域设计人员或创新人员还需根据本领域的特点将其转化，即找到问题的特解或领域解。

如果通过分析发现的问题不是冲突，可以应用 TRIZ 中的其他工具解决。如标准解、效应等。

不论应用什么工具或方法所得到的原理解都要通过评价确定是否满足要求，如果满足要求，则进行后续的新产品开发工作；反之，要对问题进行再分析。

图 4-21 中虽然给出了一些分析方法，这些方法适合于设计问题。但对于工艺问题等，设计或创新人员可以根据领域问题及领域知识定义问题。下面的例 4-21 是一个工艺创新的案例。

【例 4-21】 煤矸石综合利用

背景

煤炭是我国最主要的能源，煤炭开采过程伴随大量煤矸石的产生。大量煤矸石已严重污染环境，并侵占土地和农田。如不有效利用，将影响煤炭工业的正常发展，影响周围环境质量。根据煤矸石材料特性可开发空心微珠保温板，不仅变废为宝，而且增加了煤矸石高的附加值，为煤矸石资源化综合利用提供了一个新的发展方向。

某企业当前工艺过程描述

无机泡沫保温板的成型工艺中发泡成型是重要环节。该环节的第一步是将煤矸石空心微珠与单体溶液进行湿混，之后用搅拌机快速搅拌发泡，最后干燥成型。正常情况下，空心微珠单体浆料在不发泡状态下 5 分钟左右即可成型，而且初期坯体表面平整，气孔均匀。但是经过发泡后的浆料，虽然能够成型，但是表面不平整，气孔处有水泡，而且强度太低，始终保持泡沫状态，直到泡沫浆料中的泡沫全部坍塌，并处于开裂不规则状态。

领域问题

现有工艺过程能够实现发泡，但发泡成型后的坯体强度太低，容易开裂，导致产品不能应用，如图 4-22 所示。

用技术冲突描述问题

浆料泡沫数量与单体聚合度构成技术冲突。由浆料泡沫数量（A）和单体聚合度（B）两个参数描述：浆料泡沫数量（A）增加，同时单体聚合度（B）降低。

TRIZ 问题

按 39 个标准工程参数描述如下所述。

图 4-22　保温板开裂

——希望改进的特性：物质或事物的数量（No.26）

——特性改善将导致如下特性的降低：结构的稳定性（No.13）

TRIZ 解

查冲突问题解决矩阵给出的可用发明原理为动态化（No.15）、分离（No.2）、维数变化（No.17）、复合材料（No.40）。

初步的解决方案

方案一：分离原理（No.2）。根据原理的第一条说明：将一个物体中的"干扰"部分分离出去，对应到目前的成型工艺中"干扰"成分是空气中的氧分子，所以要去除掉氧分子。不含氧分子的气体有很多种，如氮气、二氧化碳等，综合成本和性能考虑，可选择氮气与二氧化碳气体作为新工艺的发泡气体。由此得出的解决方案是在陶瓷浆料发泡的同时，向接近完全密封的搅拌桶里通入氮气或二氧化碳气体，然后搅拌发泡并固化成型。采用这个方法后，发泡产生的泡沫浆料里基本没有氧分子或即使有很少量的氧分子也不会影响到单体固化成型，但是却增加了工艺的生产环节和生产成本。

方案二：动态化原理（No.15）。根据原理的第三条说明：如果一个物体是静止的，使之变为运动的或可改变的。考虑到传统的发泡方式是机械搅拌发泡，这种方法消耗机械能，而且增加工艺实施时间。能不能让浆料自动发泡并成型呢？根据这个原理确定某种气体不会对单体起到阻聚作用，从而达到泡沫成型效果。由此得出的解决方案是：在陶瓷浆料发泡的过程当中，采用化学发泡法，用弱碱跟弱酸与浆料混合后，化学反应产生气泡缓慢发泡，从而带动浆料发泡。生成的二氧化碳气体不会对单体起到阻聚作用，达到了泡沫成型效果。

方案三：复合材料原理。根据原理提示得到的解决方案是对单体进行复合改性，通过查阅相关文献资料，虽然有改性单体，但是氧阻聚问题依然存在，所以这个原理在实际中是不能解决问题的。

领域解（最终解决方案）

最终选择方案二。这个方案很巧妙地解决了氧分子与单体在发泡时的接触问题，而且简化了生产工艺，大幅地降低了生产成本，很好地解决了无机泡沫保温板在发泡过程中的氧阻聚问题。其实验结果如图 4-23 所示。

图 4-23 新保温板发生聚合、胚体无开裂

【例 4-22】 来自河北省创新工程师培训中的实际案例。该案例已实现了煤矸石的增值技术,如果一个创业者能冒险对该技术投资办企业,生产新型保温板,是有可能成功的。因为,大力开展煤矸石聚空心球产品的推广应用对减少煤矸石污染环境以及循环经济的发展具有重大的社会效益。

本案例还说明,创业的一种机遇来自于对煤炭开采过程有害物质煤矸石的有效利用。机遇确认是通过成功解决制造新型保温材料过程中的冲突实现的。创业者剩下的问题是投资继续开发完善已有的技术,配置资源生产保温板,开拓市场,创造效益,实现产品创新。

课程思考

1. 分析历史上的重大科学发现是否是因为发现并解决冲突而出现的?
2. 观察周围已有产品创新过程是否解决了冲突?
3. 用发现并解决冲突的观点分析已有产品进化的过程。
4. 应用冲突的观点分析企业家创业及企业发展的关键环节。
5. 如何理解机遇确认是冲突解决的结果?

第 5 章 创新思维与创新驱动型创业

 **学习目标**

1. 明确创新思维的特征。
2. 掌握创新者的脑具有哪些特征。
3. 掌握创新驱动型的创业有哪些特征。

创新者如何产生创意？创新者如何实现创意的市场化？创新者是天生智慧还是后天培养？我们能否通过教育培养出更多的创新者？这些问题已经涵盖了包括心理学、管理学和教育学在内的多个学科的知识，因此必须采用跨学科合作的方式，我们才有可能打开创新者的"黑箱"。

5.1　创新者的脑

20 世纪是信息技术的时代，21 世纪则是生物科技的时代，脑科学的研究将成为这个时代的重要方向之一。1995 年，国际脑研究组织在日本东京举办了第四届世界神经科学大会，该会议正式将 21 世纪选定为"脑的世纪"。此后，日本于 1996 年启动"脑科学时代"计划，并在 2003 年正式启动"脑科学与教育"研究项目。欧共体也成立了脑研究联盟，着手探索脑科学的奥妙之处。作为世界第一科技大国的美国，更是早在 1990 就通过"国会议案"，启动了"脑的十年"和迈向"教育的十年"的计划。

中国已经意识到脑科学研究的重要性。20 世纪 90 年代，国家"攀登计划"已经提出了"脑功能及其细胞和分子基础"的研究项目。近年来，全国诸多地区相继成立了与脑科学研究相关的研究机构。由此可见，人脑的开发与研究正在逐渐成为了全世界各国研究的热点。

脑科学，广义地说是研究人脑的结构和功能的一门学科。正如前文所述，对于创新者的研究需要借助多个学科的知识，其中包括心理学、管理学和教育学。但是究其本质，人脑是创新最初的起源，利用脑科学的相关知识研究创新者的大脑，不但能够为其他学科的研究提供宝贵的启示和经验，也有助于我们从微观水平，也就是神经的层面来探讨创新的本源。

近几十年以来，脑科学的迅速发展为我们研究创新者的大脑提供了良好的基础。现代脑科学对人脑的研究可以追溯到"爱因斯坦脑"。爱因斯坦逝世之后，为了研究其大脑的秘密，科学家在经过家属同意之后，将爱因斯坦的大脑切成了 240 块标本片，并将其中一部分寄送给全球知名的科学家进行研究。通过研究后，科学家们认为，爱因斯坦之所以能够在科学界获得辉煌的成就，和他的大脑结构特异性之间存在着密不可分的关系，这种大脑的特异性也许比大脑容量更为重要。在一项研究中，科学家选取了4名逝世时和爱因斯坦年龄相仿的男子大脑作为实验的参照对象，在和爱因斯坦的大脑进行对比研究后发现，爱因斯坦的大脑不但在脑细胞数量上远远多于普通人，而且爱因斯坦大脑星形胶质细胞突起比较大，这些胶质细胞末端的神经组织数量也较多。此外，研究人员还发现，与常人相比，爱因斯坦的大脑更为健康，比同龄人的大脑退化程度要低得多。

"爱因斯坦脑"的研究为现代脑科学的产生和发展奠定了基础。但是，需要指出的是，"爱因斯坦脑"的研究属于尸体脑的生理解剖研究，仅仅是对单个样本的脑结构研究。这类研究一方面无法对脑功能展开研究，另一方面也受到测量方法和统计误差等因素的制约。近年来，脑电技术（electroencephalogram，EEG）和脑功能成像（Brain Function Imaging）的发展为脑结构和脑功能的研究提供了有力的技术支持。新的研究方法为科学家提供了强有力的研究手段，使人们能够直接观察脑在处理复杂信息时的活动状况。

未来世界经济发展的竞争，是知识的竞争，也是人才和教育的竞争。人类将不再停留于对自然资源的开发，而是逐渐转移为对人类大脑潜能的开发，人脑创新能力的探索是其中的一个重要研究方向。脑科学的研究手段是探索人脑思维的绝佳工具，那么创新者的思维具备哪些特征呢？在回答这个问题之前，我们应该首先区分创新者和发明者的脑特征。发明者的脑通常具备高水平的智商和创造性思维能力，思维的流畅性和发散性比常人更为优秀。许多发明创造的产生都离不开发明者卓越的创造性，但是创新者的脑更为复杂。

人类的大脑由左右两部分构成。1981年诺贝尔生理学或医学奖的获得者，美国科学家斯佩里博士做过一个著名的实验。在试验中，斯佩里博士切断了患者左右脑之间的连接部分，然后遮挡住其左边的视野，在其右边视野放上图画。此时，患者能够正常地使用语言将图画的内容描述出来。可是，如果遮住其右边视野，在左边视野内放上图画后，患者就无法描述图画的内容。

斯佩里实验的意义在于，首次阐明了左右脑分工的现象。由于人类的右脑支配左手、左脚、左耳等人体的左半身神经和感觉，而左脑支配右半身的神经和感觉，所以右视野同左脑，左视野同右脑相连。通过更深入的研究后，科学家发现左脑主要完成语言的、逻辑的、分析的、规则的、细节的思考认识和行为，而右脑则主要负责直觉的、综合的、符号的、创造性的和不确定的思考认识和行为（如图5-1所示）。

左右脑分工的概念被提出后，人们开始关注右脑的教育和开发。普遍的观点认为右脑与人类的创造力非常相关，许多发明家之所以能够有那么多的奇思妙想，原因就在于其发达的右脑。但是，与发明不同，创新不仅仅是在脑海中形成各种奇思妙想那么简单，创新者必须将技术和产品实现市场化，这就需要他们调动各类资源、分析客户需求、预计未来趋势。可以说，创新的思维是一种先发散再收敛的过程，所以创新者首先要具备超常的想象力，然后是严谨的分析能力。

从人类创新的历史过程来看，新知识的来源也在发生演化。发现（Discovery）、实验（Experimentation）和综合（Synthesis）是产生新知识的三种主要途径，其中的综合是指人们通过对已有知识的深度理解和整合来创造新的知识。如图5-2所示，在人类活动的早期，人类所具备的知识相对贫乏，新知识的产生主要来源于对自然现象的观察和学

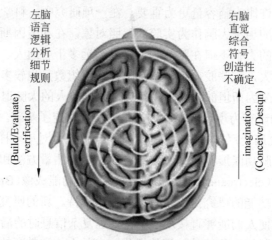

图 5-1　人类大脑的左右脑分工

习，发现是新知识产生的主要来源。随着知识储备的积累，人类开始更多地采用实验和综合的方法创造新的知识。21 世纪后，人们需要面对更多的问题，解决问题的方案必须通过一种更为高效的方式提出。此时，最快的方法是运用已有的知识来解决新的问题，综合已经成为最为常用的创新方法。

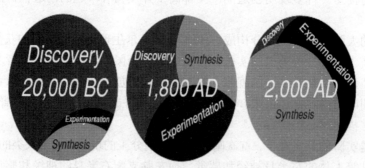

图 5-2　新知识创造方法的演变（2009）

图片来源：Bill Burnett. Building New Knowledge and the Role of Synthesis in Innovation [J]. International Journal of Innovation Science, 2009, 1(1).

5.2　创新者的思维特征

实现创新，首先，要求人们具备卓越的创造力，同时创新的成功也离不开对市场和科技发展趋势的预测能力。其次，创新还应该拥有理性的分析能力和批判能力，并且能够系统地处理、调动与整合创新所需要的知识和资源。因此，与发明者不同，创新者的思维应该具备系统性思维、超前性思维、批判性思维和创造性思维的特征。其中，右脑负责超前性思维和创造性思维，左脑负责批判性思维，系统性思维则需要结合左右脑共同参与的双脑模式（如图 5-3 所示）。

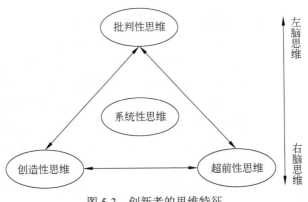

图 5-3 创新者的思维特征

具体地说，创新是一项非常复杂的思维活动，创新的过程经常会涉及多个学科和多个部门的参与。与发明创造不同，创新除了产生创意之外，还必须将创意最终市场化。在这个过程中，不同类型的资源需要进行协同。另外，集成创新已经成为创新的一种主要模式。集成创新强调对已有技术的有机组合，构成一种新的产品或者经营管理方式。这种创新方式是一种构造系统的理念，也是提高系统整体功能的方法。所以，创新者的思维需要具备系统性的特征，能够充分调动创新过程中需要的人力资源、物力资源和财力资源，并且利用组织外部的环境和资源，用开放式的创新方式将这些要素进行系统的组合与协同，提高系统整体的创新效率。

超前性思维也是创新者的重要特质之一。按照熊彼特的观点，市场化是创新最为重要的特征，也是创新不同于发明的关键因素。缺乏超前性思维的人，难以设计出未来市场需要的技术和产品。在一切以"创新"为主题的知识经济时代，超前性思维在创新中的地位和作用已越来越受到人们的重视。创新者的超前性思维主要表现在超常的洞察力、高度的应变力、科学的预测力和创新的胆识力。创新者能够对科学的发展方向和市场需求形成全面的了解，运用自己的丰富经验和知识，科学地看待事物的发展规律，从现实的发展方向中预测未来，做出前瞻性的判断和决策。

在日常生活中，我们的大脑每天都要接收到数以万计的信息。然而，在这些信息中却充斥着大量虚假和错误的信息。人们需要用批判的眼光来看待这个世界，这种批判性既包括用批判的眼光看待他们，也包括用批判的眼光来看待自己。批判性思维的基础是具备丰富的知识和经验，能够用科学的逻辑规律来怀疑问题，而非毫无根据地怀疑一切。创新者的批判性思维主要表现在：能够质疑别人提出的观点，善于争辩与怀疑权威，有力排众议和自我评价的勇气，可以做到自我监控、自我反馈和自我修正；面对问题时能够用分析性、策略性、全面性和独特性的方式来寻找解决方案，不受他人观点的暗示。

拥有批判性思维的人是少数的，因为大多数人的思维方式存在惯性，人们更习惯于听从前人的经验，墨守成规，缺乏探索新事物和新规律的勇气与智慧。因此，批判性思维是创新者必不可少的一种思维特质。具备批判性思维的创新者往往拥有好奇心，并且善于发现问题和解决问题；面对新事物时，创新者能够摒弃旧的思维习惯，从全新的视角来看待问题；创新者还在思考问题时有自己独特、系统的思维方式，敢于打破常规另辟蹊径，发现别人未曾想到的细节和方法。

创造性思维主要表现为思维的流畅性和发散性。思维的流畅性以人脑存储的信息量为基础，表现为一定时间内产生的观点数量。流畅的思维帮助创新者在最短的时间内从多个角度思考问题的答案，当遇到困难时能够及时产生新的思路，善于采用多种方法解决问题。思维的流畅性还能够帮助创新者寻找合适和准确的词汇与图形，及时地将头脑中的创意利用语言、文字、动作和图表等方式表达出来，保证了思想的传递和具体化。因此，创新者在设计解决问题的方案时，往往会考虑多个创意。即使这些方案最后只有一个能够实现创新，但是多个方案的准备过程不仅保证了计划实施的成功率，也在这一过程中强化了人们对问题更深刻的认识和理解。

思维的发散性是创造力的一个重要特征，许多研究者甚至直接用发散性思维来表征个体的创造力。思维的发散性表现为大脑在思考一种观点和问题时，能够跳出思维的固有范式，通过远距离的联想发现解决问题的新方法。发散性思维最大的特点是不受思维固有范式的束缚。大多数人在成长的过程中，逐渐形成了一种特定的思维固有范式，看待问题时有自己固定的视角和路径。这种现象的后果是导致人们的思维受到约束，解决问题的方法趋于常规，思想的范围比较狭窄。创新者的思维必须充满发散性，能够从独特的视角思考问题，无拘无束地思考。事实上，已经有许多脑科学的研究开始关注于人脑的创造力，尤其是发散性思维的产生过程。

5.3 创新驱动型的创业

成功的创业公司一般具有强大的知识产权创造与运用能力，而实现知识产权创造的关键是持续开展创新活动，特别是技术创新。谷歌公司是一家美国的跨国科技企业，致力于互联网搜索、云计算、广告技术等领域，开发并提供大量基于互联网的产品与服务。公司成立于 1998 年，由拉里·佩奇、谢尔盖·布林创立。1998 年，佩奇和布林在美国斯坦福大学的学生宿舍内共同开发了全新的在线搜索引擎，然后迅速传播给全球的信息搜索者，并于 1998 年 9 月 7 日在美国加利福尼亚州山景城创立 Google 公司，以设计并管理一个互联网搜索引擎。Google 的使命是整合全球信息，使人人皆可访问并从中受益。Google 不仅被公认为全球最大的搜索引擎，也是互联网上五大最受欢迎的网站之一，在全球范围内拥有无数的用户。

"持续创新"是驱动方正集团发展的内在基因。在将近 30 年的企业发展历程中，方正背靠北京大学，方正人秉持王选教授"技术顶天、市场立地"高新技术企业发展理念，始终致力于核心技术的创新和研发。作为方正集团的创始人，王选教授研发的"汉字激光照排系统"，推动了中国的印刷产业革命，从此"告别铅与火，迎来光与电"。1986 年，方正集团的前身——北京理科新技术公司诞生于未名湖畔，主要从事汉字激光照排系统的研发、生产与销售业务。1992 年 12 月，北京北大方正集团公司正式成立。

到 20 世纪 90 年代中期，方正电子出版系统已经占领全球中文报纸、黑白书刊将近 90%的市场份额。"汉字激光照排技术"奠定了方正的发展根基。随着激光照排业务的成功，方正集团向包括 PC 制造在内的 IT 相关软硬件领域延展，逐步确定了方正在中国 IT 产业领域的领军地位。

在王选教授看来，产品研发获得成功需要具备五个条件——采用世界一流的设备和技术；创新而且有需求；独特的卖点；贴近用户、稳定可靠；研发进度可控，产品上市及时。

在这个时期，方正的业务定位是面向新闻出版印刷领域，提供拥有核心技术优势和自主知识产权的出版印刷系统。方正的创新体系是，以北大计算机研究所为依托，以方正电子公司为研发平台，以激光照排技术为基础，从后端激光照排发展到前端网络出版，从中文信息处理发展到跨文种处理，从国内市场拓展到国际市场。

案例 5-1

隆平高科是创新驱动型创业的典型代表。袁隆平院士在其半个多世纪专注研究杂交水稻的历程中，在科研事业中勇往直前，成功实现在全国大面积推广杂交水稻，解决了亿万人的吃饭问题；并在关键技术上取得突破，先后两次荣获国家科技进步特等奖，使我国杂交水稻研究和技术居世界领先。隆平高科就是在袁隆平及其科研团队先期研究成果基础上，1999年建立的农业高新技术企业。依托科研单位，隆平高科在成立之后先后在杂交水稻、杂交辣椒、蔬菜、玉米、棉花等农作物选种育种、新品种开发方面取得各项突破。据统计，截至2014年，隆平高科拥有各项专利97项。隆平高科重视科研工作，年投入科研和成果引进经费3 000余万元，还在2001年设立博士后科研工作站。在科技创新和高度自主知识产权的带动下，隆平高科已成为亚洲最大的种子公司之一，成功实现了由创新驱动的创业。

阿里巴巴集团中国零售交易市场的交易总额（GMV）已经超过沃尔玛，成为全球最大的零售体。技术创新是实现这一成就的基础。支撑它快速成长的是大数据、云计算、互联网支付体系、互联网信用体系等新技术的运用，阿里平台的交易量已经能够占到全国社会零售总量的10%，并带来超过1 500万元的直接就业和超过3 000万元的间接就业，带动上下游产业新增纳税近1 800亿元人民币。到2020年，阿里巴巴的交易额将达到6万亿人民币，帮助90%零售商业提高效率，利用网上新实体经济的力量来推动商业变革。这也表明，阿里巴巴已经逐步从商业为主的创业，发展成依靠科技进步为核心的创新创业。

课程思考

1. 创新者的脑具有哪些特征，以此得出大学教育的关键因素？
2. 试用本章中四类创新思维提出若干创新产品的设想？
3. 完成创新驱动的创业需要具备哪些素质？

第 2 篇　PART 2

创 业 篇

　　本篇从创业者的心理特质、创业机会的识别、团队建设、初创企业产品设计、商业模式和营销手段选择、融资策略制定、创业计划书制作、项目路演、风险评估与问题规避、股权结构及股权激励设计等方面入手，详细阐述了企业创办过程涉及的实际问题，力求以创新思维解决创业问题，全面推进创业。

第 2 篇

PART 2

伺北篇

第 6 章 创业者品质

 学习目标

1. 了解创业者应具备的心理素质。
2. 掌握成功创业者具有的精神和行为特质。
3. 了解企业家精神的内涵。

6.1 创业者心理

创业本身是一个鲜活的过程。[1]它的鲜活不仅体现在创业过程当中,也体现在创业者的身上——他们的心理和行为。依据普通心理学的研究,人的行为受到动机、思维、能力的影响,体现在创业过程中,即为创业者的心理特征。对此,国内外学者提出了各种创业者心理模型,例如:

美国学者菲利普·芬(Phillip H Phan)的"创业倾向模型"认为,随着个体受教育水平的提高,尤其是正规教育的培训,个体的创业态度反而会有所削弱;个体对自身创业特质的自信和认可度与创业倾向显著相关;学生的创业态度和创业倾向存在显著相关。[2]

加拿大学者谢恩·史密斯(Shane Smith)等的"创业动机与创业过程模型",在梳理前人关于创业动机的研究基础上,扩大了创业动机的内涵,指出创业动机不仅包括了成就需求、冒险精神、模糊情景(不确定性)的耐受性、内控力、自我效能感、目标设定等,还包括情感、想象力等因素,因而将创业动机因素分为一般动机、特定任务动机两个维度。Shane 指出,创业动机因素和认知因素影响创业机会识别、创业构想产生和创业行为;而环境因素一方面通过直接作用于创业机会并影响创业行为,另一方面通过调节创业动机因素、认知因素,对创业机会识别、创业构想产生和创业行为施加影响。[3]

德国学者伊娃·施密特-罗德蒙德(Eva Schmitt-Rodermund)提出的"创业职业期待预测模型"认为,父母教养方式通过影响早期创业能力,进而影响创业兴趣,并最终影响创业职业期待,创业人格特质则直接或通过创业能力影响创业期待;年龄及创业家庭背景分别通过创业竞争力和创业兴趣影响创业期待,而早期创业能力表现为个体在学校

---

[1] 杰弗里·蒂蒙斯. 创业学 [M] . 6版. 周伟民,吕长春译. 北京:人民邮电出版社,2005.

[2] Phan P H, Wong P K, Wang C.Antecedents to Entrepreneurship among university students in Singapore: Beliefs, Altitudes and Background [J] , Journal of Enterprising Culture, 2002, 10(2): 151-174.

[3] Shane S, Locke E A, Collins C J.Entrepreneurial motivation [J] . Human Resource Management Review, 2003.13(2): 257-279.

的领导力、好奇心及创业技能。[1]

美国学者卢杰和弗兰克（Luthje & Frank）的"创业意向结构模型"指出，人格特质通过态度对创业意向产生影响，而个体感知到的环境支持因素和阻碍因素则直接作用于创业意向。作者在MIT（麻省理工学院）对512名学生进行的问卷调查显示，创业者人格特质主要包括个体冒险倾向和内控性，与创业态度呈现出显著的正相关，并通过创业态度对创业意向产生作用；环境因素中对象感知到的支持因素和阻碍因素，分别促进和阻碍创业意向。[2]

这些模型对于创业者的心理各方面特征与创业行为的关系作出了解释。这些模型也在提示，创业者的心理特征对创业成败的影响，以及创业者应如何在创业心理素质方面有所提升。在具体的创业实践中，则普遍存在两种直接造成失败的、因心理素质而产生的行为方式：等待和盲动。

6.1.1 创业者的等待和盲动

有很多一直想创业的人，因为不知道自己是否"适合创业"，迟迟不敢动手；当看到别人以和自己相似的创意赢得成功时，又陷入深深的懊悔。也有很多遭遇创业失败的人，有了一个想法就盲目投入资金、强行上马，艰难维持一段时间后不得不关门大吉。

案例 6-1

在等待中错过和在盲动中失败

两个年轻人小王和小李，头脑都非常灵活，善于钻研。不同的是，小王经常是止于思考，不见行动；小李则比较冲动，有了想法就要去尝试。两个人上大学期间就有很多小发明，得到过老师同学的肯定，还申请过专利。

毕业以后，小王依然保持着思考的习惯，他曾经设计过一种门窗上用的自动合页，可以定时开关，非常方便。有人劝他，现在建筑装修行业正红火，不如以此创业，他总觉得时机不成熟。直到有一天，他偶然听一个亲戚说起某个同类产品卖得非常红火，懊悔不已。小李则是另一番风景。他听说一种遥控器，可以同时遥控电视、空调等家用电器，觉得大有可为，就组织资金、厂房和人手开展创业，生产这种产品。产品很快生产出来，却在市场上吃了闭门羹。原来各种电器都有自带的遥控器，这种产品根本打不开销路，而厂商也不愿意提高成本生产一种可以遥控别的电器的遥控器。类似的还有几次，小李的创业都半途而废。

几年过去，两个人尽管被周围的人一致评价为"聪明"，但依然在普通企业里高不成低不就。

从创业心理角度看，被动地等待，是以旧的、既有的思维和眼光理解自身、看待周

---

[1] Schmitt-Rodermund E.Pathways to successful entrepreneurship: Parenting, personality, early entrepreneurial competence, and interests [J]. Journal of Vocational Behavior, 2004.65(3): 498-518.

[2] Luthje C & Frank N.The making of an entrepreneur: testing a model entrepreneurial intent among engineering students at MIT [J]. R&D management, 2003.33(2): 135-147.

边，缺乏足够的创业动机，因而难以识别创业机会并付诸行动；盲目的冲动，是缺乏对创业过程的理解和把握，在创业能力、创业思维等方面的积累不足，导致创业失败。从创新的角度看，被动等待是缺乏创新动机和创新思维的表现，盲目冲动则是缺乏创新的能力，并对创新能力的欠缺估计不足。

6.1.2 创业者应具备的心理素质

从前述的创业心理模型中可以看到，创业者的动机、思维、能力等心理特征对其创业的意向、目标、行为等有着显著的影响。

1. 创业者动机

动机在创业者身上更多表现为创业者的态度，即其对创业活动的偏好、想法、目标等。在 Shane Smith 的创业动机与创业过程模型中，创业动机被整合为两个维度：一般动机因素和特定任务动机因素。其中，一般动机因素包括成就动机、内控力、想象力、独立期望、内驱力、热情等，特定任务动机包括目标设定和自我效能感两个方面。按照这个模型，我们设计了表 6-1 来测量创业者应具备的心理动机因素。[1]

表 6-1 创业者动机的因素和测量指标

动机维度	动机因素	测量指标
一般动机	成就动机	强烈的自我实现的需求
	内控力	自我控制情感、情绪的能力
	想象力	具有创新创业的想象力
	独立期望	独立欲强
	内驱力	能够有效地自我驱动
	创业热情	对创业具备强烈的热情
特定任务动机	目标设定	目标是否明确
	自我效能感	对能力的自我认知是否准确

普通心理学认为，在具有特定目标的活动中，动机涉及这种活动的全部内在机制，包括能量的激活、使活动指向一定的目标以及维持有组织的反应模式，直到活动的完成。[2]在创业过程中，创业动机涉及创业活动的全过程，并影响创业的目标、行为和创业者的情绪、情感等。因此，充分的创业动机，是创业者必备的心理素质。

2. 创业者思维

思维是人类的高级心理活动。早期，思维被划分为逻辑思维和形象思维。随着心理学研究的深入，学界在 20 世纪 60 年代提出了问题解决（problem solving）的思维模型。与逻辑思维的概念、判断、推理系统不同，问题解决思维依然在分析综合、抽象概括的过程中实现，但又不同于一般的逻辑思维；它是任务主导的思维过程，属于指导性思

---

[1] Shane S, Locke E A, Collins C J.Entrepreneurial motivation [J] . Human Resource Management Review, 2003.13(2): 257-279.

[2] 孟昭兰. 普通心理学 [M] . 北京：北京大学出版社，2010.

维。[1]创业思维就是由任务主导的思维过程,具有灵活性(策略选择)、可能性(资源条件)和必要性(效果评价)等特征。

策略选择方面。创业者面对的是一个大的任务,它又可以分解为若干问题,这些问题从属于任务。创业者要对问题提出解决方法,方法往往不止一个;这些方法在任务的整体目标方案之下,服从、服务于目标的完成。创业者在选择解决方法,甚至在制订目标方案时,一方面遵循它们的逻辑关系,另一方面又要完成策略的选择。这就需要创业者具备灵活、果断等心理素质。

资源条件方面。创业者要对任务能否完成、问题能否解决作出资源条件上的判断,以对创业的可能性作出估量。这些资源条件具有相当程度的客观性,而创业者的判断又是非常主观的。创业者要排除一些主观的干扰性因素,准确地理解和把握资源条件,就要具备诚实、冷静等心理素质。

效果评价方面。创业者需要充分的动机去支撑,在效果追求方面就体现出强烈的自信;而效果评价并不是直接的,需要时间验证,在验证过程中可能出现困难和挫折。创业者继续自己的创业行为或者放弃,其理据往往就是效果评价。这就需要创业者具备坚定、自信等心理素质。

除此之外,策略选择还可能体现为冲突,资源条件还包括竞争与合作,效果评价还涉及道德和价值观等,都需要创业者具备相应的心理素质。

3. 创业者能力

在各种关于创业者能力的描述中,大多把创业者的人格(气质和性格等)、智力等心理能力和创业者的实践能力合并起来,并不对其作细致的区分。这也表明,创业者的各方面能力是整合的。同时,在竞争激烈的市场中,单一的能力很难取得竞争的优势,而是取决于创业者拥有的、能够运用的各种能力。在心理学领域,对于一般能力(智力)的认定,也趋于多向化和复杂化。

例如,德鲁克认为创业者应具备以下能力:

- 开创企业的能力;
- 运行企业的能力;
- 及时识别和评价创业机会的能力;
- 积累和运营知识及技能的能力;
- 整合资源的能力;
- 评估和防范风险的能力;
- 创新能力;
- 团结和鼓励团队成员的能力。[2]

以"团结和鼓励团队成员的能力"为例,团结和鼓励既需要创业者具备亲和、热情、诚恳等心理能力,也需要创业者具备与人沟通的实践能力。创新能力则需要创业者具备创造性、想象力等心理能力,以及一定的背景知识和动手能力。综合各方面专家学者的

---

1 希尔加德. 心理学导论[M]. 周先庚等译. 北京:北京大学出版社,1987.
2 Richard C Dorf, Thomas H Byers. Technology Ventures—From Idea to Enterprise[M]. 2nd ed. New York: McGraw-Hill Education, 2008.

意见和论述，我们把创业者所需要的能力概括为以下几种，如表6-2所示。

表6-2 创业者能力及其指标

能力分类	能力项目	能力指标
心理能力	责任感和决策能力	能够担当企业创办和管理的重任，对企业的现状和前景、团队负责，能够就问题作出准确、果断、及时的决策
	领导力	具有领导者的人格魅力和威信
	创造力、自主能力和适应力	思维开放，能够主动创新，有强烈的完成目标的内在驱动力，善于观察、发现问题，敏锐，能够适应复杂的环境和各种不确定性
	勇气和信心	具有敢为人先的勇气，百折不挠的意志品质，达成目标的坚定信念
	洞察力	善于发现问题的关键所在，并找出解决问题的方法
	创新能力	不受固有模式的束缚，敢于突破常规，主动地解决问题，并提出创造性的解决方案
实践能力	一般管理能力	能够管理好一个组织，以适当的方法完成目标、计划、组织、控制、激励等各项工作
	信息处理能力	具备现代化信息的获取、处理和整合的能力
	团队合作能力	合理分工、授权和激励，能够有效促进团队合作，使团队流畅运行
	资源整合能力	有效协调、整合资本、市场、人力等各方面资源的能力
	风险管理能力	对风险有清醒的认知和正确的评估，有效地防控风险
	市场认知能力	理解市场各方面要素以及产业、行业等关系，善于捕捉市场需求
	执行能力	有效利用资源、保质保量达成目标的能力
	目标导向能力	能够制定企业发展规划，确定企业发展目标，并以此作为组织导向

6.1.3 锤炼创业精神

创业者的动机、思维和能力会内化为创业者的人格特征，外化为具体的创业实践。在外部的观察者看来，这些内容体现的就是创业精神。创业者要不断地锤炼创业精神。

1. 把握时代的脉搏

时代是人所处的客观环境，也是具备鲜明特征的一段历史。创业者要锤炼创新精神，就先要对时代有着充分的、客观的、全面的理解，抓住时代发展的主流，感受时代的跃动脉搏。

创业英雄的创新精髓

比尔·盖茨在少年时代就以善于编写程序闻名，而与他同样善于编写程序的人，或许依然在编写程序。他的成功在于发现了 PC 时代计算机步入家庭的机遇，创新了计算机操作系统这个人机交互的通道。

马云在创办阿里巴巴前，经历了多次失败的挫折。在做企业黄页项目时他发现了电子商务当中蕴含的巨大商机：当时人们都在谈论电子商务，却不知道怎么去实现。马云发现了其中的关键——交易才是商务，而交易需要信息，阿里巴巴就以信息作为撮合交易的途径。

杨致远创办雅虎则是在上网过程中产生的灵感。他发现,人们连接了互联网,却不知道用它来干什么。门户网站就是给上网者提供一个上网以后干什么的通道。尽管现在门户网站已经衰退,但它所创造的价值已经写进历史。

德鲁克指出,创新是每位高层管理者的职责,它始于有意识地寻找机遇。[1]创业者要把时代的走向、主流作为创新的开端。离开时代的创新,很难获得市场的响应;而紧跟甚至稍领先于时代的创新,就能走在前面,先人一步。

2. 捕捉市场的需求

有了对时代的初步感受和理解,还要善于捕捉市场的需求。如果说时代是一个大的环境,那么市场就是一个具体的领域。每一个创新,都是对市场需求的回应;那些出类拔萃的创新,甚至主动去创造一个新的需求。创造需求的创新,甚至发现了市场都还没有发现的需求。熊彼特(J A Schumpeter)认为,成功的创业者,都能抓住机会,挖掘市场中存在的潜在利润。[2]

这就需要创业者去深入观察市场。市场的每一个发展变化,都在更新着需求。创业者未必去找出每一个新的需求,但对自己有兴趣的、准备创业的领域,一定要密切观察。必要的时候,创业还要进入市场去调查、研究一番,得出更准确的第一手资料。

捕捉到市场的需求,与自身创新创业的精神和条件结合起来,就形成了创业的时机。

3. 积累创业的要素

创业并不是凭空而来,它需要一定的主客观条件。有时,客观条件并不一定具备,比如市场虽然有需求,但是技术条件还不成熟。这个时候,创业者要勤于积累,不断提升自己的主客观条件,为创业做好一切准备。机遇总是青睐那些有准备的人。

而最需要积累的要素,莫过于创新。某一个创新的思路,可能因为条件不成熟被舍弃。即便如此,创新的思维仍然得到了锻炼;更重要的是,明白了取舍,也就有了鉴别创新成果的能力。这样,既不会因不够成熟的创新而盲动,也不会对已经成熟的创新成果失去自信。

每个人每一天都面对不同的世界。创新,其实是人的本能,也是人的生存方式。创新精神是创业者必备的心理素质,而它实际上根植于我们每个人的心中。明确创新思维,培养创新素质,锤炼创新精神,是每一个创业者成功的必经之路。

6.2 创业者特质

创业者具备的各方面心理素质,包括动机、思维、能力等各方面,会显化为创业者的特质,即创业者独特的性格特征和行为方式。美国学者斯蒂芬·斯皮内利和罗伯特·亚

---

[1] Peter F Drucker. Innovation and Entrepreneurship [M]. Oxford: Butterworth-Heinemann, 1985.

[2] J A Schumpeter. History of Economic Analysis [M]. New York: Oxford University Press, 1954.

当斯曾经汇总过 2001 年之前关于创业者特质方面的研究，如表 6-3 所示。[1]

表 6-3 创业者特质汇总

年份	研究者	创业者特质
1848	Mill	风险承担
1917	Weber	权力需求
1934	Schumpeter	创新、主动
1954	Sutton	责任感
1959	Hartman	权力需求
1961	McClelland	风险承担、成就需求
1963	Davids	抱负、独立意识、责任感、自信
1964	Pickle	自我驱动、人际关系、沟通能力、专业知识
1971	Palmer	风险评估
1971	Hornaday & Abound	成就需求、自主性、进攻性、影响力、识别能力、创新性、独立性
1973	Winter	影响力需求
1974	Borland	内部权力需求
1982	Casson	风险承担、创新、影响力、权力需求
1985	Gartner	改变和权力
1987	Begley & Boyd	风险承担、对不确定性的容忍度
1988	Caird	自我驱动
1998	Roper	影响力、权力需求
2000	Thomas & Mueller	风险承担、影响力、内部控制、创新
2001	Lee & Tsang	内部控制

这些特质，有的是精神方面的，有的是行为模式方面的。我们从中选取最有代表性的特质，并结合中国创业者的具体环境，把它们分为精神特质和行为特质两类。

6.2.1 创业者精神特质

对于成功创业者精神方面的特质，侧重于不同的方面会得出略有差异但大体相近的结论。例如，管理大师彼得·德鲁克（Peter F Drucker）强调，管理者要"达成目的、使工作者有成就感、履行社会责任"。[2] 领导力专家约翰·科特（John P Kotter）认为，成功创业者"均拥有极大的权威，个人成就辉煌，抱负远大，情绪稳定，思想乐观，知识丰富，分析能力卓越，有良好的认知观、豁达的人生观等基本特征以及广阔良好的知识结构和良好的人际关系等其他特征"。[3]

1　Stephen Spinelli, Robert J Adams. New Venture Creation: Entrepreneurship for the 21st Century (Vol.9)[M]. New York: Irwin McGraw-Hill，2012.

2　Peter F Drucker. The Effective Executive [M]. New York: Harper Collins US，2006.

3　约翰·科特. 现代企业的领导艺术 [M]. 史向东，颜艳译. 北京: 华夏出版社，1998.

松下幸之助的经营之道

松下电器产业株式会社的创始人松下幸之助只受过4年小学教育。1918年,23岁的松下在大阪建立了"松下电器器具制作所"。面对艰苦的创业环境,松下幸之助带领制作所员工一同努力、创新,连续推出了先进的配线器具、炮弹形电池灯、电熨斗、无故障收音机、电子管、真空管等一个又一个成功的产品。仅仅7年,松下幸之助就成为日本收入最高的人。"二战"之后,日本市场萧条冷清,松下制作所却蒸蒸日上,销售额持续增长。到1988年,松下已经连续经营了企业63年,其中有10年他的收入都居于日本第一位,有6年居第二位。他1989年逝世时,留下了15亿多美元的遗产。人们总结松下的成功经验,以下几点最为重要:

为人谦和,松下一贯认为"首先要细心倾听他人的意见";

注重员工教育,制定了松下员工守则,还创作了松下的歌曲,使团队凝聚力大大提升,每个松下员工都以自己是松下的一员而自豪;

坚持薄利多销的原则,多考虑消费者和代理商的利益,并能兼顾企业的利益。[1]

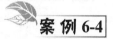

杰克·韦尔奇

1935出生的杰克·韦尔奇,在1981年45岁时成为通用电气历史上最年轻的董事长和CEO。20年间,他把自己视为一个创业者,将没落、官僚的通用电气,打造成充满朝气、富有生机的企业巨头。在他领导下,通用电气的市值由1981年的130亿美元上升到4 800亿美元,成为名列全球第一的世界级大公司。2001年9月韦尔奇退休时,被誉为"最受尊敬的CEO""全球第一CEO""美国当代最成功最伟大的企业家"。取得这样非凡的成就,得益于他一贯坚持的原则。

竞争与创新。没有一个企业能够成为就业天堂,除非它在市场中获胜,而取胜的关键就在于不断创新。

团结与激励。没有比人才更重要的资源,亲切自然的沟通,热爱、拥抱、激励自己的员工,为他们创造最好的环境。

企业价值观。通用员工尤其是干部,必须做到9点价值观——痛恨官僚主义、开明、讲究速度、自信、高瞻远瞩、精力充沛、果敢地设定目标、视变化为机遇以及适应全球化。

像这样伟大的企业家还有前IBM公司总裁路易斯·郭士纳、已故苹果公司CEO史蒂夫·乔布斯,中国的马云、张瑞敏等。他们在成功领导一个企业的同时,往往还是特质鲜明的创业者。相比初次创业,二次创业可能更加艰难,因为他们不仅要面对变化的市场,还要面对公司内部的问题。从他们身上,我们大体可以看到成功创业者所具备的精神特质。

---

1 李津. 松下幸之助[M]. 北京:中央编译出版社,2009.

领袖群英——做创业组织的领袖。每一个成功创业者,都是创业企业的领袖。领袖既是领导,又不同于普通的领导。他不仅是组织的管理者,同时也是组织的灵魂。他要把自己的创新精神、创新思想、创新行为注入这个组织当中。

积极乐观——善于激励整个团队。成功的创业者以积极乐观的精神风貌,激励整个团队奔向目标。积极乐观既包括对团队成员的沟通、热爱、拥抱,更包括宽松的制度、有效的运营、合理的薪酬等方面。积极乐观,才能最大限度地激发团队的创新意识和创新能力。

挑战目标——形成对现状的突破。成功的创业者永不满足,他们始终在前行。这是一种"在路上"的心态,也是对突破现状、挑战目标、实现创新的渴望。这是人的自我实现,是人的自我激励,是人的最高需求。

敢为人先——勇于追求创新成果。故步自封或者划地为牢,都只会把企业带进死胡同。成功的创业者,必然是敢为人先的典范。敢为人先,才能先人一步,才能更迅速、更及时、更有效地把创新成果应用于企业、投放于市场,取得制胜的先机。

这些精神特质并不是孤立的,而是融合于创新精神之中。领袖要面对各种新形势、新问题,乐观则需要对新问题予以积极应对,挑战中更是要设定新的目标,敢为人先则是创新的直接追求。这是成功创业者、成功企业家们创新精神的外在表现。

6.2.2 创业者行为特质

创业者不仅在精神风貌上充满创新,其行为也具有强烈的创新性。我们来看以下几位成功创业者、成功企业家的事迹。

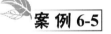

勤奋的李嘉诚

自 1999 年起便蝉联华人首富的香港风云人物李嘉诚,1928 年出生于广东一个普通教师之家。历经艰苦创业,他创办了长江实业,收购了和记黄埔,步入人生辉煌境界。谈及成功,李嘉诚有其独到的经商之道、用人之道。而谈及创业和早年的推销生涯时,他则只强调两点:一是勤奋;二是创新。多年来,他坚持头一天不管多晚睡,第二天早晨都准时 5 时 59 分起床,开始一天的工作。他具有高度的危机感,用 90%的时间思考未来,主动在头脑中创造逆境,思考解决方案,居安思危。

阿曼德·哈默——合作的成功

阿曼德·哈默博士,一个俄国移民的后裔,美国西方石油公司董事长,点石成金的富豪,一生颇具传奇色彩。他是十月革命后与苏联合作的第一个西方企业家,被列宁称为"哈默同志";他又是第一个乘坐私人飞机访问中国的西方企业家,被邓小平誉为"勇敢的人"。哈默是他父亲的三个孩子中最"不听话"的一个,也是最富创造力的一个。还在读高中时,他就成功做成了第一笔大买卖,而他当时身无分文,完全依靠"中介"。与苏联和中国的交流合作为他创造了无数商机，以及白手起家、成为全球知名富豪的条件。美国在20世纪30年代曾经实行禁酒令，哈默敏锐地意识到这个法令不会持续很长时间。在其他人纷纷出售酒庄和酿酒厂之时，他从苏联订购了几船优质木材，创办了一座酒桶厂，并进入酿酒业，在禁酒令如预期废除时，他迅速成为美国第一威士忌酿酒商。哈默是著名的社会活动家，他一直强调，自己的成功，就是"合作的成功"。[1]

每一个成功的创业者，都在创业过程中培育了相对他个体而言"非凡"的特质。其中最为突出的，也最为共性的是：勤奋不倦的工作，开放有效的合作，不断进取的雄心，百折不挠的坚持。

对自我——勤奋。创业艰难百战多。创业过程无疑是艰难的，成功需要创业者付出更多努力，而付出更多最直接的，就是勤奋。勤奋就为创新创业打下了坚实的基础。

对世界——开放。一个好汉三个帮。以开放的心态和行为，去实现与世界的合作，是创业成功的必要条件，也是成功创业者的行为特质。不断扩大合作的广度，挖掘合作的深度，就为创新创业提供了机遇和条件。

对目标——进取。创业如逆水行舟，不进则退。即使是一个成熟的企业，如果丧失了进取精神，也会面临淘汰。唯有始终坚持创新进取，不断挑战新的目标，使企业始终处于创新创业的状态，保持"在路上"的心理和行为，才能实现创业成功和企业的永续发展。

对事业——坚持。天行健，君子以自强不息。自强往往容易，选择创业本身就是一种自强；不息却难，难就难在持之以恒。每一个成功创业者，都会养成一种甚至几种他人难以做到的优良习惯，而其唯一的秘诀就在于坚持，尤其是对创新创业的坚持。

6.3 创业者测评

有志于创业者，会经常问这样一个问题：我到底适合不适合创业？面对这样的问题，有些人的回答可能是：试一试就知道了。可是创业这样一个活动，需要投入大量的人力、物力、财力和精力，不是"试一试"这么简单，它试错的成本太高。而且，这样的试验，与其说在考察一个人是否适合创业，倒不如说在考察某个项目是否适合市场。所以，创业测评需要以另外的方式实现。

我们根据创业者所需要的心理素质、精神和行为特质等方面条件，基于 Risking 等创业者测评模型，并对其进行了部分改进，把它推荐给大家作为自我测评的参考。

6.3.1 创业者测评的内容

阿玛尔·毕海德认为："坦诚地面对自己，是创业者需要具备的一个最基本的品质。"[2]创业者对自己测评的过程，实际上也是坦诚面对自我的过程。大体而言，需要测评的主项如图6-1所示。

---

1 哈默. 哈默自传[M]. 雷鸣夏译. 广州：广州文化出版社, 1987.
2 阿玛尔·毕海德. 创业精神[M]. 2版. 北京新华信商业风险管理有限责任公司译. 北京：中国人民大学出版社, 2000.

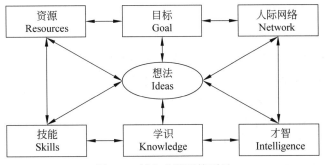

图 6-1　创业者测评的项目

每一个主项包括的分项内容如表 6-4 所示。

表 6-4　创业者测评的分项内容[1]

主项	内容 1	内容 2	内容 3	内容 4
资源	项目	资金	团队	其他
想法	市场	价值	可行性	创新
技能	专业	管理	执行	领导
学识	行业	商业	法律	财务
才智	智商	情商	财商	毅商
人际网络	合作者	服务对象	渠道媒体	竞争对手
目标	方向	确定	集中	执着

6.3.2　测试自己是否适合创业

有了一个大体的方法，就可以依据它进行测评。测评可以是自我测评，也可以是比较熟悉的人来测评，或者多人测评取平均值、加权平均值。这些都能给有意创业者一个参考。需要指出的是，测试并不是给出一个绝对的结论，而是为了帮助创业者找出不足，以便有针对性地取长补短、扬长避短。下面，简要介绍一个测评方法，有意创业者可以用它来测试一下。

依据表 6-4，我们可以给其中的分项内容按照 5 分制的标准打分：

5 分：相当优秀

4 分：优秀

3 分：一般

2 分：比较薄弱

1 分：薄弱

如果测试者认为介于两个档次之间，可以按 0.5 的分差处理。打分之后，把各分项内容的分值累加，得到该主项的得分。此时，被测试者可以得出自己在该主项的大体印象。最后再把各主项内容累加起来，得到总分。总分体现了被测试者当前创业的风险程

---

[1]　毛翠云，梅强. 创业者素质模型与综合测评方法［J］. 统计与决策，2009（24）：59-61.

度，得分越高，风险程度越低。

总分满分是 140 分。其中：

120～140 分：创业风险很小，创业成功可能性很大。

100～119 分：创业有一定风险，也有一定机遇。

80～99 分：创业有较大风险，会遇到比较大的困难。

60～79 分：创业有非常大的风险，会遇到难以解决的困难。

低于 60 分：暂时不适合创业。

测试的实例如表 6-5 所示。

表 6-5 一个测评实例

主项	内容1	得分	内容2	得分	内容3	得分	内容4	得分	小计
资源	项目	4	资金	3	团队	4	其他	4	15
想法	市场	3	价值	5	可行性	4	创新	4	16
技能	专业	4	管理	2	执行	3	领导	4	13
学识	行业	5	商业	4	法律	3	财务	3	15
才智	智商	5	情商	4	财商	4	毅商	4	17
人际网络	合作者	2	服务对象	3	渠道媒体	3	竞争对手	5	9
目标	方向	4	确定	4	集中	5	执着	5	18
合计				103					

依据这个得分，可以比较清晰地、定性地了解到创业者的机遇，以及可能遇到的风险因素。更为重要的是，可以根据这个测评，有针对性地去改进（如表 6-6 所示）。

表 6-6 测评实例分析参考

创业机遇	风险因素	改进策略
项目不错，团队等各方面条件具备	资金不足	了解接触多种融资渠道
产品具备创新价值和可行性	市场经验不足	有针对性地训练，如市场调查
专业能力突出，具备领导潜质	缺乏管理经验	模拟或者实习，积累经验
专业知识出众，能够市场转化	法律财务知识不足	学习掌握相关基础知识
智商高，自控力强，坚定	无应对挫折经验	关于逆境的自我训练
市场尚无有力竞争对手	缺乏合作者和渠道	逐步建立渠道，善于借势借力
目标明确集中，追求执着	缺乏变通能力，固执	训练发散性思维,改善性格因素

有了这样的一个参照，创业者就能更好地认识自我、把握机遇、应对风险、改进不足，为创业创造更好的条件。

创业者测评是阶段性的评价，而不是一次性评价，它只是对于创业者当前的状况得出一个印象性的参考。依据测评结果有针对性地提升创业素质和创业能力，特别是创新意识、创新思维、创新能力，要比测评本身重要得多。我们相信，没有人是天生的创业者，更没有人天生不适合创业；每一个成功的创业者，都历经了自我认知、不断改进的上升过程，最终才能取得成功。

6.4 创业者品质

成功的创业者身上都有关于创业的优良品质。这些品质或者是创业之前就具备的,或者是创业准备期间有针对性地训练提升获得的,或者是创业过程中逐渐积累的。其中,最为重要的是创新品质、行动品质和道德品质。

6.4.1 创新品质

创新品质可以细分为主观和客观两个方面。主观方面是指创业者所具备的创新意识、创新思维,它的成果是创新项目;客观方面则是指创业者在产业创新具体实践过程中表现出来的技术创新能力,它的成果是创新产品。

1. 创新项目

创新项目在主观方面是创业者意识、思维、智慧的结晶。一个项目要把各种不同的资源,包括资本、团队、技术、产品、市场、管理等诸方面要素有机地融合到一起,形成一个项目区别于其他项目的特征。如果把项目整体表示为 P,项目的各方面要素表示为 x_1、x_2、x_3、$\cdots$、x_n,那么,项目就可以视为一个关于各方面要素的函数,即

$$P=f(x_1, x_2, x_3, \cdots, x_n)$$

从数学中我们可以理解,一个函数最重要的是它的自变量和因变量之间的对应关系。项目的灵魂,就是如何把各方面的要素组织起来的方式。这就是创新的结晶。[1]

案例 6-7

舒义的力与美

舒义 19 岁开始创业,是国内最早的 Web 2.0 创业者之一。几年来,他创办过国内第一批博客网站 Blogku 和 Bolgmedia,还创建了一个高校 SNS 和一家校园电子商务公司。2006 年,舒义开始了他的第三次创业——成都力美广告有限公司。有了面向个人应用的博客网站运营基础和电子商务公司运营经验,结合各方面的网络资源、人脉资源,力美为国内企业提供移动营销解决方案,很快成为业界领先的公司。他在 2009 年又成立了北京力美,于 2011 年获得 IDG 资本的投资。

一个优秀的创业者,善于把各种资源组织起来,成为一个创新创业项目。创新,不仅包括技术本身的创新,也包括技术应用的创新。这就要求创业者对于项目的各种要素有深入、全面的理解。平时是否围绕创新下功夫多看、多思、多做,就是一个创业者是否具有创新品质的体现。

2. 创新产品

成功的创新者,善于抓住市场的潜在盈利机会,以获取商业利益为目标,重新组织生产条件和要素,建立起效能更强、效率更高和费用更低的生产经营方法,从而推出新的产品、新的生产(工艺)方法、开辟新的市场,获得新的原材料或半成品供给来源或

---

[1] 赵延忱. 民富论:创业原理与过程 [M]. 北京:中央编译出版社,2009.

建立企业新的组织，它包括科技、组织、商业和金融等一系列活动的综合过程。[1]

产品的创新，既包括创新技术的成果性应用，也包括不同功能的创新组合。几项旧的技术，组合在一起产生了新的、市场上没有的功能，能够满足更多的需求，这也是创新。

案例 6-8

组合型产品创新

在市场上，我们可以发现，大量的商品是功能组合或者优势组合创造的。例如，在签字笔上安上橡皮头，在电风扇上安装压缩机变成空调扇，在饮水机上安装压缩机产出冰水并自带小冰箱，等等。这些产品过去没有出现过，而它们一出现，就创造了新的需求。它们的特征就是，把旧的功能创新性地组合，因而产生新的功能，也就创造出新的产品。

无论是项目创新，还是产品创新，其中所包含的和体现的，都是创业者的创新品质。创业者的创新品质，就决定了项目的优劣，决定了项目发展的上限，决定了产品的技术应用水平和市场实现能力，最终也就决定了创业的成败。

6.4.2 行动品质

创业是一种行动，创业的成功，最终还是取决于行动。成功的创业者，都具备优秀的行动品质。行动品质主要包括以下几个方面。

执行力。一般来说，执行力是相对于团队行政水平而言。个体的执行力，在于他是否能够把想法、目标等有效地转化为行动。

勤奋。前面我们曾经以李嘉诚为例，说明过勤奋的重要性。勤奋同时也是创业者行动品质的表现。

习惯。习惯的力量是巨大的，它驱使人在自觉、自动的情况下完成行动，这是一个人自律的品质。成功的创业者，都会把良好的习惯当作伴随一生的挚友。

决断力。决断是对复杂局面、困难局面作出迅速正确的反应。商场如战场，有没有决断力，是创业成功的关键因素之一。

感染力。创业者不仅要能够自己自觉地朝向目标努力，而且要能够带领、激励团队一同努力。这是创业成功的保障，也是创业者重要的行动品质。

以上这些行动品质，体现的是一个创业者在创业过程中行为的优劣。有志于创业，就要在创业准备期，甚至更早的时候，努力锤炼自己的行动品质。

6.4.3 道德品质

如果说创新品质和行动品质决定了项目初步的成败，创业者的道德品质则决定了他个人、他领导的企业、他创业的项目能走多远，能飞多高。创业者的道德品质，会充分体现在项目的选择、经营方式、商业模式等方面。一个缺乏道德品质的创业者，可能在短期内取得创业的成功，但是无法用缺乏道德的方式使项目长期生存下去。这样的教训很多。

---

1 傅家骥. 工业技术经济学 [M]. 北京：清华大学出版社，1986.

案例 6-9

3721 的败落

3721 是提供"网络实名"（实际上是网址中文化）服务的网络公司。利用 3721，用户无须记忆复杂的域名，在浏览器地址栏直接输入中文名，就能直达网站。应该说，这在互联网兴起初期、网络使用习惯尚未成熟的时期，是一个极大的创新。它本来可以拥有良好的市场前景，并以此为基础走得更远。然而，它采用的推广方式——反复提示、捆绑安装、偷植模块、卸载保护等，遭到了市场和用户的唾弃。3721 以"我国第一个并且是最大的流氓软件之一"的恶名，最终可耻地结束了它的运营。

不能不说，3721 的败落与创业者自身的道德品质败落是分不开的。这也告诉我们：一个志存高远的创业者，必须锻造精金美玉的品质。

诚信。这是一个常说常新的话题。在创新创业方面，诚信尤为重要。诚信作为一种品质，体现在创新创业项目上对自我、对团队的诚信，体现在产品质量上对市场、对用户的诚信，体现在市场关系上对合作者、竞争者的诚信，等等。这都是一个项目能够长久生存的基础。

创新。为什么把创新当作一种道德品质呢？因为创新不仅是创业者的意识和行为，也是一个创业者主观的动机。把创新当作动机的创业者，时时处处都会体现出创业的意识和行为；而把创新当作投机、口号甚至欺骗手法的"创业者"，则会有剽窃、侵犯知识产权、忽悠客户等种种恶劣行为。所以，创新也是一种道德品质。

担当。一个人和一个企业，都是要有担当的。创业者在市场的担当，是对创业团队的负责，对用户、合作者的负责，乃至对社会的负责；创业者在团队内部的担当，则是团结、激励创业团队的关键。它对外表现为一个企业的声誉、社会责任感，对内表现为一个团队领袖的人格和胸襟。

道德品质还有很多，我们只强调诚信、创新、担当，这是对于创业者而言最为关键的。诚信决定了创业项目能走多远，创新决定了创业项目能走多高，担当决定了创业项目的健康度，它们共同决定了创业项目的成败。

创业者的心理素质、精神行为特质和道德品质，是创业者创新精神为核心的内外各方面素质、能力、人格的融合。一个成功的创业者，需要过人的心理素质、非凡的精神行为特质、优秀的道德品质。这三方面，决定了创业者是否具备创业的基本条件，能否把握创业的机遇、抗御创业的风险，能否带领创业团队实现项目的成功和发展。

6.5 企业家精神

创业阶段完成后，创业项目就会转变为在市场中运营的企业，创业者也就把角色转变成为企业管理者。所谓企业家精神，也就是创业者精神的提高和升华。

6.5.1 企业家精神的含义

企业家精神可以概括为道德价值、实业运营、创新能力与前向思维几个方面。[1]它既是企业家本人才能的突出表现,也是企业的重要而特殊的无形生产要素。[2]

案例 6-10

盛田昭夫:永远领导新潮流

盛田昭夫1921年1月26日生于爱知县。1946年,他与索尼前身"东京通信研究所"创办者井深大共同创业,开始了索尼辉煌的发展历程。以新制胜,威力无穷。以新制胜,迅速改变旧生活——这是索尼秉持的宗旨,也是盛田昭夫毕生的信条。在盛田昭夫的带领下,半个多世纪以来,索尼开发了录音磁带、录像带、超小型半导体收音机、半导体电视机、掌上微机等一系列革命性创新产品,至今仍然是世界最大、最有影响力的电子产品企业。盛田昭夫创新的精髓,不仅在于不断推出新产品,还在于创造新的市场、新的需求。多年来,盛田昭夫领导下的索尼公司每年保持营业额6%~10%的投入,用于研究发展新产品。这是索尼能够始终领导新潮流的动力,更是索尼在世界电子产品领域塑造的形象。[3]

从盛田昭夫身上我们可以看到企业家精神之一斑。当人们提及盛田昭夫时,所想到的不仅仅是他领导下创新的产品录音带、随身听,而且是索尼公司的一切,甚至是日本企业精神的一切。企业家精神作为企业持续发展的动力源泉,不但能够促进创业与创新精神的高涨,培育积极进取的市场环境,还可以激发整个社会的创新活力,推动社会文明与进步。[4]

简单概括,在个体方面,企业家精神就是企业家在道德价值上诚信、创新、担当的示范精神,在实业运营上高超、创新、和谐的管理艺术,在创新能力上执着、坚定、开放的不懈追求,在前向思维上进取、创新、挑战的卓越眼光。在社会方面,企业家精神则是一个民族、一个社会、一个国家的自立、自强、自信、自新的表现。

6.5.2 企业家精神的培育

培育企业家精神,创业者要从自我做起,要把创业准备、创业实施的过程,当作培养自己企业家精神的过程。在企业家精神内涵的介绍中,我们强调了创新的核心价值;培育企业家精神,也要从创新入手。

道德价值上的创新。创业者既要吸取、参考前人和他人的成果,更要把这些成果当作创新的基础。不经过缜密、深入、用心甚至是痛苦的思考和行动,就不可能取得创新创业的成功。创业者切勿抱有侥幸、走捷径的心理,而是要脚踏实地地付出艰苦的努力。

---

1 丁栋虹. 企业家精神[M]. 北京:清华大学出版社,2010.
2 理查德·坎蒂隆. 商业性质概论[M]. 余永定,徐寿冠译. 北京:商务印书馆,2011.
3 盛田昭夫. 盛田昭夫自传[M]. 曾文泰译. 吉林:时代文艺出版社,2002.
4 李兰. 企业家精神[M]. 北京:中国人民大学出版社,2009.

这是创新精神在道德上的要求，也是真正的创新创业者、企业家的人格力量。

实业运营上的创新。运营是一个系统工程，它包括了产品和服务的策略、选型、定型，商业模式的策略、设计、确立，市场营销的策略、计划、执行，企业发展战略的规划和实施，等等。在运营中，每一步都包含着创新。创新创业者要在运营中创新，在创新中运营，把创新本身当作追求的目标，并落实到具体的运营当中。在实业运营上，企业家精神就是不断思新、求新、创新。

创新能力上的追求。创新能力并不是凭空而来的，而是创新创业者各方面能力的总成。企业家不同于一般管理者的精神，而在于始终不满足、始终孜孜不倦地提升自我。提升创新能力要把功夫下在创新之外，努力吸收哲学、经济、历史、自然科学、产业技术等各方面的营养，并把它内化为自己的知识、能力系统，成为创新的动力和基础。企业家精神，就是学习、创新的精神。

前向思维上的创新。人无远虑，必有近忧。前向思维是创新创业者在对变化着的政策、产业、技术、市场等的深入认知的基础上做出的前瞻性判断。创新要走在需求的前面，不仅要走在市场需求的前面，更要走在项目、企业自身发展的前面。只有这样，才能在瞬息万变的市场上立足、发展。企业家精神，就在于把这样的前向思维做到极致。

本章，我们探讨了创新创业者的心理素质、人格特质，并把它归纳为创业者的品质。由此，有志于创业者就能判断自己当前是否适合创业，并且有了努力的方向和方法。创业者品质，最终要升华为企业家精神。企业家精神是创新创业者终身的追求。

课程思考

1. 从你周边观察到的创业成功和失败的案例，你认为这些创业者身上具备或者缺乏了哪些心理素质和行为特质？
2. 依据本章提供的方法，试测评一下自己当前是否优先选择创业，找出自己的优势，并提出改进的策略。
3. 分析几个成功创业者的经历，并简要评价他们身上所具备的创新品质。
4. 你认为中国创业者在企业家精神培育方面有哪些优势和不足？

第7章 创意、创新、创业项目选择

学习目标

1. 掌握如何识别某一个创意是否为创业机会。
2. 懂得如何评价及分析创业机会。
3. 掌握产业、技术、竞争、资源分析的要点。
4. 了解如何判断一个项目的机会和风险。
6. 懂得如何选择创业项目。

7.1 创意与创业机会识别

创业源自创新,创新始于创意。任何创业机会都不会凭空而来,它来自创业者勤奋的努力和灵感的迸发。蒂蒙斯指出,创业机会是通过把资源创造性的结合起来,迎合市场需求(或兴趣、愿望)并传递价值的可能性。成功识别创业机会,对创业机会进行科学、理性、系统的评价,是创业活动成功的起点和基础。[1]创意从哪里来,如何判断创意能否转化为创业机会?对于创业者来说,这是他面临的第一个问题。

7.1.1 创意的来源

创意,我们更多的是从广告行业听到这个词语。作为对问题的创新解决,创意的含义并不单纯限于广告创意。出于解决问题的目的而提出新思路、新点子、新方法,都可以称为创意。就像李政道博士所说的那样,"能正确地提出问题就是迈出了创新的第一步"。[2]

案例 7-1

随 身 听

世界上第一款随身听 Walkman 由索尼(Sony)公司于 1979 年投放市场。很快,它以新颖的便携性和并不缩水的性能风靡全球,引领着电子、数码产品潮流。此前,人们欣赏音乐,要用体积相对较大的收录机、电唱机等,有时还要使用外设音响设备。这使人们只能在相对固定的场所欣赏音乐。Sony 注意到年青一代随时随地享受音乐的需求,把耳机、播放工具、简约功能等元素结合起来,在卓越领导人盛田昭夫的带领下,开发出

---

[1] Jeffry Timmons, Stephen Spinelli. New Venture Creation: Entrepreneurship for the 21st Century [M]. New York: McGraw-Hill/Irwin, 2008.

[2] 李政道. 物理学的挑战[J]. 科学, 2000. (3).

了新一代便携式产品。从此，人们可以在运动、餐饮、乘车等各种活动的同时，享受便携式产品带来的全新体验。随身听不仅满足了市场的需求，而且开拓了一个新的领域。

创业所指的"问题"，就是发现市场的需求。亚德里安·斯莱沃斯基和卡尔·韦伯认为，真正的需求，潜藏在人性因素与其他一系列因素的相互关联之中，这些因素包括金钱和情感成本、社会规范、基础设施、产品设计、沟通方式等。[1]创业者去发现需求，要从这些因素的关联入手。德鲁克则提出了创意的七种来源：出乎意料的情况、不一致性、过程及其需要、产业与市场结构变化、人口统计数据、认知变化、新知识（技术）。[2]这些来源体现了各种变化。

布鲁斯·巴林杰（Bruce R Barringer）提出了商业创意的三大最常见来源：变化的环境趋势、尚未解决的问题、市场缝隙。[3]

第一个商业创意源泉是变化的环境趋势，最重要的几个环境趋势是经济趋势、社会趋势、技术进步和政策变化。了解经济趋势有助于创业者辨别哪些是商业创意实施条件成熟的领域，哪些领域需要回避。社会趋势对人们的生活方式和所需产品、服务类型有一定影响，并改变个人和企业的行为方式和优先选择。经济趋势、社会趋势和政策变化从宏观的层面上为创意提供来源，例如，经济下滑期间会导致生活必需品的增长和奢侈品需求的降低，社会的老龄化会使老年用品增长；而当前"二胎"政策的放开，可能导致"婴儿潮"，促进婴幼用品、教育产品需求的增长等。技术进步则为商业创意提供了持续不断的源泉。一方面，它能够帮助人们更好或更方便地进行日常活动，因此产生日常产品方面的新需求；另一方面，当人们发现、发明一种新技术之后，基于它的应用会迅速占领市场，并使相关、周边市场产生新的需求。这些新的需求都是创意的来源。

形成商业创意的第二个源泉是尚未解决的问题。在人们的日常生活中，存在着各种各样的问题。而众多的创业者也正是从解决生活问题的过程中发现各种商业创意。例如，从背包过于沉重的问题出发，发现拉杆滑轮箱包的创意；从嘈杂环境中无法听音乐的问题出发，发现入耳式耳机的创意等。

商业创意的第三个源泉是市场缝隙。消费者的需求并不是时时都能得到满足，规模较小的用户群体往往被主流产品放弃。克里斯·安德森在2004年提出"长尾"（The Long Tail）理论定义的利基市场——一个小市场并且它的需求没有被服务好，就可以针对市场缝隙而提供产品/服务，进而建立市场优势。[4]创业者要善于发现这样的市场缝隙，发现需求，进而形成创意。

这三个来源所体现的，都是市场的需求。市场需求可以分为已经存在、潜在的和新创的需求三种。有效地采集和分析客户需求信息，并准确地加以定义，是创新创意的必要前提。[5]创意来自市场的需求，创业者所要做的，就是去发现它、满足它、刺激它、

---

1 亚德里安·斯莱沃斯基，卡尔·韦伯. 需求：缔造伟大商业传奇的根本力量[M]. 龙志勇，魏薇译. 杭州：浙江人民出版社，2013.

2 Peter F Drucker. Innovation and Entrepreneurship [M]. Oxford：Butterworth-Heinemann，1985.

3 布鲁斯·巴林杰. 创业计划：从创意到执行方案[M]. 陈忠卫等译. 北京：机械工业出版社，2009.

4 克里斯·安德森. 长尾理论[M]. 乔江涛译. 北京：中信出版社，2006.

5 郑称德. 运作管理[M]. 南京：南京大学出版社，2003.

创造它。找到市场的需求，也就找到了问题之所在，创意和后续的创业才有的放矢。而创意的形成过程，也就是创新地解决问题的过程。

7.1.2 形成创意的方法

创意的来源可能比较明显，也可能比较隐蔽。无论哪一种来源，都只是一个问题、一个发现。想要变成创意，还需要进一步的努力。这里介绍三种主要的形成创意的方法。

1. 头脑风暴法

头脑风暴（Brain Storming）是一个形象的说法，指不同的人提出不同的设想（创意）。头脑风暴要围绕一个特定的领域或者议题，一些专家有组织地进行讨论，以产生多种创意并对其进行评价。组织者请参与者轮流分享他们的创意或者解决问题的思路，其他人对此作出回应，指出优点和不足，并提出新的设想，如此循环。在讨论过程中，组织者把各种创意记录下来，供参与者进一步参考。在讨论之后，组织者对各种创意进行分析和筛选，得出好的创意。

头脑风暴法是一个集思广益的过程。组织者要善于组织和引导，既使参与者充分地发散思维，又使议题始终集中在某一个特定的范围之内。相对来说，开放性的问题和领域，如"针对放开'二胎'我们在婴幼用品上能有哪些设想"，更适用头脑风暴法。

2. 焦点讨论法

与头脑风暴法的开放性不同，焦点讨论法设置一个窄向的议题，组建一个由熟悉议题的人组成的焦点小组（Focus Group），集中在一起回答问题，通过讨论的形式双向反馈，使问题明朗化。焦点讨论法可作为头脑风暴的后续，在选定少数创意之后进行集中讨论；也可以在创业者已经有所设想之后，再组建焦点小组进行讨论。

焦点讨论法有利于使创意深化，并发现其中的不足之处甚至"致命缺陷"。创业者可选取相关领域的专家，就创意的评价、筛选、问题和解决、设想等进行深入探讨，形成比较完善的创意计划。

3. 收集调查法

与头脑风暴法和焦点讨论法面向特定的人物不同，收集调查法的对象是不特定的人群。创业者可以针对创意收集各方面的信息，对创意进行调查和分析；也可以针对不特定人群展开问卷调查或者网络调查，收集他们的意见和需求。调查创意相关背景资料，目的是了解与创意有关的市场、资源、技术、行业、产业等信息，从这些方面对创意进行分析和评价。收集各方面意见和需求，是为了完善创意，发现新的需求并改进创意。

收集调查法要注意两个问题。一个问题是收集调查者的主观倾向性。收集调查者不能为了证实某个创意可行，而去选择一些对其有利的信息，忽略对其不利的信息。另一个问题是问卷等工具的设计要有针对性，问题要清晰、易懂、便于作答，并且能够对创意的可行性有所验证。

创业者一般会选择使用上述方法中的一种或多种。在反复的思考、研究、调查、反馈之后，就基本上形成了解决问题的创意设想。

7.1.3 创业机会的含义及其重要性

创意设想发现了市场需求,并提出了满足市场需求的初步思路和方法,它的实现还需要各方面的资源和条件,才能成为创业机会。熊彼特(Schumpeter)在 1934 年把创业机会定义为"通过把资源创造性地结合起来,满足市场的需要,创造价值的一种可能性。"[1]这是从资源—价值的过程定义创业机会。Shane 和 Venkataraman 在 2000 年把创业机会看作创业的关键部分,并把它定义为:新产品/服务、原材料、市场和组织方式被应用于新的组成方式—结果或结果—方式结合。[2]这个定义把创业机会视为创业者对于各项要素的集成方式和可能性。Dutta 和 Crossan 在 2005 年提出,创业机会是一系列的环境条件,这种环境条件导致创业者通过现存风险或创造新风险将一种或更多种新产品或服务引入市场。[3]这个定义从需求(环境)—市场的过程来概括。

这些关于创业机会的定义,既揭示了创业机会的含义,也在一定程度上体现了经济社会的演进:从资源到价值的生产过程,从资源到模式的组织过程,从需求到满足的市场过程。我们把这几个定义综合起来,从需求—模式—市场—价值这样一个完整的过程考虑,把创业机会理解为:根据市场需求,把各方面资源条件加以整合,从而为市场提供价值的可能性。

关于创业,学者们提出了多种模型,都把创业机会放在重要的位置。

菲利普·威克姆(Philip A Wickham)于 2006 年提出了基于学习过程的创业模型,如图 7-1 所示。[4]

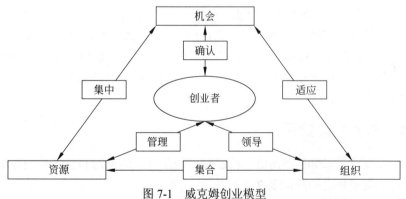

图 7-1 威克姆创业模型

威克姆创业模型把创业机会当作创业者习得的先发成果,并经过创业者自身条件与机会的双向确认,然后再去集成资源、建立组织,开展创业活动。由于这个模型是关于创业的,资源和组织被当作已经存在的条件;我们也可以反推得到结论:如果资源和组

1　Schumpeter J. Capitalism Socialism and Democracy[M].Harper & Row,New York,1934.

2　Shane S,Venkataraman S.2000.The Promise of Entrepreneurship as a Field of Research[J].Academy of Management Review 25:217-226.

3　Dev K Dutta,Mary M Crossan.The Nature of Entrepreneurial Opportunities:Understanding the Process Using the 41 Organizational Learning Framework[J].Entrepreneurship Theory and Practice,2005(7):425-449.

4　Philip A. Wickham. Strategic Entrepreneurship(4th Edition)[M]. Upper Saddle River,New Jersey:Prentice Hall,2006.

织等方面的条件不存在,那么机会也就不成为机会了。

萨尔曼(Sahlman W. A.)在 1999 年提出了要素型的创业模型,如图 7-2 所示。[1]

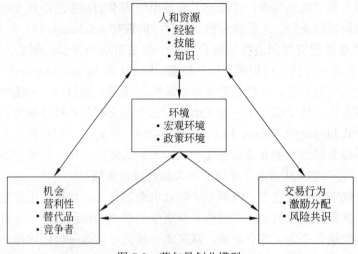

图 7-2　萨尔曼创业模型

萨尔曼创业模型把机会当作创业要素之一,并将其分为营利性、替代品、竞争者等细目。创业机会通过项目的营利能力、产品创新性、竞争激烈程度等因素,与人和资源、环境、交易等诸要素互相影响,是动态的关系。

从这两个模型中,我们可以看出,创业机会既是一个先决性、判定性的条件,也是初创企业运营过程中动态的要素。因此,它会产生和消逝——这就要求创业者既不能犹豫不决,也不能随意盲动。它既取决于创业者个人的偶然性,也带有客观市场的必然性——创业机会的偶然性体现了创业者的创新创意,它的必然性体现了市场的需求。它不仅决定着一个创意能否发展成为一个项目、一个企业,也影响着项目、企业在运营过程中的判断、决策,甚至终结。

7.1.4　创业机会的识别

Ardichvili 等人在 2003 年提出,可以根据创业机会的来源和发展对创业机会进行分类。[2]他设计的创业机会矩阵如表 7-1 所示。

表 7-1　**Ardichvili 创业机会矩阵**

—	不明确的	明确的
不能界定的	梦想	解决问题
已界定的	技术转移	创业机会

1　Sahlman W A. Some Thoughts on Business Plan:The Entrepreneurial Venture [J]. Cambridge, Massachusetts:HBS Publication, 1999.

2　Alexander Ardichvili, Richard Cardozo.A Theory of Entrepreneurial Opportunity Identification and Development, Journal of Business Venturing [J]. Journal of Business Venturing, 2003, 18(1):105-123.

其中，横轴以机会潜在的市场价值是否明确为坐标；纵轴以创业者的创造价值能力能否界定为坐标，包括人力资本、财务能力、技术、设备等。已经界定的创业者能力和明确的市场价值才能构成可识别的创业机会。

中国的林嵩等人在 2006 年指出，创业机会存在两个维度的特征。[1]一是市场环境特征，包括市场的成长性、规模、竞争程度、网络关系等；二是产品技术特征，包括产品的技术壁垒、成本优势、技术优势及其持久性等。

Lindsay 和 Craig 在 2002 年提出，创业机会识别的过程可分为三个阶段。[2]第一阶段是创业机会的搜寻阶段，对整个经济系统中可能出现的创意展开搜索并初步评价。第二阶段是创业机会的识别阶段，从创意中筛选合适的机会。这一阶段包括两个过程，一是通过对整体市场环境和一般的行业分析来判断其是否在广泛意义上属于有利的商业机会，即标准化的识别阶段；二是考察这一机会对于特定的创业者、投资者来说是否有价值，即个性化的识别阶段。第三阶段是创业机会的评价阶段。创业者对创业机会在财务、团队、资本、市场、行业、产业、技术、产品等各方面作出评价，以决定是否正式创建企业并融资。

依据以上相关论述，我们可以大致建立一个创意—创业机会的识别流程模型，如图 7-3 所示。

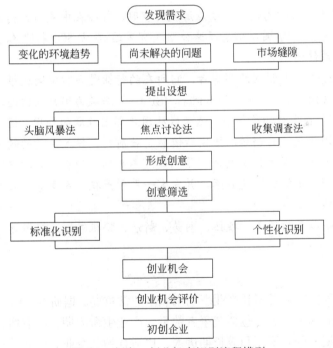

图 7-3　创意—创业机会识别流程模型

经过前面的工作，创业者在形成并选定几个创意之后，要对创意的价值进行评估，

---

[1] 林嵩，张帏，姜彦福. 创业机会的特征与新创企战略选择：基于中国创业企业案例的探索性研究［J］. 科学学研究，2006，24（2）：268-272.

[2] N J Lindsay, J B Craig. A Framework for Understanding Opportunity Recognition［J］. Journal of Investing, 2002.

即创意筛选。筛选创意有利于创业者把精力集中到可行的创意上,而不必在那些不可行的创意上浪费时间和金钱。

根据 Lindsay 和 Craig 对于创业机会标准化识别和个性化识别的界定,筛选创意、识别创业机会主要从创意潜力、产业前景、市场条件、资源条件、创业者特质几个方面展开。

1. 创意潜力

这里所说的潜力并非创意未来盈利的潜力,而是创意未来的发展机会。新创意必须为市场消费者提供价值,即重要性和用途,并使消费者得到满足。因而,创意的潜力就会与消费者已经得到的满足程度和新创意能够增加的满足程度相关。这是评价创意潜力的一个重要方向。

消费者已经得到的满足程度和新创意能够增加的满足程度,在市场上就表现为"时机"。创业者在实施创意计划时,必须是符合时机的:需求没有被市场认可,时机的窗口处于关闭状态;某个新的需求或需求增加被市场确认,时机的窗口就打开;需求得到较好的满足,时机的窗口再一次关闭。

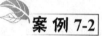

瀛海威的败落

1995 年,张树新雄心勃勃地建立瀛海威时空时,曾经在中关村大街的路牌上竖立了一个广告,上面写着:"中国离信息高速公路还有多远?前方 500 米!"仅仅两年之后,瀛海威就被收购并最终停止运营。

瀛海威无疑是中国互联网的领跑者,它所在的行业是当时中国还很少有人了解的互联网服务提供商(Internet Service Provider,ISP)。瀛海威为用户提供通过电话线拨号上网的"接入服务",在当时的条件下,瀛海威从用户那里收取的费用,还不够其交给中国电信主干网的使用费用。其创始人张树新依然悲壮前行,投入大量的精力建设瀛海威的服务网络和内容网络。由于收支倒挂、盈利模式不明确,特别是当时中国互联网尚未生成有效需求等原因,瀛海威迅速衰落,并发生一系列产权、人事等方面的变故,最终逐渐淡出人们的视线。

就在瀛海威被收购后不久,搜狐、网易、新浪、腾讯等网站纷纷建立,中国进入了互联网时代。

2. 产业前景

初创企业进入的产业类型和产业平均利润率非常重要。据研究,8%~30%的企业盈利能力差异和产业因素有关,包括竞争者数量、产业生命周期、产业增长率等。选择产业生命周期的早期——介绍期和成长期进入,更适合初创企业。产业的平均利润率会影响初创企业可生存的空间,也是一个要注意到的重点。

网络菜店跃跃欲试

随着电子商务的兴起,人们认为,网上买菜很快就会变成现实。早在 2009 年,河南郑州就开办了一个网络菜店。而很快该网站就改卖了土特产。为什么会这样？2009年5月，三个"80后"大学生迈出创业第一步，建起了网上菜店，一时间引起了轰动。人们觉得网上买菜观念很新，抱着试试看的心理在网上订菜。然而，与实体菜场相比，该网站既无法组织货源、实现盈利水平上的低价，也无法解决线下及时配送的问题，最终不得不转变了经营方向。第一批网络菜店基本上都是这样的命运。现在，人们的网络消费方式已经比较成熟，线下配送网络也越来越完善，配送时间、价格都有比较大的保障。同时，O2O方式的发展，也使从菜农开始的供货方有了进一步的想法。2016年以来，新的一批网络菜店又小规模、小范围地开展起来。网络菜店能否改变生活，人们拭目以待。

3. 市场条件

创意要针对一个目标市场，即在一个产业有具有类似特征的、代表更狭窄消费者群体的地区市场或细分市场。初创企业很少直接针对很广泛的市场，而是以某一大市场中的"利基市场"为目标。在进入一个新的市场之前，要考察创意在条件上是否具备规模性、产品差异化、独特的分销渠道、知识产权（专利等）的优势或劣势。

4. 资源条件

初创企业需要一定的投资，需要技术、产品、设备、原料、渠道等各方面的资源。创意能否成为一个创业机会，进而形成一个创业项目，并创办新的企业，在很大程度上取决于资源条件是否许可。创业者对此要作进一步的分析研究，首先确认不存在"致命性缺陷"，再分析项目所需的资源中哪些是具备的，哪些是不具备的，不具备的资源有没有解决的方法和途径，等等。

5. 创业者特质

行为学派的Endres和Woods在2006年指出，企业家依赖其不同的经验推断方法，在复杂的市场环境中发现内生的创业机会，因此创业机会内生于企业个人心理结构，机会具有异质性。[1]所谓异质性，即创业者的个性。这是从创业者的个人角度来判断其能否提出某个创意，发现并将其识别为创业机会。创业者的经验背景、学识能力、创业动机等，都对创业机会的识别产生影响。

德鲁克认为，创业者应具备开创企业、运行企业、及时识别和评价创业机会、积累和运营知识和技能、整合资源、评估和防范风险、创新、团结和鼓励团队成员等方面的能力。[2]其中直接提及了"及时识别和评价创业机会"，而其他各方面的能力，实际上也构成识别创业机会的因素。这就像我们通常看到的那样：一个创业项目，某人能够发现并且做成，而另一个人就难以发现或者即使发现了也最终失败——成功难以复制。

识别创业机会，我们还要有这样的思考方法：创业机会并不是直接形成的，而是要经过《创业机会的市场评价细则》。这样的流程有利于创业者以标准化的方式识别创业机会，并结合自身的个性化特征来寻求契合。

---

[1] Endres A M, Woods C R. Modern theories of entrepreneurship behavior: a comparison and appraisal [J]. Small Business Economics, 2006 (26): 189-202.

[2] Richard C Dorf, Thomas H Byers. Technology Ventures—From Idea to Enterprise [M]. 2nd ed. New York: McGraw-Hill Education, 2008.

7.2 创业机会评价

创业者创业的目的，是实现市场价值和商业成功；创业者创业的过程，也是对其自我价值实现的过程。创业机会就是实现价值的机会，怎样对创业机会进行评价和选择、确定，是创业者需要面对的重大问题。

7.2.1 创业机会评价方法简介

1．定性评价

在创业机会的定性评价方面，Howard Stevenson 等人指出，为了充分评价创业机会，要考虑 5 个重要问题：机会的大小、存在的时间跨度和随时间成长的速度；潜在的利润是否足够弥补资本、时间和机会成本的投资，而带来令人满意的收益；机会是否开辟了额外的扩张、多样化或综合的商业机会选择；在可能的障碍面前，收益是否会持久；产品或服务是否真正满足了真实的需求。[1]

Justin Longenecker 等人提出了评价创业机会的五项基本标准。[2]一是对产品有明确界定的市场需求和恰当的推出时机；二是投资的项目必须能够维持持久的竞争优势；三是投资必须具有一定程度的高回报，从而允许一些投资的失败；四是创业者和创业机会之间必须匹配，即存在特质性；五是创业机会中不存在致命的缺陷。

蒂蒙斯提出了一个涉及行业与市场、经济因素、收获条件、竞争优势、管理团队、致命缺陷问题、个人标准、理想与现实的战略差异等 8 个方面、53 项指标的创业机会评价体系（见附表 7.1 "蒂蒙斯创业机会评价体系"）。[3]这个体系通过定性或定量的方式，对上述指标作出判断，来评价一个创业项目或创业企业的投资价值和机会。

2．定量评价

John G Burch 在 1986 年总结了 4 种被广泛接受的定量评价方法。[4]

（1）标准打分矩阵。通过选择对创业机会有重要影响的因素，由专家小组对每一个因素进行三个等级的打分，求出对于每个因素在各个创业机会下的加权平均分，从而对不同的创业机会进行比较，如表 7-2 所示。

（2）优先级公式法。按照由西屋公司（Westing House）提出的公式计算和比较各个机会的优先级。在公式中，技术和商业成功的概率以百分比表示，平均年销售数按销售产品数量计算，成本按单位成本计算，投资生命周期指可预期的年均销售量不变的年限，总成本是预期的各项投入。将不同的创业机会的具体数值代入公式，优先级越高的创业机会越有可能成功。

---

[1] Howard H Stevenson, Michael J Roberts. Harold Irving Grousbeck.New Business Ventures And The Entrepreneur [J]. Journal of Entrepreneurship, 1992, 1(2): 260-264.

[2] Justin G Longenecker, Carlos W Moore, J William Petty. Leslie E Palich.Small Business Management: Launching and Growing Entrepreneurial Ventures [M]. South-Western College Pub，2007.

[3] 杰弗里•蒂蒙斯. 创业学 [M].6 版. 周伟民，吕长春译. 北京：人民邮电出版社，2005.

[4] John G Burch.Entrepreneurship [M]. John Wiley & Sons Inc，1986.

表 7-2　标准打分矩阵

标　　准	专　家　评　分			
	极好（3 分）	好（2 分）	一般（1 分）	加权平均分
易操作性				
质量和易维护性				
市场接受程度				
增加资本的能力				
投资回报				
专利权状况				
市场规模				
生产条件				
广告潜力				
成长潜力				

技术成功概率×商业成功概率×（价格－成本）×投资生命周期/总成本=机会优先级

（3）Hanan Potentionmeter 潜力指标法。这种方法通过让创业者填写预先设定好权值的选项式问卷，来快捷地得到创业机会的成功潜力指标。对于其中的每个因素，不同选项的得分可以从－2 分到＋2 分，通过加总得到最后的总分，总分越高说明特定创业机会成功的潜力越高。只有那些最后得分高于 15 分的创业机会才值得进入下一步的选择实施，低于 15 分的则被淘汰。因素分为如下几项：

- 对于税前投资回报率的贡献；
- 预期的年销售额；
- 生命周期中预期的成长阶段；
- 从创业到销售额高速增长的预期时间；
- 投资回收期；
- 占有领先者地位的潜力；
- 商业周期的影响；
- 为产品制定高价的潜力；
- 进入市场的容易程度；
- 市场试验的时间范围；
- 销售人员的要求。

（4）Baty 选择因素法。通过 11 个选择因素的设定来对创业机会进行判断，如果某个创业机会只符合其中 6 个或者更少的因素，这个创业机会将被淘汰；如果创业机会符合其中 7 个或者更多的因素，这个创业机会将很有希望。选择因素包括：

- 这个创业机会在现阶段是否只有你一个人发现了？
- 初始的产品生产成本是否可以承受？
- 初始的市场开发成本是否可以承受？
- 产品是否具有高利润回报的潜力？
- 是否可以预期产品投放市场和达到盈亏平衡点的时间？

- 潜在的市场是否巨大？
- 产品是否是一个高速成长的产品家族中的第一个成员？
- 能否预期产品的开发成本和开发周期？
- 是否处于一个成长中的行业？
- 投资界是否能够理解产品和市场对它的需求？

我们根据中国创业者的实践经验和创业者的实际需求，吸收各方面研究成果，将蒂蒙斯评价体系简化和分解，提出一个包含市场、条件、效益三个方面，简便、有效、易操作的创业机会评价方法。

7.2.2 创业机会的市场评价

创业机会的市场评价，主要是从产品定位、市场结构、市场规模、预期占有率、价格—成本策略等几个方面来考察。具体的细则划分和参数如表 7-3 所示。

表 7-3 创业机会的市场评价细则

项目	细则	参数
产品定位	市场定位	是否明确
	市场需求	是否清晰
	市场细分	是否合理
	用户反馈	是否流畅
	产品生命周期	所处阶段
市场结构	市场进入门槛	门槛高低
	供货商渠道	是否流畅
	客户群体构成	是否适当
	经/分销商体系	是否健全
	替代性产品	替代性
	市场竞争	激烈程度
市场规模	市场成熟度	成熟程度
	市场成长性	潜力大小
	当前市场规模	规模大小
预期占有率	市场渗透性	是否良好
	预期占有率	能否高于 20%
价格-成本策略	成本构成	是否合理
	价格策略	是否适应市场
	规模效益	能否降低成本

案例 7-4

指甲钳中的商机

梁伯强是广东中山圣雅伦公司总经理，被誉为"指甲钳大王"。他与指甲钳结缘，来自于1998年的一则新闻。新闻中提及,当时的朱总理在一次会议中说,要盯住市场缺口找出路,比如指甲钳,我没用过一个好的,都是剪了两天就剪不动指甲了。朱总理意在要求轻工业企业努力提高工艺水平和产品质量,创新产品。梁伯强则从中发现了商机。他进行了细致周密的市场调查,发现中国500多家生产指甲钳的企业绝大多数濒临关闭或转产,年总营业额仅20亿元,与韩国的5家工厂持平。而事实上中国并不缺乏生产优质指甲钳的工艺和材料。巨大的反差坚定了他的信心,他的指甲钳一炮打响,第一批订单规模就达4 000多万元。

7.2.3 创业机会的条件评价

创业条件大体上包括了创业资金、生产/服务技术、人力资源、行业经验、外部环境等。对于创业机会的条件评价,也就从这几个方面展开,如表7-4所示。

表7-4 创业机会的条件评价

项目	细则	参数
创业资金	启动资金需求	能否满足
	流动资金需求	能否满足
	未来融资	难度和规模
	运转能力	能否实现自主存活
	扩张需求	能否实现滚动发展
生产/服务技术	行业发展前景	是否良好
	产业支持	是否有力
	技术能力	是否先进
	创新性	技术创新水平
	应用能力	技术转化水平
	实现能力	技术生产水平
人力资源	管理团队	能力如何
	技术团队	能力如何
	营销团队	能力如何
行业经验	从业经历	经验水平
	技术经验	经验水平
	开发经验	经验水平
	市场经验	经验水平
外部环境	政策法规	是否允许
	技术条件	是否可行
	环保条件	是否可行

7.2.4 创业机会的效益评价

所有的创业机会,只有在市场上可望得到效益的实现,才是真正意义上的机会。所以,具备了市场的必要性和条件的可能性之后,还要对项目的效益进行评价,如表7-5

所示。

表 7-5 创业机会的效益评价

项 目	参 数
毛利率	是否高于 40%
税后净利润	是否高于 20%
损益平衡所需时间	能否在 1.5~2 年实现平衡
投资市场回报率	是否高于 25%
投资资本回报	可能性及回报率
退出机制与策略	是否合理安排

创业者可参考上述评价方法，结合附表 8.1 中的蒂蒙斯创业机会评价体系，对创业机会作出比较恰当的评价。创业机会评价还仅仅是对创业的可行性作出初步的判断。选定一个创业项目，还要在产业、技术、竞争、资源、风险等诸方面进一步分析考察，才能得出结论。

7.3 创业项目分析

由需求产生的创意，经过筛选和评价之后，还要进行创业机会分析，来确定商业项目切实可行。相比创业机会评估，创业机会分析是更为深入和严格的研究。

创业项目一般从产业、技术、竞争、资源等几个方面进行分析。

7.3.1 产业分析

产业由生产相似产品或服务的企业构成，是联系宏观经济和微观经济的纽带。[1] 产业可以从多方面区分，如规模、增长、结构、收益、竞争等；因而产业也就可以从这些方面来进行分析。产业分析因其宏观性和战略性而处于创业机会分析的上游位置。对于初创企业来说，在没有进行产业分析的前提下就定义一个目标市场是不符合逻辑的。

1. 产业分析的内容

产业分析一般从产业规模、产业增长、产业结构、产业收益、产业趋势等几个方面展开。

（1）产业规模。产业规模指单位时间内（当前状况）或者一段时间内（发展趋势）的产出量，以及产业内企业的数量。前者体现了产业理论上能够提供的产出总额，后者体现了产业内的竞争程度。对于初创企业来说，比较理想的状态是，产业既能够使市场参考者在各自的细分市场上获利，又不至于对竞争对手有太高的吸引力。

（2）产业增长。产业增长体现的是其发展现状和前景，既包括总体规模的增长，也包括企业的成长性，还包括利润水平的增长。一个处于快速增长期的产业，对于初创企业是充满机遇的。

---

1 苏东水. 产业经济学 [M]. 2 版. 北京：高等教育出版社，2006.

（3）产业结构。产业结构指的是一个产业的集中或分散程度，以及产业的总体格局。高度集中的产业意味着在产业内部形成了比较强的垄断或寡头之间的联合，标志着产业已经进入成熟期，进入的成本比较高。对于初创企业来说，选择比较分散的产业进入，竞争风险要小得多。产业的总体格局指相对供应商和购买商的地位，其中最重要的因素是定价权。如果定价权掌握在供应商或购买商手中，这个产业的吸引力就比较低，初创企业进入时要慎重。

（4）产业收益。产业收益是由产业规模、结构、成长性等因素共同决定的。它不仅体现了产业当前的资本利润率，也体现了各种产业之间的比较结果，将对初创企业的融资能力产生比较大的影响。

（5）产业趋势。产业处在一个由经济、社会、技术、政策等构成的大环境当中，它们的变化就会形成产业的趋势。例如，煤价的变动就会影响电力的价格，进而影响企业的成本；建筑开发的活跃会拉动钢材、水泥等的需求，而其受政策的影响比较大等。

这些内容综合起来，还会构成一个产业的前景，这也是非常值得创业者关注的领域。

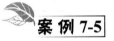

海尔的差异化策略

20世纪90年代中后期，大量进口家电产品涌入中国市场。这些进口家电产品，是国内产品的技术、质量难以抗衡的。为此，中国的家电企业也纷纷开始提升技术能力和产品质量，但是由于核心技术和生产工艺等方面的原因，收效甚微。一直以技术和质量见长的海尔，则提出了"服务重于利润"的思想，开展了二次创业。海尔以开展星级服务、成为中国家电第一品牌为中心，以市场份额的不断扩大和产品的不断创新为重点，在用户为中心的服务理念指导下，制订了"高标准、精细化、零缺陷"的星级服务目标，设计了售前、售中、售后的星级服务内容。这使海尔家电和其他品牌的家电、包括进口家电形成了服务差异，赢得了消费者的偏好。

海尔以正确的产业策略开展二次创业，再现辉煌。它在制定产业策略之前，关注了哪些问题呢？

第一是当时的竞争形势。进口产品冲击，国内厂商大战，竞争非常激烈。第二是技术能力。进口产品技术能力强大，无法与之比较；对国内产品则有技术和质量上的相对优势。第三是需求市场。大量产品涌入说明需求活跃，所以市场规模有望进一步扩大，市场占有率有望进一步提升，替代产品的威胁不大。通过这些分析，海尔找到了关键：与进口产品比服务，与国产产品比质量。这样的创新策略使海尔赢得了市场。

2. 产业分析的方法

关于产业分析，迈克尔·波特（Michael E Porter）提出了"五力模型"。[1] 五力模型指出，在产业中存在五种竞争力，即同行业竞争者、供应商、购买者、潜在进入者、替代品。其中，供应商、购买者指产业链中的位置，即上下游。参考五力模型，我们将其主

---

[1] 迈克尔·波特. 竞争战略 [M]. 陈小悦译. 北京：华夏出版社，2005.

项和细则列明如表 7-6 所示。

表 7-6 产业分析"五力模型"评价表

主　项	细　则
同行业竞争者	技术水平地位
	服务水平地位
	产品质量地位
	市场占有率地位（含预期）
	其他
供应商竞争	供应商控制力（垄断性）
	供应商议价能力（定价权）
	供应商竞争水平
需求竞争	需求规模和结构
	需求弹性
	需求议价能力（定价权）
潜在竞争	新技术开发可能性
	产业结构调整的影响
	潜在进入者威胁程度
替代品竞争	新替代品开发可能性
	替代品优势强弱
	替代品当前占有率

然后，我们可以对这些细则赋值，将其转化为对创业项目的有利性，按 1~10 分打分，然后求平均值作为主项的分值。其中：

≥9 分：　　　非常有利；
7~9 分：　　 比较有利；
5~7 分：　　 竞争激烈；
3~5 分：　　 比较不利；
≤3 分：　　　非常不利。

例如，经过分析评估，得到主项分值分别为：

同行业竞争者：　　7 分
供应商竞争：　　　9 分
需求竞争：　　　　8 分
潜在竞争：　　　　9 分
替代品竞争：　　　8 分

然后，我们可以利用多边形工具，如图 7-4 所示。

这样就能得到一个比较直观的优劣结果。调整多边形数轴单位值，可以看到更为显著的效果。

产业分析得出来的结论，是创业项目在产业链中的市场地位如何。其中，定价权是产业的核心指标。在"五力模型"的分项和细则当中，创新是竞争力的核心构成。创业

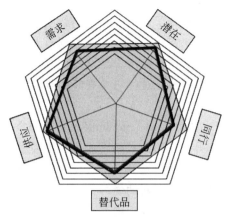

图 7-4　产业分析示意图

者提出的创意、形成的创业机会所包含的创新内容及其创新水平，是决定其在产业当中地位的关键因素。

7.3.2　技术分析

美国未来学家阿尔文·托夫勒（Alvin Toffler）在其颇具影响的著作《第三次浪潮》中，描绘了以信息技术革命为核心的经济发展图景。[1]其中固然有夸大不实、耸人听闻之处，也客观地指出了技术进步之于经济的重要作用。技术对于创业项目的影响就更为突出。尤其是在当今"互联网+"、O2O、互联网金融等新概念、新产业、新技术兴起的时代，技术的核心作用愈加重要。同时，技术创新过程存在相当的不确定性，它和市场的不确定性相互影响，使技术创新项目的选择具有更高的风险。[2]因此，对创业机会进行技术方面的可行性判断，是避免技术性风险的重要手段。

案例 7-6

phpwind 创业案例

2003 年，正是各大论坛火爆之时。当时，网络社区建站需要专业团队完成网络社区，还是少数大型网站运营的。在浙江理工大学上大三的王学集和两位同学一起，利用自己所学的知识、技能和特长，设计发布了 PHPWind 论坛程序，并注册了一家公司，专门提供大型网络社区建站的解决方案。这项技术使得网络社区建站摆脱了专业技术团队，成为稍具网络应用技术就能实现的模板。经过几年的创新和成长，PHPWind 成为国内领先的网络社区软件与方案供应商。其不断创新发布的版本，也在网络社区软件领域树立起了极高的网络壁垒，并推动了网络社区的门户化，为大量中小网站甚至个人网站创造了非凡的价值。2008 年 5 月，阿里巴巴以 5 000 万元人民币收购 PHPWind，将其划入阿里云计划，继续发挥着作用。

这个案例是技术创新创业的一个典型。

1　阿尔文·托夫勒. 第三次浪潮［M］. 黄明坚译. 北京：中信出版社，2006.
2　孙威武. 技术创新项目选择综合评价［J］. 数量经济技术经济研究，2003（4）.

第一，phpwind 技术创新取得了效益。技术创新不仅使项目直接获得了收益，而且是市场经营和资本运营的双重收益；phpwind 技术创新大幅提高了网络社区建站效率，降低了建站成本，甚至可以说创造了网络社区建站这样一个行业。

第二，phpwind 技术创新非常先进。它与当时的市场需求紧密结合，并且具有非常好的现实整合性和未来融入性。

第三，phpwind 技术研发能力突出。phpwind 把需要一个团队才能解决的问题，变成了模块化的模板，这已经证明了它的技术研发能力。更可贵的是，它并没有满足于一个版本的成功，而是不断滚动投入到研发领域，开发周期合理，功能差异化明显，且具备明确的市场目标。研发能力是持续创新的保障。

第四，phpwind 技术的创新性显著。这里着重是创新本身。技术是创新的，才能有控制力、影响力，才能形成比较好的竞争壁垒。phpwind 对网络社区建站领域的控制力、竞争力非常强大。

第五，phpwind 技术创新风险控制良好。它的资源整合、资本对接、市场价值等都做得非常好，没有让外部风险因素影响到项目的发展。既没有出现资源不足、资金短缺等情况，也没有遭到市场的淘汰。

以上这些方面，促成了 phpwind 的成功，也有效地避免了项目的衰退。这些方面缺一不可，而在技术领域有了这些就基本上完备。因此，我们就可以从技术创新效益、技术创新前景、技术创新能力、技术的创新性、技术创新风险等几个方面来分析一个项目在技术方面的情况。

近年来，我国学者结合创业实践，分析众多创业案例，对创业项目在技术方面的风险、评价、分析等进行了研究，并通过问卷调查和实证分析等方法，得出了一些有针对性的结论。1999 年，谢科范提出了技术创新分析的 58 因素体系。[1]2007 年，陈玉和等提出了一个从创新过程、创新环境和所需知识 3 个维度描述技术创新的三维模型。[2]同年，张春勋利用模糊群体决策理论建立了技术创新的模糊风险评价模型。[3]参考这些模型和其他研究成果，我们设计了包括 5 大项 21 小项的技术分析内容和应对策略，如表 7-7 所示。

表 7-7 从必要性、可能性、风险因素及防控几个方面，来分析和衡量创业机会当中技术性因素的影响。其中，策略作为针对各种分项内容的应对参考。

表 7-7 技术分析内容和策略[4]

要　点	分　项	策　略
技术创新效益	直接经济效益	技术要能够直接产生效益，重在考察市场转化率
	提高劳动生产率	技术创新要能够切实提高某行业的劳动生产率
	降低生产成本	技术创新要能够切实降低某行业的某方面成本
	产生高附加值	技术创新最好能够带来更高的产业附加值，提升产业地位

1　谢科范.技术创新组织及其风险[J].科技进步与对策，1999（16）：12-13.
2　陈玉和.技术创新风险分析的三维模型[J].中国软科学，2007（5）：130-132.
3　张春勋.合作技术创新的风险因素识别与模糊评价研究[J].科学学与科学技术管理，2007（8）：77-83.
4　孙威武.技术创新项目选择综合评价[J].数量经济技术经济研究，2003（4）：88-91.

续表

要　　点	分　　项	策　　略
技术创新前景	现实需求契合度	技术创新要符合当前的市场需求
	技术应用前景	技术创新要能够不断适应变化的市场需求
	技术发展前景	技术创新领域本身具备高成长性，成长空间大
	技术未来融合性	技术创新要考虑与未来技术的对接、融合，延长生命周期
技术创新能力	研发能力	技术团队的研发能力要满足项目的需求
	产品周期和产品线	技术创新要能够推出新产品、实现差异化
	技术创新投入	技术创新的投入要满足项目发展、市场目标的需求
	市场结合能力	技术创新要实现产、学、研各方面的结合
技术的创新性	技术的竞争力	技术创新要具备足够的市场竞争力
	技术的控制力	技术创新要能够有效控制项目领域
	技术创新壁垒	技术创新要形成一定的创新壁垒，应对竞争
	技术的开放性	技术创新与外部资源良好对接，并实现时间、空间上的开放
技术创新风险	资金风险	技术创新项目要注意资金短缺问题
	资源风险	技术创新项目要注重与所需各项资源的结合
	人才风险	技术创新项目务必控制好人才流失问题，尤其是核心人才
	市场风险	技术创新项目要始终盯紧市场，要有前瞻性
	其他可能的风险	随时对风险有所预期和防范

7.3.3　竞争分析

竞争是市场的常态。创业机会进入市场就会进入一个充满竞争的环境。关于竞争，迈克尔·波特指出：竞争战略是公司为之奋斗的一些目标与公司为达到这些目标而寻求的途径的结合物。[1]在他提出的"竞争战略轮盘"模型中，轮盘的中心部分是公司的总目标，辐条是用来达到这些主要经营方针，如图7-5所示。

图7-5　迈克尔·波特"竞争战略轮盘"模型

1　迈克尔·波特.竞争战略［M］.陈小悦译.北京：华夏出版社，2005.

健力宝的辉煌时代

在20世纪八九十年代的十几年间,健力宝创造了中国饮料行业的奇迹。在知名企业家李经纬的带领下,它从一个1984年成立的默默无闻的乡镇企业,以运动饮料的概念,借助奥运、亚运机遇和明星价值,成长为当时的中国第一大饮料品牌。对外,其风头甚至超过了可口可乐等国际知名品牌;对内,它创造了民族饮品工业的辉煌,带动了众多品牌的发展。

1984年,通过与中国奥运代表团的合作,健力宝品牌一鸣惊人。与可口可乐等品牌相比较,它有价格和口味上的优势;与国内品牌相比,它显得更为高端。而运动饮料的概念与体育明星的结合,更是锦上添花。1990年,借助北京亚运会的东风,健力宝更是顺风顺水,连续多年高居中国饮料酿酒业的销售首位,获得中国驰名商标等殊荣。在品牌、概念、渠道、产品、营销等诸多方面,健力宝都对中国企业影响深远。尽管经历了后来的种种变故以至衰落,健力宝仍然在中国工商业历史上留下了不可磨灭的印迹。

依据"竞争战略轮盘"模型,我们通过这个案例,来介绍竞争分析的方法。

首先,我们从迈克尔·波特"竞争战略轮盘"模型中挑选几个与之关联性大的要素,对健力宝的内部竞争力进行分析,如表7-8所示。

表7-8 健力宝企业内部竞争力分析及对策

要素	优势	劣势	对策
技术	独创运动饮料	自主研发能力不足	配方化
产品	具备强烈创新性	产品单一	主攻运动健康需求
营销	奥运、亚运、明星	时效性强	建立品牌优势
渠道	代理—终端推动	难以控制	利润刺激
策略	品牌、概念	产品生命周期	—

健力宝取得市场竞争的优势地位,与其发挥自身优势,采取合理、有效地对策以转变劣势是分不开的。而健力宝后期的衰退,对产品生命周期理解不足是原因之一。事实也证明,健力宝主打产品进入生命周期末端,面对越来越多的竞争对手和越来越激烈的竞争状况,就举步维艰了。尽管它及时采取了多元化、多样化的战略,但已无力回天——自主研发能力不足、产品单一、渠道失控、明星过时等一系列劣势就暴露出来。而其中的产权等问题,更使健力宝经历了种种变故,这就不是本书要讨论的问题了。

然后,我们再来看它的外部竞争环境,如表7-9所示。

健力宝的市场竞争外部环境并不是非常乐观,其成功的关键在于采取了正确有效的策略。而这些策略,完全是建立在对市场竞争的外部环境充分把握的基础上。可见,创业者务必认真分析所处的市场竞争外部环境,对创业机会在竞争方面的条件作出判断,并创新地提出相应的对策。

表 7-9　健力宝企业外部竞争环境分析及对策

要　素	小　项	健　力　宝	外部状况	对　策
产业状况	与供应商议价能力	强	普遍较强	—
	与消费者议价能力	持有定价权	价格需求弹性较大	比较定价法
	对供应商控制力	中等	关联性不大	—
	对消费者控制力	较强	中等	民族品牌、本地化
	产业前景	成长中	成长中	迅速扩张
	平均利润率	高	中等偏高	让利于渠道
	垄断性	—	竞争较激烈，尚未形成	快速形成垄断
	消费偏好	不明确	不明确	建立消费偏好
竞争状况	技术创新性	弱	一般	独有产品配方化
	市场占有率	—	正处于模糊状态	迅速占领
	渠道	—	分销—终端模式	终端铺货模式
	市场营销	机遇良好	广告、代言为主	品牌、概念、明星、事件
	价格	优势	分化较严重	占领价格真空地带

7.3.4　资源分析

创业本身就是资源的一种重新整合。[1]管理学所指的资源，是企业作为一个经济实体，在向社会提供产品或服务的过程中，所拥有的或所能支配的用于实现企业战略目标的各种要素和要素组合。[2]而在创业领域，中国学者林强和林嵩在 2005 年提出的定义认为，创业资源是企业创立以及成长过程中所需要的各种生产要素和支撑条件。[3]林嵩进一步指出：创业过程实质上是各类创业资源重新整合、获取竞争优势的过程。[4]

案例 7-8

仅仅开了三个月的便利店

小李大学毕业后就一直想自己做老板，看邻居在小区开了一家便利店，收益一直不错，他也动了创业的念头。于是，小李投入了几万元，租了小区一个车库做店面，进货开起了便利店。可是，仅仅三个月，小李的便利店就撑不住了，惨淡经营，最后不得不关张。为什么同样是食品杂货店，邻居干得很红火，小李的却倒闭了呢？小区的住户们心里很清楚。小李的店追求"高大上"，进的货不是澳洲奶酪，就是英国红茶，大部分是西餐调味品，小区居民对此的需求并不大。他进货的渠道与邻居不同，成本高，利润难

1　Ardichvili A，Cardozob R，Ray S. A Theory of Entrepreneurial Opportunity Identification and Development [J]. Journal of Business Venturing，2003(18)：105-123.

2　Barney J. Is the Resource—Based View a Useful Perspective for Strategic Management Research？Yes [J]. Academy of Management Review，2001 (26)：41-56.

3　林嵩，张帏，林强. 高科技创业企业资源整合模式研究 [J]. 科学学与科学技术管理，2005 (3)：143-147.

4　林嵩. 创业资源的获取与整合：创业过程的一个解读视角 [J]. 经济问题探索，2007 (6)：166-169.

以保证。而且,他根本没有做店主的经验,营业时间都难以固定,小店选址的位置又偏僻,大家都不愿意绕路过去光顾。

创业需要的资源有的是物质的,有些是无形的。支持小店运营的,最主要的资源就是客户资源和渠道资源。这两点小李的便利店就不具备:既没有小区居民的口碑,又没有合适的进货渠道。即使这两个资源小李都有,我们也都会判断他的便利店开不长。为什么?用一句通俗的话说,他现在就不是"做生意的料"——没有任何经验,付出不足,仅凭创业的理想和热情是不够的。

对创业机会进行资源分析,一是要明确资源需求;二是要找到获取方法;三是要确定整合战略。

资源的利用对于企业的成长的关系在战略研究理论中通常称为资源基础论。Brush等人根据创业资源的性质,提出了人力资源、社会资源、财务资源、物质资源、技术资源和组织资源6种类型的资源划分,并进一步将其划分为简单资源和复杂资源。[1]依据不同的来源,资源可以分为内部资源和外部资源,在一定条件下它们可以互相转化;依据不同的形态,资源可以分为物质资源和无形资源等。

对于初创企业来说,这些资源有的是基础需求,如资金、团队、技术、经验、模式、管理等;有的是特异性资源,包括进入不同产业领域所需要的门槛性质的资源,以及因创业者特质不同所具备的差异性质的资源。创业者面对不同的创业机会,可以按照Brush划分的6种资源类型来定位资源需求,并根据自身的情况,来定义需求的数量和获取的难度,以及资源获取的水平。

创业资源的整合可以分为两种——资源开发战略和资源探索战略。[2]开发战略重在提升现有资源的利用能力,适用于资源约束性强、时效性强的创业机会;探索战略是对潜在资源的挖掘和利用,因其需要较长的外部获取时间,适用于时效性强、资源约束性中等或偏弱的创业机会。针对两种不同的战略,创业者可以采取创造性拼凑的手段,或者利用杠杆资源,如人力资本和融资等。

对于初创企业而言,产业、竞争、技术、资源这几方面的分析,不仅是对创业机会作出进一步的评判,得出一个结论,而且要在分析的过程中,寻求解决问题的方法。分析不仅要对现状负责,还要有能力提出相应的对策,努力使创业机会落实为初创企业。

7.4 创业机会与创业风险

创新创业是人类的激情梦想,创业的道路上也充满艰难险阻。在创业过程中,风险的存在是常态,而创业者出于个人经验等因素所囿,很难对此有充分的认识。创业风险,指由于创业环境的不确定性,创业机会与创业企业的复杂性,创业者、创业团队与创业

---

1 C G Brush,P Greene,M M Hart. From initial idea to unique advantage: the entrepreneurial challenge of constructing a resource base[J]. Acad Manage Execut,2001,15(1): 64-78.

2 王晓文,张玉利,李凯. 创业资源整合的战略选择和实现手段[J].经济管理,2009(1): 61-66.

投资者能力和实力的有限性,而导致创业活动偏离预期目标的可能性及其后果。[1]现实地说,创业成功率是很低的。这也证明了风险存在的普遍性,以及创业者尤其是大学生创业者在认识、识别、分析、防控风险方面的薄弱。

7.4.1 创业风险的来源和因素

识别机会固然重要,创新技术和产品也是智慧的结晶,但是如果不能很好地认识风险,创业项目就有可能功亏一篑。

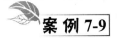

第一家研究生面馆的草草收场

成都一所高校的6名研究生,筹集资金20多万元,在成都市著名景观——琴台故径的旁边开了一家"六味面馆",引起了一时热议,也以此吸引了第一批顾客。面馆开张后的一段时间,生意还过得去。6位股东也踌躇满志——把他们所学的食品科学专业知识和技能充分发挥出来,搞好第一家店并积累经验,5年之内开设20个连锁店。然而,由于几位同学的学业紧张,难以照看面馆,面馆很快就陷入无人管理的窘境。不仅如此,由于缺乏餐饮经营方面的经验,在质量的一致性、菜品样式、市场营销方面都没能形成突破;面馆的选址特殊,虽然吸引了眼球,却很难有回头客。最终,他们被迫转让了店面。

创业项目与成熟运转的企业不同,它所面对的环境具有更大的不确定性;创业机会的呈现和创业过程的复杂,使创业者很可能解决了一个问题又遇到另一个问题,甚至解决问题的过程本身就在创造新的问题;与成熟企业的管理者相比,创业者、创业团队与创业投资者的能力与实力还存在一定的差距。环境、过程、创业者本身,是创业风险主要的三个来源。[2]这些不同的来源,就形成了各种各样的风险因素,成为创业者必须面对和解决的困难。具体地说,创业风险主要有以下这些因素和表现,如表7-10所示。

表7-10 创业风险的来源、因素和表现

风险来源	风险因素	风险表现
创业者	创业技能	缺乏必要的创业技能,"不会"创业
	创业管理	缺乏管理经验,管不好项目
	创业团队	团队出现分歧,不能集中目标
	风险意识	缺乏创业风险意识,无应对策略
创业过程	项目选择	盲目选择项目,不能用己之长
	市场竞争	对竞争的激烈程度意识不够,无应对策略
	核心竞争力	缺乏核心竞争力,是假创新
	人力资源	关键人才流失

---

1 赵光辉. 论人才创业风险的来源与控制 [J]. 当代经济管理, 2005 (4): 109-116.
2 陈震红, 董俊武. 创业风险的来源和分类 [J]. 财会月刊, 2003 (12).

续表

风险来源	风险因素	风险表现
创业环境	政策环境	对政策的变化缺乏敏感
	资金支持	资金过于紧张,无法持续运行
	资源支持	缺乏项目必需的关键资源,难以为继
	其他	各种难以预见的困难

这些风险因素,有些是创业者自身的问题,有些是创业过程中逐渐呈现的问题,有些是创业环境的问题。在不同的创业者身上和不同的创业阶段中,这些风险因素可能会有不同的表现,对创业项目的影响不同,解决的难度也不同。创业者务必对这些风险有所认识和识别,对照自己的创业项目,检验风险主要来源是什么,因素是哪些,可能会有怎样的表现。只有这样,才能更好地去应对风险、解决问题、战胜困难,取得创业的成功。

7.4.2 创业项目的风险分析和防控

在分析创业项目的机会和风险时,经常用到SWOT工具。SWOT是指项目的四个参数:S(strengths)——优势、W(weaknesses)——劣势、O(opportunities)——机会、T(threats)——威胁。其中,S和W的组合构成了项目的内部条件——"能够做什么",O和T的组合构成了项目的外部条件——"可能做什么"。

1. 分析模型

SWOT是一个很好的分析工具,它不仅使项目的情况一目了然,还可以根据对比,寻求解决之道。首先,要列出项目的优势和劣势,然后进行对比分析。如图7-6所示。

WO分析。项目的劣势是市场比较的结果,而机会是现实的环境特征。因此,在做WO分析时,不仅要与竞争对手进行对比,找出劣势的所在和原因;还要将其放在现实环境中评价,确定风险的性质和程序。

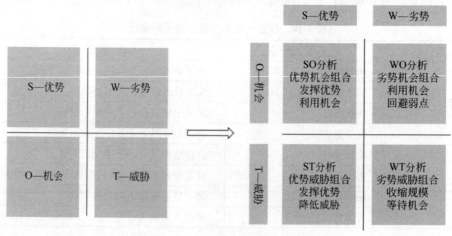

图7-6 SWOT分析模型的构成

ST 分析。优势和威胁是创业项目所处的环境。在做 ST 分析时,要对市场整体着眼,了解市场的各种因素,以及可能出现的趋势。

SO 分析。优势和机会是创业项目要充分利用的,要发挥优势,发现和创造机会,去赢得项目的成功。

WT 分析。劣势和威胁是创业项目面临的主要风险,要避免劣势,应对威胁,控制好项目的各方面风险。

整体分析。整体分析就是要把项目的内外部因素结合起来,扬长避短,发现问题,找出办法,确定方向。这是一个创业项目战略层面的思考。

有了这样的一个分析的结果,就可以根据它来分析一个具体的项目存在哪些机会、风险,具有哪些优势、劣势,它们的组合会产生怎样的结果,如何应对。

2. 分析实例

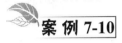

玩机大王败走麦城

大学生小艾上学时就被同学们称为"玩机大王"。对电子产品近乎痴迷的追逐,使他对于各种手机的型号、性能、优缺点、价格等了如指掌,同学买手机都要找他咨询。毕业以后,小艾迫不及待地在省城开设了一家手机批发点。优越的位置,专业的信息和能力,使他很快获得了经销商的青睐,生意很是兴隆。可是,不久以后,随着经营手机的批发商渐渐增多,厂家各种网络直销方式逐渐铺开,经销商开始出现回款不及时的现象。小艾忧心如焚,采取了先款后货、代理品牌等方法控制回款问题,结果却是经销商流失越来越多,最终也没能挽回败局。谈起失败,小艾承认,事先根本就没有考虑到会发生这样的事。

我们以案例 7-10 为例,利用 SWOT 方法,来分析它的优势、劣势、机会、威胁,并且提出相应的策略。首先,我们列出项目的优势、劣势、机会、威胁有哪些,如表 7-11 所示。

表7-11 案例7-10的SWOT内容

项 目		内　　　容	提　要
内部因素	S—优势	对手机行业具有相当的兴趣和基础知识	知识兴趣
		具备相当丰富的手机选择咨询经验	服务经验
		项目所处区位优势明显	区位优势
		服务具备一定的差异性	服务水平
	W—劣势	流动资金并不充裕,需要销售商及时回款	资金短缺
		比一般的销售终端更专业,但比不过手机厂商的信息水平	信息不足
		缺乏市场调研的能力,对未来变化趋势并不了解	市场调研
		渠道方面没有固定的客户,客户忠诚度差	客户水平

第 7 章　创意、创新、创业项目选择

续表

项 目		内 容	提 要
外部因素	O—机会	手机市场需求非常活跃，市场规模非常大	需求量大
		手机更新换代频繁	更新换代
		购买手机者需要比较不同机型，缺乏相关知识	消费需求
		手机批发市场竞争并不激烈	竞争水平
	T—威胁	预期会有大量的批发商进入市场，竞争转向激烈	竞争趋势
		手机品牌厂商上收利润，利用自有渠道销售	厂商渠道
		下游经销商需要售出后才能回款，造成流动资金困难	下游控制
		上游厂商定价权更具优势，造成成本上升	成本上升

了解了项目的基本情况，创业者就能知道，优势和机会在什么地方，劣势和风险会有哪些。然后对其进行组合，提出应对风险的策略，如表7-12所示。

表 7-12　案例 7-10 的 SWOT 分析和策略

外部因素＼内部因素	S—优势 知识兴趣 服务经验 区位优势 服务水平	W—劣势 资金短缺 信息不足 市场调研 客户水平
O—机会 需求量大 更新换代 消费需求 竞争水平	SO 策略	WO 策略
T—威胁 竞争趋势 厂商渠道 下游控制 成本上升	ST 策略	WT 策略

注：方便起见，本表中的 SWOT 使用表 7-11 中的"提要"项目来描述。

作为练习，我们把表 7-2 中创业者应对风险的策略，留给读者自行分析总结。

我们在本章前面的产业、技术、竞争关于创业机会的分析中，已经导入了关于风险的意识、识别、分析和应对策略。创业者要把这些方面的风险综合起来考察，运用诸如 SWOT 分析模型等工具和方法，对风险既有一个总体的认识，又要有具体的分析。充分认识项目中存在的风险因素，先于风险因素出现时就作出识别和防控，对于创业者来说是重要的一课。创业者要学习使用各种方法去识别、分析风险因素，然后提出切实可行的解决策略。这是创业成功的必要保障。

7.5 创业项目选择

广义上的创业项目选择，指的是对创意所在领域和具体目标的初步明确。这是在对创业项目进行各种分析之前就已经实现的，并不是本章要讨论的重点。本章所讲的创业项目选择，是在生发创意、估量机会、分析优劣、评价风险、提出对策之后的项目选定决策环节。项目选择，既是创业者投入智慧、经验、胆识、精力，经过分析、对比、研究的深思熟虑之后的成果，也是创业者下定决心投入资源、开始项目运行的过程。厘清项目选择的流程，对于创业者更清晰、更全面、更深入地把握项目，很有帮助。

7.5.1 项目选择的流程

根据本章前面小节的相关讨论，项目最终选定，大概经过如下的流程。

——生发创意。从市场需求中获得创意的领域和目标，以创新生发出项目的创意。

——形成项目。对创意进行初步的资源虚拟匹配，形成一个项目的雏形。

——估量机会。对创业机会进行估量，提出项目的初步可行性意见。

——项目分析。对项目进行深入的产业、行业、技术、竞争、资源等方面的分析。部分项目就终止或暂停在这个阶段。

——评价风险。对项目可能存在的各种风险进行识别、分析和评估。

——提出对策。对项目的各方面风险提出相应的策略。

——选定项目。通过以上的流程之后，项目被选定执行。

——模拟运行。对项目进行最小化的模拟运行，以确证其可行性。

——项目运行。项目进入正式的创业运行阶段。

这个流程可以用图 7-7 表示。

项目在风险和对策、项目模拟的阶段，如果出现比较大的问题，即存在"致命缺陷问题"，项目也应及时暂停或终止。

7.5.2 项目选择的原则

关于项目选择的各种原则，本章已经在前面的小节中有比较多的涉及，这里主要讲两点：创新和成本。

1. 项目的创新性

需求是创新的动力，创新是创意的来源。项目的创新性不仅表现在创意上，而且表现在创业项目选择的整个过程。

形成项目和估量机会需要创新。项目的初步形成，就是创新地架构各方面资源的成果。离开创新架构，项目就不能形成任何差异性，对市场没有任何新的贡献，也就很难立足。项目的机会来自于创新，没有创新，也就没有创业的必要性和可能性。

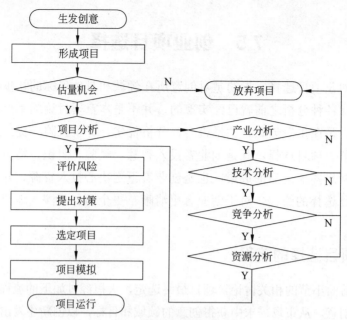

图 7-7 项目选择的流程

项目分析需要创新。对项目进行分析的过程，并不止于分析，而是要根据分析的结果来提出应对的措施。应对产业、行业、技术、竞争、资源等的合作与竞争、内部与外部、横向与纵向、上游与下游、控制与反制等多方面的矛盾，离开创新是不可想象的。创业者因此作出的每一个决策，都必须包含着创新的意识、思维、方法。

风险评估和对策选择需要创新。风险是市场不确定性的表现，是创业者自身可能存在的缺陷的表现。各种不确定性就是变化，应对变化必须创新。创业者自身总有各种不足之处，改进和提升就是创新的含义。

项目的选定、模拟和投入运行需要创新。此时，创业者已经准备好进入市场、投入运行，更要把创新作为第一需要、第一目标、第一行动。只有坚持不断地创新，才有能力去应对不断变化的市场。

所以，创新是创业贯穿始终的灵魂。创业者务必坚持不懈地创新，把创新本身当作一种目标、一种追求、一种常态。

2. 机会成本与沉没成本

关于成本的原则，其要点是：创业者要学会放弃。

一个创业项目，创业者投入大量的时间、精力、金钱去思考、分析、调研，最终的结论是"不可行"。此时，创业者就必须要有壮士断腕的勇气，切不可因投入过多而舍不得放弃。

我们经常听到"舍得"，"有舍才有得"。那么，什么是舍，什么是得？舍，就是沉没成本和机会成本；得，就是新的机会。所谓沉没成本，就是由于过去的决策已经发生的、无法由现在或将来的任何决策改变的成本。比如创业者投入了精力去分析一个项目，不管这个项目是否可行，分析过程中的投入都不可能再改变。所谓机会成本，就是为了得到某一价值，而所要放弃的另一些东西的最大价值。比如，创业者从其他身份转变为创业者,就要放弃另外一种人生;一个创业项目最终没有被选定,是为了选择另一个更好的创业项目。

创业者在选择创业项目的过程中,就在不断地投入机会成本和沉没成本。这些成本有的是已经投入再不可能改变的,有的是因为追求而必须作出的放弃。创业者不能因为已经投入了很多成本而不去选择放弃,一意孤行——不管怎样做,都不可能改变已经付出的一切,要向前看。这是必要的选择,也是人生的境界。

7.5.3 模拟和运行

项目有必要进行模拟。模拟是运行前最后一次评估,是以最小的成本投入来最终实际验证项目的可行性。一个创业项目投入运行,就要投入大量的资源。一旦项目失败,创业者的心血就会付之东流,对创业者的打击无论是从心理上还是在现实上都是非常大的。创业者无畏困难和挫折,但是如果有机会去避免困难和挫折,价值也是非常大的。这个最终的避免方法,就是模拟。

模拟以最小化的运行来实现:创业者投入最小规模的资源,仅实现项目的局部的、初始的运转。如果这个时候项目能够现实地运转起来,那么再投入相应的资源,实现项目的正式运行,就有了一定的保障。不仅如此,创业者还可以从模拟过程中获取宝贵的经验和教训,在动态过程中理解市场、需求、行业、竞争、风险的内容,并提出更有效、更有针对性的策略。同时,项目的最终选定、投入运行,创业者就要转变身份,既要扮演一个创业者的角色,同时又要扮演一个管理者的角色。模拟也是这种角色转变的适应过程。

本章重点讲述了创业者始自市场需求,经过生发创意、形成项目、估量机会、项目分析、风险评估、提出对策,最终选定项目的整个流程和方法。创业者要始终抓住需求这个根本,以创新作为灵魂来凝聚各方面的资源,对市场有全面、深入、系统的理解和把握,才能选择一个成功可能性更大的优质项目。创业是创业者生命中最具激情与梦想的部分,也是创业者生命中可能面对的最多、最大艰难险阻的部分。无论是成功还是失败,这都将是创业者值得珍藏的人生经历和体验。表 7-13 所示的是蒂蒙斯创业机会评价体系。

表 7-13 蒂蒙斯创业机会评价体系

主　项	细　则
行业和市场	市场容易识别,可以带来持续收入 顾客可以接受产品或服务,愿意为此付费 产品的附加价值高 产品对市场的影响力高 将要开发的产品生命长久 项目所在的行业是新兴行业,竞争不完善 市场规模大,销售潜力达到 1 000 万～10 亿元 市场成长率在 30%～50%甚至更高 现有厂商的生产能力几乎完全饱和 在五年内能占据市场的领导地位,达到 20 %以上 拥有低成本的供货商,具有成本优势

第 7 章　创意、创新、创业项目选择

续表

主　项	细　则
经济因素	达到盈亏平衡点所需要的时间在 1.5～2 年以下 盈亏平衡点不会逐渐提高 投资回报率在 25%以上 项目对资金的要求不是很大，能够获得融资 销售额的年增长率高于 15% 有良好的现金流量，能占到销售额的 20%～30%以上 能获得持久的毛利，毛利率要达到 40%以上 能获得持久的税后利润，税后利润率要超过 10% 资产集中程度低 运营资金不多，需求量是逐渐增加的 研究开发工作对资金的要求不高
收获条件	项目带来附加价值的具有较高的战略意义 存在现有的或可预料的退出方式 资本市场环境有利，可以实现资本的流动
竞争优势	固定成本和可变成本低 对成本、价格和销售的控制较高 已经获得或可以获得对专利所有权的保护 竞争对手尚未觉醒，竞争较弱 拥有专利或具有某种独占性 拥有发展良好的网络关系，容易获得合同 拥有杰出的关键人员和管理团队
管理团队	创业者团队是一个优秀管理者的组合 行业和技术经验达到了本行业内的最高水平 管理团队的正直廉洁程度能达到最高水准 管理团队知道自己缺乏哪方面的知识
致命缺陷问题	不存在致命缺陷问题
个人标准	个人目标与创业活动相符合 创业家可以做到在有限的风险下实现成功 创业家能接受薪水减少等损失 创业家渴望进行创业这种生活方式，而不只是为了赚大钱 创业家可以承受适当的风险 创业家在压力下状态依然良好
理想与现实的战略差异	理想与现实情况相吻合 管理团队已经是最好的 在客户服务管理方面有很好的服务理念 所创办的事业顺应时代潮流 所采取的技术具有突破性，不存在许多替代品或竞争对手 具备灵活的适应能力，能快速地进行取舍 始终在寻找新的机会 定价与市场领先者几乎持平 能够获得销售渠道，或已经拥有现成的网络 能够允许失败

课程思考

1. 创新、创意、创业机会的关系是怎样的？如何识别创业机会？
2. 试分析某个创意能否成为一个创业机会，并对其进行简要评价。
3. 对一个创业项目在产业、技术、竞争、资源等方面进行分析。
4. 分析一个创业项目的风险因素，并提出相应的防范措施。
5. 对 4 中的项目做一个 SWOT 分析，判断是否选择其作为创业项目，并简要提出你的设想。

第 8 章 初创企业产品创新

学习目标

1. 了解初创企业产品创新的整体流程,以及具体过程中的思路、方法。
2. 形成产品创新的思路,掌握产品创新的方法。
3. 理解初创企业对于产品创新的管理思想和方法。
4. 了解初创企业产品创新的市场策略。

产品是初创企业实现价值目标的载体。有效地实施产品创新,更好地满足市场需求,是一个初创企业成立的理由和依据。关于产品创新,熊彼特认为,产品创新就是"采用一种新的产品——也就是消费者还不熟悉的产品——或一种产品的一种新的特性"。[1]经合组织(OECD)曾经将产品创新界定为"为了给产品用户提供新的或更好的服务而发生的产品技术变化"。[2]浙江大学的许庆瑞教授认为,凡是技术创新活动引向开发新产品的,都可称为产品创新。[3]清华大学傅家骥教授认为,产品创新即创新的目的是得到新的或有某种改进、改善的产品。[4]这些定义主要从产品—技术的演进出发,其中固然包含了市场需求的因素——不论是依据市场需求出发还是刺激市场新的需求——但是都没有把需求当作产品创新的根本动因。

1990 年,菲利普·科特勒提出,现代产品创新包括核心、形式、附加 3 个层次。[5]后来,他进一步将其扩展为 5 个层次,即核心利益、一般产品、期望产品、扩大产品和潜在产品。[6]这就建立了一个以市场为导向的关于产品创新的整体概念,并且将产品创新的内涵界定为功能创新、形式创新和效用创新。

初创企业要在市场上立足,就必须发现市场需求、提出产品创意、实现产品创新,并对其进行有效管理,选择适当的市场策略,最终将产品投放于市场。本章将从流程、方法、思路、管理、策略等几方面来对初创企业的产品创新做简要介绍。

8.1 初创企业产品创新的流程

产品创新始于市场需求。初创企业从发现需求,有了满足需求的设想、形成创意,

---

[1] 熊彼特.经济发展理论 [M]. 杜贞旭等译.北京:中国商业出版社,2009.
[2] 国家统计局编译.技术创新统计手册 [M].北京:中国统计出版社,1993.
[3] 许庆瑞.技术创新管理 [M].杭州:浙江大学出版社,1990.
[4] 傅家骥.技术创新 [M].北京:企业管理出版社,1992.
[5] 菲利普·科特勒.营销管理 [M].梅汝和等译.上海:上海人民出版社,1990.
[6] 菲利普·科特勒,凯文·莱恩·凯勒.营销管理 [M].何佳讯等译.上海:格致出版社,2016.

再具体化到产品,经过发明、设计、试验、原型、测试、改进等必要流程,集成诸多要素,才有可能使创新产品在市场上实现其价值。

8.1.1 从需求到产品创意

1. 发现需求

需求是能力和愿望的体现。经济学中的需求,指的是一定价格水平下,消费者愿意并且有能力购买的产品数量,这样的需求可以通过价格—需求曲线描述。初创企业产品创新领域所观察的需求,则是人们对于现有供应的不满足。不满足包括数量上的,如生产能力、替代品因素;包括产品功能方面的,如人们希望用尽可能少的实体实现更多的功能,如锅既可以炒菜又可以煲汤;包括技术、工艺领域的,如人们希望用续航时间更长的手机电池,吃到口味更好的方便食品等。这些不满足有些是明确的,有些则是潜在的。在一个活跃的、自由的、开放的市场,一旦各方面条件成熟,明确的需求会迅速得到满足。而那些尚未被满足的需求,则有待于去发现。发现需求的方法主要有以下几种。

一是观察法。观察法是指创业者深入市场对消费者的表现进行观察并记录的方法。观察的对象主要是消费偏好、消费愿望、消费能力、消费反馈等。消费偏好体现了消费者的倾向性;消费愿望体现了消费者的主观需要;消费能力体现了消费者的支付水平;消费反馈体现了消费者的期望目标。对这些内容作出分析,就能找出消费者潜在的需求。

二是调查法。调查法是指创业者通过与对象的交流获取需求信息的方法,可以分为问卷和访谈两种形式。问卷和访谈围绕着消费者的需求及其满足程度展开,问题主要包括:

- 对现有产品有哪些不满足;
- 希望获得哪些功能和特性;
- 愿意为这些新功能、新特性额外支付多少费用等。

这些问题重在收集消费者的看法、态度、偏好等方面的信息。

三是资料法。资料法指创业者对既有的市场资料进行分析、研究的方法。产业和行业会定期提交相关的发展报告,媒体也会披露一些关于产业、行业、企业的信息。在这些信息当中,有些是与创业关系不大的,有些则表达了消费者某些未被满足的需求。尤其是产业发展方向,往往就是潜在需求驱动的。

2. 提出问题

发现需求之后,创业者要找出需求和供应之间的矛盾,提出相应的问题。

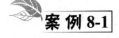

电动剃须刀的演进

最初的剃须刀是由剃刀小型化的,1901 年,坎普·吉列发明了用后可丢弃的、由刀架和刀片组成的剃须刀,风靡全球。这样的刀架、刀片式剃须刀人们至今仍然在使用。由于生活节奏的加快,人们为了把专用于剃须的时间解放出来,于是发明了电动剃须刀,它还能免除洁面、泡沫等。后来,厂商进一步发现了市场的新需求:传统电动剃须刀电池消耗和支出很大,清洁刀头很麻烦。于是电动剃须刀又出现了可充电、可充插两用、可全身水洗、可干湿两用的产品，满足不同消费者的需求。

在电动剃须刀的演进过程中，厂家从市场需求出发，提出了很多问题。

——剃须一定要在洁面时完成吗？

——人们希望在怎样的情境下使用剃须刀？

——人们使用剃须刀的习惯发生了哪些改变？

——人们在使用电动剃须刀时有哪些不便？

——这些不便哪些是可以改进的？

——人们期望使用什么样的剃须刀？

……

这些问题就是市场需求的焦点，是需求和供应之间的矛盾之处。尚未得到满足的需求，就是市场存在的问题。发现并提出这些问题，创业者就能进一步分析它、解决它，从中形成产品创意。

3. 形成产品创意

与创业创意重在提出整体的商业解决方案不同，产品创意是针对一个新的产品，或者解决一个新问题的初步设想。初创企业要结合愿望和能力，带着可行性的目标去发现问题、解决问题、形成产品创意。

形成产品创意的方法主要有分析法、组合法、对比法、联想法、汇总法等。分析法是指从功能、结构、工艺等方面对旧产品或者需求进行分解，列举各部分的作用和关系，找出解决问题的方法。组合法是指将不同功能的产品组合到一起，考虑它们之间的关系，形成新的功能，从而解决问题的方法。对比法是对比不同产品的优劣，将各种产品的优势结合到一起的方法。联想法是指将一种产品的功能实现过程迁移到另一种产品上，丰富功能、满足需求的方法。汇总法是将多个创意放在一起，择其长处，重新组合形成新创意的方法。

在形成创意的过程中，创业者要对产品的功能、性能、原理、结构、材料、工艺等诸方面有所构思和设想，并对可能的组合进行筛选，经过多次努力，淘汰不合格的创意，找出解决问题的最佳方案。

8.1.2 从创意到产品

产品创意到产品原型是一个发明和改进的过程，其中包含了功能、形式、效用等各方面的创新。对此，国内外学者提出了一些理论和模型。

Pahl & Beitz 理论。20 世纪 70 年代，德国学者 Pahl 和 Beitz 提出了系统化的产品设计方法学。[1] 在这个理论中，问题求解被认为是有步骤地分析与综合，从定性到定量的过程。Pahl 和 Beitz 认为，产品创新是信息演进的过程，分为 4 个阶段：明确任务阶段、概念设计阶段、具体化设计阶段和详细设计阶段。每一个阶段都是对上一个阶段的具体化改进，直至获得最终结果。

1　Gerhard Pahl，W Beitz.Engineering Design: A Systematic Approach（3rd ed）[M]．New York：Springer Publishing Company，2007.

通用设计理论（GDT）。20 世纪 70 年代由日本东京大学吉川弘之等提出，认为设计在本质上是一个分解、映射和综合的过程。1998 年，吉川弘之提出一个"精细设计过程模型"，将设计定义为完成技术规格书的过程。设计者要根据功能、行为状态、属性等编制设计目标的技术规格书，设计过程表现为规格书的不断精细化。[1]

公理化设计（AD）。1990 年，美国麻省理工学院（MIT）Nam P Suh 等将传统的、以经验为主的设计，建立成为以科学公理为基础的公理体系。[2]公理化设计模型包括需求域、功能域、结构域、工艺域，对产品创新的需求、功能、结构、工艺进行映射。公理化设计提出了两个基本公理。一是涉及功能和参数之间关系的独立公理，即功能独立实现，参数影响功能，因此可以实现模块化设计。二是信息公理，意为减少设计结果的信息含量，尽可能降低设计的复杂性。

TRIZ 理论。由俄罗斯发明家根里奇·阿奇舒勒（G. S. Altshuller）在 1946 年创立的，关于发明问题解决理论的研究成果。[3]它的内容包括了技术发展进化的规律模式、解决各种技术矛盾和物理矛盾的创新原理和法则，是由解决技术、实现创新开发的各种方法、算法组成的综合理论体系。TRIZ 理论作为工业化发明、工业化产品创新的重要理论和方法，对工业经济的发展进步起到了很大的推动作用，也是创新经济的理论、方法支撑。

对于创业者来说，TRIZ 理论是产品创新的重要方法。我们重点以 TRIZ 理论为例，简单介绍从产品创意到创新产品的方法。

创意是一个初步的设想，形成产品则需要进一步地、系统地分析和解决问题。这就需要用到 TRIZ 理论中的多屏幕法。多屏幕法通过关注系统的过去、现在和未来，以期有一个趋势性的把握，从而寻求到解决问题的方案。一个系统可以分为超系统、系统、子系统三个方面，它们各自的过去、现在、未来就组成了一个矩阵，如图 8-1 所示。

把特定的创意内容加入到这个矩阵中，就可以系统地把握它的趋势，现实地解决问题。以案例 8-1 中的剃须刀为例，我们把"当前"设定为电动剃须刀风靡市场之时，如图 8-2 所示。

利用多屏幕法，很容易就能发现未来电动剃须刀的发展方向，包括其技术支持（超系统）、产品创新（系统）和构件升级（子系统）等各方面。看到这样的图示，新产品已经呼之欲出。多屏幕法适用于相对比较简单的系统，而复杂的工业系统或者需要简单化，或者需要科学地分析建模——物场分析法。物场分析法把系统分为物（物体或物质）、场（作用力）两个部分，物又可以进一步分为工具和对象，场又可以细分为有害的、有益的、过度的、不足的等。

---

[1] Tomiyama T. General Design Theory and Its Extension and Application [C]. Universal Design Theory，Aachen：Shaker Verlag，1998：25-44.

[2] Dai Gil Lee，Nam P Suh. Axiomatic Design and Fabrication of Composite Structures：Applications in Robots，Machine Tools，and Automobiles [M]. Oxford University Press，USA，2006.

[3] 檀润华. 创新设计——TRIZ：发明问题解决理论 [M]. 北京：机械工业出版社，2002.

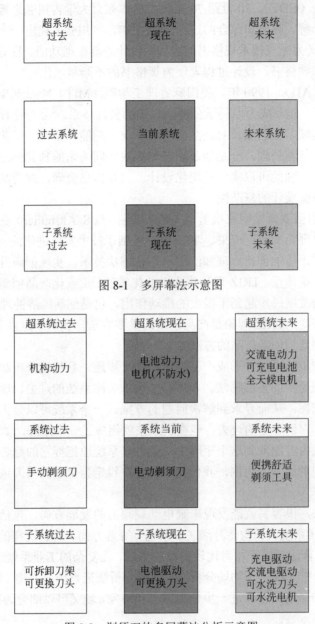

图 8-1　多屏幕法示意图

图 8-2　剃须刀的多屏幕法分析示意图

手动剃须刀的物—场分析法示例

对于手动剃须刀来说，物的工具是剃须刀，可细分为刀架、刀头，对象是胡须；场有几种，包括人通过刀架向刀片施加的压力，压力转化为对胡须的压强（表现为锋利程度），胡须的硬度，人脸表面的摩擦力。它们的关系如图 8-3 所示。

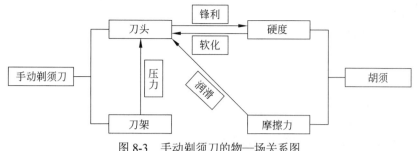

图 8-3　手动剃须刀的物—场关系图

从物—场关系图中，很容易发现产品可供改进的地方。如表 8-1 所示。

表 8-1　手动剃须刀产品创新策略

序号	物	物	场	过度或不足	创新点	创新领域
01	刀架	刀头	压力	适中	—	
02	刀头	胡须	压强（锋利）	不足/有益	增加锋利度	材料、工艺
03	胡须	刀头	硬度阻抗	过度/有害	软化胡须	增加物——软化剂
04	人脸	刀头	摩擦力	过度/有害	润滑以减小摩擦	增加物——润滑剂

这是对一个已经存在的旧产品进行创新的示例。其中，过度或不足体现的就是需求状态，创新点和创新领域就是产品创新的流程和要素的初步结合。

对于旧产品的改进，创业者可以应用 TRIZ 理论的多屏幕法、物—场分析法对其进行改进，找出创新点和创新领域，对产品进行改进升级，把创意转化为创新产品。对于市场上尚未存在的产品，创业者同样可以应用 TRIZ 理论，设计发明出新的产品。例如，电动剃须刀之于手动剃须刀，就在于它增加了新的"物"——电机，并且解决了场的问题——润滑和软化；随身听之于传统的收录机，就在于它减少了一部分物，并将其小型化；方便面之于传统的面条，在于它改变了场的方式——加热可以通过热水本身的热量实现，而不必采用炉灶等传统加热工具，从而实现了产品创新。

在产品设计的过程中，创业者要编制创新产品计划，系统地考虑功能、性能的目标和指标，对材料、工艺、成本等作出全面的考量。

8.1.3　产品的测试和改进

从创意应用 TRIZ 工具到产品，得到的还只是产品的原型。原型要经过测试和改进，才能成为商业化的产品。熊彼特指出，只有成功实现了商业化的发明，才可以被称为创新。[1]他非常重视市场机制在创新要素配置中的基础性作用。成熟企业在产品创新方面有更多的经验，也有更多的时间和投入，并有能力承担更大的风险；初创企业多欠缺这方面的经验，对市场的理解能力、抗风险能力、研发和投入能力都相对较差。因此，初创企业更要重视产品的测试和改进，并在时机和产品创新水平上求得平衡。具体地说，就是要依据市场的需求，检验、测试产品原型与需求的契合程度，对产品原型加以改进。

---

[1] 熊彼特. 经济发展理论 [M]. 杜贞旭等译. 北京：中国商业出版社，2009.

1. 产品的测试

产品的测试要解决以下几个问题：

——发现产品的缺点；

——评价产品的商业前景；

——对比评价其他产品优劣；

——判断产品对各个细分市场的吸引力；

——获得市场营销等方面的创意。

产品原型开发出来以后，不可能是尽善尽美的。测试过程中要发现它的不足之处，对其重新进行设计并改进。产品是否具有吸引力，与其他产品相比有哪些差异性、优势，如何选择成本—价格策略，这些都需要在测试中获得第一手的体验。测试要以"更好地满足需求"为核心，注重体验和评价。

测试的方法有两种。一种是单一测试，被试者使用单一产品，依据既往的消费经验对产品作出评价。一种是对比测试，被试者将受试产品与市场上其他产品进行对比，得出优劣结论。对一个产品进行测试时，这两种方法都要用到，前者重在体验，后者重在比较。

创新产品一般要经过几轮测试才能得出结论。第一轮测试一般称为 Alpha 测试，主要的测试对象是内部工作人员、亲友等，测试的目的是发现重大缺陷并予以解决。第二轮测试一般称为 Beta 测试，测试对象是公开的、非特定的人群，测试的目的是回收用户反馈，进一步改进产品。第一轮、第二轮所指并不是次数，如有必要，Alpha 测试和 Beta 测试都要实施几次，以期尽可能消除产品的各种缺陷。

2. 产品的改进

产品的改进是与产品的测试同步进行的。依据菲利普·科特勒关于产品创新内涵的界定，以及初创企业的发展目标，产品改进要围绕以下几个方面进行。

改进功能。在测试中，发现原型产品的功能还有欠缺的地方，或者某一项功能的优化引起了另一项功能的退化，或者还有更好的解决方案等，都是需要改进的地方。某一项功能的优化引起另一项功能的退化，这在产品创新中是经常遇到的情况。此时，创业者要利用 TRIZ 理论中的物—场分析法，研究物场的变化引起了系统整体和其他部分怎样的变化，找出问题的所在并予以解决。

改进外观。原型产品往往是比较粗糙的，重点强调了其功能方面的优化，忽视了外观设计。改进过程中要解决外观方面的问题，并为其商品化设计提供创意。

改进成本结构。创新产品在性能、功能方面的优化成果，往往需要投入更多的成本来实现。产品的改进过程中，要对成本控制有所考量，注重产品创新部分的性价比。对于性价比过低的创新产品，要寻求降低成本的方法。

产品经过改进之后，还要对其功能、性能、外观等进行评估。创业者要重复测试—改进—评估的循环，直到产品在功能、性能、外观、成本结构方面达到目标要求。

8.1.4 产品创新的前端流程

经过改进的产品，即将达到商业化的要求。此时，产品就基本定型，可以作为创业项目的基本载体。下面，我们把产品创新前端部分的流程做一个简要的小结，如图 8-4 所示。

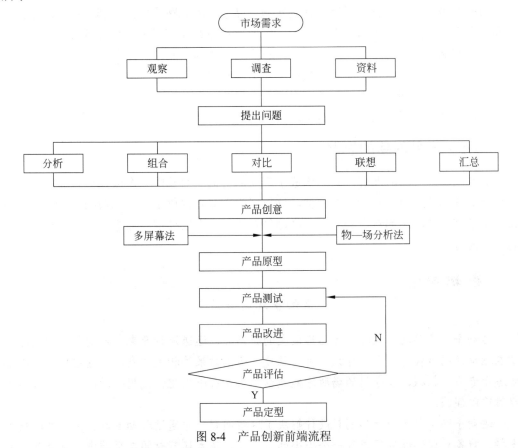

图 8-4 产品创新前端流程

起始于市场需求，利用观察、调查、资料等方法提出问题，经过分析、组合、对比、联想、汇总等方式生成产品创意，依据多屏幕法、物—场分析法等法则设计产品原型，再对产品进行测试、改进、评估，创新产品就基本定型。创业者将依据这个基本定型的产品载体，展开一系列创业活动。

与成熟企业相比，初创企业往往是小型、微型企业，在投入、研发、风险防控等方面存在各种欠缺；同时，初创企业没有历史包袱，直接从市场需求出发，在产品创新上能有更大的作为。初创企业在整个产品创新的过程当中，要始终以需求为导向，以创新为核心，才能得到市场的认可，获得创业的成功。

8.2 产品创新的思路、模式和途径

关于产品创新的动力机制，历史上曾经出现过技术驱动和市场驱动两种主要的观点。在现实的企业中，产品创新总是在技术、需求的两个维度之中，将市场需求和技术能力相匹配，寻求其最佳结合点。因此，产品创新的动力，从根本上说是技术推进和需求拉

引共同作用的结果。[1]对于初创企业来说,技术为产品创新提供了可能性,而市场则为产品创新提供了必要性;产品创新本身,也正是初创企业生存与发展的内生动力因素。

与成熟企业按照既有的战略和计划实施产品创新的思路不同,初创企业的产品创新是和整个企业创办的过程结合在一起的。因此,在思路和模式上,也具备着初创企业的特殊性。产品创新的思路、模式、途径,解决的是初创企业以下几个方面的问题。

思路:解决初创企业产品创新从哪里入手的问题。

模式:解决初创企业产品创新实现形态的问题。

途径:解决初创企业产品创新实现方式的问题。

8.2.1 产品创新的思路

对产品不同方面的理解,共同构成了产品的价值。对其中一个或几个方面的创新,就可以改变消费者对产品价值的评估。这也就为创业者提供了产品创新的思路。根据科特勒基于市场的产品创新内涵界定,产品创新的思路主要体现在概念、功能、形态、生态、界面等方面。

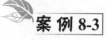

案例 8-3

运动手环的普及

运动手环是移动互联时代开启后诞生的新产品,迅速流行开来。人们非常迫切地希望在运动的同时获得心率、呼吸、负荷强度、运动效果等相关信息,而这些信息过去都依赖于专业的机械,在专门的场所才能获取。虽然有小型化、便携性的设备,但日常运动时难以佩戴。

运动手环革命性的产品创新设计解决了这些问题。它通过移动互联、微芯片的技术支持,将各种监测设备集成到一个小小的手环上,技术环节封闭在黑箱中,在交互界面为用户提供一目了然的信息。这一创新设计很快得到了市场的认可,睡眠监测、健康报告、运动指导等相关软硬件和周边产品迅速跟进。运动手环所传播的健康生活的价值更为广泛接受,短短两年时间,它已经是运动爱好者们不可或缺的佩戴产品。

1. 概念创新

概念创新是产品创新的最高形式,它将一个全新的价值概念导入市场,定位于能对经济产生重大影响的新产品、新技术。全球领先的汽车厂商在车展上展出的概念车型,计算机生产厂商对于运算速度的不断追求和展示,都属于概念创新的范畴。概念创新或许不会去考虑现有的消费能力、技术水平、材料工艺等,它是对人们未来生活方式、价值追求的构思和引领,具有相当强烈的超前意识。

对于初创企业来说,概念创新似乎很遥远,其实不然。概念首先是一种价值主张,而在价值主张上的创新,在当前互联网经济时代甚为普遍,也成为众多新兴经济领域初创企业的市场切入点。因此,相对于成熟企业着眼于重大影响的概念创新,初创企业要

---

1 白洞明,邹礼瑞,王峥.技术创新动力机制的综合作用模式研究[J].科技进步与对策,2000,17(5):43-44.

把着眼点放在改善生活品质的日常价值创新上。例如，运动手环对于健康、运动理念的生活价值创新，Twitter、Facebook 等对于社交、交流的生活价值创新，都从一个事先看来并不重大的领域，成功地实现了概念上的创新。

2. 功能创新

功能是实用性产品的核心意义和主要内涵。从功能入手研究和分析产品，找出创新点，调整其功能结构，实现功能、形态、经济、审美等在价值上的统一，是产品创新的一个可行思路。例如，佩戴式运动监测装备就是把随身听的设计思想和医用小型化监测设备，在移动网络的支持下的创新产品。它在功能上实现了信息化、便携化、全天候，同时向用户传递了运动、健康生活的价值。

相对于丰富的市场需求，产品功能的发掘是没有止境的。对于初创企业来说，着眼于功能，更容易寻求产品的创新点。

3. 形态创新

从功能到形态，这是一般产品创新常用的思路，但不是唯一的思路。产品创新也可以从形态入手，赋予某种形态以新的功能。比如，头戴式耳机就是这样的创新，它赋予已经存在的形态头戴式保暖耳罩以新的功能，实现了产品创新。类似的，随身听上面的皮带夹也是利用了人们已有的皮带作为载体，因而采用了这样的形态。初创企业在产品的形态上进行改进和改善，满足市场不同的需求，是一个可行的思路。

4. 生态创新

生态创新是在产品创新过程中加入生态保护的价值元素，提高产品的环境健康度和亲和力。在当前环保理念和价值深入人心的时代，生态创新是非常有前途的产品创新思路。例如，可降解产品的应用，一次性用品的废弃后处理，都可以作为生态创新的着眼点。成熟企业的产品生态创新需要改变上游供应商和已有的产品生产线，投入和负担都比较重；初创企业可以更方便地把生态领域技术进步的成果应用于产品创新。

5. 界面创新

界面是人和产品直接接触、互相施加影响的区域，它是传播文化、审美、价值最为直接也是最为直观的工具。创新界面，使之更符合用户的文化、审美、价值追求，让消费者在视觉、听觉、触觉等方面有更好的感受，也是产品创新的思路之一。界面包括结构、交互、视觉三个主要方面，产品创新要从这三个方面去寻求完善。对于初创企业来说，界面的创新更容易引起市场的注意，产生更为强烈的刺激。

8.2.2 产品创新的模式

根据产品进入市场的时间先后不同，产品创新可大体分为率先创新和模仿创新两种主要模式。这是一个笼统的划分。罗伯特·库珀在《新产品开发流程管理》中列出了六种不同模式的新产品。[1]我们在这个划分的基础上，结合初创企业的产品创新特点，来简要介绍产品创新的模式。

---

[1] 罗伯特·库珀. 新产品开发流程管理 [M]. 青铜器软件公司译. 北京：电子工业出版社，2010.

1. 全新产品

全新产品是市场同类产品的首次投放，它的意义在于创造了全新的市场。此类产品约占新产品的10%。初创企业选择全新产品作为产品创新的模式，有一定的风险，但其成功的收益也非常可观。初创企业开发全新产品要深入调查市场需求，寻求价值、需求等诸方面的契合。

2. 新产品线

这些产品的功能和价值对市场来说并不新鲜。但由于既有企业出于策略的考虑，产品线并未覆盖所有的用户需求，因而这类产品对于有些细分市场来说是新的。约有20%的新产品归于此类。初创企业可根据长尾理论等，寻求市场的缝隙或未被满足的利基市场，通过产品线的创新设计，实现产品创新。

3. 已有产品品种的补充

这类新产品属于企业已投放市场的产品系列的一部分，是对旧产品在品种、类型上的完善。如肯德基推出的"全家桶"，就是对于中国特有的家庭消费类型的补充。此类产品是新产品类型中较多的一类，约占所推出的新产品的26%。初创企业要善于发现市场在这方面的需求，并找到供应的不足之处，以此为出发点实现产品创新。

4. 旧产品的功能改进型

旧产品在市场上销售一段时间之后，收到各种关于功能、性能上的反馈，企业据此对旧产品进行改进，提供更多的内在价值，形成新产品。此类产品创新模式在软件行业、制造业等应用较多，占推出的新产品的26%。初创企业对于技术的进步和市场的需求要有相当高的敏感度，善于发现产品在功能等方面的可改进之处，实现产品创新。

5. 重新定位的产品

适于旧产品在新领域的应用，包括重新定位于一个新市场，或应用于一个不同的领域。这类产品往往是在使用过程中发现了新的功能、新的需求，据此在市场上获得重新定位。此类产品占新产品的7%。

6. 工艺、流程、外观等方面改进的产品

这类产品在性能、效用上几乎没有什么改变，但其材质、成本、界面等得到了强化或改善，因而比旧产品具有更强的竞争力。此类产品占新产品的11%。初创企业要结合技术、市场等各方面的进步因素，将其应用于产品创新。

这些产品创新的模式，为创业者在产品创新的操作上提供了选择和方向。发现产品在发明、改进、完善、细分等方面的机会，应用合理的创新模式，实现产品的商业化，初创企业就能在投入较低、风险较小、条件比较充分的情况下进入市场。

8.2.3 产品创新的途径

一般来说，产品创新的途径可以分为内部创新和外部创新两大类。其中，内部创新可以分为自主创新、逆向研制、产研结合几种途径，外部创新可分为引进、购并、知识产权交易几种途径。初创企业可根据自身条件和目标，选择其中的一种或几种。

1. 自主创新

自主创新是由初创企业自行研究和开发，发明新产品或改良旧产品。自主创新是通过实现自主知识产权的独特的核心技术,以及在此基础上实现新产品的价值的过程,它的成果一般体现为拥有自主知识产权的技术、产品、品牌等。

大型的企业都非常重视新产品的研发,以期参与市场潮流的塑造。对于初创企业来说,自主创新具有相当高的壁垒,来自产业、行业、技术、材料、工艺等方面的困难非常多。而且,存在大量专利产品,因其不符合市场需求或者各方面条件不具备而被束之高阁。创业者在开展自主创新时,首先要检索专利信息库,看自己的创意是否已经被他人申请专利,避免重复投入,也可以避开已经被市场验证为不可行的风险。同时,要对自主创新的产品在各方面综合考量,量力而行。

2. 逆向研制

逆向研制是一种产品设计技术再现过程。对产品进行逆向分析及研究,得出该产品的工艺流程、组织结构、功能特性及技术规格等要素,以制作出功能有所改进的新产品。对于初创企业来说,逆向研制可以缩短产品的设计、开发周期,加快产品的更新换代速度,降低企业开发新产品的成本与风险。

逆向研制可以从模仿开始。模仿的过程也是深入理解产品的过程,其目的一是发现旧产品在功能等方面的不足之处,以作出改进;二是在模仿过程中探讨产品的材料、工艺、流程等生产要素,以利于此后的生产。

三星的研发创新之路

有人认为,三星的成功要诀是学习模仿日本,成功重现了日本企业的发展道路。这种说法不无道理。三星自创立至今,其产品开发战略大致经历了拷版、模仿、紧跟、领先四个阶段。早期的三星是从拷版代工开始的,在积累了一定的技术、资金、经验之后,三星开始引进技术,对外部产品进行模仿生产。而在引进的同时,三星开始着手建立内部研究开发的机构,形成研发能力,寻求市场、产品、技术的动态匹配。在不懈的努力之下,三星从模仿走出了一条创新之路,其研发投入不断增加,到2003年就达到29亿美元。三星在韩国、海外设有十几个研发中心,建立了全球研发网络,其研发人员超过20 000人,占比超过全部员工的1/3。

3. 产研结合和知识产权交易

产研结合即产业、科研机构相互配合,发挥各自优势,形成强大的研究、开发、生产一体化的先进系统,并在运行过程中体现出综合优势。

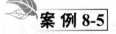

新希望集团的产研结合发展之路

新希望集团的创始人刘永好四兄弟是从鹌鹑养殖开始创业的。在获得了第一桶金之后,面对养殖业的高风险和激烈竞争,刘氏兄弟考虑转行。1986年,"正大"饲料在中国占据了市场的半壁江山,而其较高的附加值,使刘氏兄弟的眼光瞄准了饲料市场。

刘永好并没有立即组织投产,而是在希望公司原址附近购买了10亩地,投资400万元,建立了希望技术研究所,又投入 400 万元作为科研经费,找到国内外一批专家进行研制开发。经历了 2 年的"空转",1989 年"希望牌"1 号乳猪全价颗粒饲料推向市场;仅仅 3 个月时间,在本地市场销量就追上了当时如日中天的"正大"。"希望"饲料的质量与"正大"持平,每吨价格便宜了 60 元。此后,"希望"依靠其科研优势,成功顶住了"正大"以降价为策略的反扑,一举奠定了其饲料行业龙头的地位。

刘永好认为,当时共投入 800 万元建基地、开展研究是非常有远见的,科技研发是成功的关键。

初创企业的研究能力相对偏弱,科研机构普遍存在产业化不足的现象,大量可利用的研究成果处于沉睡状态。产研结合的途径可以实现优势互补。初创企业利用研究机构的成果,委托其研制创新产品,或将其已经研制的创新产品专利、实用新型购为己用,就可以迅速转化为产品投放市场。在自主研发或逆向研制能力不足,但对创新产品已经有了相当程度的理解和研究时,产研结合的途径更为行之有效。

知识产权交易则是通过购买专利、实用新型等,将其转化为产品的创新途径。知识产权交易其实是另一种方式的产研结合,只是直接投入在研究成果而不是研究过程上。相比产研结合途径,知识产权交易能够进一步控制风险,减少初期的投入。

4. 产品引进和并购

产品引进是一种被大量使用的创新产品途径。这是一种市场创新的途径:某个产品已经得到充分的市场认可,而另外一个市场尚未开发时,产品引进就是风险小、收益大的选择。例如,精酿啤酒的引进,大众汽车初创时对帕萨特 2.0 代车型(改名桑塔纳)生产线的引进。引进产品的目的是迅速积累产品持续创新的资金和经验,在时机成熟之后进一步创新产品。

并购则是直接收购生产某种产品的厂商,或者将其生产的产品投放到新的市场,或者利用其已有的技术条件、生产条件开发新的产品。如联想对 IBM 笔记本生产部门的并购。

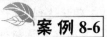

联想并购 IBM PC 业务

2004 年,联想以 6.5 亿美元现金、价值 6 亿美元的公司股票收购 IBM 在全球的个人计算机(PC)业务,并将 IBM 个人计算机部门的 5 亿美元债务转至名下。联想由此成为世界第三大个人计算机厂商,拥有每年超过 130 亿美元的销售收入和 7.6%的全球 PC 市场占有率。

联想此举意在应对中国 IT 市场的发展。它拥有运营费用低的优势,在市场上有政府采购等方面的大力支持,在中国拥有较高的品牌知名度。但是,中国 PC 市场的主体普遍缺少核心技术,仅以组装、销售商的身份参与竞争,并没有形成完整的产业链。因此,联想收购 IBM 个人计算机业务部门,再加上人力成本、运营成本低廉的优势,能够整体提高中国 PC 产业的竞争力。而 IBM 也能因此整合资源,将主要精力转向更有优势和前途的产业。

联想的并购总体上实现了双赢甚至多赢。在自主研发条件不成熟时，并购是一个可行的途径。在并购完成以后，联想的产品线得到了进一步的完善，其市场占有率也有明显的提升。

8.3 产品创新管理

产品创新是从产品创意到产品商业化的全过程，涉及初创企业的各个部门。对创意、流程、风险、市场等产品创新要素实施有效的管理，是初创企业的重要工作。

8.3.1 创意管理

创新产品的创意管理，主要体现在创意的来源管理和筛选管理上。

1. 创意的来源管理

新产品创意的来源包括顾客、科研人员、竞争对手、市场人员、管理人员、创意机构等。1992年的一项调查指出，80%的美国企业认为，顾客是其新产品创意的最佳来源。[1]这从一定程度上验证了需求之于创意的重要性。除此之外，学校、咨询公司、协会、媒体等也是新产品创意的来源。企业更应该努力激发内部人员的热情来寻求创意。

并不是每一项创意都能转变为商业化的产品，所以越多的创意来源，企业越能从中找出可行的创意。初创企业尤其要重视创意的来源管理。在寻求创意时，要重点从以下问题入手：

——企业重点发展的产业、行业是什么；
——开发新产品的目的是什么；
——开发新产品需要怎样的资金和资源；
——独创和改进新产品要在功能上有哪些实现等。

2. 创意的筛选管理

创意的筛选主要从两个方面来完成。一是创意与初创企业的目标、价值是否相适应，重点考量创意所达成的产品，是否符合企业的利润目标、销售目标、发展目标和价值目标。二是初创企业有没有能力把创意开发成新产品，主要体现为资金、技术、人力、销售等方面的能力。创意的筛选过程如图8-5所示。

在筛选过程中，企业要避免两种情况：误弃和误用。通过筛选的创意即可进入概念设计阶段。

8.3.2 流程管理

产品创新的流程管理，一是体现在产品创新要按照一定的流程来操作；二是各个流程中的执行层面管理。

1. 前端流程管理

前端流程指从发现需求开始，到产品的设计定型这一阶段。在8.1中已经列出了这

---

1 郭国庆.市场营销管理：理论与模型[M].北京：中国人民大学出版社，1995.

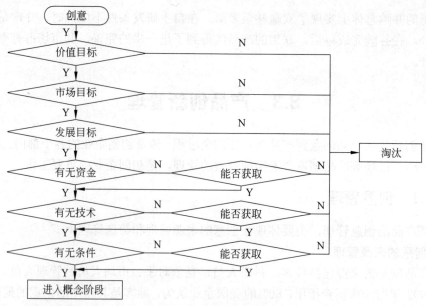

图 8-5　创意的筛选管理

一阶段的大体流程。在这一阶段，企业要不断地以价值、目标、能力等方面的要求去衡量需求、创意、设计方面的问题：

——需求是否切实存在？
——需求与我们的价值目标是否一致？
——我们能否满足这个需求？
——创意是否可行？
——设计如何体现企业的价值？

初创企业要认真回答这些问题，设计相关的标准，判断前端流程中的每一步工作是否切实被执行和完成。

2. 开发和后期流程管理

创新产品完成设计定型之后，就进入开发流程。这一阶段是创新产品从前端——企业内部走向市场的关键。在开发过程中，企业要对产品的功能、性能、材料、工艺、成本等作出综合的控制和管理。

功能管理。要确保产品能够实现预期的功能，并在开发过程当中进一步完善和发现新的功能目标。

性能管理。要确保产品能够达到质量方面的要求。

材料和工艺管理。要确保产品在材料的选择、利用、工艺等方面达到预期的指标要求。

成本管理。要确保产品在一定的成本区间内能够被量产。

在开发过程中，企业管理者要与开发团队经常沟通，了解开发的进程，控制开发的时间，并处理好其他部门与开发部门之间的关系，为产品开发创造良好的内外环境。

产品开发完成后就将进入后期商业化的流程。商业化流程主要包括产品的外观、包装设计，产品的市场推广设计，产品线的设计等。在这一阶段，管理者更需要从消费者的角度、市场的要求去检验产品是否与需求相契合，是否达到了创新的目标，能否实现企业的市场战略要求。

8.3.3 市场管理

产品开发成功之后，面对的就是市场。在进入市场之前，初创企业还要进行市场试验，并制定市场战略。

1. 市场试验管理

如果初创企业能够认可新产品开发的成果，就可以着手对品牌、包装和初步的营销方案进行设计。在真正推向市场之前，为了规避各方面的风险，要对新产品进行市场试验，从消费者、经销商那里了解关于新产品使用、再购买、经营的信息，并采取相应的对策。对于不同的产品，可以采取不同的试验方法。

消费品的市场试验主要考察试用率和再购买率两个指标，可以采用销售波动调查法、模拟商店法、试验市场法等。销售波动调查法是选定一批消费者样本，免费提供新产品试用，再分期折价对其供应新产品和其他同类竞争产品，了解消费者的选购比例、满意程度等。模拟商店法是邀请若干消费者观看一些商品的广告，把新产品广告在不标记的情况下穿插其中，然后赠予每名消费者一定数量的现金，要求其去指定的商店选购与新产品同类的商品，从而了解新产品的选购率。过一段时间还可以继续向其调查新产品购买使用的态度、使用状况、满意程度、是否再购买等信息。试验市场法是选定一个样本市场，由企业的销售人员向这个市场的消费者实际推销，并在此范围内开展一定的宣传和推广。试验市场法能够获得比较准确的结果。此外，对于一些特定的产品，企业还可以组织产品使用试验、参加博览会等活动，以了解消费者对新产品的态度。

2. 市场战略管理

初创企业新产品的市场战略主要包括四个方面的问题。

何时推出新产品——选择推出新产品最适宜的时机。比如在春季开始投放空调、冷饮等新产品，在秋季开始投放保暖服装新产品等。

何地推出新产品——选择推出新产品最适宜的市场。出于成本投入等方面的考虑，新产品很少直接在全国市场铺开。因此，新产品的投放要选择主要的市场，取得立足点之后再向更大范围铺开推广。麦当劳进入中国市场时，就选择了北京、上海这些有指示性的消费市场，节约了推广费用。

向谁推出新产品——选择推出新产品最适宜的顾客。选择好合适的顾客群体，就可以以其带动一般顾客，以最快速度、最少费用尽快占领市场。

如何推出新产品——选择推出新产品最适宜的营销。

8.3.4 风险管理

新产品开发带有强烈的不确定性，存在多种风险。根据调查，1991年，美国新产品开发的失败率达到86%。因此，新产品开发的风险管理，是企业尤其是初创企业必须重视的。

1. 风险的来源

新产品开发需要对市场需求、企业内部条件、市场外部条件作出预测，这些预测并不是绝对可靠的,而是存在一定的偏差的可能。开发新产品需要一定的周期,在开发周期中,外部环境可能发生各种各样的变化,此前的预测是否有效就成为问题。不仅在市场预测方面,市场的复杂性、多样性和多变性,是在一个产业、一个行业难以全面把握的。如政府的政策导向、突发事件、不可抗力因素,更难以作出事前的预期。这些都是风险的来源因素。事实上,"不确定性"已经成为现代市场经济的一个特点。因素的不确定性和绩效的风险性,是企业产品创新的显著特点之一。[1]对于初创企业来说,由于企业尚未经过长期的运行磨合,不确定性因素就更容易被放大。

新产品开发的风险,主要来自政策、行业、产业风险,市场风险,资金风险,人力资源风险,组织管理风险以及其他不可预见的风险。初创企业要针对新产品开发过程和结果可能发生的风险作出预估管理。

2. 风险的防控

彻底防控这些风险因素是不可能的,也没有必要。风险的发生带有一定的概率性,风险管理主要针对其发生的概率进行预测,并对主要的风险提出防控或规避的措施。

政策、行业、产业风险的防控。这部分风险的特征是带有一定的趋势性,但政策本身在时间、方式上又非常不确定。初创企业在开发新产品之前,就要了解政策、行业、产业的发展趋势,避开可能有较大变化的领域——当然,变化本身也是一种机遇。

市场风险的防控。市场风险的特征是它的不确定性。需求、供应、竞争都可能在短时间内发生剧烈的变化,而新产品可能还没有开发完成就已经失去了市场的竞争力。初创企业在开发新产品之前和开发过程中要密切关注市场的动向,及时调整产品开发战略,在必要的时候继续创新改进产品功能甚至放弃产品。

资金、人力资源、组织管理风险的防控。这部分风险主要来自初创企业内部,包括资金投入的不足、关键人才的流失、组织管理的低效等。初创企业要以量力而行的姿态对待产品创新,以现实的和可期望的激励手段留住人才,以切实有效的管理避免组织的低效,以防控这方面的风险。

其他各类不可预见的风险因素,如突发事件等,初创企业要事先有所预案、积极应对,在风险发生时不致遭受重大损失。

8.4 初创企业产品的市场策略

创新产品最终需要投放到市场,市场策略是企业战略的重要组成部分。初创企业要根据企业、市场、产品等各方面条件选择适宜有效的市场策略,尽最大努力获得产品的成功。

8.4.1 产品差异化与产品线策略

任何产品都有其主要的目标市场,而且市场并不局限于一处,不同的消费者的行为模式也不尽相同。因此,初创企业细分市场并采取差异化的产品策略,推出不同的产品

---

[1] 陈伟. 创新管理 [M]. 北京:科学出版社,1996.

组合就是非常必要的。

1. 细分市场

市场细分需要依据一定的细分变量,主要包括地理变量、人口变量、心理变量和行为变量四大类。其中,地理变量包括城市等级、城乡差异、气候、交通等,人口变量包括年龄、性别、收入、职业、教育、家庭等,心理变量包括社会阶层、生活方式、性格、消费习惯等,行为变量包括支付、使用、消费、消耗等。初创企业依据这些参量与创新产品的契合程度,就可以对市场作出具体的细分,并选择和进入相应的目标市场。

2. 产品差异化

初创企业对于产品的创新,必须以某种方式与同类产品区别开来,以使市场认可产品差异的存在,从而产生不同的偏好。如"有机食品"和普通食品的差异化,咖啡产地的差异化,巧克力、口香糖口味的差异化,产品在外观设计、动力性能、用途等方面的差异化,等等。产品差异化不仅是创新产品用以吸引消费者的特性,使之与市场同类产品相区分;而且是企业实现市场屏障,使竞争者不得不投入更多以征服消费者的选择偏好的策略。因此,产品差异化是初创企业的重要市场策略。

初创企业可以通过以下方式实现产品的差异化。

R&D 战略。R&D 战略即 research & design,研究与设计战略。为使自己的产品区别于其他产品,从而获得市场地位、建立竞争优势,初创企业要持续开展产品创新,使产品在功能、性能、质量、外观、成本等方面不断进步,满足市场需求。

服务战略。服务是产品的重要组成部分,很多企业不是依靠产品的优势而是服务的优势,建立起了市场的竞争优势。初创企业可通过充分、友好、全面的售前、售后服务,满足消费者合理的差异性需求,从而获得产品上的差异性。例如,海尔公司的差异化服务,就是其市场决胜的关键。

营销战略。消费者对产品的差异性并不足够了解,对于其质量、性能、功能等方面的选择具有相当的随机性。所以,初创企业应通过适当的营销手段,包括广告、宣传、促销、公关等活动,给消费者留下深刻的印象,影响其偏好和购买选择,形成差异性的主观印象。

3. 产品线

产品线指同类产品的组合,若干条产品线构成产品组合。由于市场差异的存在,市场获得一定的细分,产品有针对性的目标市场,也有外围的基础市场可供利用;同时,企业在生产某种产品的同时,一般也会具备生产周边、上下游产品的初步能力。因此,一类产品在规格、型号、等级等方面构成差异化的产品线,进而形成周边产品线组合,是必要的市场策略。

白酒行业在等级、规格上形成的产品线和产品组合就很具代表性。

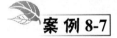

案例 8-7

五粮液产品线

五粮液集团公司坚持将现代科技与传统工艺相结合,除五粮液主品牌系列外,系统研制开发了五粮春、五粮神、五粮醇、长三角、两湖春、现代人、金六福、浏阳河、老作坊、京酒等几十种不同档次、不同口味，满足不同区域、不同文化背景、不同层次消费者需求的系列产品。特别是一帆风顺五粮液、五粮液巴拿马纪念酒、五粮液年份酒等精品、珍品系列五粮液的面世，其在神、形、韵、味各方面精巧极致的融合，成为追求卓越的典范。

初创企业在产品创新的初期，很难设计出覆盖各个市场的产品线，因此要把主要精力集中在一个选定的细分市场上，先突破一点，再及其余。

8.4.2 产品品牌和价格策略

1. 品牌策略

品牌是企业试图在市场上被识别的名称、标记、象征或设计及其组合，是企业价值、形象的直观体现。它包括品牌名称、商标、LOGO 等外在的形象性的内容，也包括一个企业长期经营在消费者心目中的印象、价值。它的形式则包括文字、声音、图像，以及代言人等。

例如，人们听到 Intel 公司熟悉的声音，不看也知道是 Intel 芯片相关产品的广告；人们提起"国酒"，第一个想到的就是茅台品牌；人们说起某个明星，也会联想起他代言的产品。这说明品牌在市场上的作用，是很难被其他东西所替代的。而品牌引发的关于质量、性能、等级、档次等联想，更是企业无形资产的重要组成。曾经有人说，即使可口可乐全部的工厂、产品、设备等付之一炬，只要这个品牌还在，短时间内它就可以完全恢复。这样的说法或许言过其实，但其对于品牌重要作用的肯定是正确的。

对于初创企业产品创新来说，一个良好的品牌设计，有利于其迅速在市场上被消费者识别，并逐步树立起企业、产品的形象，传递其价值主张。对于不同的企业和产品，采取的品牌策略主要有以下几种。

家族品牌策略。企业的不同产品线和产品组合采用同一品牌，使各方面市场的品牌效应实现累加。比如奢侈品品牌，其手表、箱包、化妆品、饰品，一般都采用同一品牌，使特定的消费者能够迅速识别。初创企业和创新产品的产品线和产品组合还比较单薄，采取家族品牌策略需要一定时间的市场积累。

多品牌策略。企业不同产品和产品线存在竞争关系，或者同时经营两种及以上的品牌。这种策略是宝洁公司首创的。在 1946 年，宝洁公司的潮水洗涤剂在市场热销，持续数年之后，它在 1950 年又推出了快乐牌洗涤剂。这两种品牌虽然发生了竞争，各自占有的市场有所缩水，但其累加结果超过了任何一个品牌原来的或可能的市场占有率。即使到现在，宝洁公司仍然采用多品牌策略，如其洗发水包括飘柔、潘婷、海飞丝等，这几个品牌一度占据了中国洗发水市场的绝对优势地位。对于初创企业来说，这种策略更适合差异性较大的产品组合，或者同类产品的不同代理商渠道。

品牌扩展策略。这种策略是企业在发展中使用的，即以其成功推广的品牌产品作为基础，利用其声誉来推广新的产品。例如，可口可乐公司出品的芬达和雪碧，娃哈哈公司出品的纯净水，康师傅品牌拓展的饮用水、饮料等。这种方法对于初创企业直接应用难度比较大，可以作为后期发展的战略性选择。

2. 价格策略

价格是沟通需求和供应之间的桥梁。供应和需要最终是否达成，价格起到了重要作用；尤其是在竞争激烈的市场，价格的作用往往是决定性的。所以，初创企业和创新产品在定价方面必须有所设计，采取必要的策略。

首先是选择定价的目标。初创企业确定产品的价格并不是毫无来由的，而是要实现一定的目标。定价目标大体包括以下几种。

生存目标。在竞争激烈的市场上，创新产品的首要目标是生存；对于初创企业来说，能否生存就决定了创业的成败。因此，初创企业必须制定相对较低的价格，并期待市场对价格非常敏感。

当期利润目标。初创企业需要积累资金，在当期市场实现利润最大化也是一个可行的策略。采取这种策略，初创企业要分析研究市场的价格—需求弹性以及竞争、替代品市场状况，从价格—销售量曲线中选择利润最大化的组合。

市场占有率目标。在产品高度同质化的市场，产品的市场占有率就成为企业的重要目标。选取这个目标将意味着定价在市场上有可能是最低的，而其追求则是在赢得市场占有率目标之后，享有最低的成本和最高的长期利润。对于初创企业来说，这样的目标存在一定的风险。

产品质量最优化目标。在产品质量、价格参差不齐的市场，这样的策略有利于企业进一步细分市场，并将市场等级化，以较高的定价来弥补高质量产品在成本、开发方面的支出。采取高质高价策略，初创企业必须辅之以同样水平的服务。而初创企业很难在产品和服务两线形成有效的支撑，因此，选择这样的目标要慎重。

定价的目标确定之后，企业还要采用适当的定价方法，以此实现利润、成本等方面的指标控制。定价的方法主要有以下几种。

成本加成法。指按照单位成本加上一定比例的加成来定价的方法，又称为成本+利润定价法。相比市场的不确定性，成本相对来说是比较确定的，价格盯住成本可以简化定价的程序。同时，消费者比较认可这样的定价方法，他们会认为这种方法对于双方都比较公平。

目标定价法。指根据预期的产销量和总收入来确定价格的方法。这种定价方法需要企业对成本进行分解，摘出固定成本和经营成本，并根据经营成本曲线的变化来寻求最佳的总收入位置，从而确定产品的价格。

认知价值定价法。指企业根据消费者对于产品的认知价格来定价的方法。这种定价方法与现代市场定位观念是比较吻合的。但是在不规范的市场，这种定价方法可能被认为是欺诈：企业以其宣传等利用信息的不对称，对消费者对产品的价格认知作出了误导。认知价值定价法要求企业准确地计算出产品的市场认知价值，过高或过低估值都会造成损失。这就需要企业实施深入、细致、全面的市场调查。

随行就市定价法。指企业按照行业平均的价格水平来定价。初创企业缺乏市场经验和市场认知度，对于销量、成本等要素难以估量，采取这样的定价方法，可以避免激烈的竞争，也有利于核算成本等。

价格策略是目标和方法的组合。设定合理的目标，采用恰当的方法，是初创企业为创新产品定价的策略理念。

本章对初创企业产品创新的意义、流程、途径、模式、策略等方面做了简要的介绍。产品创新起源于需求,形成于创意,实现于产品,投放于市场,这个完整的流程,是任何初创企业都要经历的。管理好整个流程,对风险有全面的认知和防范意识,选择合理的市场策略,是创新产品在市场上取得成功的保障。

课程思考

1. 创意怎样转化为产品?一个企业如何实施创意管理?
2. 试用多屏幕法和物—场分析法,对一个创意进行具体的设计。
3. 产品创新有哪些思路?通过怎样的模式实现?
4. 产品在投放市场时应注意哪些策略?
5. 产品创新会遇到哪些风险,如何防范?

第9章 初创企业商业模式创新

学习目标

1. 领悟商业模式对于创业项目的重要意义。
2. 了解商业模式的定义、本质及其基本构成。
3. 理解商业模式和企业战略的关系。
4. 掌握创业项目商业模式设计、创新的思路、逻辑和方法。

9.1 关注商业模式——生存与发展

创新创业项目走向市场后,它就成为一个以营利为目的的企业。此时它所面临的最关键问题,就是在激烈的市场竞争中生存和发展。彼得·德鲁克认为,"当今企业之间的竞争,不是产品之间的竞争,而是商业模式之间的竞争"。[1]在技术交易自由的条件下,专利壁垒形成的产品优势已经很难长期保持,德鲁克的这个观点就更具有现实意义。因而,关注商业模式,创新设计可行的商业模式并以此形成市场竞争优势,关乎新创企业生存和发展。

商业模式(Business Model)的概念最早见诸学术研究是在1957年[2],此后并未受到太多的关注。直到20世纪90年代以后,具体地说,由于互联网经济创新的商业模式颠覆了既往工商业经营模式,商业模式才作为一个独立的领域得到了重视。到21世纪之后的十几年中,商业模式逐渐成为人们谈论的热点,也成为经济学、管理学重点研究的对象。

案例 9-1

携程网的商业模式

1999年创办的携程网,最初提供的服务是飞机票预订。经过几年的发展,围绕人们的旅游出行需求,携程不断拓展服务领域,先后推出了比价、订票(飞机票、火车票、门票)、订房、信用卡、旅游线路等服务项目,深受消费者的喜爱。随着O2O等创新模式的发展,携程又与航空公司、铁路、机场、餐饮企业、银行、团购、媒体等周边或落地机构合作,形成了"出行方案"式的服务格局,服务领域有了进一步的延伸,服务地区也拓展到海外。

创办以来,携程网实现了快速的发展。2003年12月,成立仅4年的携程网在美国

---

[1] 彼得·德鲁克,约瑟夫·马恰列洛. 德鲁克日志[M]. 蒋旭峰,王珊珊译. 上海:上海译文出版社,2006.
[2] Bellman, and Clark. On the Construction of a Multi-Stage, Multi-Person Business Game[J]. Operations Research, 1957, 5(4): 469-503.

纳斯达克上市，并创纳市3年来开盘当日涨幅最高纪录。这在第一轮互联网泡沫刚刚褪去、互联网投资尚未走出低谷的2003年，是非常了不起的成就。2004年，携程创新性地推出"休闲度假旅游"概念，把传统的出差、旅游需求，变成了短期、随意甚至随机的休闲，创造了新的市场。2008年，携程旅行网借助奥运契机牵手旅游卫视，联手打造携程环球DIY旅游，服务拓展到双向海内外出行旅游。2011—2015年，携程与百度、去哪儿网、华远国旅、知名餐饮企业等展开深度合作，拓展旅游、出行周边服务，并逐步实现渠道自有化。携程以其以客户需求为中心并创造需求的理念、"指尖上的旅行社"的市场概念、先进的服务管理控制体系，以及建立伙伴式合作关系的发展方式，创造了奇迹般的发展。

携程网成功的关键，在于它的商业模式非常清晰可行，逻辑性强，并且有其独特的创新。

首先是它的可行性。在新世纪到来之际，人们的出行比过去更加频繁，而市场还没有做好充分的服务准备，出行对于很多人来说，订票、住宿依然是难题——想出门可能买不到票，想住宿不了解酒店情况并可能遇到"客满"情况。而交通和住宿服务领域同样面临着难题：机票、火车票销售服务窗口少，酒店没有充足的客源。携程模式打通了供需之间信息不对称的壁垒，创新性地满足了市场需求。

其次是它的逻辑性。携程的发展过程就是不断满足需求、创造需求的过程。人们出行需求机票、火车票和酒店住宿，没有这些是绝对不行的，但是有了这些并不足够。出行尤其是旅游，还有配套的如接机、接站、餐饮、景点、娱乐等多方面的需求。携程以最关键的需求为突破口，不断拓展服务领域，最终形成了超越地域、行业、产业等多重壁垒的一站式解决方案。这就使得它成为各方面供需的枢纽，同时也就是各方面利润的结合点。

最后是它的创新性。携程的创新之处，最关键的在于把供应和需求结合到一起。最初的携程并不直接提供出行的具体服务，而是一个信息的中介。在信息高度不对称的市场，携程敏锐地发现了信息的价值，创新性地利用了信息。在发展的过程中，携程把创新性地利用信息发挥到了极致，逐步建立优势并通过拓展合作巩固、扩大优势。即使在充分竞争的市场中，人们对于信息来源仍然有强烈的偏好和依赖性，因而，携程先人一步的创新本身，就已经建立起了牢固的利润壁垒。

我们用图9-1来概括携程的商业模式。

这个商业模式能够实现的核心，在于携程作为信息服务中介，使各方面的需求得到了满足：为客户提供了价值，为合作伙伴带来了更多客户，为自己创造了多元化的收入。

携程的创新首先在于发现问题——需求与供应的信息不对称，然后在于找到了解决问题的核心——信息中介服务，最后在于创造性地提出了解决问题的方法——O2O系统服务。尤其是在互联网尚处于发展阶段，Web2.0、O2O这样的概念尚未提出，用户的习惯尚未得到充分培育，全社会信息化程度偏低的1999年，携程这些创新可以称得上远见卓识。

从携程的案例我们可以看到，商业模式本身就是携程的灵魂。它是携程为市场提供的价值，也就是携程能够生存的基础；它具备开放性、可扩展性，是成长型的模式，也

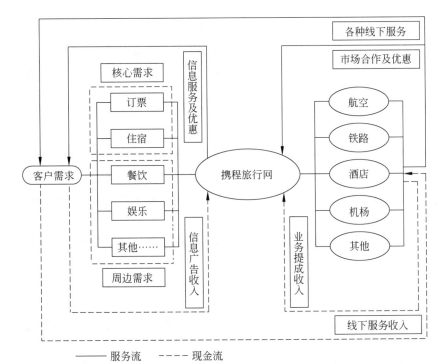

图 9-1 携程商业模式示意图

就是携程能够发展的动力。关注和研究企业的商业模式,尤其是新创企业的商业模式创新与设计,实际上就是在关注创业项目的生存和发展。

资料来源:以上根据携程网公开资料撰写、制图。[1]

9.2 商业模式的定义和本质

研究者们引入收入来源、生产、成本、市场等诸多变量,从经济、运营、战略等方面对商业模式作出描述。应该说,到目前为止,商业模式也没有一个公认统一的定义。而在不同的人群中,如产业界,包括新兴的互联网经济领域,对于商业模式的理解也都比较混乱;对于创业者而言,那些过于学术化的定义又比较生疏。我们简要介绍一些商业模式的概念性描述。

9.2.1 商业模式的定义

商业模式早期是作为一个经济概念被阐述。如 Stewart 等人在 2000 年提出,商业模式是企业能够获得并且保持其收益流的逻辑陈述。[2] 同年 Rappa 提出,商业模式是企业为了自我维持,也就是产生利润而经营商业的方法,以此清楚说明企业如在价值链(价

---

[1] 携程官网-关于携程[EB/OL]. 携程网, http://pages.ctrip.com/public/ctripab/abctrip.htm.

[2] Stewart D W, and Zhao Q. Internet marketing, business models, and public policy [J]. Journal of Public Policy & Marketing, 2000, 19(3): 287-296.

值系统)中如何定位,从而获取利润。[1] Hawkins 则在 2001 年提出,商业模式是企业与其产品/服务之间的商务关系,是一种构造各种成本和收入流的方式,通过产生收入而使企业变得可生存。[2] 这些定义偏重于经济学角度。此外,商业模式的概念还在运营、战略等领域得到了更全面的定义。

在运营领域,Timmers 在 1998 年将商业模式定义为:用来表示产品、服务、与信息流的一个架构,包含各个商业参与者与其角色的描述、各个商业参与者潜在利益的描述、以及获利来源的描述。[3] Mahadevan 在 2000 年将商业模式阐释为企业与商业伙伴及买方之间三种串流——价值流、收入流、以及物流的独特组合。[4]

在战略层面,Linder 等人和 Petrovic 等人均认为商业模式是组织或者商业系统创造价值的逻辑。[5] Weill 等人把商业模式定义为:对一个公司的消费者、伙伴公司与供货商之间关系与角色的描述,这种描述能辨认主要产品、信息与金钱的流向,以及参与者能获得的主要利益。[6]

Morris 等人在考察众多商业模式定义的基础上,于 2003 年为商业模式提供了一种整合的定义:商业模式是一种简单的陈述,说明了企业如何通过对战略方向、运营结构和经济逻辑的一系列具有内部关联性的变量进行定位和整合,以便于能够在特定的市场中建立竞争优势。[7]

以上定义都在一定程度上概括了商业模式的内涵。基于对企业和市场过程的分析,以及对商业模式定义的历史研究,Osterwalder、Pigneur 和 Tucci 在 2005 年发表的文章《厘清商业模式:这个概念的起源、现状和未来》中,提出了一个被广泛接受的定义:"商业模式是一种包含了一系列要素及其关系的概念性工具,用以阐明某个特定实体的商业逻辑。它描述了公司所能为客户提供的价值以及公司的内部结构、合作伙伴网络和关系资本等用以实现(创造、营销和交付)这一价值并产生可持续、可营利性收入的要素。"[8]

---

1 Rappa M. Managing the Digital Enterprise – Business Models on the Web [EB/OL]. http://digitalenterprise.org/models/models.html,2000.

2 Hawkins R. The Business Model as a Research Problem in Electronic Commerce [J]. SPRU-Science and Technology Policy Research, 2001.

3 Timmers P. Business Models for Electronic Markets [J]. Journal on Electronic Markets, 1998, 8(2): 3-8.

4 Mahadevan B. Business Models for Internet-based e-Commerce: An anatomy [J]. California Management Review, 2000, 42(4): 55-56.

5 Linder J, and S Cantrell. Changing Business Models: Surveying the Landscape [R]. Accenture Institute for Strategic Change, 2000.

6 Weill P, and Vitale M R. Place to space: Migrating to eBusiness Models [M]. MA: Harvard Business School Press, 2001: 96-101.

7 Michael Morris, Minet Schindehutte, and Jeffrey Allen. The Entrepreneur's Business Model: Toward a Unified Perspective [J]. Journal of Business Research, 2003, 58(1): 726-735.

8 Osterwalder A, Yves Pigneur, and Chirstopher L Tucci. Clarifying Business Models: Origins, Present, and Future of the Concept [J]. Communications of the Information Systems, 2005, 15 (5): 1-25.

微软帝国的商业模式[1][2]

1975 年,当 19 岁的比尔·盖茨从哈佛大学退学时,他的目标或许仅仅是使用 BASIC 语言开发更多的程序,供 IBM 这样的大公司采用。一个契机出现在了 1980 年,由 24 岁的程序员蒂姆·帕特森用 4 个月时间编写的 86-DOS 操作系统进入比尔·盖茨的视野。他用编写程序赚来的 5 万美元购买了这个操作系统的全部版权,并把它更名为 MS-DOS,开启了微软的进击之路。

比尔·盖茨当然是一个优秀的程序员,但他更是一个商业大师。他并没有像以往那样,把 MS-DOS 当作一个程序——即便它是一个操作系统程序——直接卖给用户,而是敏锐地发现了 PC 时代即将来临,其中蕴含着巨大的商机:每一个 PC 用户都会需要一个操作系统。1981 年,微软与 IBM 合作,在 IBM 销售的 PC 上预装 MS-DOS 操作系统。在当时,软件的价格与硬件价格相比,显得那样微不足道。利用 IBM 强大的销售网络,MS-DOS 也成为 PC 的标准操作系统。借助每份副本 3.5 美元的收益,到了 1984 年,微软公司的销售额超过了 1 亿美元。

早期计算机用户都知道,MS-DOS 是一个指令集式的操作系统,用户需要记忆大量的指令,用于操作磁盘的读写。对于日益普及的计算机来说,这远远不够。因此,比尔·盖茨转而开发人机交互型的 Windows 操作系统。我们略过那些容易搜索到的历史,简而言之,Window 3.0 操作系统和此后的 Windows NT、Windows 95 操作系统取得了巨大的、可称为"观止"级别的成功。

如果微软的发展到此为止,那么它还依然是一个称得上卓越的企业,比尔·盖茨也算得上是一个创业—守成的天才商人。一个人能够抓住一次时代的机遇,已经可以称为能者;如果一个人能够抓住两次甚至更多的时代的机遇,那么我们只能称他为天才。比尔·盖茨就是这样的天才,他不仅抓住了 PC 的时代机遇,更抓住了 Internet 的时代机遇。如果说门户网站给用户提供的是一个时代的黄页,那么他推出的 Internet Explorer 等产品,则掌握了人们进入这个时代的工具。而他这样做的目的,远不止卖出他的 IE 产品;而是要控制用户的使用习惯,使之产生足够的依赖性,进而控制整个市场。

不管比尔·盖茨引起怎样的争议,他所创立的微软帝国,以及微软公司的商业构想,都切实地改变了一代人甚至几代人的生活,并被写进时代的历史。

从 Osterwalder 等人的定义来看,微软公司的商业模式非常清晰。它的价值是为客户提供使用 PC 的工具支持;它的资源包括 IBM 的市场渠道、MS 的开发团队、用户的使用习惯培育等;它的运营管理是扁平化的,项目组、事业部方式的组织结构,这在以后被很多互联网企业所采用;它的盈利能力是可持续的,每一个购买 PC 的用户都要继续购买它的系统软件 Windows 和应用软件 IE、Office 等。

---

1 比尔·盖茨. 未来之路[M]. 辜正坤译. 北京:北京大学出版社,1996.
2 G.Pascal Zachary. 观止[M]. 张银奎等译. 北京:机械工业出版社,2009.

商业模式定义的不确定性显示，在经济活动不断丰富的过程中，赢得市场的方式、侧重点在发生变化。市场上的创新，特别是新创企业在商业模式上的创新，也为学界的研究提供了更加丰富的对象。这就给新创企业和创业者提供了一个思路：突破思维定式、创新设计商业模式，是赢得市场的途径之一。

9.2.2 商业模式的本质

从前面各种定义中，我们不难看出，商业模式的根本是一个企业对于价值的创造、传播和交换。创造价值体现了一个企业基于市场需求的生产结构，传播价值是企业面向市场组织的运营，交换价值则是企业通过满足市场需求所获得的回报。

哈佛商学院克利斯坦森教授（Clayton M. Christensen）认为，商业模式就是一个企业的基本经营方法。[1]它包含四部分：用户价值定义、利润公式、产业定位、核心资源和流程。综合其他方面的论述，一般把商业模式分解为若干元素。

——价值主张（Value Proposition）。即公司通过其产品和服务，所能向消费者（用户）提供的价值。价值主张确认公司对消费者的实用意义。

——消费者目标群体（Target Customer Segments）。即公司所瞄准的消费者群体。这些群体具有某些共性，从而使公司能够（针对这些共性）创造价值。定义消费者群体的过程，也被称为市场划分或市场细分（Market Segmentation）。

——分销渠道（Distribution Channels）。即公司用来接触消费者的各种途径。这里阐述了公司如何开拓市场。它涉及公司的市场和分销策略。

——客户关系（Customer Relationships）。即公司同其消费者群体之间所建立的联系。通常所说的客户关系管理（Customer Relationship Management）即与此相关。

——价值配置（Value Configurations）。即资源和活动的配置。

——核心能力（Core Capabilities）。即公司执行其商业模式所需的能力和资格。

——合作伙伴网络（Partner Network）。即公司同其他公司之间为有效地提供价值并实现其商业化，而形成合作关系网络。这也描述了公司的商业联盟（Business Alliances）范围。

——成本结构（Cost Structure）。即所使用的工具和方法的货币描述。

——收入模型（Revenue Model）。即公司通过各种收入流（Revenue Flow）来创造财富的途径。

——资本增值（Increase the capital value）。伴随用户规模、品牌价值、市场份额方面的成长，项目本身估值也不断增加，被潜在觊觎者收购也将成为一种创造财富的路径。

这些元素并不是孤立的，而是一个企业，特别是创新创业项目需要具备的、集成化的各方面条件。在一个具体的创新创业项目中，这些元素的权重也是不同的。比如快消类创业项目更重视分销渠道，技术型创业项目更重视核心能力，工业类创业项目更重视成本结构，等等。这些元素中，有的是关于资源的，有的是关于市场的，或者是关于产业的、行业的、技术的、竞争的、成本的、盈利的。对于每一个创业项目，这些元素都

1　Clayton Christensen. Disrupting Class［M］. New York：McGraw-Hill，2010.

有其存在的具体形态。这就说明，商业模式不仅包括了这些元素的具体形态，也包括了它们的构建方式。

Weill 等人在 2001 年提出了"原子商业模式"的概念。[1]概念指出，每个商业模式都具有四个特征，即"原子"：策略目标、营收来源、关键成功因素、必须具备的核心竞争力。可行的商业模式数目是有限的，企业对于"原子"的不同组合方式就构成了不同的商业模式。企业可以试着挑选与组合"原子商业模式"，并评估其可行性以建构最适当的经营模式。同时，技术的不断发展和外部环境的不断变化，导致企业必须对自身的"原子商业模式"进行不断地更新与重组。我们可以从这个角度理解商业模式的本质：企业用以配置资源、建立合作、市场运营、实现盈利的集成化解决方案。

9.3　商业模式和企业战略的关系

企业战略就是企业在适应和主动利用环境变化的过程中，为建立和发挥优势而作出的一系列重大、长期和根本性的决策和行动。[2]它包括了一个企业在价值定位、发展规划、目标市场、客户关系、市场营销、技术创新、人力资源、资源配置与开发、资本运营等各方面的设想。在越来越激烈的市场竞争环境下，企业间的竞争已经不是围绕着利润，而是围绕着竞争优势的建立、保持和发挥而展开的。迈克尔·波特提出了三种基本的行业竞争战略：成本领先战略、标新立异战略和目标集聚战略。[3]这不仅为商业模式的设计提供了思路，而且指出了商业模式在企业战略中的重要地位。

9.3.1　互联网时代企业战略视角的转移

互联网媒体的出现使传统媒体受到了严重的冲击，更从根本上改变了媒体的商业模式。Google 就是一个显著的例子。Google 以搜索为核心的各种服务，在用随着互联网时代的深入发展，特别是以云计算、大数据、移动互联网和物联网为代表的新一代信息技术，正在深刻改变整个企业 IT 的结构，同时也在改变业务的模式，包括管理模式和商业模式。[4]与传统企业重视技术、产品、市场、利润这些元素不同，互联网时代的企业，更重视商业模式的实现。

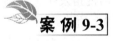
互联网时代的媒体印钞机模式[5]

一份《纽约时报》有上百版，最多的时候甚至超过了 1 000 版。而这样一份厚厚的报纸，售价还不到 1 美元。不了解内情的人们会奇怪，它的印刷成本、人力成本那么高，

1　Weill P, and Vitale M R. Place to space: Migrating to eBusiness Models［M］. MA: Harvard Business School Press, 2001: 96-101.
2　蓝海林. 企业战略管理［M］. 2 版. 北京：科学出版社，2013.
3　迈克尔·波特. 竞争战略［M］. 陈丽芳译. 北京：中信出版社（第一版），2014.
4　刘继承. 互联网+时代的 IT 战略、架构与治理［M］. 北京：机械工业出版社，2016.
5　吴军. 浪潮之巅［M］. 北京：电子工业出版社，2011.

报纸依靠什么经营下去？其实很简单，它依靠的是广告。报社通过自己的广告部门或者外包的广告营销机构，把版面出租给企业在上面刊登广告，收取广告费用。而低廉的报纸价格，既保证了足够的广告受众数量，使广告更有传播价值；也通过一个象征性的价格把买报纸阅读和用报纸来当包装纸的人区分出来，使受众更有效。传统的媒体，大多依靠这样的方式生存和盈利，这是媒体的盈利模式。

这样的盈利模式受到多方面的影响。它需要与其他媒体竞争获得足够的市场份额，需要以广告利润作为媒体经营的导向性策略，需要把媒体除广告之外的内容（产品）做好以吸引受众购买——毕竟没人专门去花钱买广告看。这样的媒体，它的战略思维是直线的：广告主—版面—受众；它的盈利水平有一个上限：版面数量×广告单价。我们可以看到，广告主的招揽和受众的吸引、投放都需要投入成本，而版面是有限的，广告单价也不可能无限地提高。尽管传统媒体很赚钱，但它并没有达到印钞机的程度。

户端都是免费的，这就保证了它拥有足够的用户数量。以广告行业的角度衡量，用户数量就是受众数量，受众数量就是真金白银。与传统媒体不同，投放广告的广告主，只需要在 Google 的网站上填一个电子表格，选择它感兴趣的关键词，做好广告的内容，再选择广告费用的单价和总额，完成支付就可以开始投放广告。而 Google 则根据它优化的关键词搜索设计和广告出现频次算法，按照广告主选择的关键词、广告单价、广告总额，就可以自动向受众投放广告。比这样的方便更让广告主感到欣喜的是，Google 以点击量而不是浏览量作为计费的依据，这就意味着每一个点击广告使之付费的受众都是有效的。不仅如此，Google 还接受网站把它的广告投放做成链接，在各个网站投放广告并实现收入分成。这样，整个互联网实际上都成了 Google 的版面，而它的广告投放又使广告主和受众达成了更有效的信息交互。在这样的商业模式下，Google 就是一台互联网媒体印钞机。

与传统媒体相比，Google 需要的不是市场份额，因为每个网站实际上都可以成为它的合作伙伴；它不需要以利润作为导向，专心做好算法设计和网络服务就可以了；它不需要自己提供内容吸引受众，每一个广告点击都是受众自觉的行为；它的战略是系统性的、网络化的，它的利润是无限的。

从 Google 的印钞机模式，我们可以看到，互联网时代使企业的战略视角发生了明确的转移，因而催生了更便捷、更有效、更具开放性的盈利模式。如图 9-2 所示。

这个转移的影响是深刻的。互联网的真正威力不在于技术本身，而在于它对人们生活方式的巨大改变，这些改变不仅深刻影响了市场，也影响了公司的"性格"。[1]所谓公司的"性格"，所指也就是公司怎样参与市场竞争、如何赢得市场竞争，其根本也就是商业模式。对于新创企业来说，在商业模式上的创新，比在技术、产品等方面的创新更为重要；商业模式的创新，也比技术、产品等的创新显得更直接、更容易被识别。

---

1 里克·莱文. 互联网的本质：传统商业的终结和超链接企业的崛起[M]. 江唐, 丁康吉译. 北京：中信出版社, 2016.

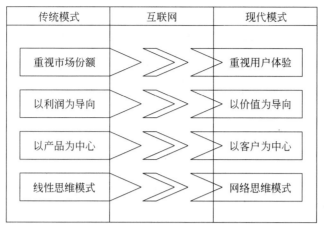

图 9-2　互联网时代战略视角的转移

9.3.2　商业模式在企业战略中的地位

企业战略的转变，就会改变一个企业对各种元素的理解，从而使商业模式——集成元素形成的解决方案——发生重大的转变。不仅如此，它也更加突出了商业模式在企业战略中的地位。尤其是对于一个创新创业项目来说，它的意义就更为重大。迈克尔·波特和詹姆斯·贺普曼通过研究发现，在智能互联网时代，公司需要面对 10 项全新的战略选择[1]——对于智能互联产品，公司应开发哪一类功能和特色？

——产品应搭载多少功能？多少功能应该搭载在云端？

——公司应采用开放还是封闭系统？

——对于智能互联产品的功能和基础设施，公司应进行内部开发还是外包给供应商和合作伙伴？

——公司应对哪些数据进行捕捉、保护和分析，从而实现客户价值最大化？

——公司应如何管理产品数据的所有权和接入权？

——对于分销渠道或服务网络，公司是否应该采取部分或全面的"去中介化"战略？

——公司是否应改变商业模式？

——公司是否应该开展新业务，将数据出售给第三方？

——公司是否应扩大业务范围？

每项战略选择都涉及取舍，公司必须根据自己的特殊环境进行选择。不仅如此，这些选择相互依存，它们必须能相互促进加强，从而形成公司独特的整体战略定位。在这些战略选择当中，我们清楚地看到商业模式的重要地位。

在传统的制造业中，企业的经营流程是调查需求、细分市场、设计产品（服务）、订购原料、安排库存、生产产品（提供服务）、市场营销、分销渠道、终端零售，最终实现利润。它的流程可以抽象地如图 9-3 所示。

1　迈克尔·波特，詹姆斯·贺普曼. 揭秘未来竞争战略 [J]. 哈佛商业评论. 杭州：浙江出版集团数字传媒有限公司，2015.

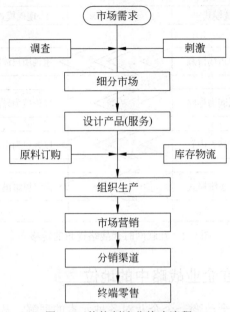

图9-3 传统制造业战略流程

在这样一个流程里,我们并不能看到商业模式的创新及其地位的重要性,商业模式无非是需求—生产—销售—利润这样的模糊理解。此时,创新主要体现在这个流程的各个元素之中,而不是作为企业战略的一部分。这种模式之所以长期存在,与信息的不对称性有着很大关系:企业是它认为用户需要什么就会生产什么,用户是市场提供什么就购买什么。互联网时代最大的改变就是信息的透明度大大提高,企业可以更好地理解用户的需求,而用户可以在购买产品或服务之前得到更充分的了解。

信息透明度的提高不仅体现在供需两端,更体现在产业、行业、技术等各个方面。在假定产业处于均衡发展的状态、行业处于充分竞争的状态、技术处于普遍应用的状态的条件下,商业模式的创新就成为企业决胜市场的关键。初创企业要以互联网时代的思维去看待市场,决定战略,创新设计商业模式。

9.4 商业模式因果关系链条的分解

在很长一段时间里,中国的企业尤其是制造业崇尚技工贸"一条龙"式的发展,试图从技术、生产、市场的各个环节降低成本,建立竞争优势。而实践证明,这样的发展模式造就了大量的技术创新能力差、生产条件落后、市场水平低下的企业,也使得中国以产业升级为核心的供给侧改革之路困难重重。专研中国经济的美国经济学家巴里·诺顿认为:"中国经济很长时间以来一直具有独特的结构性特点。中国对总产出的投入比例大于任何一个大型经济体,中国总产出中制造业所占比例也大于任何一个大型经济体。中国对全球金融危机的回应意味着,这些独特的结构性特点并未发生变化,因此中国其实更大地偏离了全球规范。"[1]创新创业项目要摆脱这样的窠臼,就要创建新的商业模式。

---

1 巴里·诺顿. 中国经济:转型与增长[M]. 安佳译. 上海:上海人民出版社,2010.

尤其是在互联网时代，创新创业项目要发挥互联网的工具作用，更要建立起互联网思维，重新构建商业模式因果关系的链条。

9.4.1 商业模式中的因果关系

魏炜等人在2012年指出："互联网彻底改变了全球分工体系和客户需求响应，从而改变了企业、行业的边界条件。如果不能顺应新的商业环境变化，积极改善自身在新的全球分工体系下的独特作用，企业将很可能被自己赖以成功的"大而全"的企业规模所伤害。要获得生存和发展的机会，企业必须突出自身在全球分工体系下的独特功能、定位和龙头作用，重构商业模式，强调"精""专""绝"（即契合商业模式的关键资源能力）。"[1]

精、专、绝，体现的就是围绕商业模式中关键资源构成的因果关系。创新地、合理地把这些关键资源，构建成为符合逻辑的商业模式，是企业在市场上获得竞争优势的关键。对于初创企业来说，它有更好的机会，在没有任何包袱的基础上实现创新。

案例9-4

戴尔公司商业模式的创新

当迈克尔·戴尔在1984年19岁创办戴尔公司时，他的父母或许还在为他没有在得克萨斯大学修完医学而耿耿于怀。戴尔的商业天才在他更早些时候就已经表现出来。出生于1965年的戴尔，16岁上中学时就靠替休斯敦《邮报》拉订户时的创新之举——向新婚夫妇赠阅以扩大订户规模，赚到了1.8万美元。1991年，戴尔公司的销售额就达到8亿美元，次年增长到20亿美元并进入《财富》500强。直到2014年，戴尔公司都在500强中榜上有名，2012年为44位，2013年为51位。[2]

戴尔获得的成功，与它商业模式的创新是分不开的。戴尔公司所销售的每一台计算机，其各项工序都是外包生产加工，它只负责处理订单和提供相关售前、售后服务。在戴尔公司，流程是这样的：用户在互联网上选择机型、配置等相关参数，然后下单、支付；戴尔将订单下到工厂组装，完成后交给物流公司送货到用户手中，并提供相关的售后服务。如图9-4所示。

在这个流程中，戴尔公司已经完全从以产品为中心的生产企业，转变成了以用户为中心的服务企业。更为重要的是，戴尔绝大部分的工作，实际上都是通过网络和外部运行的，这就极大地节约了成本，使得产品更有竞争力。理论上，戴尔公司手中可以一台计算机都没有，它把各种信息传递给用户，把因此产生的订单形成各种指令下达给外部工厂，最终把产品和服务提交到用户手中。

---

1 魏炜，朱武祥，林桂平. 商业模式的经济解释[M]. 北京：机械工业出版社，2012.

2 戴尔公司落选财富500强的主要原因，是其于2013年10月完成的私有化交易。私营企业无须公开披露财务状况，戴尔的财务状况仅向部分人员如债券持有人、受雇分析师等保密发布。《财富》杂志在与戴尔公司沟通索取相关资料未果，因而根据公开资料编辑的500强榜单上没有戴尔公司。

第9章 初创企业商业模式创新

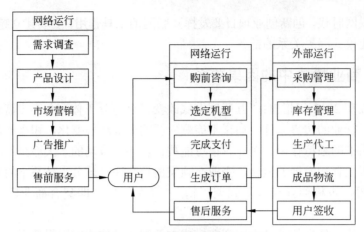

图 9-4 戴尔公司运营流程示意图

这在传统的生产型企业当中是不可想象的。而在互联网时代，这就是做生意的方法。在这个产业链中的每一环节，包括元器件供应商、库存和物流服务商、生产企业、加工组装企业都获得了更多的订单和收益，用户获得了更好的服务和更低廉的产品。而戴尔的商业模式也就在这个产业链当中收获了最大的价值。

事实上，每一个完整的需求—供应产业链条，都具备了技、工、贸的全部元素；作为一个企业，尤其是创新创业项目，并不需要全部亲自完成整个链条。商业模式不是产业链条，而是一个企业如何去盈利的逻辑。这个逻辑包含了价值主张、关键业务、核心资源、重要伙伴、客户关系、渠道通路、客户细分、成本结构、收入来源等诸多元素。亚历山大·奥斯特瓦德等把这些方面的元素以可视化的形式表述出来，并将其命名为"商业模式画布"。[1] 如图 9-5 所示。

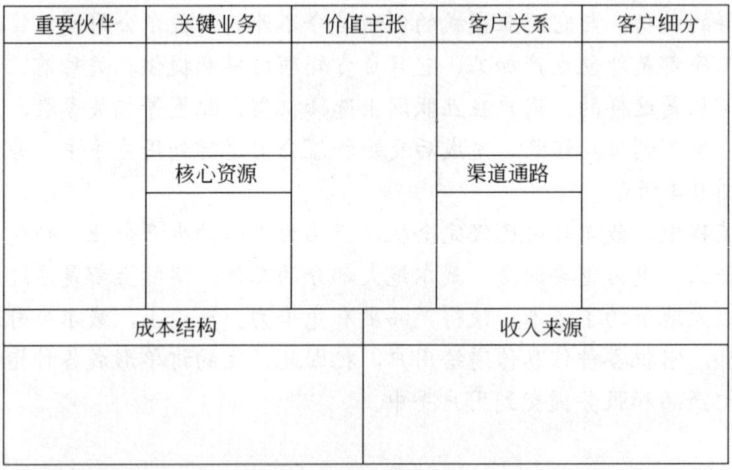

重要伙伴	关键业务	价值主张	客户关系	客户细分
	核心资源		渠道通路	
成本结构			收入来源	

图 9-5 商业模式画布

---

[1] 亚历山大·奥斯特瓦德等. 商业模式新生代 [M]. 王帅等译. 北京：机械工业出版社，2011.

9.4.2　因果关系链条的分解

依据商业模式画布所示的各个因素，创业者就能够比较清晰地厘清因果关系。其中的每个因素，又形成各自的链条。

（1）客户细分：用来描述一个企业想要接触和服务的不同人群或组织。

我们正在为谁创造价值？

谁是我们最重要的客户？

（2）价值主张：用来描绘为特定客户细分创造价值的系列产品和服务。

我们该向客户传递什么样的价值？

我们正在帮助我们的客户解决哪一类难题？ 我们正在满足哪些客户需求？

我们正在提供给客户细分群体哪些系列的产品和服务？

（3）渠道通道：用来描绘公司是如何沟通接触其客户细分而传递其价值主张。

通过哪些渠道可以接触我们的客户细分群体？

我们如何接触他们？

我们的渠道如何整合？

哪些渠道最有效？

哪些渠道成本效益最好？

如何把我们的渠道与客户的例行程序进行整合？

（4）客户关系：用来描绘公司与特定客户细分群体建立的关系类型。

我们每个客户细分群体希望我们与建立和保持何种关系？

哪些关系我们已经建立了？ 这些关系成本如何？

如何把它们与商业模式的其余部分进行整合？

（5）收入来源：用来描绘公司从每个客户群体中获取的现金收入（需要从创收中扣除成本）。

什么样的价值能让客户愿意付费？

他们现在付费买什么？

他们是如何支付费用的？

他们更愿意如何支付费用？

每个收入来源占总收入的比例是多少？

（6）核心资源：用来描绘让商业模式有效运转所必需的最重要的因素。

我们的价值主张需要什么样的核心资源？

我们的渠道通路需要什么样的核心资源？

我们的客户关系呢？收入来源呢？

（7）关键业务：用来描绘为了确保其商业模式可行，企业必须做的最重要的事情。

我们的价值主张需要哪些关键业务？

我们的渠道通道需要哪些关键业务？

我们的客户关系呢？收入来源呢？

(8) 重要合作：让商业模式有效运作所需的供应商与合作伙伴的网络。

谁是我们的重要伙伴？

谁是我们的重要供应商？

我们正在从伙伴那里获取哪些核心资源？

合作伙伴都执行哪些关键业务？

(9) 成本结构：运营一个商业模式所引发的所有成本。

什么是我们商业模式中最重要的固有成本？

哪些核心资源花费最多？

哪些关键业务花费最多？

创业者分解这些链条，逐个回答这些问题，就可以更好地理解它们的因果关系，从而构建出可行的商业模式。每一个企业具备不同的因素，这些因素构成不同的因果关系，而它们的每一个链条，都可能形成初创企业商业模式创新中的着力点。

戴尔公司商业模式画布如图 9-6 所示。

重要伙伴	关键业务	价值主张	客户关系	客户细分
配件供应商 组装代工厂 仓储服务商 物流服务商	电脑网络销售	以客户为中心	网络品牌服务	电脑购买者
	核心资源		渠道通路	
	客户模式		网络直销	
成本结构			收入来源	
服务管理			电脑销售	

图 9-6 戴尔公司商业模式画布

从这个画布中，我们就能比较清晰、直观地了解到商业模式因果链条的具体特征。比如，戴尔的渠道通路是网络直销，那么它在实现渠道销售的过程中，就需要与物流产生密切的关系，控制好物流的质量就成为管理的重要内容，压缩物流的成本就成为成本战略的重点。再比如，戴尔的核心资源之一是客户，那么它的关键业务成长就需要通过客户的规模增长来实现，这就需要在客户关系层面做好服务，为已经购买者提供售后服务、为潜在购买者提供售前服务就会成为重要的成本支出，只有这样才能实现收入来源的稳步增长，等等。

对于创新创业者来说，分解商业模式的因果链条，可以比较迅速、直观地把握各个链条之间的关系，对于设计、创新、实现商业模式都有很大的帮助。

9.5　商业模式的类型

亚历山大·奥斯特瓦德提出了五种商业模式的式样，分别是：非绑定式商业模式、长尾式商业模式、多边平台式商业模式、免费式商业模式、开放式商业模式。[1]我们分别对这几种商业模式的式样类型作简要的介绍。

9.5.1　非绑定式商业模式

非绑定式商业模式认为，存在三种不同的基本业务类型：客户关系型业务、产品创新型业务和基础设施型业务。这三种业务都包含着不同的驱动因素——经济、竞争和文化。在一个企业中，客户关系、产品创新、基础设施都存在，但是企业必须将其有效分离，以避免冲突或不利。[2]

客户关系型业务职责是寻找和获取客户并与其建立关系；产品创新型业务的职责是开发新的和有吸引力的产品和服务；基础设施型业务的职责是构建和管理平台，以支持大量重复性的工作。哈格尔和辛格认为，企业应该分离这三种业务，并在内部聚焦到其中之一，即"非绑定"化。例如，电信企业的设备制造商、电信运营商和内容供应商的分拆，就是非绑定式的运用。

初创企业在设计非绑定式商业模式时，要注意突出经济、竞争、文化中的优势，把业务集中到其中一点。例如，以客户为核心资源的初创企业，在设施建设方面就要多利用合作伙伴的现有成果；在产品创新方面要多利用第三方成型产品，引进或加以改造；最后，聚集各方面资源，把重点放在客户关系上，包括客户的发掘、服务/产品的设计、客户的支持和维护等。

9.5.2　长尾式商业模式

长尾（The Long Tail）理论是网络时代兴起的一种新理论，用来描述亚马逊和 Netflix 等网站的商业模式，由克里斯·安德森在 2004 年提出。[3]长尾理论认为，传统企业注重"80/20 定律"，把主要精力放在重点客户和重点市场上面，即一个正态分布曲线的头部；而在网络时代，由于关注成本大大降低，人们能以很低的成本关注正态分布曲线的尾部，其产生的效益甚至有可能超过头部。安德森认为，网络时代是关注"长尾"、发挥"长尾"效益的时代。作用在商业模式上，只要存储和流通的渠道足够大（即拥有"长尾"），企业就可以对那些需求不旺、销量不佳的产品进行改造，其共同占据的市场份额，就有可能超过那些热销产品。

长尾市场也被称为"利基市场"（Niche Market），有冷门、见缝插针的意思。菲利普·科特勒在《营销管理》一书中将其定义为：利基是更窄地确定某些群体，这是一个小市场

1　亚历山大·奥斯特瓦德等. 商业模式新生代 [M]. 王帅等译. 北京：机械工业出版社，2011.
2　John Hagel，Marc Singer.Unbundling the Corporation [J]. 哈佛商业评论.1999（3-4）.
3　克里斯·安德森. 长尾理论 [M]. 乔江涛译. 北京：中信出版社，2006.

并且它的需求没有被服务好,或者说"有获取利益的基础"。[1]

这就为初创企业,尤其是中小型初创企业,提供了一个很好的切入点。在设计商业模式的时候,可以通过对市场的细分,集中力量于某个特定的目标市场,或严格针对一个细分市场,或重点经营一个产品和服务,创造出市场优势。

案例 9-5

长尾理论的应用——孔夫子旧书网

新书热卖的同时,一些已经不再出版、市场上很难买到,而消费者确有需要的旧书却得不到满足。孔夫子旧书网以"书全价廉""不可替代性"为特色,得到了普通购书者和学术研究人员两大客户群的青睐,同时使拥有旧书但缺少使用环境的人能够从中获利。

孔夫子旧书网创建于 2002 年,是全球最大的中文旧书网上交易平台。相对于竞争激烈的图书出版、销售行业,孔夫子旧书网专注于满足古旧书交易,是 C2C 的精准细分市场。到目前为止,孔夫子旧书网在中国古旧书网络交易市场占有 90%以上的份额。

9.5.3 多边平台式商业模式

多边平台即多边市场,是一个重要的商业现象。所谓多边平台,即将两个或更多具有明显区别但又相互依赖的客户群体集合在一起的平台。例如,谷歌的广告业务和搜索服务就是一个典型的多边平台。它搜索服务中的用户为广告业务提供了受众,而广告业务又更好地为用户提供了信息服务。

多边平台商业模式设计的关键,是平台必须能同时吸引和服务所有的目标客户群体并能为其带来价值。以谷歌为例,广告依赖于受众(搜索用户),而搜索用户依赖于信息。对于两方面的客户来说,他们互相产生并传递了价值。

但是,对于初创企业来说,多边平台也往往面临着一个"先有鸡还是先有蛋"的问题:两边的客户互相依赖,而当前一边客户都没有。此时,初创企业要把精力集中在其中一方上,通过免费为某一群体提供服务而吸引他们。那么,主要的问题就变成:选择哪个群体,以什么样的服务和价格来吸引他们。这是初创企业采用多边平台式商业模式时需要认真思考的。

9.5.4 免费式商业模式

严格地说,免费本身并不是一个商业模式,而是一种手段,渗透到其他模式当中。免费的核心是交叉补贴:对企业的核心、利润最高的产品进行收费,一些附加产品、延伸产品进行让利,赠送给客户;或者将核心产品完全释放,全部免费,转而对附加产品进行收费。这两种方式在不同的企业当中都有所体现。例如:网易、搜狐、新浪在其发展的初期,都采用了"免费邮箱"的方式来吸引客户;同时,它们又推出不同的增值服务,如 VIP 邮箱、个人主页、博客等,其中有的是收费的;随着企业的发展,它们开始

---

[1] 菲利普·科特勒. 营销管理[M]. 13 版. 陈荣等译. 上海:格致出版社,2009.

创建客户为中心的多边平台，提供各种增值服务和广告服务。

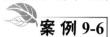

迅雷的免费模式

迅雷软件为用户提供 P2P 下载服务。[1]作为一个下载工具，迅雷是完全免费的，用户可以自由下载使用。在免费的基础上，迅雷提供了 VIP 增值服务、快鸟 VIP 用户等，其中包括离线下载、高速通道、网络提速等技术性服务措施。这些增值服务为用户提供了更好的使用体验。同时，在以免费吸引用户的基础上，迅雷又推出了各种广告服务和在线视频、点播等业务，形成了多边平台。

免费式商业模式的关键是如何实现免费用户和付费用户的差异化，实现对免费用户的有效"诱钓"和对付费用户的价值传递。差异化可以体现在不同的使用体验上，如付费用户拥有更多的功能；也可以体现在不同的服务上，如对于受众类用户是免费的，而对于广告类用户是收费的，等等。

9.5.5 开放式商业模式

开放式创新模式是指企业可以同时利用内部和外部有价值的知识来加快内部创新，并且利用外部的创新来拓展市场。[2]这个概念最早被亨利·切萨布鲁夫等人提出。

开放式创新模式假定公司能够并且应该同时利用外部创意和内部创意，其商业化途径可以在公司内部进行，也可以在公司外部进行。开放式创新过程把内部创意和外部创意整合到同一个系统和组织构架中，利用商业模式来定义这些系统和组织构架的要求。开放式创新模式意味着，有价值的创意可以从公司的外部和内部同时获得，其商业化路径可以从公司内部进行，也可以从公司外部进行。这种创新模式认为外部创意和外部市场化渠道的作用，与早期创新模式中内部创意及市场化渠道同样重要。

对于初创企业来说，开放式商业模式需要有比较好的外部资源和合作伙伴，如产研一体化等。

9.6 设计商业模式的思路和方法

魏炜等人提出了"六要素"模型来解释商业模式的构成：业务系统、定位、盈利模式、关键资源能力、现金流结构和企业价值。其核心是业务系统，强调整个交易结构的构型、角色和关系。如图 9-7 所示。

设计商业模式的思路和方法，要从商业模式的构成展开。以业务系统为核心的网状结构的前端是价值的定位，后端则是企业价值的实现。设计商业模式，也就是从定位开始，设计业务系统，最终实现企业的价值。

---

1 P2P 下载即点对点下载服务，这种下载服务在有些国家被禁止。
2 亨利·切萨布鲁夫. 开放创新的新范式 [M]. 陈劲等译. 北京：科学出版社，2010.

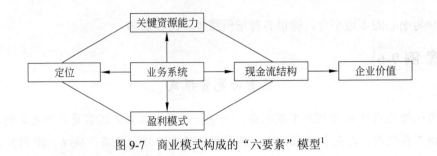

图9-7 商业模式构成的"六要素"模型[1]

9.6.1 创新设计商业模式的思路

奥斯特瓦德认为,商业模式创新的创意可以来自任何地方,画布中的9个构造块都可以是创新的起点。[2]由此,他提出了资源驱动、产品/服务驱动、客户驱动、财务驱动和多中心驱动等创新商业模式设计的方式。通过对商业模式因果关系链条的分解,创业者就能够从中找到思路,并把思路细化,处理好各元素、内容之间的关系,形成一个可行的整体解决方案。在商业模式因果关系链条中,每一个元素的权重是不同的。其中,价值主张处于中心的地位,并以此统率、整合各方面的元素;重要伙伴和客户的利益关系需要平衡;盈利模式要清晰、简洁、可行等。参考和依据各方面研究成果,我们提出,在设计商业模式时,要遵循以下几个思路。

1. 客户价值最大化

创新创业者提炼、确定的项目价值主张,要以客户的价值为中心。这体现的是需求对于项目的引领意义。因此,设计商业模式时,首要的思路就是实现客户价值的最大化。商业模式画布中的其他元素,都要把实现客户价值作为核心,为实现客户价值最大化服务。这样,设计商业模式就转变为如何实现客户价值最大化的问题。

2. 平衡利益关系

利益相关者除客户之外,就是项目的重要合作伙伴。合作伙伴是项目产业链中的上下游组织。一个企业不可能独占整个产业的利润,因此需要平衡上下游关系,合理分配利润。商业模式的设计要尽可能体现利益的平衡,形成通畅的产业合作关系。这样,商业模式的运行才能通畅合理。

3. 价值整合

一个企业提出的价值主张,可能与客户的、合作伙伴的,以及市场其他主体、包括竞争对手的价值主张有重合的地方,也有冲突的地方。在设计商业模式的时候,要考虑到各方的价值主张,将其整合到一起,以其实现其他市场主体对项目的支撑。

4. 高效管理

商业模式不仅要平衡项目外部的关系,更要理顺项目内部的流程。因此,在设计商业模式的时候,要注重管理的效率。商业模式所涉及的企业内部运行流程要以效率为导向,尽可能实现扁平化,形成有效的激励机制;涉及的外部运行流程,则要突出管理、

---

1 魏炜,朱武祥,林桂平. 商业模式的经济解释 [M]. 北京:机械工业出版社,2012.
2 亚历山大·奥斯特瓦德. 商业模式新生代 [M]. 王帅等译. 北京:机械工业出版社,2011.

控制的有效性。

5. 系统思维

商业模式是一个整体的解决方案，它是一个项目各方面元素形成的系统。因此，设计商业模式的思路要体现系统性，把握好系统整体的目标和各部分元素之间的关系，以及输入—输出、控制—反馈、框架—灵活的控制力。

6. 盈利模式要清晰

盈利模式是一个项目实现利润、形成屏障的战略，项目的成败取决于盈利模式能否实现。盈利模式要清晰、简洁，尤其是要考察它的可行性。设计商业模式时，要把盈利模式突显出来，把它的逻辑表述清晰。它是系统输出最重要的成果。

7. 突出核心竞争力

核心竞争力是项目在市场中取得怎样地位的关键，它由商业模式画布各项元素中的一项或几项构成。在设计商业模式的时候，要把各元素中的优势内容有机结合起来，形成并突出项目的核心竞争力。

8. 实现形式

商业模式最终需要在市场上实现。它的实现形式，也就是项目进入市场后的运营形式。在设计商业模式的时候，要把可实现性作为贯穿始终的思路。商业模式的任何一环无法在市场上运行，都会影响到整个项目的成败。

9. 创新性

既然市场的竞争已经在相当程度上转变为商业模式的竞争，那么商业模式的创新也就是市场决胜的题中应有之义。在设计商业模式时，创业者要以创新的思维，努力实现差异性。众多的市场主体对于商业模式的创新进行了无数次的尝试，商业模式在设计上的创新是非常困难的。初创企业对商业模式的创新，主要体现在对其创造性地运用上。

9.6.2 设计商业模式的方法

商业模式设计关注的是企业的价值实现，是企业的商业逻辑表达方式和产品/服务盈利方式。Allan Afuah 在 2003 年提出，商业模式是企业在给定的行业中，为了创造卓越的客户价值而将自己推到获取价值的位置上，运用其资源执行什么样的活动、如何执行这些活动以及什么时候执行这些活动的集合。[1] 不同的企业，面对不同的环境，拥有不同的资源，主张不同的核心价值，相同的商业模式也会产生截然不同的结果。初创企业要依据自身的情况，深刻理解商业模式的各个构成因素及其因果关系；在方法上，要根据企业自身的特点，选择、设计最契合的商业模式。

案例 9-7

洗衣店的商业模式设计

传统洗衣店和普通餐饮业的点菜—上菜相似：接衣服—洗衣服。在这样的流程中，体现的最多的即服务态度、服务质量上的差异。作为一个创业项目，除非所在服务区域

---

[1] Allan Afuah. Business Models: A Strategic Management Approach [M]. McGraw-Hill/Irwin, 1st edition, 2003.

内没有其他竞争对手,这样的模式很难取得突破。所以,商业模式的设计需要创新。2010年从高校日用化工专业毕业的小徐在经过一番周密的市场调查之后,决定开办一个洗衣店,并得出如下结论。

一是要细分市场、确认需求。洗衣店的服务对象,过去主要是单纯的清洁,随着生活水平的提高,洗衣逐渐转向高端服装的养护。这部分业务附加值高,需要较高的技术、设备条件,在服务区域内能够建立起比较好的利润屏障。因此,选择高端服装养护作为主要的服务项目。

二是要建立并确认价值。高端客户更注重服务过程中的体验和服务的质量,因此要把优质服务和质量提升作为价值目标,其他元素要以此为中心。

三是要平衡利益关系,拓展客户渠道。高档服装一般在比较大型的购物中心或者专卖店销售,与这些机构合作,以免费试洗、试养的方式建立客户关系,并为这些机构创造新的价值,就能实现各方的多赢。

四是要逐渐突出优势。小徐所学的专业——日用化工,在洗涤剂等产品上有专长,可以逐渐自行设计、改进洗涤剂,一方面控制成本;另一方面提供更好的服务、形成壁垒。

五是要建立好服务流程,控制好服务质量。

……

经过以上的成熟思考,小徐把几个同学、朋友聚到一起,向他们介绍了自己的思路,并请他们出主意、想办法。经过头脑风暴和大家的共同努力,小徐的洗衣店开办起来,果然在市场上取得了成功。几年下来,小徐的洗衣店逐渐发展成了专用洗涤剂配备开发、网上下单—取衣—送衣服务网络、周边服务拓展、连锁加盟店的模式,成为当地非常有影响力的服装清洁、养护服务商。

在具体的商业模式设计中,创业者要参照他人成功的商业模式,找出项目的关键因素,在产业、行业中实现准确的定位,并为市场、客户提供新的价值。小徐洗衣店的商业模式设计,就体现了这些方法。参考一些学者的成果,我们介绍几种商业模式的设计方法,主要包括参照法、相关分析法、关键因素法、价值创新法。[1]

1. 参照法

这是初创企业设计商业模式的有效方法。参照法以国内外成功的商业模式作为参照,根据项目的实际作出目标、战略、技术、产品等各方面的调整和改进,以期找到适合本项目的商业模式。按照调整、改进的方式不同,还可以细分为全盘复制法、借鉴提升法、逆向思维法。

——全盘复制法。全盘复制法就是对经营发展良好的企业的商业模式进行复制,并根据自身企业情况略作修正。在互联网经济发展的初期,这种方法被广泛采用。例如,很多网站都对早期的门户网站"免费"盈利模式进行了模仿。

——借鉴提升法。有些企业尽管经营状况并不乐观,但其商业模式方面有着非常好的亮点。初创企业结合自身的特点,对其进行借鉴并有所提升,使之更加契合自身及市

---

1 纪慧生,陆强,王红卫. 商业模式设计方法、过程与分析工具[J]. 北京:中央财经大学学报,2010(7),2010.

场，也是一个很好的方法。

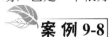

马云的模仿和创新

1997年，在得到当时的外经贸部组建中国国际电子商务中心的邀请后，马云终止了他的"中国黄页"业务，组建团队为外经贸部开发了一系列与电子商务相关的网站。在开发的过程中，他接触到了Ebay、亚马逊等网站，并深深为之吸引。

在对B2C模式进行深入的研究之后，马云决定开始新的创业：开发阿里巴巴网站。借鉴Ebay的C2C模式和亚马逊的B2C模式，马云在1999年4月推出了B2B和B2C模式的阿里巴巴网站，并顺利获得融资。2003年，马云又推出了C2C模式的淘宝，并将阿里巴巴的B2C业务转到淘宝。2004年，马云创立第三方网上支付平台支付宝，将电子商务的各种要素集成到一起。

——逆向思维法。任何企业都有一个作为重点目标的细分市场。逆向思维法就是研究和学习成熟企业的商业模式，对其商业模式进行反向学习，避开其重点目标市场，转而开发并切割其忽略的市场。当市场上有强势的竞争者存在时，这是初创企业一个很好的选择。

2. 关键因素法

在商业模式画布中，每一个不同的项目都有一个或几个关键因素。识别并突出项目的关键因素，以此为中心构建其他因素与关键因素的关系，使之不断迫近项目的目标，也就形成了项目的商业模式。关键因素法有几个步骤：

——确定企业要通过商业模式设计达成的价值目标；
——识别商业模式中的关键因素；
——确定关键因素，并对其进行深入的分析；
——明确关键因素的各类指标；
——制订商业模式设计的计划。

3. 相关分析法

一个项目在产业中处于怎样的位置，在行业中面临怎样的环境，这是相对固定的条件。从这些固定的条件出发，结合项目的差异性，提出创新的思路，是设计商业模式的可行方法。

4. 价值创新法

每一个成功的互联网企业，都在一定程度上改变了人们的生活，实现了更高的价值。如携程网改变了人们的出行方式，腾讯网改变了人们的交流方式。创新价值，也就是试图去对人们的生活方式加以影响，并在此基础上构建商业模式。这是互联网时代非常重要的商业模式设计方法。

本章阐述了商业模式的重要性，它的定义和本质，以及其与企业战略的关系，提出了商业模式创新设计的类型、思路和方法。初创企业要突出自身的优势，整合各方面的资源，通畅企业内外部流程，才能形成更好地满足客户需求的解决方案。从这个意义上说，商业模式的创新，也就是建立并突出比较优势的过程。它的系统性成果，就是初创企业在市场中的核心竞争力。

课程思考

1. 商业模式的本质是什么？为什么说它是市场需求的解决方案？
2. 分析一个创业项目的商业模式，在商业模式画布上列明它的要素链条，并阐述它的因果关系链条。
3. 试析一个成功创业项目的商业模式，指出它在哪些方面有所创新，创新的依据是什么。
4. 设想一个创业项目，并为它设计商业模式。

第10章 初创企业团队建设创新

 学习目标

1. 了解个人创业与团队创业的利弊。
2. 了解与成熟企业相比创业团队的优势及劣势。
3. 掌握创业团队的管理方法。
4. 掌握怎样快速组建团队的技巧。

10.1 创业团队及其对创业的重要性

一个人的力量是单薄的,创业过程中团队协作好过个人单打独斗。创业活动环节多、联系紧密,需要靠多面手去解决问题,很难保证每个创业者都是多面手,因此就需要不同方面的专业性人才,遇到问题集思广益、共同面对。如果创业团队只有一个"光杆司令",遇到问题只能到处求人,找亲朋好友出力,不知不觉就浪费了很多精力、时间和金钱,解决问题的时效性也差了许多。创业公司各项制度不健全,业务开展也处于探索阶段,没有成型的商业模式,没有稳定的现金流。如果说创业公司成功的原因有很多种,那么创业公司失败的原因只有一种,即发现了问题不能在有限的时间内处理好。这会产生一系列连锁反应,旧问题还堆积在那里,新问题又突然出现,创业者每日不是花时间在发现需求、寻找客户、探索适用于公司的盈利模式,而是在解决层出不穷的问题。初创企业往往经不起各种问题的堆积,如果不能尽快把遇到的问题解决掉,企业很可能会面临关门大吉。举个例子,如果要开一家奶茶店,前期需要做很多的准备工作,比如,市场调研(关于店铺地址的选择、关于客户口味的偏好、当地人们的消费习惯、关于产品品种多样化的选择等)、选择什么样的创业形式(自主品牌还是加盟连锁)、如果选择加盟的创业形式,选择哪个品牌?资金来源(自有资金还是借款)、人员招募(岗位人数、招聘渠道)等一系列的事情……这些事情如果只有一个人去完成,当然,也能把所有事情按部就班地做好,但却忽视了创业的时效性,创业之初最需要把握的也恰恰是创业的时效性——市场进入时机。一个人的力量是有限的,获取信息和处理信息的渠道较为单一,在有限的时间内解决创业过程中遇到的各项问题可能会觉得力不从心,如果有了自己的创业团队,通过开发每个团队成员的特长和资源,则可以达到 n 个 1 相加大于 n 的效果,有助于在有限时间内尽快找到解决问题的办法!

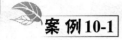

小 K 的创业苦恼

小 K 是一名在校大学生，正在做一个自己认为很不错的创业项目，自从有了这个想法，他便觉得自己是一个很有潜力的创业股，同时小 K 很担心自己的想法被周围的同学知道后窃取。于是，原本外向的小 K 变得不那么爱说话了，和同学之间的关系也渐渐疏远了。每天除了正常上课、吃饭，他都是独来独往，几乎很少与人交流。遇到问题时，小 K 也尽量自己去解决，碰到问题多的时候因为个人能力尚有不足之处，只好一边学一边做，就不得不把事情向后拖，拖着拖着，就感到力不从心了，解决起来不仅费力而且花费了很长时间。慢慢的，小 K 就不像开始创业的时候那么热情了，也不觉得自己的创业项目有很多密不可告人之处了，焦头烂额的他开始寻求周边朋友的帮助，但由于创业初期没有自己的团队，朋友们要么是对这个项目完全不熟悉，要么是给不出有价值的意见或建议，小 K 很苦恼，只能自己默默承受一切压力。

你认为在案例 10-1 中，小 K 接下来应该怎样做去改变当前的状态？

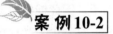

大学生创业团队

纪红、郭亮和钱书成是来自一所学校不同专业的学生，他们在一次社团活动上认识，成为很好的朋友。郭亮平日里点子多，对信息特别敏感，好像天生带着敏锐的商业嗅觉。纪红做事情认真、踏实、负责，很多粗条框的事情在她手上都能变得细致、有条理。钱书成是一名纯技术宅，只对软件开发感兴趣，喜欢独立处理问题。

这三个人都怀揣着一个创业的梦想，有一次，三个人聊天的时候，钱书成把自己开发的一个新软件拿出来给其他两个人做测试，没想到另两个人用一次就对这款软件爱不释手，并且希望告诉周边更多认识的人。就这样，三个人一拍即合，决定把这款软件作为他们的创业项目。同时，根据每个人的性格、喜好、资源分配了每个人在创业起步时期负责的事情。三个有共同目标的在校大学生都是第一次创业，实战经验不足，但他们不是一个人在战斗，遇到问题时，由负责该项工作的人着手解决，如果问题棘手，找不到合理的思路就拿出来和团队中其他两名成员讨论，共同探讨解决方案。因此，几乎每次问题都能够得到合理的解决。

你认为在案例 10-2 中，这三名在校大学生为什么选择了团队创业的方式？

创业团队，指的是在创业过程中，由一群目标相同、资源共享、责任共担、能力互补，并且有意愿为了达成共同目的的工作群体。只要你不打算一直当个体户，最好在创业初期就建立自己的团队，不仅可以培养起团队成员间的默契，同时也可以尽早将团队成员的智力进行整合，发现团队整体的优势与不足。首先，要发展为一个成熟的企业需要规范化的管理。这就要求有明确的团队责任制、具体分工、信息传递渠道、清晰的组织架构以及共同的发展理念，这些事情是一名创业者完不成的。其次，创业团队的形成有助于初创企业充分发挥整体性的优势。毋庸置疑，每个人都有性格上或者能力上的弱项，在创业初期有限的时间内很难弥补自己的短板，吸引与自身优势互补的人才加入团队，使团队的整体性优势得到充分发挥，节约了很多通过自我提升达到同样水平的时间。最后，创业团队成员之间可以抱团取暖。创业的过程往往是孤独的，创业初期不被周围人理解是家常便饭，创业团队成员由于在从事同样的工作，有共同的目标，比起创业团队外的人更能快速产生共鸣，更懂彼此当下的感受，因此可以分担彼此的心理压力，互相学习、互相监督、互相鼓励、共同进步。此外，创业团队还有助于吸引个人投资者和风险投资人的目光。投资考虑的主要因素是回报率的高低，团队创业能够以最快的速度过渡到企业建立的阶段，而个人创业者往往很难摆脱个人资源有限这一因素的束缚，因此很难把企业做大。投资人们认为投资就是投人，选择团队比选择项目更重要。

10.2　创业团队的组成原则

创业团队的人员构成决定了创业企业的初始状态，也影响着后续企业的发展方向，创始人的确定需要慎重地把握一些原则。与创业团队不同，成熟企业中每个部门的人员都经过专业性、规范性的培训，所有事情的处理都有一套内部的流程，一个部门处理完了才能转到下一个部门，非紧急情况不能越级处理，反馈速度较慢。新创企业没有教条的规章制度，由于初期人数较少，沟通非常便捷，往往两三个人一经商量立马能够拿出解决办法。但也正是由于没有规范的制度，解决问题没有固定的流程，也没有重点，创业者可能会先处理自己认为重要的事情，忽视了创业问题的时效性。所以，在降低对创业团队规范性、专业度要求的同时，需要提高创业团队的判断力、应变力和同时处理多项任务的能力，只有这样创业团队才能够稳定地发展起来。

案例10-3
"互联网帝国"阿里巴巴的"造梦团队"

提到阿里巴巴这个名字，大家都不陌生。在飞速发展的互联网商业时代，交易可以做到足不出户，一台计算机就可以完成一系列从产品挑选、比较、与供应商沟通、下单、付款到发货、签收、确认收货的全部过程，这在十年之前是想都不敢想的。阿里巴巴开始创办的时候只有18个人的创业团队。良好的团队文化是非常重要的，马云作为团队的核心能够为团队成员描绘出企业的愿景，不断地提供创新的想法和思路，不断为团队成员鼓劲，激发团队的斗志，增加团队的凝聚力！团队中的CEO、CFO、CTO、CPO作为各个部门管理者的一把手都有着各自独特的经历背景和不同行业的从业经验，观点的融合和智慧的碰撞营造出了创业团队强大的气场，独特优势的有效互补为整个团队带来了不可或缺的稀缺资源。在阿里巴巴创业初期，团队成员都是在办公室加班加点地完成任务，没有人认为自己是在被动地工作，他们觉得在马云的带领下，自己成就的是一番事业。就是这样在造梦、追求和实现的过程中，阿里巴巴的团队走向了成功，马云的成功离不开创业初期这样一支愿意同甘苦共患难，生死与共的创业团队！

创业团队的组成应该遵循四大原则。

专业方面：优势互补。互补型团队在所有创业团队的类型中是优势最为明显的，团队成员的兴趣爱好相同或是默契度高都很难解决创业中遇到多方面的问题，通过性格、资源、优势的互补能够有效地解决团队中大多数人没有遇到过的问题。同时，优势互补还能够让CEO更好地进行管理岗位的划分，较快确定出创业团队每个人的分工，减少团队成员与岗位磨合的时间。

心态方面：激情澎湃。创业要有充分的激情和热情，创业团队里不能出现负能量的人，一旦有一个人总在团队中散播负面性很强的言论，不仅会影响公司的形象，还会影响团队的士气。合格的创业者应该求知欲非常旺盛，通过团队相互鼓励或者自我激励使自己始终处于一个良好的精神状态，面对大大小小、频频出现的各种麻烦，要以一个积极地心态去处理，时刻保持好激情澎湃的精神面貌。

利益方面：团队优先。团队利益是优于一切的，当个人利益与集体利益发生冲突时，要适当地做出取舍，通常是把集体利益放在第一位。个人利益是建立在集体利益之上的，集体利益是实现个人利益的基础。

效率方面：高效便捷。由于互联网技术的快速发展，越来越多的团队可以通过远程的方式进行组建，为了提高工作效率，团队成员不需要经常性地进行面对面交流，通过虚拟团队的管理模式，跨地区甚至跨国团队都可以实现沟通无障碍。

10.3 创业团队的优劣势分析

创业团队具有以下几方面特点：人数相对较少、才能以互补为主、信息传递较为通畅、没有完善的管理体制。而成熟企业有着较为规范的组织架构，由于企业类型的不同还会有不同数量的管理层级，岗位分工较明确。初创企业除了团队成员相互之间有一定感情基础之外，其他方面都较为薄弱，有时候会因为不能保证每个人都对项目的发展方向统一思路而导致团队关系破裂。

案例10-4

以"江湖方式进入，商人方式退出"的万通六君子

90年代初期，人们的商业意识还比较淡薄，海南的经济发展正在经历第一次低潮，1991年，六个年轻活力、各有所长的年轻男人聚到了一起，共同创立了海南万通，后来被人们称作"万通六君子"。最初创业团队的形成或许是因为目标达成了共识，或许是因为在特定的时间点碰撞出了共同创业的火花，潘石屹、冯仑、王功权、刘军、王启富、易小迪六位性格迥异的年轻人走到了一起。

起初，大家一致认为由王功权担任法人代表和总经理比较合适，潘石屹担任总经理助理兼财务部经理，后来也变成副总。除了总经理之外，其他几名都是副总级别，对于利益的划分也是"座有序，利无别"的水泊梁山管理模式，即尽管大家名片上印的职务是不同的，但利益是均分的。

刚开始这样定是因为希望能够不影响每个人的积极性，但这种分配方式导致的直接

问题就是责任也是均摊的,开会讨论事情必须六个人都在场,由于六个人是平等的,做决策的时候总经理只能跟随着多数人的意见,尽量让大家满意,这个时候情况就比较微妙了。如果有人发表不同意见并且没有被采纳,后面具体执行的时候就不愿意负担相应的责任,而且在企业壮大的过程中,由于没有明确的权利范围,很容易造成下面的员工不自觉地站队、拉小团体的现象,导致组织效率的降低,高层焦头烂额地处理人员沟通、协调的问题。

就这样,1995年3月,六君子第一次分手,王启富、潘石屹和易小迪选择离开;1998年,刘军选择离开;2003年,王功权选择离开,至此,万通完成了从六个人到一个人(冯仑)的转变。在中国商业发展史上,"万通六君子"以"江湖方式进入,商人方式退出"成为一段佳话。

根据案例10-4思考以下几个问题:"万通六君子"这支创业团队在组建的时候考虑了哪些问题?收到了怎样的效果?他们团队管理过程中出现了什么样的问题?为什么?

尽管企业发展是要以利润创造为目标的,但创业团队一定不能是因利而聚,否则就变成了不折不扣的团伙行为。创业团队还应该具备一些创业情怀,树立长远目标而非只看重眼下的利益,永远坚信团队目标高于一切,即使项目发展不顺利,结局没有那么尽如人意,团队成员也应该是曾经彼此最信赖的人。有共同的价值目标不一定能够大获成功,但只有共同的利益目标却一定会以失败告终。创业团队的发展过程本身就是资源整合的过程,本身就是由不完善的架构慢慢变完善的过程,它不同于一般的组织,发展壮大及演变的过程规律性不强,容易受到外界因素变化的影响。一般团队与创业团队的区别如表10-1所示。

表10-1 一般团队与创业团队的区别

比较项目	一般团队	创业团队
组建目的	为了解决某个问题而临时组建的团体	有共同开创事业的目标和长期共同的价值追求
职位层次	有明确的管理、执行分工、定位,职位层级较分散	属于高级管理人员,地位相同,职位层级集中
权益分享	差异较大,并非人人持股	基本拥有企业股份
领导方式	受高层的管理为主	划分管理模块,共同管理
目标眼界	努力实现短期目标,不需要考虑团队的长远发展	追求长远利益,必须综合考虑每个团队成员的方向性
默契程度	需要经过训练才能够达到一定程度的默契	心照不宣,团队是从彼此的内心认同开始建立的
组织归属感	只在协同工作时有责任感	任何时候都对团队有归属感

由表10-1可以看出,一般团队与创业团队是有区别的,往往一般团队的组成是出现在现有的组织架构中为了解决某一问题或完成某一任务临时组建的群体。和一般团队不同的是,创业团队的出发点是合伙人有共同的价值目标,并且愿意为了达成这一目标开创一番新的事业。成熟企业团队与创业团队的区别如表10-2所示。

第10章 初创企业团队建设创新

表 10-2 成熟企业团队与创业团队的区别

比较项目	成熟企业团队	创业团队
团队规模	规模较大，人员较多	规模较小，人员较少
管理特点	管理交叉性强，层级复杂，但由于组织架构清晰，职责明确，管理较容易	管理层级少，但由于某些方面过于强调平等性而导致没有人做决定，管理较混乱
信息传递	信息处理、传递都需要走正规的渠道和流程，效率较低	信息传递速度快，沟通方便，效率较高
应变能力	制度化明显，对于紧急事件的处理灵活性较差，但因为有经验的积累，能够让事情得到合理解决	制度规范性不强，应变能力好，能够根据当前的情况快速反应，做出对当下最有利的决策。但由于缺乏经验，可能处理效果一般

从表 10-2 中可以看出，成熟企业团队与创业团队相比具有一些方面的优势，成熟企业团队由于在发展过程中已经形成了适用于自身发展特点的组织形式，内部团队形成速度较快，通常是围绕项目产生的，项目结束后团队自动解散。创业团队是新企业的创始人，在企业建立阶段活跃度较高，团队的形成需要成员之间相互磨合，组建容易管理难是创业团队的典型特征，团队成员的个性在团队发展中起决定作用。创业团队在创业初期的特定阶段有独特的反应优势，正是这种对外界反应的灵敏度让新企业建立的过程变得生动、活泼、有挑战性，也正是这种非正式的企业组织形式让很多创新成为可能。创业团队的发展过程也是不断向成熟团队过渡和转变的过程。

成熟企业每个部门都相当于一个独立的团队，由于存在绩效考核，每个团队都设定了自己的目标，制订了适用于自己完成绩效考核指标的计划，任务分解细致具体。成熟企业需要组建新团队是由于企业出现了需要独立运作的新任务，可以从企业内部入手，通过企业的人力资源部门整理员工档案，对员工进行筛选，选出合适的人选，不仅给员工创造了多面发展的机会，同时也帮企业解决了现实问题，发现了人才。对创业企业来说，完成项目目标就是完成团队任务目标，由于创业团队成员通常是身兼数职的，很难用绩效来考核每个成员的贡献程度，组建团队要考虑当前团队成员的分工，尽量不让多个任务由同一个成员主导，还要保证创业团队人员的灵活性，留下一定的增量空间，在合适的情况下吸纳新的创业者进入团队。

10.4　组建创业团队的策略及其后续影响

"道不同不相为谋""物以类聚，人以群分"，创业团队的组建最开始靠的是机遇，可能是参加一次沙龙认识的朋友，可能是突然联系上的远房亲戚，也有可能是在旅途中相遇的两个年龄相仿的人。交流是拉近人与人之间距离的一种方式，好的想法、好的观点往往是在沟通中产生的。一个人是不能成就一家企业的，如果你希望成立一家公司，就要多去和周围的朋友交流，一方面获取一些第三方的意见；另一方面也有可能会遇到志趣相投的人共担风雨，相伴创业之路。

创业团队之所以能够发展成为成熟的企业，必定是在组建的时候就经过深思熟虑的。管理学中反复提到人是最难管理的，因为只有人是有思想的，在创业的过程中，不稳定性因素很多，组建团队不仅要能够保证各种硬件、软件的稳定性，还要能够管理好创业初期的人员，包括创始人团队目标的一致性、人员的情绪、心态以及团队成员的关系等。组建团队关键要考虑的问题：①互补性。这个是组建团队第一位的，创业团队最怕遇到短板，某个方面太过于生疏用最好的一面都无法弥补。能力的互补、资源的互补、性格的互补会在工作中发挥很大作用，降低了工作难度的同时又提高了工作效率，用最短的时间找到解决问题的最佳办法！②专业性。初期团队一定尽量吸纳专业度高的人才，如果刚开始就把技术性的工作进行外包，可能会因为团队中没有人懂这个方面的知识而走很多弯路。③目标性。创业团队人数少，资源集中，这时候如果大家的方向就比较分散，就可能会造成不必要的资源浪费。因此，创业团队组建的时候要了解团队成员当下的需求及长远的目标，尽量在创业项目的定位以及发展方向上统一意见，避免造成内部消耗。此外，组建创业团队要尽量提高效率，以免耽误接下来的工作。创业团队也不是一成不变的，项目开展的过程中会有新的成员陆续加入，是个动态的过程，要注意保持开放性才能够让创业团队变得更加完美。

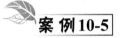

同程网创业四人组

在"江苏省纪念中国共产主义青年团成立90周年大会"上，同程网CEO吴志祥采用了时间对照的方法向青年学生描述了这样一个场景："大家不妨闭上眼睛，想象这样两个画面。一个画面是：在一座全国闻名的现代化城市的科技创业CBD，有一幢造型别致的大楼，大楼前的停车位总是停着五颜六色的小汽车，大楼里一间间井然有序但又不失个性和创意的办公室里，一千多个洋溢着青春笑容的年轻面孔，为了同样的理想和愿景，一起奋斗，一起成长。"

"好，这个画面大家先让它定格在你们的脑海中，来看另一个画面：在一所大学，某个简陋的教工宿舍楼2楼，一间9个平方米的宿舍里，窝着四个在啃冷馒头的年轻人，房子里还有一股永远挥之不去的方便面的味道。冬天冷，夏天热，风一大，窗子还呼呼响，好，这个画面也定格。放到一起，问大家，如果你是一个满怀抱负，满腹才华，走出校园想找一份理想的工作的青年，你会选择去上面哪个画面里工作？"

"我相信，大家都会选择去前面那个场景里。前面那个场景是哪里？我很自豪地说，是苏州同程网总部。那么后面这个悲催的场景是哪里？我更自豪地说，这也是苏州同程网的总部！只是，这两个画面不在一个时空里，前者是今时今日的同程网，而后者是十年前，2002年时的同程网。为什么会选择从大学教师宿舍出发开始我们的创业呢？因为便宜，因为我们没钱，但那是同程网的第一个家。"

同程网最初只是吴志辉的一个想法，在阿里巴巴两年的工作经验中他除了积累到了和互联网相关的工作经验，同时在心中埋下了一颗创业的种子。辞职后，吴志辉回到苏州，找到大学同学张海龙、吴剑以及他的大学老师王专博士，加上3台计算机，组建起了最初的创业团队。大家决定要创业意味着要放弃之前安逸的生活，四个人惺惺相惜，聊到未来，竟然兴奋到夜不能寐，王专博士又即兴赋诗一首："七八个星天外，两三点雨校园，古老的东吴园，一间陋室，几杯清茶，四个人，他们心中，是比天高的理想，脚下,却是踏实的沃土。人生能有几回搏,何况同程有知己。"两年后,吴志祥又盛情地"忽悠"到了一个在郑州做旅游媒体广告的小姑娘,作为老板的他亲自到车站去接。就这样,同程网从最初4个人的团队到2006年时的80人,从80人到2009年时的700人,从700人到目前的3 000余人,一步步发展壮大。

科技的发展带来互联网应用广泛化的新常态,传统组建创业团队一般会考虑自己身边的人,总觉得创业团队成员之间的距离会对创业项目的发展带来不利影响。互联网和移动互联网工具的普遍应用为创业者带来了福音,哪怕距离再遥远,在同一个项目团队开展创业活动也成为一种可能。

马云的阿里巴巴架起了供应商和零售商之间的桥梁,淘宝网架起了零售商和消费者之间的桥梁,小微企业创业不再是几个人合伙做生意,更多的是在互联网的平台上运用电子商务的手段销售自己的产品、想法或服务。义乌的小商品市场名声赫赫,在没有互联网经济的时代,他们只能在一个点经营自己的商铺,等待来自全国各地的零售商前来谈判、进货,互联网为这些生产商提供了更多的机会,他们可以通过在线发布自己的产品让全国各地甚至全球各地的人通过浏览网页了解产品的属性,在线沟通后可以安排样品寄送,零售商可以几乎不用任何成本完成对多家产品的比较,生产商也可以积极寻找客户,由被动变主动,在全国范围内招代理,为自己的产品,获取更大的市场份额。供货商和零售商可以不用见面就完成一笔交易且几乎不用承担风险,日益健全的物流体系也使上门收货、送货上门服务成为日常生活中的一部分。"淘宝"也成为"购物"的代名词就像现在人们习惯用"百度"替代"搜索"一词。

10.5 创业团队的管理技巧和策略

创业团队管理的典型特征就是组织较松散,制度不完善,还有可能面对团队成员的变动,各种不稳定性因素交织在一起让创业团队的管理问题没有看上去那么简单。创业管理的核心是什么?第一是人,第二是人,第三还是人!创业团队的组成往往是亲戚或是很好的朋友,开始创业后,慢慢会发现有些人不适合或者创业目标不同,也可能某些人有了另外的打算,就不得不面对团队成员的变更,创业团队最怕的就是人员走了之后没有及时补上空位,其他创业团队成员不得不分担原有的工作,而且责任不明确,致使矛盾和冲突的产生。

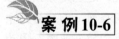
案例10-6

马化腾的创业团队

在1998年的秋天,两个年轻人走到了一起,合资开了一家公司,之后又吸纳了另外三名股东,从此,一个互联网的巨头从这一步开始,逐渐开始成长。这就是深圳腾讯公司,而这五个人便是腾讯的五个元老级人物,分别是马化腾任 CEO(首席执行官)、张志东任 CTO(首席技术官)、曾李青任 COO(首席运营官)、徐晨晔任 CIO(首席信息官)以及陈一丹(首席行政官)。在腾讯创业之初,他们就互相约定,各展所长,各管一摊。时至今日,腾讯帝国这五人中依然有四人居位一线,只有 COO 曾李青挂着终身顾问的虚职退休。

在腾讯的团队人员中,不难看出其人员的优秀性,也正是因为他们的优秀性,保持团队的稳定合作至关重要,这也要归功于工程师出身的马化腾一开始对于合作框架的理性设计。

创业之初,五个人共凑足了50万元整,其中马化腾出了23.75万元,占了47.5%的股份;张志东出了10万元,占20%;曾李青出了6.25万元,占12.5%的股份;其他两人各出5万元,各占10%的股份。

虽然主要资金都由马所出,他却自愿把所占的股份降到一半以下,47.5%。"要他们的总和比我多一点点,不要形成一种垄断的局面。"而同时,他自己又一定要出主要的资金,占大股。"如果没有一个主心骨,股份大家平分,到时候也肯定会出问题,同样完蛋"。这便是马化腾管理中的智慧所在。

(资料来源:http://blog.ceconlinebbs.com/BLOG_ARTICLE_55025.HTM.)

案例10-7

七个和尚分粥的故事

从前,山上的寺庙有七个和尚,他们每天分食一大桶粥,可是每天可以分食的粥都不够。怎样公平合理地分食一碗粥,他们试验了不同的办法。

方法一:一开始,他们拟定由一个小和尚负责分粥事宜。但大家很快就发现,除了小和尚每天都能吃饱,其他人总是要饿肚子,因为小和尚总是给自己分最多的粥。

方法二:于是,和尚们提议大家轮流主持分粥,每天轮一个。这样,一周下来,他们只有一天是饱的,就是自己分粥的那一天,其余六天都是肚皮打鼓。

方法三:大家对这种状况不满意,于是又提议推选一个公认道德高尚的长者出来分粥。开始这位德高望重的人还能基本公平,但不久他就开始为自己和挖空心思讨好他的人多分,使整个小团体乌烟瘴气。

方法四:这种状态维持了没多长时间,和尚们就觉得不能够再持续下去了,他们决定分别组成三人的分粥委员会和四人的监督委员会,这样公平的问题基本解决了,可是由于监督委员会提出多种议案,分粥委员会又屡屡据理力争,互相攻击扯皮下来,等分粥完毕时,粥早就凉了。

方法五:最后,他们总结经验教训,想出一个办法,就是每人轮流值日分粥,但分粥的那个人要等到其他人都挑完后再拿剩下的最后一碗。令人惊奇的是,在这个制度下,7只碗的粥每次都几乎是一样多,就像用科学仪器量过一样,这是因为每个主持分粥的人都认识到,如果7只碗里的粥不一样,他确定无疑将享用分量最少的那碗,这样从此和尚们都能够均等地吃上热粥。

新创企业往往会把关注点放在产品研发和销售上,而忽视了团队建设和管理的工作,其实企业的发展是靠凝聚力强的团队做保障的,否则企业生产出再好的产品,建立起再好的销售渠道,管理者的意志不统一也难成事。管理创业团队有什么技巧和策略呢?下面介绍几点。

创造一个团队共同的愿景。没有人愿意像无头苍蝇一样到处乱撞，尽管创业团队的发展前景很难预期，但最起码要确定一个目标，树立团队成员的信心，大家向着目标的方向努力。比如，马云在建立阿里巴巴的时候也没有想到今天的盛大局面，当时的初衷只是建立一个供应商及其商品集中展示给进货商的门户网站。马云靠着这个理想经常洗脑式地给团队成员梳理发展思路，不仅让技术团队很好地理解了他的理念，也同时让第一批用户认同了他的做法。团队成员的信心在一次又一次得到客户认可的基础上逐步提升，他们的凝聚力也越来越强。

营造一个轻松的氛围。创业团队不能像机制完善的传统企业团队那样沟通层级多、流程性事务杂、必须按严格的规定办事而不能灵活调整办事流程。死板的创业环境难以调动创业团队的积极性和主动性，轻松的氛围比较容易激发团队的创新意识，让团队成员的创造力得到充分的发挥，更加有助于产品或服务找到市场的空白，提高创业的成功率。

设置一个相对合理的股权结构。利益分配不均是导致创业团队散伙的重要原因之一，很多创业团队在刚开始的时候都是创始人平起平坐，没有高低之分，做决策的时候也是大家讨论商量决定，这样就很难让所有团队成员满意。如果在开始之初，对股权的划分进行合理规划，有一个人作为主要投资者，但股份不能超过50%，这样一来，不仅能够以股权大小确定谁说了算，又不会造成"一言堂"的局面。

建立一个评估与激励机制。大企业有时候会出现干多干少待遇差别不大的情况，创业企业一定要按劳分配，确保多劳多得。这里的得不仅仅指薪酬和补贴，还能让这些人得到更多的发展机会。评估可以是团队成员相互之间进行也可以是由管理团队进行考核，还能够通过一定的数据统计得出，比如销售额、客户满意度等。试试激励要根据团队成员的贡献度和他们的个人目标来制定，激励要选好恰当的条件和时宜，否则会对其他团队成员产生负面激励的作用，造成团队不和谐因素的产生。

另外，团队建设要充分考虑地缘性问题，如果团队成员不在同一个城市，或者不在同一个国家，要实现新创企业团队的管理，只能通过共享平台，让团队成员克服时差问题、工作分工问题以及组织协调问题。这种团队管理方式不同于传统的管理方式，组织形式更加灵活，效率优势更加明显，成本也可以下降很多。在共享经济的形态下，管理虚拟团队的首要任务是确定团队目标，再根据目标进行任务的划分，每个人的角色，团队的领导，沟通方式以及决策流程。

同时，还要研究其他因素，比如技术手段，工作平台稳定性，人员相互信任度对团队整体绩效的影响。例如，优步，滴滴打车，微店，airbnb 都是共享经济的产物，由于此类平台可以实现人人参与，即人人都可成为供应商，人人都可成为消费者，团队管理的重要性就得到了充分的体现，无规矩不成方圆，参与者首先要能够熟悉参与机制，还要能够配合平台管理者做一些运维，推广类的工作，只有通过这种方式，才能够让团队的整体性得到发挥，避免出现因为个人目标的差异性造成团队的不稳定以及项目发展方向随意更改。

10.6　领导创业者的角色与行为策略

上面一节介绍了创业团队的管理策略，这一节要介绍一下创业团队的核心人物，创业团队的领导者，他在创业过程中被赋予的决策和可以采用的行为策略。

哈佛商学院的院长诺里亚在他的著作《他们的时代——21世纪最伟大的商业领袖》（*In Their Times - The Greatest Business Leaders of the Twentieth Century*）中区分了创业者、管理者和领导者的概念。他认为：创业者是改变行业规则、创造全新事物的人；管理者是把企业从小做大，实现规模性增长的人；领导者是在企业遇到危机时将企业带向新生的人。对于创业团队的领导者来说，这三种能力应该是结合在一起的，在企业创立及发展的各个阶段，领导创业者需要综合运用这些能力。

"老干妈"的人性化管理

人性化的管理往往能够增强公司的凝聚力。1997年，贵阳南明老干妈风味食品有限责任公司正式挂牌以来，从员工数量200人到如今2 000余人，其董事长陶华碧一直以真心对待员工，实行亲情化管理！自始至终对员工进行"感情投资"，比如：在员工福利待遇的制定上，考虑到公司地处偏远，交通不便，员工吃饭难，她决定所有员工一律由公司包吃包住，不管是从刚开始的200人还是现在的2 000人规模，陶华碧一直愿意下大成本去维护这一人性化的管理方式。这种亲情化的"感情投资"，果然使"老干妈"公司具有了强凝聚力。在员工们的心目中，陶华碧就像妈妈一样亲近；在公司里，没有人叫她董事长，全都叫她"老干妈"，极少有人愿意离开；即便有些人因为某种原因走了，到了别处一体验那种缺少"人情味"的管理，就想回来，只要想回来，老干妈也欢迎让他们回到公司。

华为公司的"床垫文化"

1987年，43岁的退役解放军团级干部任正非，与几个志同道合的中年人，以凑来的2万元人民币创立了华为公司。当时，除了任正非，可能谁都没有想到，这家诞生在一间破旧厂房里的小公司，即将改写中国乃至世界通信制造业的历史。在公司发展历史过程中，一直为人所津津乐道的便是华为的"床垫文化"。

1991年9月，华为租下了深圳宝安县蚝业村工业大厦三楼，最初有50多人，开始研制程控交换机，这里既是生产车间、库房，又是厨房和卧室，十几张床挨着墙边排开，床不够，用泡沫板上加床垫代替。

所有人吃住都在里面，不管是领导还是员工，做得累了就睡一会儿，醒来再接着干。这种最常见的创业现象非常普遍，一直持续到华为走出国门，面对来自世界上各个竞争对手时，员工们依然沿用"床垫文化"，在欧美打地铺，国外的企业对此也纷纷表示惊叹。

从上述案例中可以看出，创业团队的领导者必须要具有吃苦耐劳的精神，不能抛下员工独享清福。创业的峥嵘岁月里，领导者要在企业发展的不同阶段、工作的里里外外担任不同的角色。哪些角色在创业领导者身上是值得推崇的？

角色一：同甘共苦的"莫逆之交"。创业最困难的时期莫过于项目亟待发展但资金却跟不上的阶段，领导创业者要能够与团队成员并肩作战，在逆境中寻求生机，挺过了难关，才能够共同迎接胜利的曙光。

角色二："垃圾桶式"的倾听者。每个创业者都有自己的故事，来到这个群体里尽管有各自的小目标，但还有一个共同的大目标。或许创业之路上不是每一次付出都有收获，也可能投入了大量的时间、精力却"竹篮打水一场空"甚至欠下一屁股债务。抱怨是创业过程中不可避免而又最怕产生的情绪，负能量只会导致团队积极性的下降，最终降低整个企业的生产力。创业领导者要充当好"垃圾桶"、心理辅导者、知心大哥/大姐的角色，给团队成员可以倾诉的时间和空间，给他们提供可以畅所欲言和发泄的场合。

角色三："家长式"的管理者。创业团队要有"家文化"，在这个家庭中，创业领导者充当了大家长的角色，不仅要了解每个团队成员的需求并且要能创造出一种文化，让每个团队成员有归属感，对整个创业团队表里如一。

角色四："车夫式"的鞭策者。每个人都有惰性，创业团队也不例外。创业团队需要不断地激励和鞭策，才有前进的动力，作为一个领导者，一定是在方方面面身先士卒的，自己创新带动团队创新，自己实干带动团队实干。好的领导者能够让团队的创新精神、凝聚力成为一种由领导者以身作则的楷模作用带来的惯性而推动的一种自发式的抱团和思想汇聚。

领导创业者的行为策略主要有以下几种：其一，通过个人魅力吸引创业团队成员；其二，用自身的专业知识水平制定目标；其三，用创业的激情感染团队；其四，用理性的创业思维引领团队；其五，以敬业的标准要求团队；其六，将不断追求创新、卓越的理念融合到团队文化中。

10.7　创业团队的社会责任

社会责任起源于英国的两次工业革命，生产力的快速发展带来了经济的飞跃，但同时煤炭的广泛应用导致了英国历史上最为严重的大气污染时期，环境的破坏让整个城市淹没在一片雾霾中。从那时起，人们开始关注企业的社会责任，政府通过一些政策对企业的行为进行限制，经过长期坚持不懈的治理，环境终于得到了改善。

中国的社会责任意识从20世纪年代中期到21世纪初开始逐步建立，这是一个逐渐完善的动态过程，《中华人民共和国公司》法第五条规定："公司从事经营活动，必须遵守法政法规，遵守社会公德、商业道德，诚实守信，接受政府和社会公众的监督，承担社会责任。"并且，可持续发展性企业以及传播公益的企业都被评选上企业社会责任优秀案例。

无论大企业还是小企业都应当承担一定的社会责任，创业团队也不例外。如果企业创立仅仅追求利润目标而忽视其社会影响，就会出现由于过度追求利益目标而造成环境破坏、不良社会风气形成等不利于社会发展的现象。同时，企业的社会责任还包括对其他利益相关者的责任，对股东、员工、供应商、消费者和外部环境等。

案例10-10

"五谷画坊"工作坊圆残疾人创业梦

"五谷画坊"是一家民办非企业，成立于2013年12月，旨在为残疾人创业提供平台，经过一年多的运行，"五谷画坊"达到了收支平衡。这里的残障学生们都有一份固定的工作，每个人有固定的工资。目前，"五谷画坊"先后开发和制作了"手绘宁波系列"、"木刻宁波系列"、创意手工等具有地方文化元素的作品及其衍生品，并逐步建立了稳定的销售渠道，不仅被各个创意集市邀请参加活动，还成为政府购买产品之一，工作室成员制作的版画雕刻被宁波市旅游局看中，并将被带到外省乃至国外，作为宁波的一个名片，广受专家和市民的好评。负责人莫益民说："这项事业很特殊，一旦做了就放不下了，并且会爱上它。"

"五谷画坊"专为残疾人创造融合机会，秉持公益和艺术、培训和就业相结合的理念，实现公益自我"造血"、圆残障学员就业梦的目标。近年来，画坊的几名残障学员还参与了达敏学校壁画创作、区残疾人综合服务中心室内装饰设计制作、鄞州银行公益基金会宣传品设计、宁波诺丁汉大学纪念品设计、宁波市美术馆艺术衍生品定制等，他们还经常被各个创意集市邀请参加活动，取得了良好的社会影响及经济收益。这些残疾孩子的家长们说："没有想到孩子在这里越来越有自信，性格也变得日益开朗起来，感觉上帝真的为他们开了一扇窗。"

案例10-11

天使味道烘焙坊

宁波天使味道食品有限公司坐落于美丽的文化海港城市——宁波，是一家旨在为智力发展障碍人群提供终身教育和终身照顾的社会企业。是一家培训和雇佣智力发展障碍人群作为烘焙坊和旗下BEAUTY餐厅员工的社会企业。烘焙坊为工人提供稳定的收入，通过餐厅让智力发展障碍的天使们与顾客交流，从而为他们搭建了一个同社会接触的平台。

宁波天使味道食品有限公司成立于2012年5月，目前，公司已有6名不到20岁的"天使"员工。公司运营也已经有了几年的时间。天使味道烘焙的智力发展障碍的员工工资相对于宁波同行业公司较高，经济上的独立更让他们对生活重拾信心并对未来抱以美好的期许。

"爱，自立与自强"天使味道旗下烘焙坊以这样的精神为智力发展障碍人群培养和常人一样的独立度。正是这样的企业信念，让天使味道不仅在社会上得到了广泛的赞誉，还让人们的视线关注到了这样一群孩子的身上,天使味道实实在在地在帮助着这样一批孩子,给了他们生活下去的尊严和希望。

柴静说:"一个看似边缘的群体的命运,折射的是这个社会里每个人的处境,一个好的世界不会凭空而来,它需要人人参与创建。"

企业对利益相关者要承担不同的责任,如下:

企业要对每个股东负责,股东有权利分享企业的经营成果;

企业要对员工负责,为员工创造一个良好的工作环境,给员工制定一个好的激励机制、提供一个好的事业发展平台;

企业要对上下游的供应商及经销商负责,保证付款和发货的时间,保障不同层级经销商的利益;

企业要对消费者负责,给消费者提供优质的产品或服务,坚决杜绝不合格产品流入市场,影响消费者的身心健康;

企业要对社会环境负责,不能因为盲目追求利润第一的目标而大量砍伐树木、排放有害气体、污染水质、产生噪声、对附近居民产生有害辐射。要努力成为一家可持续发展型企业。

创业模拟训练

请你按照课堂分组,形成以小组为单位的创业团队,设计一个团队组建的情境,确定每个人的职务分工和工作内容,对创始人股份进行合理分配,设计一个有效地沟通机制,并通过团队会议的形式通过上述提案,做好会议记录,制定团队的发展方向。过程可以通过课堂演绎或视频录制的形式进行展示。

第11章 市场创新

学习目标

1. 熟记市场创新的主要意义。
2. 了解市场创新制度及其战略选择。
3. 掌握市场创新域的概念及市场创新点。
4. 了解市场发展趋势。
5. 了解市场创新源及其开发与利用。
6. 理解市场创新阻力和风险。
7. 掌握市场创新的战略选择。

11.1 市场创新的基本概念与主要意义

市场创新的内容十分丰富和广泛。为了便于研究,本节首先界定了市场创新的基本概念,然后从市场创新与企业发展关系的角度探讨了市场创新的重要意义。

11.1.1 市场创新的基本概念

关于市场创新的概念,不同的学者从不同的角度出发会有不同的见解。由于本章的研究对象是企业新市场开发、组织与管理活动及其一般规律,故将市场创新界定为:所谓市场创新,是指在市场经济条件下,企业创新者通过新市场研究、开发、组织与管理活动,引入并实现各种新市场要素的商品化与市场化,以开辟新的市场、促进企业的生存与发展。为了进一步的明确研究对象和研究目标,下面再从若干不同层次和角度来分析市场创新的具体含义。

第一,市场创新的基本主体是企业。第二,市场创新的主要目标是开辟新的市场。第三,市场创新是一种创造性的市场开发活动。第四,市场化是实现市场创新目标的关键环节。第五,市场创新是一项整体性的关于企业发展的系统管理工程。第六,市场创新具有广泛的社会经济效应,会受到来自各方面市场环境因素的制约。

因此,市场创新的本质特征是创造性;市场创新的关键环节是市场化;市场创新的主要目标和根本动力是开辟新的市场以维持企业的生存与发展。本章的研究目标是通过综合考察和系统分析有关市场创新活动的一些主要问题,探索市场创新活动的一般规律,构建市场创新的基本模式,旨在推动市场创新的健康发展。

11.1.2 市场创新的研究意义

在市场经济条件下,市场创新可以促进市场经济不断增长和发展,也可以提高人们的生活水准、增进人类福利、推动社会进步。因此，市场创新对于社会、政治、经济、科技和文化生活等都会产生广泛而又深远的影响。本节主要从市场创新与企业发展的关系出发，来进一步明确研究目标和研究意义。

1. 企业寿命与市场寿命

一个企业与市场之间存在着生死与共的紧密联系，市场创新直接关系到企业的生死存亡。目前，在中国有许多国有企业处境艰难，一个主要原因，在于缺乏进行市场创新的动力与能力，无法适应市场需求的变化，即所谓的"市场创新缺乏症"。而所有长命企业都具有一个共同特征，就是不断地进行市场创新。

企业的生命在于市场，市场兴则企业兴，市场衰则企业衰，市场亡则企业亡。所以，企业的寿命在很大程度上取决于其赖以生存的市场的寿命。而影响市场寿命的因素有许多，为了更好地说明企业发展与市场发展之间的关系，下面我们从市场成熟化、市场替代化等不同角度，进一步分析和探索市场发展的一般规律与生命极限。

2. 市场成熟化——市场发展的数量极限

任何一种产品不管其市场发育与发展过程有多么漫长，都会逐步走向成熟化，因为任何一种产品的市场容量都是有限的。市场的成熟化，表明了一种产品市场需求的数量规模的极限性。

一种产品的市场一旦进入成熟期，就会给生产这种产品的有关企业的发展带来负面影响，从而威胁到企业本身的生存与发展。这是因为，在市场成熟期里，市场抵抗性几乎消失，市场容量达到饱和状态并开始下降，竞争对手增多，市场竞争日益激烈，市场销售和收益都开始减少。无论是这场竞争的胜利者，还是失败者，都只有进行市场创新，才能不断获取新利润，促进企业发展。

3. 市场替代化——市场发展的质量极限

任何一种产品的市场，不仅会走向成熟化，而且会逐渐地走向衰老或死亡，会被另外一种新的市场所替代，即市场替代化。此时，生产这种产品的企业也会被生产新产品的企业所替代。对于那些从不进行市场创新的企业来说，一种产品及其市场的寿命期也就是这些企业的寿命期。所以市场替代化是关系到一个企业生死存亡的致命威胁。

现代化大生产方式和科学技术促进了产品的更新换代，使产品的市场寿命日益缩短，加速了市场替代化的发展，为了适应这种新的市场变化特点，只有不断地进行市场创新，推出新的产品，才能不断地提高企业的市场竞争力，促进企业的发展。

4. 市场创新是企业生存与发展的活力源泉

任何一种市场的发展具有一定的极限性，市场的成熟化表明了一种产品市场需求规模的极限性，市场的替代化则表明了一种产品市场发展的质量极限。这种市场发展的极限性决定了企业发展的极限性。因此，企业只有不断地开辟新的市场，才能突破原有市场发展的极限，使企业获得新的生命力。

为了提高产品的市场竞争能力，获得更大的生产利润，世界各国的企业都十分重视市场创新。中国要建立社会主义市场经济，企业要面向市场，不断地进行市场创新，主动克服"市场不适应症"，给企业带来生机与活力，促进企业不断的发展。

11.2 市场创新制度及其战略选择

在上一节中,我们介绍了市场创新的概念含义以及市场创新的意义,市场创新总是在一定的时间和空间下发生的。下面两节分别从时间和空间角度对市场创新进行分析。本节首先从时间角度出发,对"市场创新度"的概念进行界定,然后根据市场创新度将企业的市场创新划分为首创型市场创新、改创型市场创新及仿创型市场创新,并分别介绍了各自的战略意义、竞争优势、风险与成本等。最后,又讨论了不同企业市场创新度的战略选择问题。

11.2.1 市场创新度的界定

为便于研究和构建市场创新的基本模型,我们需要对企业市场创新活动的程度与水平进行衡量和评价,也就是"市场创新度"的问题。

所谓市场创新度,是指不同企业所进行的市场创新活动的新度。主要包括以下几种含义:首先,市场创新度是评价企业市场创新活动的指标,主要依据企业的市场开发、市场推广及其市场化程度、规模和效果等对其进行衡量和评价。其次,衡量和评价企业市场创新度的指标刻度是企业市场的新旧程度,我们将主要依据企业进行市场创新活动的时序性与区域性等来进行衡量和评价。

市场创新度是研究市场创新的一本基本理论问题,为下文市场创新活动的分类及不同市场创新活动的性质、条件、特征并探索一般规律打下基础。同时市场创新度又是一个十分重要且比较复杂的概念,因为:第一,市场创新本身就是一个多层次、多维度、多要素、多属性的综合概念。第二,新市场与旧市场是个相对概念,很难对市场创新的新度作出精确的测度与评价。

11.2.2 市场创新的划分

为了便于分析问题,我们根据创新度将市场创新划分为首创型市场创新、改创型市场创新和仿创型市场创新并分别对其进行分析。

1. 首创型市场创新

首创型市场创新,是指首次引入某种新的市场要素并实现其市场化而开辟一种新市场的创新活动。例如,率先开发出全新的新产品,率先开辟新的市场销售渠道等。就时序性而言,这是创新度最高的一种市场创新活动。

首创型市场创新主要形式有两种:率先向市场上成功地推出一种全新的新产品和率先采用一种全新的市场营销方式。其中,第一种形式的成本高、风险较大。但是由于这类市场创新活动具有十分重要的战略意义,获得许多国家政府的大力支持。第二种形式不是一件十分困难的工作,所有企业都有能力去做。

首创型市场创新具有十分重要的意义。首创型市场创新是一种根本性的市场创新,没有首创,就没有形形色色的改创或仿创。对于一个国家来说,市场首创能力与水平是决定其综合国力的一个重要因素。因为,只有不断推出市场首创活动,才能确保国民经济健康、高速发展,提高国家竞争力。

首创型市场创新的风险较大。因为企业要进行首创型市场创新就必须率先引进新的技术发明、新的市场组织、新的市场服务等,需要投入大量的人力、物力、财力成本。一旦首创失败,企业就会遭受一定的损失。因此,首创型市场创新既面临着较大的技术风险,又要承担相应的市场风险、法律风险、道德风险及其他各种可能的风险。

综上所述,首创型市场创新是一种高投入、高风险和高利润的市场创新活动,也是创新度最高的一种市场创新。企业在采用首创战略时,应该根据自身的创新能力结合市场创新条件,选择适当的创新时机和创新方式。

2. 改创型市场创新

改创型市场创新是介于首创和仿创之间的中等创新度的市场创新活动。改创型市场创新的目标是对自己或他人已有的首创市场进行改革和创新,从而提高首创市场的适应性,推动新市场的不断发展。

改创型市场创新战略的基本特征在于其改创性,即对首创市场进行改良或变造,也需要进行一定程度的市场创造。事实上,无论是首创,还是改创或仿创都要求进行不同程度的创造,且三者之间不存在绝对的界限,市场首创者也要进行改创或仿创,而市场改创者却是在新的基础上进行的另一种首创。

改创型市场创新的主要形式有两种:对现有的新产品进行改造和对现有的市场销售方式进行改造。前者可以通过选取适当的产品层次、维度和方向来改进原型产品,而后者可以通过改进现有市场销售组织、改变已有的市场促销手段等途径来进行。

与首创型市场创新相比较,改创型市场创新不仅具有十分重要的战略意义,而且具有一定的市场竞争优势。就创新的市场化实现过程来看,改创和首创具有同等重要的意义。首创是改创的前提和基础,然而,若没有改创,许多首创便没有其市场发展前景。例如,飞机、手机、计算机等市场首创产品,如果没有后来的不断改进和再创新,就不会有其今天的市场大发展。市场改创者的竞争优势表现在以下几点。

首先,市场改创者可以有效地减少或避免市场首创者所面临的各种创新风险。因为,作为市场首创者的追随者,改创者可以先观察首创者的创新活动及其进展,吸取其各种经验教训,并选择适当时机进行改创,有效降低了创新活动中的不确定性。

其次,市场改创者可以在首创市场的基础之上,集中必要的创新资源,对现有的新市场进行改创,减少创新成本。另外,市场创新投资效果具有一定的外溢性和较长的时滞性,市场改创者可以无偿分享其中部分利益。

再次,市场改创者可以针对现有首创市场的缺点进行改创,增强其市场适应性,从而赢得较大的市场竞争优势。

最后,市场改创者可以选择在有利的时机快速进入新市场,不仅成本低、风险小,还可以充分享受市场高速增长带来的收益。

但是,另一方面,改创型市场创新也存在着较大的风险性和局限性。因为市场改创也是一种市场创新,也面临着相应的风险。不仅需要付出相当大的创新成本,而且也将面临市场首创者及其他追随者的市场竞争。

3. 仿创型市场创新

仿创型市场创新的基本特征是市场的模仿性，它是创新度最低的一种市场创新活动。一些中小企业往往采用市场模仿战略进行市场创新。

市场仿创者的战略目标是追随已获得成功的首创或改创市场，对现有市场进行改造，开辟新的市场。市场仿创者所承担的市场风险和成本都比较小，但却可以通过某些独占的市场发展条件来获得较大的市场收益和竞争优势。采用此种战略的企业必须具备较大的创新适用性和灵活性。

模仿新市场的方式也比较多，比如模仿新的产品、新的服务、新的市场定位、新的市场组织等。不过，市场仿创者应采取适当的途径和方式进行市场创新，避免发生市场侵权行为。例如，不同的市场模仿者可以根据自己的创新条件，分别采取合资经营、合作经营、技术转让、市场特许等方式进行创新。

市场模仿也具有十分重要的意义，它有利于推动市场创新活动的发展。市场仿创者不仅会抢占甚至还会挤占那些成功的首创者或改创者的市场份额。而这又会促使市场首创者扩大新的市场，进行新的市场创新活动。

11.2.3　市场创新度的选择

我们前面讨论了首创型市场创新、改创型市场创新、仿创型市场创新三种不同市场创新度的市场创新。这些市场创新活动对于推动社会生产的发展和经济的增长以及提高人们生活水平具有十分重要的意义。一般来说，市场创新度越高，市场创新的成本和风险越大，但潜在的市场份额和利润也相对较大。

在制定市场创新战略时，不同的企业应该选择适当的创新度进行适度创新。所谓适度创新，是指既要适应市场需求的发展状况，又要适应本企业的市场创新条件。具体来讲，企业进行市场创新时，应主要考虑下述两种因素。

第一，市场创新者应该根据自身的研究与开发能力、生产创造能力、市场开发能力等量力而行，进行适度创新。

第二，市场创新者应该根据市场技术条件、经济发展水平和社会文化状况等把握创新时机，进行适时创新。

由于市场创新是一个多维的综合性概念，我们在衡量各种市场要素的变化程度时，必须从多种不同角度进行衡量，既要选择适当的市场创新度，又要选择有利的市场创新域。

11.3　市场创新域及其维度组合与选择

市场创新活动总是在特定的创新时间和空间里进行的。在上一节里，我们从创新时间的角度，提出并讨论了市场创新度及其战略选择问题。在这一节里，我们将分析市场创新的空间问题，首先提出并界定"市场创新域"及其相关概念，并在此基础上着重综合分析不同企业的市场创新域与市场创新点的战略选择问题。

11.3.1 市场创新域的基本概念

所谓市场创新域,是指市场创新者可以选择的、能够引起现有市场发生变化并导致新市场出现的各种市场要素群的总和。由于影响和制约市场变化的相关因素很多,所以,市场创新者可以选择的市场创新域也很多。

要在无限广阔和变幻无穷的市场创新空间里选取一个适当的创新点,就必须对创新空间进行定位与分析。这里将采用一些主要的市场创新要素群构成基本的市场创新域,并以这些基本的市场创新域作为市场创新空间的基本维度。为了进一步分析和理解市场创新域这个重要的概念,我们可以从不同角度,对市场创新域进行理解,比如:产品创新域、需求创新域、顾客创新域、技术创新域等。如果采用不同的标准,可以确定一些其他类型的市场创新域。

11.3.2 市场创新点的选择

前面我们提到所有的企业都面临着无限广阔的市场创新领域,而不同的企业则应该选择不同的市场创新点。然而,市场创新会受到一系列相关条件和市场环境等因素的制约,任何一个企业都不可能在所有的创新域里同时开展市场创新。为了取得市场创新的成功,创新者不仅应在创新时间上选择一个适当的市场创新度,而且要在创新空间里选择一个有利的市场创新域和创新点。一般来说,在选择市场创新点时,市场创新者应该充分考虑下述几个问题。

第一,充分发挥本企业的市场创新优势。在进行市场创新时,创新者或多或少要引进一些新的市场要素,这就需要付出创新成本。如果放弃原有创新优势资源而进行转移创新,必将付出较大的转换成本。因此,在选择市场创新点时,必须考虑本企业的资源条件和市场实力,尽可能多地利用现有资源,根据优势资源来选择主导市场创新域,以保持市场创新活动的连续性和集中性。

第二,要与市场需求变化相适应。市场需求是企业进行市场创新的根本出发点,任何一种产品和技术都只不过是满足某种市场需求的一种手段或工具。在选择市场创新点时,有关企业必须从市场需求的实际状况出发,将企业的资源优势和技术优势转化为市场竞争的实力优势,实现优势市场资源的商品化和市场化。

第三,要量力而行,确定适当的市场创新度。不同企业具有不同的市场实力和市场地位,拥有不同的资源条件和市场创新能力,因而也应该采取不同的市场创新战略。在选择市场创新点时,不同的企业应该充分考虑本企业的市场创新能力,确定一个比较适当的市场创新度,选择切实可行的市场创新点,尽量避免选择那些市场发展潜力不大而又竞争激烈的市场热点作为自己的市场创新点。

第四,要抓住有利的市场创新机会,适时进行市场创新。一方面,企业要注重技术积累与研究开发,不断研制新产品;另一方面,又要加强市场调查研究,针对市场需求变化及其发展趋势,适时向市场推出新产品。只有这样,才能使企业既走在市场前面领导市场发展潮流,又不至于走得太远而脱离市场需求的实际状况。

第五,要集中主要力量,实行重点创新。如果一个企业实力有限,而又企图在许多领域里同时进行市场创新，这样就会分散企业的市场创新力量，从而不利于企业推行重点创新战略，甚至最后一事无成。

第六，利用创新资源优势，围绕创新重点，扩展创新领域，进行相关系列创新、连续创新和转移创新等集群性市场创新，以节省创新成本，提高创新效益。

第七，要充分考虑各种市场创新要素之间的有机联系，综合分析市场创新空间的不同维度及其组合，选取适当市场发展需要的复合创新点，开展立体化创新。

总之，每一个企业都面临着十分广阔的市场创新领域，不同的企业应该根据企业的具体情况来选择适当的市场创新度和市场创新点。只要真正认识和掌握了市场创新活动的基本规律，任何一个企业都可以找到一条适合本企业实际情况的市场创新道路。

11.4 市场创新与市场发展趋势分析

在上一节里，我们分析了市场创新域及其不同维度与组合，讨论了市场创新点的选择问题；在这一节里，我们将集中论述市场创新向的基本概念，并结合当代世界市场发展的一些基本趋势，分析若干重要的市场创新向，以进一步探索市场创新活动的一般规律。

11.4.1 市场创新向的基本概念

撇开市场创新的具体内容和形式，可以把市场创新抽象为一种纯粹的市场变化。任何一种市场变化总是在特定的时间和空间里发生的，也必然具有一定的变化方向。

所谓市场创新向，是指在特定的创新时间和空间里，由各种市场要素条件和环境所决定的市场变化趋势和发展方面。在制定市场创新战略时，创新者不仅要根据企业创新实力来选择有利的市场创新域，确定适当的市场创新度和创新点，而且要根据市场需求、市场资源和市场环境的变化趋势来选择正确的市场创新向。

深刻认识和理解市场创新向，有助于创新者正确选择和把握市场创新向，从而制定成功的市场创新战略。下面我们将从一些高级层次和角度出发，根据市场创新条件和环境的现状及其变化趋势，探索市场发展规律，分析若干具有重要战略指导意义的主导型市场创新向。

分析和把握市场发展的基本趋势和根本方向，可以为企业的市场创新指明方向，下文将主要介绍七种不同的主要市场创新发展趋势。

11.4.2 市场的科技化

科技发展是市场发展的重要动因，市场的科技化是当代世界市场发展的一个大趋势。市场的科技化，包括科技发展目标的市场化、科技人员的市场化、科技经费投入的市场化及科技成果的市场化。而科技的市场化，又必将造成市场的科技化，两者共同促进科技经济发展的一体化，成为经济增长的活力源泉。

为了适应科技化发展大趋势，创新者可以采取相应的科技主导型市场创新域。加强科技预测技术，正确识别技术变化方向。不断地增加科技投入，引入新的科技成果，采用先进的营销工具和技术，实现科技的产业化和市场化。

11.4.3　市场的国际化

市场的国际化，是指现代化的交通运输工具和通信设备的发展、完善，使得国际市场的联系和交往更加频繁、密切和便利，这是当代世界市场发展的一个大趋势。市场的国际化，包括市场主体的国际化，市场客体的国际化，市场关系的国际化。

中国自加入世贸组织（WTO）以来，在参与国际市场方面取得较大进步。许多外企逐步进入中国市场的同时，中国的企业也通过多种方式积极参与国际市场竞争，也学习外国经验和先进技术。为了适应国际化发展大趋势，中国企业应该制定相应的国际化市场创新战略：首先，应调整产业组织结构，扩大生产规模，组建超大型跨国公司，实现市场主体的国际化。其次，应树立市场国际化观念，选择更加国际化的市场创新点，充分开发和运用国际化的市场创新源。

11.4.4　市场的软化

市场的软化，具体表现为市场的知识化，市场的信息化，市场的无形化。过去中国企业不太重视商品软价值的开发与运用，因而难以提高商品的整体价值和市场竞争力。例如，苹果手机的价格一般都高于其他同标准手机，但在中国市场上却畅销，很大一部分原因是其产品的软价值含量较高。

为了适应市场软化的发展趋势，中国企业应采取软化的市场创新战略。具体来说，就是要高度重视产品的设计、包装、商标、广告等软价值的生产及其市场营销，在改进产品硬质量的基础上，实施中国品牌战略，不断提高中国市场创新的质量和水平。

11.4.5　市场的绿化

市场的绿化，是指要实现商品生产及其市场营销活动的无污染、无害化、清洁化等，包括清洁生产、清洁包装、清洁销售、清洁运输、清洁消费等。它是当代世界市场发展的又一大趋势。

近年来，"地沟油"、奶粉中添加"三聚氰胺"、食品中过多添加剂、激素鸡、药物催熟水果等恶劣事件的接连曝光，食品安全和健康成为消费者心中的一大疑虑，健康绿色的饮食和生活，逐渐深入人心。

为了适应市场绿化的发展大趋势，中国的企业必须采取绿化市场创新战略：在树立市场绿化观念的同时，建立绿色市场定位，积极开发绿色产品，引导消费者绿色消费等。只有这样，企业才可以变被动为主动，提高其产品市场地位和市场竞争力。

11.4.6　市场的标准化

市场的标准化，是指企业在市场中要遵守一定的市场行为规范和标准。在激烈的市场竞争中为有效维护市场交易秩序，必须制定必要的市场标准，规范和约束各类市场主体的市场行为。不同的国家标准和地区标准都在逐渐向国际标准靠近的趋势，很多企业也企图通过标准化来消除国际市场竞争中的贸易壁垒。例如，安全卫生标准、环境保护标准等。

市场标准，既是一种创新约束，又是一种创新导向。中国企业应该适应市场标准化发展趋势，尽快与国际市场惯例、市场法规、技术标准等市场标准接轨；企业应建立健全标准化规章制度体系，培养管理人员标准化管理思想，增强技能人员的标准化意识，进行符合市场标准的市场创新，提高创新市场的适应性。

11.4.7　市场的多样化

市场的多样化，是指随着现代化生产的不断发展，市场需求和市场结构也在不断变化，产品越来越丰富，市场也日趋多样化。消费者可以根据自己的兴趣爱好，选择更适合自己产品，更能满足其个性化需求。例如，笔记本电脑的颜色、式样、型号、配置等都要有"个性"，这就造成了多样化的笔记本电脑市场。

市场的多样化，为创新者提供了更加广阔的市场创新领域，也为创新者指明了又一个市场创新方向。要满足多样化的市场需求，企业就必须采用相应的多样化的市场创新战略。

11.4.8　市场的高级化

随着社会经济发展水平及科技创新能力的提高，产业结构向高级化方向发展，这必将造成市场的高级化。例如，手机从"大哥大"到便携化、智能化；相机从胶卷到数码等。这些产品都与刚发明时相比，发生了很大变化，越来越智能高级化。新的科技革命和产业革命，带动了消费和市场的高级化，这已成为当代世界发展的总趋势。

为了适应市场高级化发展趋势，创新者必须大胆开发新产品、新市场，推动中国市场高级化，不断提高中国企业的市场形象和市场竞争力。

总之，科技在发展，时代在进步，市场也逐渐变得不同，更加朝科技化、国际化、软化、绿化、标准化、多样化、高级化方向发展。中国企业应该牢牢把握市场变化方向，进行市场创新。

11.5　市场创新源及其开发与利用

在上一节里，我们集中论述了市场创新向的基本概念，并结合当代世界市场发展的一些基本趋势，分析若干重要的市场创新向。要进行市场创新，就必须在企业的生产经营活动中引入并采用某些能够改变现有市场状况、导致新市场产生的市场创新要素。在这一节里，我们将提出并界定"市场创新源"这一基本概念，然后分别讨论若干主要的市场创新源及其开发与利用问题。

11.5.1　市场创新源的基本概念

要进行市场创新，就必须拥有相应的市场创新要素，包括各种新的技术、新的工具、新的材料、新的组织、新的思想及其他各种新的市场要素和资源等。所谓市场创新源，是指产生各种市场创新要素的源泉以及企业获取这些市场创新要素的渠道。

企业没有必要的市场创新源，就无法开展市场创新活动。因此，市场创新源是一个十分重要的概念，也是有关市场创新活动的一个基本理论问题。在讨论市场创新源这个问题时，我们应该充分考虑市场创新要素来源的广泛性和复杂性，选择一个比较适当的观察角度与研究方法，并且要对一些相关的市场创新概念进行必要的界定和区分。下面我们分别从不同的市场创新组织和创新人员等市场创新的角度出发，进一步分析产生各种市场创新要素的根本源泉以及创新企业获取这些市场创新要素的主要渠道，从而进一步探索市场创新活动的基本规律。

1. 研究型市场创新源

企业的研究与开发部门是一个主要的市场创新源。市场创新是实现各种新的科学技术成果商品化与市场化的过程，是各种新的生产要素和市场资源转化为商品的过程。因此，新的科学技术成果是一种重要的市场创新要素，而相应的研究与开发人员就是产生、吸收与转化新科学技术成果的重要源泉和渠道，因而也是重要的市场创新源。

2. 营销型市场创新源

企业的市场营销机构与人员是又一个重要的市场创新源。市场创新既是市场供给的创新，又是市场需求的创新。如果我们把企业的研究与开发人员所提供的市场创新源看作主要是市场供给方面的创新来源，那么，市场营销人员所提供的市场创新源则主要是市场需求方面的创新来源。不过，这种划分并没有什么绝对的界限，因为只有当这两方面的市场创新源会合在一起时，才能导致成功的市场创新。

从市场创新源及其开发与利用的角度来看，市场营销人员既是企业内部产生各种市场创新要素的一个重要源泉，又是企业获取外部各种市场创新要素的一个主要渠道。

3. 用户型市场创新源

企业的使命就在于服务社会，服务顾客。市场创新的目的既是促进企业的发展，也是满足顾客日益增长的市场需求。作为市场需求的主体，顾客是一个重要的市场要素。顾客的市场选择权是决定市场创新发展方向的一个关键因素，顾客的需求、设想、意见等都是企业进行市场创新的一个主要来源。

4. 采购型市场创新源

作为创新主体，企业具有广泛的市场联系，可以从各种市场交往中获取市场创新要素。既可以通过市场调查研究等途径，从用户那里获取新产品构思，又可以通过设备和原材料采购等方式，从供应商那里获取新技术、新工具、新材料等新的市场要素。因此，各类供应商也是重要的市场创新源。

5. 竞争型市场创新源

在市场经济条件下，企业不仅要面向众多的用户和众多的供应商，而且要面对众多的市场竞争者。为了提高其市场地位和市场竞争力，获取更高的利润，这些市场竞争者本身也必须不断地进行市场创新。因此，市场创新者可以根据其市场竞争对手的市场创新行为，来开展相应的市场创新活动。只要市场创新者敢于并善于向自己的市场竞争对手学习，甚至向市场竞争敌手学习，这样就会找到一个更高的市场创新起点，开发出大量有用的市场创新源。

6. 合作型市场创新源

一个企业既有众多的市场竞争者,又有众多的市场合作者。社会化生产方式不仅使企业之间的生产分工越来越细密,而且使企业之间的市场联系也越来越紧密。在现代市场经济条件下,所有的企业都必须面向市场,都离不开千丝万缕的市场联系。就这个意义上说,离开了必要的市场联系与市行合作,便没有一个企业能够成功地进行市场创新。为了有效地开展市场创新,所有的企业都应该寻求企业外部的市场和作者所提供的创新来源。因此,对于市场创新者来说,企业外部的市场合作者也是一个重要的市场创新源。

11.5.2 市场创新源的开发与利用

前面我们从不同的角度和层次上,分别论述了不同市场创新源的及其开发与利用问题。除了上述市场创新源之外,市场创新者还可以从企业内部和外部的其他途径获取有用的市场创新源。

企业内部的员工建议制度是开发市场创新源的一个重要途径和方式;企业外部的市场研究者、市场服务者、市场信息传播者和市场监督管理者等,都是市场创新者可以开发和利用的市场创新源;从市场关系的角度来看,市场创新者与其用户、供应商、政府机构及其他各种市场主体之间存在着不同程度的市场联系,从这个意义上说,所有的市场都是潜在的市场创新源。

为了充分开发和利用企业内部与外部的各种市场创新源,企业就应该建立必要的市场信息系统,以便及时有效地收集、处理和利用各种有用的市场创新信息。

除了国内的各种市场创新源之外,市场创新者还应该重视开发国外的市场创新源。

只要市场创新者加强信息管理,充分开发和利用各种有用的市场创新源。就一定可以找到一条适合于本企业实际情况的市场创新道路,成功地进行市场创新,促进企业的健康发展。

11.6 市场创新阻与市场创新险分析

在上一节里,我们提出并界定了"市场创新源"这一基本概念,然后分别讨论若干主要的市场创新源及其开发与利用问题。但是,任何创新活动都会受到守旧势力的阻碍或反对,市场创新也不例外。另外,市场创新有一定的风险性,一旦失败,会使企业遭受损失。这些都可能会引起原有企业内部和外部的阻力。另外,企业进行市场创新也有一定的动力,这些动力则驱动企业进行创新。在这一节里,我们将提出并界定市场创新阻和市场创新险的基本概念,分析若干主要的市场创新阻力和风险及其根源,探索一些能够减少市场创新阻力和风险、促进市场创新的有效途径,从而进一步揭示市场创新活动的一般规律,构建市场创新的基本理论框架。

11.6.1 市场创新阻的基本概念

市场创新就是要实现各种新的市场要素的市场化。在市场创新进行和实现过程中,可能会遭遇到来自各方面的阻力。所谓市场创新阻,是指阻碍市场创新活动进行和实现的各种不利因素。研究市场创新中一些主要的创新抑制因素,有助于我们认识市场创新活动的规律性。本文将市场创新的阻力分为企业内部阻力和企业外部阻力。

1. 企业内部阻力

企业进行市场创新活动,就要引入新技术、新产品、新制度等新的市场要素,就会改变原有的生产方式和组织结构,必然会受到企业内部各种因素的制约。另外,企业组织成员也存在着一种抵制创新的心理倾向。克罗福特认为:"现代组织(不论是企业、学校、政府还是其他组织)都存在一种通病——'创新恐惧症',其实质就是害怕变革。"[1]

为了消除企业内部的创新阻力,就必须大力开展员工技术培训和创新教育,加强组织发展管理,不断增强企业内部的创新活力。同时,要建立必要的市场创新组织和制度,引进竞争机制,激励市场创新。在制定市场创新决策时,应充分考虑到组织发展的连续性和稳定性,提高市场创新的适应性,尽量减少创新摩擦与冲突。

2. 企业外部阻力

市场创新的阻力不仅存在于企业内部,而且可能来自于企业外部各种因素。例如,僵化的经济体制、混乱的市场秩序、有效市场需求不足等,都可能抑制市场创新。

虽然中国已经确立起社会主义市场经济体制,但是长期以来实行的计划经济体制所带来的问题仍存在于某些领域。一些企业,尤其是某些国有企业实际上只是政府及其有关部门的附属机构,通过这些部门所授予的特权来垄断特定的市场,造成一种不公平的市场竞争环境。这种僵化的经济体制造成的弊端很不利于市场创新。

要改变无序竞争现状,就必须建立新的市场竞争秩序,用新的市场行为准则来规范和约束企业的市场竞争行为。同时,制定相应的行政法规来约束政府的市场行政行为,禁止政府行政人员参与市场经营活动。此外,还要加强市场行政监督规范和市场伦理规范等。

11.6.2 市场创新险分析

市场创新者不仅会遇到阻力,而且面临着种种创新风险。在进行市场创新活动的过程中,企业必须首先投入大量的人力、物力和财力等资源,其中包括研究与开发费用、市场促销推广费用等方面的巨额投资。成功的市场创新会增强企业的市场竞争力,并给企业带来巨大的利润;而失败的市场创新活动,则可能给企业造成巨大的损失,甚至倒闭。因此,市场创新具有一定的风险性,这种风险主要来自有关市场因素本身的不确定性。

为了尽量减少或避免各种创新风险,市场创新者应该加强市场研究,调查市场需求的实际状况,分析市场环境因素,预测市场发展趋势,以便使企业还应该根据本企业的市场地位和市场创新优势,选择一条符合本企业实际情况的市场创新与市场发展道路,以便不断提高企业的市场地位和市场竞争力,促进企业的发展。事实上,只要我们更多地了解市场创新活动的基本规律,选择适当的市场创新战略目标及其实施方案,并加强市场研究与创新风险管理工作,就可以大大减少或避免市场创新活动过程中所存在的各

1　C. 梅尔·克罗福特. 新产品管理学[M].成都:四川人民出版社,1988:65-66.

种风险，成功地开展市场创新。

11.7 市场创新战略选择

在上一节里，我们将提出并界定了市场创新阻和市场创新险的基本概念，分析了若干主要的市场创新阻力和风险，探索一些能够减少市场创新阻力和风险、促进市场创新的有效途径。市场创新是企业赖以生存和发展的生命之源。然而，没有适当的战略，企业便不能成功地进行市场创新。战略风险是最大的风险，战略上的失误必将导致市场创新活动遭到最终的失败。制定市场创新战略的意义在于分析企业所处的市场地位、所拥有的资源条件和创新优势，并根据有关实际情况来确实相应的市场创新目标，选择适当的市场创新方式。在这一节里，我们将分析市场创新的战略目标、内容、形式及其实施步骤，研究不同类型的市场竞争者及其创新策略，探索实现市场创新决策科学化的有效途径，从而促进企业的市场创新活动。

11.7.1 市场创新的战略目标

所谓市场创新战略，就是企业进行市场创新时所预期要达到的目标以及为实现这些目标而制定的一系列有关的管理方针和实施手段等。因此，确定适当的市场发展目标，是制定成功的市场创新战略的关键步骤。

企业进行市场创新的主要战略目标是什么呢？一般来说，企业发展、市场地位和利润是主要战略目标，此外，还有企业形象、企业使命、企业成员发展等附加目标。事实上，不同的企业有不同的战略目标。根据不同企业的实力水平和其市场地位，可以将各类企业划分为市场领先者、市场挑战者、市场追随者、市场补缺者等几种基本战略类型。下面将分别论述不同类型的企业应该采取的创新战略目标以及实现这些目标的有效途径。

11.7.2 市场领先者的创新战略

在绝大多数的行业里，都有一个被公认是市场领先的企业。这个企业在相关的产品市场中占有最大的份额，并且通常在价格变化、生产技术改进、产品创新、分销覆盖和促销强度上对其他企业起着领导作用。不管其他公司是否赞赏或尊敬这位市场领先者，却都承认它的统治地位。这个市场领先者是其他市场竞争者的一个导向点，别的公司可能向它提出挑战、模仿或避免同它竞争。

市场领先者想要继续保持其市场统治地位和竞争优势，就必须不断地进行市场创新。具体说来，市场领先者应该采取如下战略：第一，保护现有市场份额；第二，扩大现有市场份额；第三，扩大总市场需求；第四，开辟新市场。

11.7.3 市场挑战者的创新战略

在一个行业里，市场领先者只是少数大型公司或专业公司。而大多数不居领先地位的公司，要么向市场领先者发起攻击而成为市场挑战者，要么模仿市场领先者而成为市场追随者，要么成为弥补市场空缺的市场补缺者。要获取挑战的成功，市场挑战者必须选择适当的市场进攻目标和进攻战略，向目标市场发起多方位的进攻。

选择市场进攻目标。市场挑战者首先要认真分析产品市场结构、市场占有状况及其变化趋势，寻找竞争对手的市场防线的薄弱环节，捕捉有利的进攻时机，以便充分发挥自己的竞争优势，制定有效的市场进攻战略，选择适当的市场攻击对手。

选择市场进攻战略。在确定了市场发展目标和市场竞争对手之后，市场挑战者还必须选择适当的进攻方式，制定市场进攻战略。从理论上说，没有绝对好的进攻战略，也没有绝对不好的进攻战略，关键在于市场战争的发展形势和特点，胜利就在于灵活机动地运动各种适当的进攻策略。一般来说，市场挑战者应充分考虑敌我双方的市场力量对比，选择对方的市场弱点作为进攻的突破口，并且要集中优势兵力，务求攻必克，战必胜。

11.7.4　市场追随者的创新战略

市场领先者总是少数，大多数企业都只不过是少数领先者的追随者。这些市场追随者一般都是中小型公司。如果没有重大的市场创新活动，这些追随者往往不直接向领先公司挑战，而只是追随市场领先者来发展某一类产品的市场。因为战斗力不足，它们不敢直接攻击市场领先者，以免遭受报复。

从一定意义上说，市场追随者也是在开辟新的市场。因为市场领先者不可能占领所有的市场区域，更不可能完全占领各类细分市场，这也就是说，还有大量的市场疆域有待市场追随者去开发。只要市场追随者集中优势兵力于某一细分化的市场，也可能获取不小的利润，甚至比市场领先者的利润率还高。市场领先者要承担市场产品开发和市场开发的巨大开支，而市场追随者则不必承担其中的大部分费用，因而市场追随者也可以获取高额利润。因此市场追随者的战略目标重在盈利而不在市场占有率。

不论采用何种市场追随战略，市场追随者都必须集中优势兵力，充分发挥自己的长处，进行适当的市场创新，既要紧随在市场领先者的后面，又要选择自己的市场发展道路。当市场领先者进行市场创新时，市场追随者也必须及时进行市场创新。既要吸取市场领先者的优点，又要客服市场领先者的缺点。只有这样，才能扬长避短，发挥优势，不断提高自己的市场地位和市场竞争力，促进企业发展。

11.7.5　市场补缺者的创新战略

市场需求的无限发展，决定了所有的企业都能够找到一块适合于自己去开发的市场。如果一个企业无力去独立开发一种全新产品，无法成为某一行业的市场领先者或挑战者，也无力与其他市场追随者开展市场竞争，那么，这个企业也可以利用市场需求的相关性，去开发相关市场，为市场领先者及其用户提供专门的配套产品或配套服务，而成为市场补缺者。

市场补缺者不仅要寻找一个安全的市场地带，而且要去开发一个有利可图的市场。在选择市场缺口或市场立足点的时候，市场补缺者要考虑这个市场的规模、发展前景、竞争状况、资源条件、获利的可能性等因素，还要考虑自己的市场实力和竞争优势等条件。事实上，有些小市场也有大利润，关键在于发挥自己的市场优势。

成功的市场补缺者往往采用市场专门化策略，集中全力去开发某一类特殊的专门化市场。但是，市场补缺者也不能考虑单一化的市场发展前景，因为有些补缺性市场会随着其主要产品市场的变化而变化。如果补缺者过分依赖其主要产品市场的发展，这样也会存在较大的市场风险。

企业要根据企业实力和市场地位，正确地选择适当的市场创新战略目标，有利于提高企业的市场适应能力和市场竞争能力，维持企业的生存，促进企业的发展，从而也推动整个市场经济的发展。

课程思考

1. 市场创新需要考虑哪几个方面？
2. 结合实例谈谈你对市场创新点的看法。
3. 结合本章所学内容，谈谈如果创业，你准备开发一款什么产品。

第 12 章 创业项目（企业）价值评估与融资创新

1. 掌握创业项目进行估值的必要性及基本的估值方法。
2. 了解投资风口。
3. 掌握测算创业项目启动资金的方法。
4. 熟悉创业项目的融资渠道。
5. 了解天使投资与风险投资的区别。
6. 了解创业项目的行业特征与成长性对融资的影响。

12.1 创业项目价值评估

12.1.1 创业项目价值评估的重要性

价值评估（估值，Valuation）是对一个投资项目或一家公司在特定阶段价值的判断。了解创业项目的估值有利于创业者站在客观的角度进行项目筛选和决策，有助于对项目进行长期的战略规划。创业者在进行项目融资时，估值是其与投资人沟通谈判的基础，是决定融资规模、融资成本及创业公司股权结构等重要事项的基本依据。

12.1.2 创业项目的估值方法

传统的估值方法主要分为两类，绝对估值法和相对估值法，就大多数创业项目来说，这些估值方法同样适用。对于新兴的互联网创业项目，人们还经常使用 P/GMV 等方法进行估值。

1. 绝对估值法

这一方法假设创业项目的价值来源于未来的现金流，将未来一笔笔的现金流分别按照不同的比率折回到当前，再进行加总即得出公司或项目的价值。其中，最典型的方法为现金流贴现法，即将公司未来特定期间内的预期现金流量用适当的折现率还原为当前现值。计算公式为[1]

$$V = \sum_{t=1}^{n} \frac{CF_t}{(1+r)^t}$$

式中：V——公司（项目）的估值；

---

[1] 威廉·F.夏普、戈登·J.亚历山大. 投资学 [M]. 北京：中国人民大学出版社，2013.

n——公司（项目）的寿命；

CF_t——公司（项目）在 t 时刻产生的现金流；

r——预期现金流的折现率。

从上述公式可以看出，该方法涉及两个基本的变量：现金流和折现率。使用该方法，首先要对现金流做出合理的预测。在评估中要综合考虑影响公司经营的各种因素，以对未来现金流做出合理预测。其次是选择合适的折现率，这主要是靠评估人员对项目未来风险的判断。由于初创公司的现金流有很大的不确定性，因此其折现率比成熟公司要高得多。寻求种子资金的初创公司，折现率大多定在50%～100%。对早期的创业公司，折现率通常设为40%～60%。对晚期创业公司，折现率通常定在30%～50%。对比起来，有多年经营记录的公司，折现率通常定为10%～25%。现金流贴现方法比较适用于运作成熟、偏后期的非上市公司或上市公司，对于创业项目适用度不高。

【例12-1】 假设某大学生因在烹饪方面有一技之长，准备开设一家饺子店进行创业，饺子店的市场营销计划通过互联网进行，条件成熟时向连锁店发展。创业者预计开业后5年的净现金流分别为10万元、20万元、40万元、80万元和200万元。5年后，以500万元的价格将饺子店转让他人。如果选取折现率为50%，那么，按现金流贴现法如何对该创业项目进行估值？

计算过程很简单。将数据代入上面的计算公式，创业项目的价值为该项目未来各年现金流的折现值之和，即：

$$V=10/(1+50\%)+20/(1+50\%)^2+40/(1+50\%)^3+80/(1+50\%)^4+$$
$$200/(1+50\%)^5+500/(1+50\%)^5$$
$$=135.39 \text{ 万元}$$

创业项目的大致价值为135万元，如果投资人投资30万元，创业项目出让的股份约为22%。

2. 相对估值法

这一方法又称为可比公司法，即利用类似公司的市场价值来对目标公司（项目）估值。这种方法是假设存在一个支配公司价值的主要变量，而公司的价值与该变量的比值对各公司而言是类似的、可比较的。因此，可以在市场上选择一个或几个跟被评估项目类似的公司，在分析比较的基础上，确定被评估项目的市场价值。实践中，最常用的相对价值法有市盈率法和市销率法两种。

市盈率（P/E）法

P/E法是比较常见的一种相对估值方法，使用该方法共有两个步骤：首先是挑选与创业项目同一行业中可比或可参照的上市公司，以这些公司的股价与财务数据为依据，计算出市盈率；其次用此市盈率作为市场价格乘数来估算创业项目的价值。

市盈率 P/E=每股价格/每股收益=公司价值/公司净利润

创业项目价值=市盈率×创业项目未来1年的净利润

市盈率估值方法涉及两个变量：市盈率和项目未来1年的净利润。项目未来1年的利润可通过财务预测进行估算，市盈率可参考目前已上市的同行业公司，用同行业公司的平均市盈率作为评估基准。由于创业项目为初创企业，失败几率较高，而且股权不易变现，因此在估值时一般要在同行业上市公司平均市盈率的基础上打一定的折扣。

【例 12-2】 还以例 12-1 大学生开设饺子店为例，创业者预计下一年度的净利润为 10 万元。对于市盈率，我们选取 5 家食品类上市公司，计算出同行业平均市盈率为 30.6 倍，在此基础上打 5 折即为 15.3 倍。

因此，按市盈率法估值，创业项目的大致价值即 153 万元（10 万元×15.3），如果投资人投资 30 万元，创业项目出让的股份大约为 19.6%。食品类上市公司平均市盈率如表 12-1 所示。

表 12-1 食品类上市公司平均市盈率

食品类上市公司	市盈率水平
三全食品	50
加加食品	40
洽洽食品	25
双汇发展	18
承德露露	20
平均水平	30.6

数据截取时间：2016 年 9 月 29 日。

市销率（P/S）法[1]

对于有收入但是没有利润的公司，用 P/E 进行估值意义不大。比如，有很多初创公司成立多年也未能实现利润，那么可以考虑用 P/S（公司价值/主营业务收入）法来进行估值，大致步骤跟 P/E 法一样。

市销率 P/S=公司价值/主营业务收入

创业项目价值=市销率×创业项目未来 1 年的销售收入

【例 12-3】 同样以上述案例进行分析。大学生开设饺子店，由于原材料猪肉价格波动非常大，创业者并不确定未来能否盈利。但是按照其制作的食品价格以及目前每天卖出的数量，可以大体估算出年度销售收入。假设每天可以卖出 200 盘水饺，平均每盘 10 元，每年按 360 天计算，则预计年销售收入约为 200×10×360=72 万元。

选取市场中具有代表意义的食品类上市公司，经计算市销率平均为 3.4 倍，按其 5 折对创业项目估值，则创业项目的价值为：3.4×0.5×72=122.4 万元，如果投资人出资 30 万元，创业项目出让的股份大约为 24.5%。食品类上市公司平均市销率如表 12-2 所示。

表 12-2 食品类上市公司平均市销率

食品类上市公司	市销率水平(P/S)
三全食品	2.18
加加食品	5.38
洽洽食品	3.33

---

[1] 中国证券业协会.证券投资分析［M］.北京：中国财政经济出版社，2010.

续表

食品类上市公司	市销率水平(P/S)
双汇发展	1.51
承德露露	4.59
平均水平	3.4

数据截取时间：2016年9月29日。

3. P/GMV 法[②]

对于新兴的互联网创业项目，由于与传统企业在商业模式上具有重大差异，目前学术界并未有"教科书"式的标准估值方法。一些风险投资人以及金融机构根据互联网企业的特点，运用相对估值法的原理提出了一些针对互联网企业的估值方法，P/GMV 法就是其中较为流行的一个。这里，P 代表公司的价值，GMV（Gross Merchandise Volume）代表公司的实际交易流水，GMV=1 销售额+2 取消订单金额+3 拒收订单金额+4 退货订单金额。由于 GMV 代表交易流水，只要用户下了订单，生成订单号，就可以经计算进入 GMV。

【例 12-4】 假设某大学生经调查发现，大学校园内很多学生不愿意自己去买饭，"代跑腿"业务存在需求。因此，他联合几个志同道合的同学发起了一个小创业项目，通过网页、APP 等方式下单，为附近的几所大学（简称"大学城"）学生提供送餐服务。经过一年的发展业务初具规模，服务范围对大学城形成了全覆盖。为了进一步扩大业务，他们将目光对准了一些上班族集中的白领公寓。为开发这一市场，现考虑向投资人进行融资。

使用 P/GMV 对该项目估值如下。

第一步：数据显示目前该创业项目在大学城范围内平均每天的销售额约为 6 000 元，取消订单约为 100 元，拒收订单金额为 100 元，退货订单额约为 100 元，因此该项目平均每天的 GMV 为 6 300 元，按照每个月 30 天，一年 9 月（排除放假时间）来计算，在过去一年的 GMV 约为 6 300×30×9=1 701 000 元。

第二步：选取具有代表性的互联网企业，计算其 P/GMV 的平均值（或中位数）作为估值参考，假设通过计算 P/GMV 的平均值（中位数）为 0.65。

第三步：该创业项目的估值约为 1 701 000×0.65=1 105 650 元。

对于项目投资人来说，按照 P/GMV 法对该创业项目的估值约为 110.57 万元。

12.1.3　创业项目估值的特殊性

创业项目由于在商业模式或技术方面具有较大创新，投资风险大，股权不易变现，在项目估值方面相比成熟企业或上市公司具有一定的特殊性。这些特殊性主要体现在以下几个方面。

（1）无固定的估值模型

早期创业项目，尤其是还没有成形的、没有现金流的公司，很难利用一个简单的公

1　新浪财经：http://finance.sina.com.cn/zl/usstock/2016-08-01/zl-ifxunyya2942222.shtml。

式去给项目或公司进行准确的估值。在项目运营的早期阶段,估值更多的是一门艺术,数字本身可能并无对错之分,进行估值的方法也是多种多样的。即使是对于同一个项目,使用不同的估值方法,得出的估值结果也经常是大相径庭。

【例12-5】 2015年恒大淘宝俱乐部登陆新三板,公司估值160亿元。由于恒大俱乐部并不盈利,当时的估值方法为参考曼联等足球俱乐部的市场价值与粉丝数量,按其拥有的Twitter粉丝计算价值。曼联、阿森纳(数据)、切尔西(数据)这样的足球俱乐部,每百万粉丝大概价值31亿元人民币。[1]

计算过程:曼联俱乐部当时的市场价值估值31亿美元,折合人民币198.4亿元人民币,而曼联俱乐部当时Twitter粉丝大概639万,从而计算出曼联每百万粉丝31亿元人民币,每个粉丝价值约为3 000元。而恒大淘宝拥有800万球迷(新浪微博粉丝数量),这意味着公司价值约为240亿元。考虑到恒大淘宝和国外豪门俱乐部在销售收入上的差距,估值打6折,恒大淘宝可以估值160亿元。

当然,这样不"严谨"的估值方法也带来了众多媒体和投资市场的质疑。但总的来说,对于创业项目并无普遍认可的、固定的估值模型。

(2)特殊因素影响估值

相比成熟的企业,投资者对创业项目在估值时会重点考虑一些特殊因素。

第一,创始人和团队。投资者可能更加关注创始人和创业团队,一家成功的创业项目更有赖于创始人的能力与性格。其他的诸如创始人的工作经历、创始团队的构成结构等都是影响估值的特殊因素。

第二,商业模式与成长潜力。创业公司最具决定性的因素就是成长,高成长性是由许多因素决定的,有的是因为创新的商业模式,有的是因为面对巨大的市场,有的是因为拥有先进的技术等。对投资者来说,成长潜力是其关注的关键因素。

第三,行业的发展趋势。每个行业都有自身独特的估值逻辑和方法,相比一家普通的食品公司,一家创新的生物公司或者互联网公司的估值肯定要高得多。创业项目从属哪一行业,这一行业的发展趋势如何,决定了项目未来的市场前景、空间和成功的概率,也从一定程度上决定着投资者对创业项目的整体评价。

(3)投资环境及投资风口影响估值

投资环境:对于创业项目来说,投资环境对项目的整体市场估值影响很大。投资环境在广义上可以理解为一个国家乃至全球的政治经济环境,狭义上可以指行业发展环境和资金环境等。影响投资环境的因素众多,具体包括:政治法律环境、自然环境、社会文化环境以及经济环境。例如,2015年上半年,中国股票市场大幅上涨使得资本市场的整体估值出现了大幅提升,市场上资金众多使得投资环境非常景气,与此同时创业类的项目和公司也获得了较高的市场估值。而进入2016年之后,中国经济增速变缓,投资增速下降,企业的投资意愿较低,市场整体的估值水平就受到很大影响。

投资风口:投资风口即投资的"热点"或者"焦点",例如,2015年的"互联网+",2016年的政府与民营企业合作投资的"PPP"模式等(如表12-3所示)。投资风口对于

---

[1] 腾讯体育新闻报道:http://sports.qq.com/a/20151201/015285.htm。

创业项目的估值影响较大，身处"投资风口"将获得高于市场平均水平的估值，但创业者对投资风口要辩证看待。一方面，不能一味地迎合投资风口，而忽略了自身竞争力的提高；另一方面，在创业项目规划以及发展过程中，应有意识地对未来可能的风口提前进行预判和布局，以等待投资风口的到来。

表 12-3　近年来投资风口举例

2009 年	4 万亿投资计划，传统的房地产、水泥等行业迎来投资风口
2011 年	十七届六中全会通过《中共中央关于深化文化体制改革、推动社会主义文化大发展大繁荣若干重大问题的决定》，文化传媒行业成为投资风口
2012 年	智能手机开始高速普及，手机行业成为投资风口
2014 年	互联网金融，P2P 成为投资风口
2015 年	互联网+，O2O、B2B 等商业模式成为投资风口
2016 年	PPP，基因测序等成为投资风口

（4）创业项目估值的常见问题——估值分歧及其解决策略

项目估值涉及方方面面，是一个复杂而主观的过程。尤其对于创业公司，这是一个"科学"与"艺术"的平衡。各人站在不同立场，观察与分析的视角不同、对项目的理解不同，价值评估的结果也经常会出现很大差别。

一般而言，创业者的信心较足，往往对项目前景更为乐观，而对创业可能遇到的问题与困难估计不足。同时，为了拿到更多的投资资金，或更少稀释股权，会倾向于高估项目的价值。相形之下，投资方的项目运作经验更为丰富，立场更为客观理性，同时出于风险控制及成本考虑，对创业项目的估值趋于保守。

如何解决估值不一致的问题呢？通常，创业者应成为主动的一方，加强与投资者沟通，让投资者更好地了解项目及团队，降低信息不对称程度，进而增加对项目及创业者的信心。在估值分歧很大，不能很快达成一致的情况下，可以对创业项目设定不同的阶段性目标，根据不同阶段目标的完成情况给予相应的估值和投资额度。这种分段投资策略，一方面解决了项目的短期融资问题，使项目运营不受影响，又在一定程度上控制了投资人的投资风险，因而多为创业融资所使用。

12.2　创业所需资金测算

12.2.1　测算创业资金需求的必要性

资金是创业项目发展的血液，无论是项目的最初设立、日常运营以及发展壮大都需要大量的资金作为保障。因此，资金需求是创业者需要思考的重要问题。就创业项目而言，资金需求主要包括启动资金需求和日常经营的流动资金需求。

12.2.2　启动资金需求测算

创业项目开办时要有必要的投资和支付各种必要的费用，包括支付场地（土地和建筑）、办公家具、机器、设备、原材料、商品库存、营业执照、开业前广告及促销费、水电费等,这些费用汇总起来就构成了启动资金。

【例12-6】 某大学生毕业后和两个同学一起创业,创业项目定为制作一款用于宣传住房装修的中介微信公众号,通过此微信公众号帮助用户寻找适合的装修公司。该创业项目的启动资金测算如表12-4所示。

表12-4 创业项目启动资金测算

项 目	具 体	需求资金测算(元)
项目用地	租房(平均每月2 000元,预付6个月)	2 000×6=12 000
设备	办公电脑(平均每人3 000元)	3 000×3=9 000
	办公桌等设施(平均每人1 000元)	1 000×3=3 000
费用	微信公众号宣传费用,每个小区200份传单,前期目标覆盖10个小区	10 000
	微信公众号的开发费用	20 000
合计		54 000

如表12-4测算,该项目若要启动,启动资金预计需要5.4万元。

12.2.3 流动资金的需求测算

(1)传统盈利类项目:销售比例法

企业设立后,其正常运转需要一定的流动资金,用来购买原材料,支付人工工资以及销售费用、管理费用等,这些资金称为流动资金。若流动资金周转不灵,会导致项目夭折。因此,创业者必须对流动资金的需求进行测算,预防资金链断裂。

对于传统类企业或项目,资金需求量的测算一般使用销售比例法。它以销售额为分母,将受销售变动影响敏感的项目与之比较,得出一个百分比,并以此为基础预测销售额变化带来的资金需求变化。在实际应用中,企业往往根据历史资料、经验或者是同业数据,从中选出敏感项目,并计算这些项目占销售额的百分比,然后以此为基础编制预计的财务报表,再推算出实际的资金需求量。以下举例说明销售比例法。[1]

【例12-7】 某纺织专业大学生毕业后设立一家面向婴儿市场的精纺公司,项目已经运转1年并且保持盈利。2015年销售收入为100万元,目前尚有剩余生产力,即不需增加固定资产仍能增加产销量。2016年,项目计划增加产量,扩大销售。假设企业的净利润率为10%,收益留存率为30%。如果2016年的销售收入要增加50%,项目需要多少流动资金。

2016年该项目实际资金需求量预测如下所述。

第一步:根据该项目2015的数据资料,确定于销售额成比例变化的敏感项目,并计算出这些项目占销售额的百分比(如表12-5所示)。

第二步:根据预计销售额增加量,计算敏感项目变化引起的资金需求量的变化,具体测算如下:

---

[1] 刘伟年. 销售比例法在中小企业融资决策中的运用[J]. 管理园地,2006.50.

预计销售额增加量=100×50%=50（万元）
敏感资产变动引起的资金需求=50×70%=35（万元）——资金占用增加量
敏感负债和权益变动引起的资金需求=50×30%=15（万元）——资金来源增量

表12-5 项目2015年资产、权益占销售额比重表

资产	金额（万元）	占销售比例（%）	负债+权益	金额（万元）	占销售比例（%）
现金	5	5	短期借款	10	不变
应收账款	25	25	应付账款	20	20
存货	40	40	应付费用	10	10
固定资产	80	不变	实收资本	90	不变
			留存收益	20	不变
合计	150	70		150	30

第三步：计算项目实际资金总需求量

项目实际资金需求量=资金占用增量－资金来源增量=35－15=20（万元）

第四步：根据收益留存比例，扣除内部收益留存，确定外部资金需求

内部收益留存=预期销售收入×销售净利润率×收益留存比率=4.5（万元）

所以，因销售量增加，项目实际内部可实现资金4.5万元，因此

外部的资金需求量=20－4.5=15.5（万元）

通过上述计算，该项目2016年若想按计划实现销售50%的增长，则需要增加的流动资金量大约为15.5万元。

（2）不产生现金流的项目：费用法

伴随着新兴的商业模式不断涌现，很多创业项目并不像传统类的项目在运行之后即可获得营业收入，一些以赚取客户流量为目的的创业项目在项目运行初期甚至很长一段时间，主要靠"烧钱"的模式来吸引客户关注。在积累了大量的流量客户并形成一定的黏性之后，再推出付费项目以求盈利。典型的成功案例如腾讯公司，创业早期以构建并不盈利的聊天平台"QQ"为主，在积累的大量用户并形成强烈的黏性之后，再推出付费项目。

目前，很多"互联网+"的创业项目也是按照"烧钱"的商业模式进行运转，如"滴滴打车"，"真人直播平台"等，该类创业项目由于短期并不盈利，而是靠大量的资金投入支撑项目运转，因此不能使用传统的销售比例法对资金需求量进行测算，而是主要通过预测项目运营费用来大致估算资金需求。

【例12-8】沿用上文三名大学生利用微信公众号作为房产装修中介的案例，假设在启动资金完成之后，项目开始运营。如果前期运营的主要目的是积攒客户流量，覆盖尽可能多的小区以及装修公司，但不对客户和装修公司收取任何的中介费用，其运营一年将需要多少运营资金呢？

以下主要按项目预计运营费用进行测算（如表12-6所示）。

表 12-6　创业项目需求资金测算

项　目	具　体	需求资金测算（元）
项目用地	租房	2 000×12=24 000
设备	增加一台办公电脑	3 000
	增加一张办公桌	1 000
费用	新增 10 个小区的宣传覆盖	10 000
	新增 20 家装修公司的覆盖	10 000
	在 58 同城等相关网站进行广告宣传	20 000
	水电费	150×12=1 800
	4 名员工（含 3 个创始人）的工资（平均每人每月 4 000 元）	4 000×4×12=192 000
合计		261 800

从表 12-6 可知，若要扩大微信公众号服务的小区以及装修公司数量，运营一年的资金需求约为 261 800 元。当微信公众号客户流量积累到一定数量之后，可以尝试针对用户或者装修公司收取一定的中介费用作为收入来源，或者在微信公众号中植入广告收取广告费用。

【例 12-9】某游戏直播平台项目的运营模式为：邀请游戏主播在平台进行游戏直播，观众对于一些表现优异的游戏主播通过礼物的形式进行打赏，收入主要来自观众对游戏主播打赏的分成。在这类项目运行初期，为了吸引更多的关注，平台往往需要请一些知名的游戏主播吸引人气和粉丝。而观众和粉丝形成对平台的黏性之前，往往不愿意购买礼物，只是免费观看，因此该类项目在运行前几年很难有收入产生，项目的资金需求主要是看项目的预计运营费用。

直播平台主要费用测算如表 12-7 所示。

表 12-7　直播平台主要费用测算

项　目		数　量	年支付费用（万元）	预算费用（万元）
主播费用	顶级主播	5	100	500
	知名主播	10	50	500
	一般主播	20	10	200
平台促销广告费用			200	200
平台员工工资		10	15	150
租金成本			100	100
宽带费用			300	300
其他：水电、办公、交通等			50	50
合计				2 000

根据表 12-7 测算，对于一个需要形成一定规模（付费主播达到 30 人以上）的游戏直播平台，在不考虑收入的情况下，维持平台运转一年的资金需求约为 2 000 万元。

12.3 创业融资渠道

与一般企业相比,创业公司在融资时往往处于劣势,难以借助成熟的资本市场进行融资,可供选择的融资渠道较少。大学生在创业初期,多数情况可能只是拥有一个好的创意,没有成熟产品,由于存在较大的技术风险和不确定性,筹措资金的通道即融资渠道的选择更窄。以下,我们介绍大学生创业可以选择的主要融资渠道。[1]

12.3.1 政策性融资

政策性融资主要包括财政贴息和创新基金两种渠道。财政贴息是指大学生创业时,政府帮其按照相关政策从银行取得贷款,并且给予利息补贴。政策性基金是政府为鼓励创业、支持技术创新和专业化发展,用于新企业运作而建立的基金,是大学生创业最应争取的融资方式之一。以杭州为例,在2014年举办的浙江省第九届"挑战杯"大学生创业计划竞赛决赛获奖的团队,如在杭成功落地转化,将获得5万~15万元不等的创业基金扶持。而在杭州市相关部门宣布此事后,宁波、绍兴、温州等地也采取了同样的政策。

政策性资金的优点体现为免费,不利之处是基金申请有严格程序要求。政府每年的投入有限,创业者需面对其他融资者的竞争。拟取得该类融资支持的创业大学生需要认真了解和学习政府的有关产业政策和扶持政策,严格按照规定程序提交申请资料,做好资金申请的准备工作。

12.3.2 亲情融资

亲情融资即向家庭成员或亲朋好友的筹款,大学生筹集创业启动资金最常见、最简单而且最有效的途径就是向亲友借钱。亲情融资的优点是筹措资金速度快,一般不需要承担利息,融资成本低。但是这种融资方式所能筹到的资金有限,不能满足较大数额的资金需求。此外,向亲友借钱创业,会给亲友带来资金风险,如果创业失败造成资金损失,还会影响双方感情。

还有一种亲情融资的方式是有偿借款。如果有关系较好的亲朋好友在银行存有定期存款或国债,可以尝试和他们协商借款,按照存款利率支付利息,并作适当上浮,这样就能非常快捷地筹集到创业资金,亲朋好友也可以得到比银行略高的利息,可谓两全其美。

12.3.3 合伙融资

合伙融资是指按照"共同投资、共同经营、共担风险、共享利润"的原则,直接吸收单位或者个人投资合伙创业的一种融资方法。

合伙融资的优点体现在,合伙人凑在一起有利于创业投资,不但可以有效筹到资金,

---

[1] 周培. 大学生创业融资渠道的研究 [J]. 职业教育. 2015.6.

还可以充分发挥人才的作用,有利于对各种资源的利用和整合,尽快形成生产能力,有利于降低创业风险。但是合伙融资也有明显的缺陷。俗话说:生意好做,伙计难当。老板多了就很容易产生意见分歧,影响办事效率,也有可能因为权利与义务的不对等而产生合伙人之间的矛盾。

12.3.4 风险投资

风险投资(Venture Capital)是一种融资和投资相结合的投资方式,是指创业者通过出售自己的一部分股权给风险投资者获得资金,用于发展业务、开拓市场,当企业发展到一定规模时,风险投资者出售自己拥有的企业股权获取收益。许多创业者利用风险投资使企业度过幼小阶段,国内许多大型互联网公司,像网易、百度、阿里巴巴都获得过风险投资。

风险投资的优点除了资金量较大,可以有效解决创业资金缺口,还可以借助其完善公司财务与内部管理,在市场与品牌方面也可以借力风险投资的智囊团。缺点在于不易取得。能否争取到风险投资的青睐取决于项目的发展前景、个人的信用以及管理团队等多个因素。风险投资商除了关心创业者的技术,也同样关注创业者本人的素质和创业项目的盈利模式。此外,获得风险投资要经过较多的沟通谈判,周期一般也较长。

12.3.5 天使投资

天使投资(Angel Capital),是自由投资者或非正式风险投资机构对处于构思状态的原创项目或小型初创企业所进行的前期投资。天使投资虽是风险投资的一种,但两者具有较大差别。天使投资是一般指非组织化的创业投资形式,其资金来源大多是民间资本,而非专业的风险投资商。随着我国政府对民间投资的鼓励与引导,民间资本正获得越来越大的发展空间,民间投资不再局限于传统的制造业和服务业领域,而是向基础设施、科教文卫、金融保险等领域"全面开花"。这对正为"找钱"发愁的创业者来说,无疑是个"利好消息"。

天使投资操作程序较为简单,融资速度快,门槛相对较低,无论是一个创业构思还是已经开展的创业项目,只要有发展的潜力,就可能获得资金支持。而对风险投资来说,这些刚起步或者还未见雏形的项目一般无法引起他们的兴趣。但天使投资的成本很高,创业项目融入很少的天使资本,就可能会失去较多的股权。如果天使投资人在投资过程中想获得公司控制权或主导权,还容易与创业者之间产生矛盾纠葛。

12.3.6 银行贷款

银行贷款被誉为创业融资的"蓄水池",它可进一步细分为担保贷款、抵押贷款、信用贷款、创业贷款等。但很显然,初出茅庐的大学生既没有可靠的担保人或担保机构,也没有贵重的抵押物,更不存在优质的商业信用,因此对于大学生创业者来说,可以考虑的多为创业贷款。创业贷款是近年来银行推出的一项新业务,凡是被认定为具有一定生产经营能力的个人,因创业需要均可申请。部分金融机构推出了面向高校毕业生的创业贷款业务,以高校毕业生为借款主体,以其家庭或直系亲属家庭成员的稳定收入或有效资产作为担保，在利率上还给予一定的优惠。

创业贷款的优点是利率较低，而且有的地区有一定的补贴，一旦申请成功，创业者即可享受较为优厚的条件。缺点是申请门槛很高，对申请者的要求很严苛。想要获得创业贷款，必须有一个严密可行的创业计划。

合理利用住房贷款也能为创业提供融资。住房贷款是商业贷款中利率较低的品种，通过办理住房贷款获得创业资金，成本会大大降低。如果家人支持，创业者可以用家中现房做抵押来办理普通商业贷款，这种贷款不限用途，可以将其规划为创业启动资金。

12.3.7 网络借贷融资

网络借贷融资是伴随互联网技术的发展以及民间中小型贷款兴起而发展起来的新型融资方式。网络借贷主要基于互联网金融技术，在借贷过程中通过互联网进行合同、手续、资金的交接，一切认证、记账、清算和交割等流程均通过网络完成，借贷双方足不出户即可实现借贷交易。

网络借贷的优点是具有一定的快捷性与便捷性，无抵押，多数为信用借贷。缺点是融资额度一般都不高，且期限较短，可用于短期周转，不能长期使用。

12.4 创业融资的选择策略

12.4.1 影响融资策略的因素

融资能力低、融资范围窄是创业项目融资的基本特征，也是长期以来造成创业项目融资不足的重要原因。影响创业融资有多种因素，大学生在规划创业融资时要综合分析各种因素，以确定一个合理策略。以下为影响创业融资的几个主要因素。

1. 企业的生命周期

企业的生命周期通常分为四个阶段，即种子期、起步期、成长期和成熟期。种子期的产品尚处于创意或开发研究阶段，并无正式的产品，无正式的销售渠道，无销售收入，其主要任务是确定技术上和商业上的可能性。起步期的企业已经有了新产品的样品，但还需要在与市场结合的过程中加以完善，为批量生产和应用做准备。成长期的企业经受了起步期的考验之后，在生产、销售、服务等方面已具备良好的基础，新产品设计和工艺已经定型，并初步具备大批量生产的能力。但收入尚不稳定，完善的销售渠道和网络还没有建立，企业品牌和形象也需要持续巩固，各种生产经营活动需要投入大量的资金。成熟期的企业技术开发成功、市场需求迅速扩大、生产批量化实现，企业开始大量盈利。

企业在不同的发展阶段，所需的资金数量及选择的融资方式与策略是不同的。大学生创业项目绝大多数处于种子期，少量处于起步期。所需的资金数量少，融资通常以投资人入股即股权融资为主，少有银行贷款等债务性融资。

2. 创业项目的行业特征

创业项目归属不同的行业，对融资渠道和条件的要求也不相同。制造业项目往往资金需求量较大,资金周转相对较慢,经营活动和资金使用涉及面宽,因此融资难度也要大一些,这类项目通常以银行贷款为主要融资渠道。服务业项目的特点是投入的资金规模较小、经营活动和资金使用面相对较窄,是中小型商业银行愿意贷款的对象。而科技型创业公司有形资产少,无形资产比例高,商业银行大多不愿意向高科技创业项目提供信贷资金,融资前期多以创业者和科研人员的个人投资为主,之后融资逐步由私人投资转向"风险投资基金",银行不愿意大规模介入。社区服务型创业项目比较特殊,其定位于为社区服务,具有一定的社会公益性,因此比较容易获得政府的扶持性资金。

3. 企业规模与资金需求量

大企业比小企业对资金的需求量更大,而它们也更愿意建立信誉机制,对外披露规范化信息,因而更易从银行贷款或从资金本市场获得资金,融资成本也低。而小企业则不同,资金需求量小,由于其经营不稳定,破产的概率较大,因此不容易从银行贷款或从资本市场融资。通常,融资的成本也更高。

根据以往数据统计,大学生创业所需资金额并不是很多,80%左右的创业企业资金需求在 50 万元以下,其中资金需求在 20 万元以下的企业占到 60%,35%的创业企业面临的融资资金缺口小于 10 万元,大学生创业项目普遍呈现资金需求额度小的特点。[1]

4. 项目商业模式与成长性

一般来说,如果创业项目能够较快获得稳定的现金收入,那么更易获得银行贷款。因为银行关注项目能否正常还本付息,其对现金流更为重视。而短期现金流不足,但因具有较独特的商业模式,或者拥有高水平的技术资源,成长性好的项目,更易于获得风险投资等股权性投资。因为风险投资等股权投资者,更关注项目未来的价值,成长性越好,项目未来的价值越大,其投资收益也就越高。

12.4.2 最佳融资方式的选择

融资方式的选择是一个动态的、不断变化的过程。创业大学生在进行融资之前,应搞清楚自身的融资条件及融资能力,分析创业项目有哪些融资渠道可以使用,以减少融资决策中的盲目性,提高融资效率。

创业者在融资时,首先要根据项目发展计划测算资金需求,确定一个最低的融资资金数量,确保该资金能够及时到位。在此基础上,考虑资金获得的成本,在融资规模满足需要或大体相当的情况下,融资成本越低越好。融资成本是指为获得资金所要付出的代价。如果是债务性融资,融资成本主要指债务的利息。如果是股权性融资,则出让的股份数量或股份比例就是融资成本。

当然,融资作为一种商业行为,是融资者与出资者讨论协商的结果。以下以创业项目引进风险投资为例,介绍融资的一般流程。

第一,明确创业投资机构的范围。创业项目寻求融资,一个必做的"功课"是了解创业投资市场的行情,了解不同的创业投资机构的偏好,然后根据自身项目的特点和资金需求,来筛选出若干个可能会对自身项目感兴趣的投资机构。

---

[1] 吴佩君. 大学生创业融资渠道的选择——以粤东六所高校为例[J]. 高教论坛, 2016(2).

第二，准备好融资文件。在访问投资者之前，创业者应准备好项目融资文件。投资者会通过这些文件以及创业者的应对情况来评估创业项目，文件包括主要业务简介和创业计划书等。

第三，与投资者会谈。在接到创业项目融资文件之后，创业投资者会初步审查这些文件，如果认为有谈判的价值，他们就会安排与创业者会谈。在多数情况下，创业者与投资者之间的会谈主要围绕创业计划书进行。

第四，与投资者进行价格谈判。双方在会谈成功之后，就要对投资项目的价格进行谈判。投资者在考虑单个投资项目的交易价格时，倾向于保守，因为他们需要考虑补偿其他项目的可能损失。

第五，确定投资条款，双方签署文件，资金到位。文件的签署标志着创业项目争取投资过程的结束，同时也标志着创业者与投资者双方合作关系的开始。在投资合同书中，以下两个基本问题是创业者和投资者双方必须要明确的：一是投资数额与股份分配；二是创业公司的组织架构和双方各自担任的职务、权利和义务。

正如前文所介绍的那样，创业者获取资金的渠道有很多，每种渠道各有优劣。融资本身就像一把双刃剑，在为项目带来资金的同时，也会带来义务和风险。融资渠道的选择和使用如果不正确，可能给企业带来不良影响。因此，创业者要做好评估，选择最适合的渠道，以避免不必要的成本和风险。

12.4.3 大学生创业融资需注意的问题

创业融资不是一次性的，而是具有阶段性的特征。创业者需了解创业不同阶段的特点，注意融资渠道、融资节奏与创业过程的匹配，同时要设计好股权控制机制。

1. 平衡企业估值和资金匮乏问题

大学生创业具有较高的风险性，很多创业项目在相当长时间都处于亏损状态，收支达不到平衡，基本上都是靠投资资金而不是收入来支撑。一般来说，首期融资资金最多能支持1~2年，缺乏后续资金支持，创业很可能因资金匮乏而宣告失败。因此，创业者要把握好融资的节奏，预留出12~18个月的现金作为维持项目正常运转的资金流。在项目估值不理想时，为了及时获得资金避免项目夭折，创业者甚至要忍痛割爱，接受"不公平"的投资条款。

2. 设计合理的股权控制机制

在企业创业初期，其他股东基于对创始人的信任，会默许公司控制和决策由创始人主导，但随着企业的发展壮大很容易发生利益分配冲突。大学生创业者在引入资本时必须考虑股权稀释对企业的影响，单纯认为只要把企业做起来，股份多少不重要，可能导致项目创始人即创始股东在企业重大议案中丧失发言权。

在公司运作过程中，风险投资人与创业者的利益不尽相同。通过投票权与股权的分离，可将部分股东股权中的投票权分离出来，交给创始股东行使。这样可以达到"同股不同权，同权不同股"的效果，项目创始人不会因融资稀释投票权，进而失去对公司的控制权。

课程思考

1. 分析你周边实际发生或通过网络了解的案例,在这些案例中创业项目估值使用了哪些方法,有无要改进之处?

2. 依据本章提供的方法,试对你自己或同学、亲友的创业项目进行估值。

3. 你认为中国目前的投资环境怎么样,在这样的环境下应采取什么样的融资策略?

4. 依据本章提供的思路与方法,试对你自己或同学、亲友的创业项目进行融资规划。

第13章 演讲与路演

1. 了解演讲和路演的区别。
2. 掌握演讲和路演的内容框架。
3. 了解演讲的技巧。
4. 懂得如何看待评委的建议。

13.1 创业家的日常工作

演讲和路演,现在已经成为创业家的日常工作了。

谁是创业家?跟艺术家、科学家一样,专注于创业,并且以此为职业的一群人,就是创业家。在初次创业之后,不论成功与否,都还在持续创业的人,或者转而从事创业研究、创业教育和创业投资与融资的人,都是创业家。

很多优秀的年轻人,正走在成为创业家的路上;而且越来越多的创业成功的年轻人,还在继续创业,转变成为真正意义的创业家!这已经形成了一股浪潮,是推动中国经济发展的一种新的动力源泉。

创业家经常要去演讲,不论是社会上的青年创业者,还是在校的大学生创业者,还是其他的类型创业者,都越来越频繁地面临演讲和路演的挑战。这是为什么呢?

这是中国社会创新创业大环境的要求。自从2014年9月李克强总理在夏季达沃斯论坛上提出,要掀起"大众创业""草根创业"的新浪潮,要形成"万众创新""人人创新"的新势态。此后,中国的创业者已经不再是为了自己而创业了!他们的创业活动是为了国家之崛起,为了民族之创新,符合这个大时代的需求。

创业者在整个中国经济活动中扮演了重要的角色,也会越来越多地面临演讲的挑战。在过去的时代,也经常有演讲,叫作"传经送宝"。

例如,第一代宇航员,真正地坐着载人火箭到太空中遨游过,回到地球之后经常到各地去演讲。开始演讲的水平,跟照着稿子念也差不多,但后来演讲水平就是越来越高,感染力越来越强,演讲效果越来越好。这又是为什么呢?

演讲是一种沟通技巧,通过反复训练,可以达到熟练的程度。讲得多了,自然会形成自己的风格;越讲越熟练,自然会注入更多的感情和信息,效果就越来越好。

况且,不管是否自愿,只要是创业者就必须去演讲,必须掌握演讲的技巧,而且必须取得良好的效果。因为这是创业者的日常工作,并且是工作中最重要的部分之一。

13.1.1 从运营核心到品牌核心

创业者必须会演讲吗?

有的创业者自恃技术出身,演讲能力不行也没关系。不过他们很快就会了解到一个事实:项目创新度再高,技术再先进,创意再有趣,不给投资者讲明白了,他也不会给你投资。

创造家的日常工作就是出去讲,跟客户讲,跟合作伙伴讲,跟供应商讲,跟终端消费者讲,跟投资者讲,跟政府讲,跟新加入的团队成员讲……他很多时间都是在"讲"!

在2016年创业,工商注册等财务的事情,OEM等生产上的事情,升级迭代等研发上的事情,似乎都可以外包出去,分工合作。唯有创业者的核心创意和商业模式阐述,只能由创业者自己去"讲"!

创业者在初创企业中的角色,已经从运营核心向品牌核心转化,就是说,在没有大量现金去进行品牌推广的创业初期,"传播"这件事,就只能靠核心创始人不断去演讲,或参加路演来完成。

现在的创业,已经不再简简单单是"创新+运营"的问题,而是"传播品牌形象、推广商业模式"的问题。作为核心创始人,演讲和路演的能力都是决定成败的关键因素。

创业初期,方向还没有确定,产品也没有定型,各个方面都没有优势,怎么办?没关系,创业者可以苦练演讲;只要讲得好了,就会有助于销售。创业者的一块短板就被补好了,其他的问题也会慢慢得到解决。

13.1.2 从市场导向到内容导向

演讲和路演也不能简简单单理解为推广或是卖东西。

在微商时代,大家都会发现市场已经有很大的转变。或者说,不是市场转变了,而是市场里边的人变了。消费者经过众多国际大品牌的广告洗礼,经过众多国内品牌的宣传轰炸,早已经进入"心如顽石、百毒不侵"的境界,媒体广告、户外宣传,仅能作为基础的传播手段被保留下来。

同时,消费者的角色也产生了巨大的变化。各种新奇的商业模式,在移动互联网快速发展的推动之下,每一个消费者都变成了"既是在卖东西,又是在买东西"的特殊存在。比如"N级分销",爆发出巨大的业绩之后,被迅速地"玩坏"了,被主流社交平台封杀。

这样的"创新"不能持久,这样的市场风险巨大。为了保证品牌被持久传播,还有什么手段是创业者的利器?还有什么东西还会对消费者起到至关重要的引导作用?这就是"内容"。

"内容"到底是什么东西,其实就是由于产品或服务在被使用时产生的体验。以前还可以说"没有消费,就没有体验",现在可以说"没有演讲就没有体验"。内容,就是信息传播过程中,首先是信息接收者的体验,进而演变成信息发出者与接收者之间的交互体验。

关于"内容",有很多可以聊;关于"内容营销",也不再是前沿课题。但是"内容"

的来源，始终需要创业者自己去制造！所以，创业者必须开"讲"！

设计好演讲的场景，预想出听众的体验，塑造出想要的内容，去争取营销的成功！只有不断地"讲"才能不断地产生新的内容。

软件公司为什么要开发布会？智能手机品牌为什么要开发布会？甚至一张唱片、一本书、一部电影，都要开发布会！就是为了在消费之前得到体验，产生内容，促进消费的增长。

在内容为王的时代，创业者必须祭出"演讲"的无上利器，亲身去打造内容，为初创企业站台造势，吸引到更多的关注，才能整合更多的资源。这个工作只能由核心创始人自己去练，去体会，去实践。创业者跟随的，不再是市场的导向，而是内容的导向。听众希望听到什么、看到什么，创业者就要有针对性地提供什么！

演讲是转播创业信息的最有效途径！利用好这个途径，是创业家的日常工作。

13.2 "演"自己

演讲是"演"，路演也是"演"，它们之间有区别吗？必须要说，这个区别很大。

13.2.1 路演是带有商业目的的演讲

即使是一个普通的创业者，也或多或少听说过"路演"这个词。在很多年轻人的心目中，路演是通往创业成功的必经之路。

路演（Roadshow）最早应该是一个金融概念，特指在股票上市之前，对一些投资机构展示项目，争取支持的活动。通过这种路演，取得投资者的了解和信任，争取股票上市之后获得比较好的股价支持。

而在创业项目的发展过程中，当项目需要一定的资金支持的时候，创业者就会向相关机构代表阐述自己的项目，争取投资者的关注，以便进一步开展洽谈。

在全社会都在积极推动双创活动的时代，路演的定义进一步扩大，所有在公众场所里介绍项目，展示产品，阐述创意，推荐品牌等类似的活动，都可以称为路演。

可见，路演其实就是演讲。但是路演过程中的演讲，带有非常明确的商业目的，一般而言，主要有融资、招商、售卖等几个主要方向。

对于创业者，尤其是大学生创业者，一般的路演场景就是参加各种创业竞赛活动，这是这个时代为大学生提供的福利，让大学生可以有机会进行路演的实战训练，同时也能博得一定的奖金和社会关注。

然而，演讲并不都是路演。

演讲的目的是传播信息，属于一方对多方的单向沟通活动。声音和形象，是传播的主要内容，结合场景和互动，就形成了非常丰富的"内容"。这个内容可以用于商业活动，但是演说本身并不一定具备商业目的。

13.2.2 路演的时间受到严格控制

一般的公众演讲，时间都是以小时为单位，1~2个小时的演讲，是最常见的。路演的时间，主要根据活动举办方的议程来决定，也会考虑到演讲者的健康情况和演讲场所的环境因素。

但是路演的时间，会受到不同因素的影响。创业项目的路演，根据路演对象不同，通常会按照以下时间规律来安排（如表 13-1 所示）。

表 13-1 路演的时间分配

路演时长	路演对象
5～8 分钟	投资机构代表，天使投资人
8～10 分钟	竞赛活动评委
10～15 分钟	政府或相关机构管理者
15～30 分钟	大学生或其他创业群体

招商类的路演，各个行业都有所不同，都是各个行业的从业者多年探索出来的，最经济、最有效的路演规律。这类活动也被人们称为"会议营销"，简称"会销"。通常会按照以下时间规律来安排。

1～2 个小时的演讲，加上签到活动就是半天时间；3～5 个小时，一般就会安排成 1 天的活动；5～10 个小时，基本上就是 2～3 天的活动。

很显然，路演活动的时间安排，必须充分考虑到路演对象的需求，尽量做到利用最合适的时长，来达到最理想的目的。尤其是面对投资机构代表或天使投资人进行路演，他们通常都希望用最短的时间，把所有的项目都看一遍；然后挑选比较感兴趣的项目，花更多的时间，单独进行更深入的沟通。

13.2.3 怎样路演会获得成功

路演的目的都具有商业性质，追求成功效果的动机更加强烈。本节所研究的路演，主要指创业者的融资路演。

因为路演场景中的投资者进入了具备如下特点的状态，所以这种路演成为难度最高的演讲类型之一。

坚信第一眼的直觉；

丰富的商业经验和知识储备；

执着的价值判断；

顽固的资本思维。

怎样的路演才会获得成功呢？是更炫目的 PPT 展示？还是更出众的演讲者形象？还是更精彩的语言表达？还是出人意料的场景安排？如果创业者脑子里面都是这些要素，就只能去创业竞赛活动中去搏一下了。

创业者必须清醒地意识到，投资者到底在寻找什么？他们在找这两样东西：

具有市场爆发力的创新项目；

自信并具有执行力的创业团队。

因此，路演成败的关键就是：

清晰介绍创业项目的基本情况；

展现创业团队的自信气质和职业素质。

创业者的基本特质是自强、自立和自信。能够很好地展现出来这种特质,就能够吸引投资者的关注。即使创业项目的基本情况并不理想(不管创业者自己是否意识到),投资者也愿意跟真正优秀的创业者一起聊一聊。

13.3 演讲的训练

人类自从出生后,多久才能学会走路?多久才能学会说话?演讲的训练难度,绝对不会高于走路和说话。实际上,演讲也就是在一个舞台上说说话走走路而已。

演讲的能力是可以练出来的吗?这个是一定可以的。很多人在日常沟通中是非常流畅的,说话毫无压力;但如果是在大庭广众之下,只有一个人说,而且是唯一一个站着讲话的人,下边还有一群人坐着,瞪着眼睛准备听……这个压力就比较大了。

所以,演讲者首先要训练的,就是心理抗压的能力。这个能力的训练,对于创业者而言,是非常容易的。

很多创业者经历过技术研发的艰苦,经历过产品推销的挫折,经历过各种创业征途的坎坷和煎熬之后,会发现上台路演毫无压力。因为创业本身就是一件需要强大心灵支持的事情,心理抗压能力不过关,早就退出创业者的队伍了!

13.3.1 声音的训练

演讲不是大声说话!但是演讲必须声音清晰、语音洪亮,这是需要训练的。

首先要做到口齿清晰。

为了让别人听清楚内容,一定要做到口吃清晰。一般的情况下,别人听不清楚说话内容,是因为说话的速度比较快,音节混淆,音调走板,造成听众的识别困难,从而产生口齿不清的印象。

所以,为了说清楚内容,有必要控制语速。如果路演的时间是 8 分钟,那么准备 1 000 字左右的稿子就足够啦!很多创业者都想在最短的时间里讲最多的内容,这样时间就控制不好,说话又急又快,效果适得其反。

其次要控制语调。

准备好稿子,多念几遍,突出重点词语,分出轻重缓急,基本就能达到要求了。最好是把自己的演讲录下来回放,自己寻找抑扬顿挫的节奏。不能始终亢奋的高调,也不能平板地一个语调到底。这需要不断体悟,不断练习。

13.3.2 肢体的训练

没有经过专门的形体训练,在演讲过程中很难表现出强烈的肢体语言信号,这是创业者路演的弱点。但是投资人也不是来看表演的,所以这个方面只要达到基础水准就好了。为了配合演讲,需要重点注意的是目光和手势。

目光,就是视线。视线所向,听众就会感觉到被关注,就会产生视觉的交流,从而提高关注。演讲者的视线,往往比语言更能调动听众的情绪。区别在于,前者的调动范围更小，效果更隐蔽。

一般的做法，是把听众的座席进行分区。视线在一段时间内，集中在其中一个区域逡巡，就像火力覆盖，来回扫射。如果视线满场乱扫，给听众的感觉，是演讲者目光散乱游移，显示出心不在焉或不自信的情绪。所以一定要集中视线，固定在一个方向、一个区域内。

但是，如果视线一直盯住一个方向不转移，会给这个方向的听众带来太大的压力，也会让其他方向的听众感觉被忽视。所以要有节奏地转移视线。这个节奏，和演讲的内容要搭配起来，在一段内容讲完，就要转移视线，把视线从这个区，转移到下一个区。

视线的转移，一般都是顺时针的。一开始就简单地分为四个区，从最近的区域开始集中视线。当演讲者觉得自己的功力足够的时候，可以进一步把听众席分为六个区，进而细分到九个区。这个时候，几乎所有的听众都能够感受到来自演讲者的关注了。

如果演讲的场地比较大，舞台也比较大，就要考虑设计演讲者移动的路径。一般的规则，也是跟随着视线来移动，尽量缩小与视线集中区的听众之间的距离。

手势，是演讲者要注意的另一个要点。演讲者的手，是听众视线最敏感的地方，手势能够充分传递出演讲者希望表达的一些信息。

首先，手一定要放在听众看得到的地方，最好不要放到背后或者兜里，一般轻松自然垂在身体侧面就好了。其次，要把两只手做一下分工。

有一只手比较轻松，它始终拿着话筒。要控制好姿态，不要有过多的辅助动作，这样会使话筒与嘴的距离发生变化，导致听众听到的声音，音量忽大忽小。另一只手稍微有点累，它要负责按动遥控笔，控制PPT的播放，还要有一定的辅助动作，来帮助演讲者传达情绪。

也有一些演讲的场地，要求用耳麦；这样没有话筒可以拿，难度增加了不少。若是连遥控笔也不需要，两只手都没有道具，对手势的要求就更大了。这就需要进行专门的训练，来提升自己的肢体表达能力。

其实，每个演讲者要有意识地形成自己标志性的手势动作，以便让听众很快地形成独特记忆。个性化的手势，将很容易地形成联想，让听众对演讲者的印象更加持久。

13.3.3 问答的训练

在一般情况下，演讲结束前，会安排演讲者和听众之间进行互动。这往往也是听众发问的机会，问题千奇百怪，需要谨慎对待。如果对问题回答不够准确，或不够精彩，甚至出现严重的失误，哪怕演讲再精彩，恐怕效果也会大打折扣。

在大赛型路演过程中，创业者演讲之后，就是评委提问环节，这个环节一般是3~5分钟。评委会提出若干问题，以增加对项目的了解。在融资型路演过程中，创业者路演之后，必然会安排投资人进行提问。这时，有投资意愿的投资人，就会提出自己感兴趣的问题；投资者若是回答准确，就能直接赢得私下沟通的机会，在融资进程中前进大大的一步。

可见，问答是多么的重要。

要想在问答环节做出良好表现，就要做两个训练。

首先，要及时调整情绪。演讲之后，情绪状态还在亢奋之中，思维路径还在自己设计的套路里面。这样的状态，在面对问题时，经常会搞不懂问题背后的真正意思。听众提出的问题，都有自己的逻辑轨迹，是在聆听演讲的过程中逐步形成的。听众和演讲者的情绪和思维并不是同步的，对于演讲内容的理解也不同。调整好自己的情绪，演讲者才能有效地理解问题，并迅速找到准确的回答方式。

其次，要对问答环节做出准备。演讲之后有可能面对哪些问题，要在事前就有所预测。在这个预测的基础上，准备好答案并背熟。然后多做几次试讲，找人旁听并提问，坚持多做练习，熟能生巧。

确实有些演讲者会在现场问答环节表现出惊人的机智和口才，但必须把自己和这类人区别开，不要指望自己现场爆发小宇宙，做出惊人之举。平稳，准确，才是制胜之道。

当然，有经验的路演者，会估计隐藏 1~2 个关键信息，作为问答环节的引子，这样就可以控制住投资者提问的节奏。这也是一种技巧。另一种技巧，就是不管回答什么问题，都转移到既定的答案上来。这样做的前提，是必须设计出比较精彩的答案，让大家都感兴趣，并可以接受。

演讲的能力是可以训练出来的，也是创业者必须具备的重要能力。控制好心态，做好充分的准备，多做练习。只要敢于面对，很快就能掌握其中的技巧，进而形成自己的演讲风格。

13.4　路演的秘诀

路演是创业者必须要做的一件事，初创企业的市场活动，大多通过创始人的路演活动来展开。但融资并不是所有创业者都必须要做的。创业的首要目标，是创造一个企业，并让它存活下去。由此产生了所有创业者都会面临的两个终极问题：

为什么要创造这个企业？

怎么让它活下去？

如果这两个问题都有很好的答案，融资就不是难事。

融资难度大还是投资难度大？很多创业成功的创业者，持续创业之后，逐渐转型成为投资人。他们通常的感觉是，融资比投资难得多。而那些从金融机构或证券机构转行过来的投资人，往往认为投资比融资难得多。两者观点截然相反，这个现象值得创业者深思。

必须注意的是，在整个国家都在倡导创新和创业的时代，创业的门槛已经越来越低，融资变得比以前要容易得多。创业者必须牢牢记住，"什么时候/融资多少/融资方式是怎样"这类的问题，是由项目来决定的。当创业项目需要投入较多的资金时，融资才是必需的。否则，通过现有的创业扶持政策，完全可以获得初次创业必需的资金。

但是，还是有越来越多的创业者，选择在创业初期就积极参与融资路演活动，把宝贵的时间浪费在说服投资人的过程中。创业初期的时间成本，应该主要投入在以下方面：

① 技术研发升级；

② 与客户深度接触；

③ 团队建设；

④ 商业模式的研究。

融资性路演，仅对上述最后一项有所增益，对其他方面都没有更多帮助。因为过于热衷于融资路演，造成对项目推进不够，升级迭代试错速度慢于市场，那是必死无疑！

因此，融资路演的要诀在于：

① 只有在必须进行融资时，才去融资；尽量依靠自己的力量完成初创期的运营；

② 多练习，少"出镜"；做好充分准备，随时可以进行融资。

13.4.1 融资路演讲什么

融资路演的内容，就是《创业计划书》的内容。

每一个创业项目都必须在创业初期就编制相应的创业计划书。在运营的过程中，还要定期地反思，反复打磨商业模式；有的时候甚至要推倒重来。关于《创业计划书》如何编制，很多书籍都可以拿来参考，本书下一章有详细介绍。

《创业计划书》的要点非常多，有项目的基本介绍，有商业模式的阐述，有市场竞争分析，有技术分析，有财务分析，有团队介绍，等等。

但是，大部分的路演场景，所给出的时间都是有限的。要想把《创业计划书》完整讲一遍，那几分钟根本不够！所以，对路演内容的准备就非常重要了。

第一步，把《创业计划书》的全部重要内容都摘出来，做成"全要素"的路演 PPT。

第二步，从上一步的 PPT 中做减法，提炼出关键的内容，去掉辅助的词语，突出重要的数字和信息。

第三步，进一步做减法，去掉创新度不足的部分，去掉缺乏亮点的内容，只保留最具有创新意义的部分，保留商业模式最核心的内容。

第四步，对剩下的内容进行梳理，使其连贯流畅，能够对项目形成较为完整的阐述。

第五步，对 PPT 进行美化，精练语言，精修插图。

经过这些步骤，就能够把《商业计划书》，变成一篇能够支持赛事路演或融资路演的 PPT。切忌篇幅过大，8 分钟的路演，有 10~15 页就比较合适。切忌文字过多，PPT 里面文字太多，就变成念稿子了，严重影响演讲效果。

每次路演之前，都必须做以下标准动作：

① 确定路演时间和听众人群；

② 有针对性地修订路演 PPT；

③ 试讲，听取他人意见；

④ 对问答环节做准备。

标准动作做得越好，路演的效果就越有把握。

13.4.2 项目路演的流程

常见的项目路演，一般按照以下几个步骤进行：

创业者演讲，讲述项目的基本情况和创新点，介绍团队情况和融资计划，一般是 5~8 分钟，不会超过 10 分钟；

听众提问，会问及投资者感兴趣的若干问题，通常是在核心竞争力方面进行确认，一般仅允许1～2名听众提问，总共不会超过5分钟；

专家点评，相关的行业专家给予一些专业指导意见，或者在融资方面给予一些规划建议，一般会给3分钟。

当前，越来越多的路演平台，给创业者越来越多的路演机会，甚至在线路演也成为创新的热点。而创业者和投资者，也更加会利用路演的机会进行交流，逐渐形成路演的一个隐形"圈子"。

很多路演平台对投资者比较宽容，多问几个问题，多占用一些时间，往往都不会制止。但这样会造成时间安排上的混乱。在很多时候，半天时间要安排十多个项目的路演，前面的项目时间不控制好，后面的项目就会匆匆而过，无法按照计划完成路演。

所以，举办路演活动的机构，往往都希望能够坚决执行设置好的路演流程，创业者和投资者都在既定的时间内完成自己的演讲。这也是创业者素质的一种体现。

而创业者路演（如果为8分钟），一般按照以下顺序分配演讲的时间：
① 介绍项目背景，不超过1分钟；
② 讲解商业模式或核心创新要素，4分钟；
③ 给出关键信息，如专利情况、营收情况等，1分钟；
④ 介绍团队情况，不超过1分钟；
⑤ 讲解融资计划，1分钟；

根据路演活动的性质和给出的时间限制，可以适当对时间进行重新划分。对于一些公益创业项目，要多分配一点时间对已经实施项目的情况进行介绍。

13.4.3 路演之后做什么

不管路演的效果好不好，都要在现场做一些必要动作：
① 和前排听众交换名片；
② 出示项目二维码让人扫码；
③ 向部分听众赠送小礼物；
④ 听取重点听众的建议并记录下来。

路演是一种沟通，也是一种社交，要尽量拉近与听众的关系。尤其是，当听众是一帮投资人的时候，如何"混圈子"就成为必须要研究的课题。

如果条件允许，也要尽量"一站到底"，多看一些其他创业者的路演，站在创业者的角度取长补短，站在投资者的角度挑肥拣瘦。在路演台下的体验，是非常有趣的，热闹看多了，渐渐也能摸出门道。

在创业赛事活动中，有很多创业者存在一种困惑：评委给出的建议，有些是互相矛盾的，到底应该听谁的？是否应该根据评委的建议修订自己的商业计划书？

评委的建议一定要重视，他们代表的专业素质和行业背景都是创业者所缺乏的。如果有可能，对那些点评自己项目的评委，都应该进行跟进沟通，请评委老师进一步阐述自己的建议。或者直接把自己的困惑说出来，请评委答疑解惑。

如何提升自己的创业项目，最终也只能靠自己。评委的点评，一般还都有些参考价值,要对他们的建议进行研究,在充分思考和研究的前提下,对创业项目可以进行一定的修正。创业者的直觉很重要,遵从自己内心的感觉,坚持自己的想法为主导,不可根据评委或投资人的只言片语,就修订自己千锤百炼的计划书。

13.4.4 项目路演常见的误区

路演常见的误区有以下几种:
① 过多陈述项目背景;
② 过度强调创新的技术;
③ 对未来收益预估过高;
④ 演讲过于亢奋。

很多创业者对自己的创业项目情有独钟,会在路演开始的时候,用较长时间介绍项目背景,抒发关于项目选择的"情怀"。这是一种常见的问题。千万不要把"项目路演"当作"创业经验分享",投资人对项目实际的创新内容和商业实践是非常关注的,尽快进入这些内容的讲解,有助于听众对项目保持兴趣。

在项目路演过程中过度强调创新技术,虽然有可能引起对技术创新非常关注的投资人的兴趣,但是容易使听众感到乏味,难以理解项目内容,敬而远之。这样的情况下,尽量使用类比、比喻的办法,使技术讲解变得深度易懂,同时也适当对技术创新进行保密。

有些创业者对于项目未来收益进行了过高的预期,这是投资人经常会产生疑问的地方,如果处理不好,会给投资人留下浮夸、过于冒险等不良印象。在进行预期收益时,尽量做到理性、务实,不以市场特例进行参照,而尽量以自身实际运营成果为参照。

在路演过程中,创业者切记不要亢奋。创业要有激情,但是在演讲时表达过多情绪,会让投资者担心未来不容易沟通,进而影响合作前景。况且投资人都是比较冷静和客观的状态,面对亢奋和激动的演讲者,都会产生一种错位感,对项目就失去了兴趣。

通过路演树立信心,通过路演推广品牌,通过路演扩大人脉。路演活动对创业者好处很多,同时也是完善、提升创业能力的重要途径。所有创业者都要经常参加演讲,经常站上讲台,体会"万众瞩目"的感觉,传播自己的创业信仰,这是创业路上最美的体验之一!

课程思考

1. 观察你所在学校适合路演的报告厅(或教室),把听众席分为若干区域,练习目光的移动。

2. 把你自己(或你的同学、朋友)的创业计划书,改变成适合路演的PPT,在小范围内(或自己家中)进行试讲练习。

第14章 创业计划

学习目标

1. 熟记创业计划包含的内容。
2. 了解创业计划的作用。
3. 理解什么样的创业计划能够吸引投资人。
4. 掌握如何通过未来工作计划评估融资金额。
5. 了解展示创业计划要注意的问题。

"如果你想踏踏实实地做一份工作的话,写一份商业计划书能迫使你进行系统的思考。有些创意可能听起来很棒,但是当你把所有的细节和数据写下来的时候,就会发现该创意其实毫无价值。"

——Eugene Kleiner,风险投资家

14.1 什么是创业计划

创业计划(Business Plan),通常也翻译为"商业计划"。创业计划书主要用来描述与拟创办企业相关的内外部环境条件和要素特点,为业务的发展提供指示图,是衡量业务进展情况的标准。一份结构清晰完整创业计划书,是能够作为公司宪章的综合文件;同时也是创业者叩开投资者大门的"敲门砖"[1]。

从"供给"和"需求"角度来看,创业计划是为了将潜在供给(新产品)销售给潜在需求(客户)而制订的、以盈利为最终目标的资源整合和运作计划(如图14-1所示),创业计划的呈现形式即为创业计划书。

图14-1 创业计划的本质

创业过程通常分为两个阶段,即投入期和运营期,在创业计划书中需要对两个阶段

---

[1] 什么是创业计划书. http://wenku.baidu.com/view/7c42d45a312b3169a451a49f.html?from=search.

的相关工作进行梳理。从"产品流程"和"供销流程"两个维度看，一般情况下对于新设立企业在产品交付之后才能实现收入，也就是说在产品交付之前都是投入阶段。创业计划书就是要对这两个阶段的各个环节进行梳理和规划。

伴随着"产品流程"和"供销流程"是资金的流出和流入，即现金流量，根据现金流量和未来发展计划，可以确定融资需求。作业流程与创业计划的内在关系如图14-2所示。

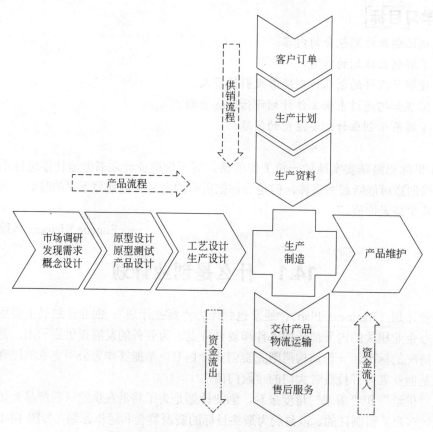

图14-2 作业流程与创业计划的内在关系

14.2 为什么要制订创业计划

对初创的企业来说，创业计划书的作用尤为重要，一个酝酿中的项目，往往很模糊，通过制订创业计划书，把正反理由都书写下来，之后再逐条推敲。创业者这样就能对这一项目有更清晰的认识。可以这样说，创业计划书首先是把计划中要创立的企业推销给创业者自己。通常创业计划是产品、市场营销、财务、生产、人力资源等职能计划的综合。对已建的创业企业来说，创业计划书可以为企业的发展定下比较具体的方向和重点，从而使员工了解企业的经营目标，并激励他们为共同的目标而努力。更重要的是，它可以使企业的出资者以及供应商、销售商等了解企业的经营状况和经营目标，说服出资者

(原有的或新来的)为企业的进一步发展提供资金。

创业计划书的读者除了创业者和投资者外,还包括合作伙伴、供应商、客户等相关方。一份好的创业计划书可以让相关各方提高工作效率。

14.3 创业计划书的类型、结构、格式

14.3.1 创业计划书类型

根据用途来分,创业计划书分为三类:一是创业团队内部使用的计划书;二是给合作机构看的计划书;三是给投资人看的计划书[1](如表14-1所示)。

表14-1 创业计划的类型

	对象	内容结构	篇幅	用途
第一类	创业团队内部骨干	结构全面	>50 页 Word	内部工作指导文件
第二类	合作机构	重点	10~15 页 Word	吸引合作机构
第三类	投资人	突出言简意赅	10~15 页 PPT	融资

14.3.2 优秀创业计划书的特点

优秀的创业计划书既要在内容上抓住投资人,又要在形式上便于阅读,总结起来分为如下八个方面。其中前三个方面是对形式的要求,后五方面是对内容的要求。

1. 优秀的创业计划书要有清晰的结构

清晰的结构是对一份优秀创业计划书的基本要求,清晰的结构说明创业团队思路清晰,更重要的是结构清晰的创业计划书便于投资人找到他们感兴趣的话题,也便于投资人找到所关注问题的答案。

2. 优秀的创业计划书应当有前后一致的写作风格

有时候,会有几个人合作完成一份商业计划书。最后,必须对这个方案进行整合,以避免整个方案风格不一。考虑到这个因素,最好由一个人负责最后编辑和定稿的工作。

3. 优秀的创业计划书要有统一的版式

创业计划书应当有统一的版面格式,例如,字体应当与文章结构和内容保持一致,插入的图表应力求简洁。

4. 优秀的创业计划书应该知己知彼

优秀的创业者不仅要了解自己的创业项目,而且要了解投资人的需求和关注点,做到知己知彼,将项目的"卖点"和投资人的"需求"对接,产生共振,这样才容易打动投资人。

5. 优秀的创业计划书必须顺应趋势

创业者应该研究行业趋势,从趋势中找到需求,这样的项目才有生命力。趋势有时

---

[1] 孙洪义. 创新创业基础[M]. 1版. 北京:机械工业出版社, 2016.

候就是热点,把握热点更容易得到投资。

6. 优秀的创业计划书要求创新点

如果是一个已经很普遍的项目,很难让投资人产生兴趣。优秀的创业计划书必须有创新点,比如在产品方面有什么创新、商业模式有什么创新等,只要有一点创新,就会吸引投资人的关注。

7. 优秀的创业计划书以其客观性说服投资者

在有数据的情况下尽量用数据来表达,在没有数据的情况下尽量用事实来表达。客观可信的创业计划更能让投资人产生兴趣。

8. 优秀的创业计划书应当让技术上的外行也能读懂

创业计划书不是技术可行性报告,不需要详细的技术细节,而是要从商业的角度说明技术带来的市场机会,要用公众听得懂的语言解释清楚要做的事情,详细的技术细节、生产流程、专利证书可以放在附件中。

14.3.3 创业计划书结构

创业计划书结构如下所述。

××项目创业计划书

封面
保密协议
执行总结
目录

行业概述
存在问题
解决方案
市场规模
竞争分析
商业模式
产品体系
营销策略
创业团队与股权结构
核心竞争力
财务数据(或已有成绩)
未来发展计划与融资需求
风险分析及其应对方案

附录
专利证书
资质认证证书
销售合同
其他相关资料

14.3.4 创业计划书格式

1. 报告版格式

报告版创业计划书一般采取 Word 版格式[1]，内容较详尽，主要用于团队内部，作为公司的工作指导文件，也有部分用于投资人和合作伙伴。报告版创业计划书涉及商业秘密，在外传时需要签订保密协议（如图 14-3 所示）。

2. 路演版格式

路演版创业计划书一般格式为 PPT，主要用于项目路演，通常不超过 10 页内容[2]，路演者需要在 5～7 分钟内阐述清楚创业计划，通常要做到如下几个方面（如图 14-4 所示）。

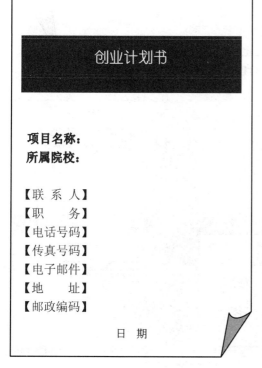

图 14-3 报告版创业计划书实例

---

1 创业计划书模板. http://wenku.baidu.com/view/fb5b5b22cfc789eb172dc861.html.
2 周鸿祎. 路演版创业计划书.

图 14-3 （续）

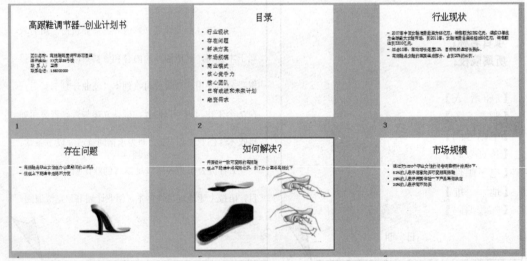

注：本创业计划源自大学生创业项目[1]。

图 14-4 路演创业计划书实例

---

1. 高度可以调节高跟鞋. http://wenku.baidu.com/link?url=sDK7A_KQduCLwtsr9NKQjae3LGfAGI-gVwE5aAozsNlSSfHXtYJVUx8QRxomMeAqECIcId4HYdRSPxsW2PUwgMmKUxbkt1p0NGBcm2e_XHG.

（1）了解投资人需求和关注点；

（2）简明扼要；

（3）重点突出；

（4）数据说话；

（5）真实可信；

（6）核心团队与股权；

（7）融资同时融智。

演示版创业计划书不超过 10 页篇幅。分别为：封面、目录、行业现状、存在问题、解决方案、市场规模、核心竞争力、商业模式、团队介绍、以后成绩和未来打算、资金需求、有说服力的附件（如图 14-5 所示）。

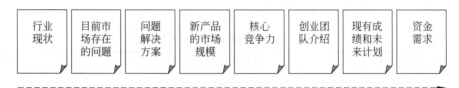

图 14-5　路演版创业计划书主要内容

第一页：行业现状

在写行业现状时先问自己三个问题（3W），即你创业项目所在的行业现状是什么（Actuality）？市场容量有多大（Capacity）？市场整体未来的发展趋势是怎样的（Trends）？

该部分要用客观的数据进行描述，越客观真实可信，越有说服力。

第二页：目前市场上存在的问题

为什么创办一个公司？一定是发现市场里面的机会，也就是说目前市场里面有一个什么问题没有被人解决或者解决得不好。比如打车难是困扰城市出行的交通问题，这个问题如何解决？传统的做法是增加出租车的供给，但如何在短期内迅速增加供给呢？出租车公司做到了吗？

第三页：问题的解决方案

为了解决打车难的问题，滴滴打车采用资源共享的方式迅速解决了车辆短缺问题，而要实现资源共享就需建立一个信息平台，也就是大家熟悉的滴滴打车 APP 平台。

第四页：新产品市场规模

滴滴打车的市场规模有多大？可以近似等于两个群体的总和：一是之前乘坐出租车的乘客；二是由于车费的降低和便捷程度提高而新进入的乘客。

这个产品市场规模有多大？需要用真实的数据来表述。同时还要问一个问题，这个市场是持续重复消费市场还是一次性消费市场？如果产品是一次性消费市场，比如购买住房，就远远不如低价且重复消费的产品更容易获得投资。

第五页：核心竞争力

要证明项目有没有特别之处，有没有技术壁垒、专利、或者特许等。哪怕在某一点上比别人有优势也可以，比如产品改进、营销手段、商业模式、推广模式是否有独特之处？总之要把独特的东西写出来，而这些独特之处对于你所从事的项目有帮助。

第 14 章　创业计划

第六页：创业团队

把一个创意转化为一个成功的创业企业，其关键的因素就是要有一支强有力的团队。在某种程度上，对于创业早期的项目，投资者与其说是投资项目不如说是投资团队。投资人选择创业早期项目最重要的是考察团队成员是否具备"创业者素质"。

团队成员除了有"创业者素质"，还应该有相关专业知识、管理能力、相关工作经验。团队负责人的职能就是计划、组织、控制、领导团队成员实现公司目标。

在创业计划书中，应首先介绍团队负责人，然而再分别介绍每位成员的专业才能、特点、将对公司所做的贡献。

第七页：现有成绩和未来打算

到目前为止项目进展到哪个阶段了？取得了哪些主要成绩？未来有什么计划？具体的可以细分为如表 14-2 所示的七个方面。

表 14-2　现有成绩与未来打算

序号	考察内容	进展情况和主要成绩	未来计划
1	市场研究	问卷、调研报告等	
2	产品研发	专利证书、知识产权、产品原型、产品样品	
3	产品生产	生产工艺、生产线、生产规模	
4	产品销售	直销数量、渠道销售数量	
5	团队建设	核心团队是否组建完成？是否稳定？有股权激励吗？	
6	财务指标	资产负债表、现金流量表	
7	融资状况	之前是否有过成功融资记录？	

第八页：工作计划和资金需求

未来 12 个月准备做哪几件事？做这些事情需要多少资金？计划是股权融资还是债务融资？可不可以和投资人对赌？

第九页：有说服力的附件

如果有专利证书、资格证书、银行信用贷款记录、股权融资记录、销售合同、财务数据等相关资料，可以放在附件中，增加投资人对项目的了解和信心。

14.4　如何撰写创业计划书

报告版创业计划书是对未来业务的详细阐述，路演版创业计划书可以在报告版的基础上根据相关格式进行整理，因此在这里介绍报告版创业计划书的写作方法。由于很多内容在本书相关章节有专题介绍，在此只针对没有涉及的内容如财务预测等模块进行详细分析。

1. 封面

封面的设计要有审美观和艺术性，一个好的封面会使阅读者产生最初的好感，给人留下一个良好的第一印象。封面除格式上的要求外，主要是提供有用的信息，以及保密约定。

2. 执行总结

执行总结是创业者所写的最后一部分内容，但却是投资人首先看到的内容，它是从创业计划中摘录出最核心的内容，是创业计划的高度提炼。要用 100 字说清楚框架内容，用 6 句话完成，一句话说清楚你是谁（WHO），一句话说清楚想要做什么（WHAT），一句话说清楚怎么做（HOW），一句话说清楚目前成绩（Achievement），一句话说清楚未来计划（Plan）一句话说清楚需要融资多少（Financing）。

3. 目录

创业计划书一般为采用二级目录，使阅读者一目了然，可以根据需要进行选读。

4. 行业概述

简要说明一下项目所处的行业，是朝阳产业还是夕阳产业，政府政策鼓励吗？未来 10 年甚至更长时间还会有需求吗？这个行业是小而众，重复消费的市场吗？

5. 存在问题

目前已有的产品能否满足市场需求？存在哪些问题？哪些方面可以改进？这些问题的解决是否带来新的需求？

6. 解决方案

解决方案能够降低社会成本吗？能够使客户从中受益吗？是潜在的需求还是现实的需求？需要进行市场教育吗？通常过早地进入一个全新的市场风险较大。

7. 市场规模

当企业要开发一种新产品（服务）时，首先就要进行市场预测。市场预测一般要回答下列问题：市场是否存在对这种产品的需求？需求程度是否可以给企业带来所期望的利益？新产品的市场规模有多大？市场的未来趋势如何？影响需求的因素都有哪些？回答好这些问题，就可以做出客观可信的预测，并在预测的基础上确定市场规模。

8. 竞争分析

竞争分析通常使用波特五种竞争力模型[1]（如图 14-6 所示），它由麦克尔·波特（Michael Porter）于 20 世纪 80 年代初提出，主要用于行业竞争结构分析以及竞争战略分析。

波特五种竞争力分析模型将大量不同的因素汇集在一个简便的模型中，以此分析一个行业的基本竞争态势。模型确定了竞争的五种主要来源，即供应商和购买者的讨价还价能力、潜在进入者的威胁、替代品的威胁和来自目前在同一行业的公司间的竞争。

在创业计划书中，创业者应细致分析竞争对手的情况。竞争对手都是谁？他们的产品是什么？与本企业的产品相比有哪些相同点和不同点？竞争对手所采用的营销策略是什么？

要明确每个竞争者的销售额，毛利润、收入以及市场份额，然后再讨论本企业相对于每个竞争者所具有的竞争优势，要向投资者展示客户偏爱本企业的原因。

9. 商业模式

商业模式对一个创业型企业至关重要，是投资者最看重的内容之一。商业模式要有

---

[1] 波特五种竞争力模型分析. http://wenku.baidu.com/link?url=wo39I_w6iS5ns96FwCP_BZ7T9mBATbcZEjy2oQqnYgnx-DYubxTr5NuY66UX3MyUXvTE-GAupxhzSgZHkbbzq6zKVKzyianq0fOLcyjItja.

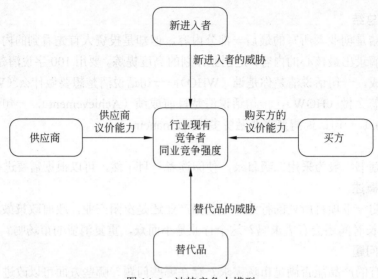

图 14-6 波特竞争力模型

创新点,不能照搬同类企业的商业模式,否则很难融到资金。关于商业模式的详细内容请见相关章节。

10. 产品体系

在进行投资项目评估时,投资人最关心的问题之一就是,创业企业的产品(服务)能否以及在多大程度上解决现实生活中的问题,或者,创业企业的产品(服务)能否帮助客户节约开支。因此,产品(服务)介绍是创业计划书中必不可少的一项内容,在该部分,企业家要对产品(服务)做出详细的说明,说明要准确,也要通俗易懂。通常,产品介绍都要附上产品原型、照片。一般产品介绍必须要回答以下问题。

(1)客户希望企业的产品能解决什么问题,客户能从企业的产品中获得什么好处?

(2)企业的产品与竞争对手的产品相比有哪些优缺点,客户为什么会选择本企业的产品?

(3)企业为自己的产品采取了何种保护措施,企业拥有哪些专利、许可证,或与已申请专利的厂家达成了哪些协议?

(4)为什么企业的产品定价可以使企业产生足够的利润,为什么用户会大批量地购买企业的产品?

企业采用何种方式去改进产品的质量、性能,企业对发展新产品有哪些计划?等等。

在产品分析方面,可以使用美国知名管理者安索夫在1957年所提出的产品市场扩展方格模型[1](如图14-7所示),该模型以企业经营产品与市场的新与旧两个维度,提出企业成长方向矩阵(产品/市场扩张方格)。企业可以利用这个模型来分析和判断是否能在现有市场中扩大占有率(市场渗透策略),如果现有市场已经饱和,则要考虑是否能为现有的产品开发新的市场(市场发展策略),接着可以进一步考虑是否能在现有的市场中开发新产品(产品发展策略),或以新产品进入新市场(多角化策略)。

---

1 新产品研修分析模型. http://wenku.baidu.com/view/bc3bfa04e45c3b3567ec8ba7.html?from=search.

产品/市场扩张方格

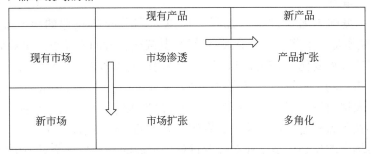

图 14-7　市场扩张方格模型

创业型企业通常是在现有的产品与市场已经饱和的情况下,通过开发新产品进入现有市场,或者通过开发新产品满足新的需求(进入新市场)。

11. 营销策略

营销是企业经营中最富挑战性的环节,影响营销策略的主要因素有:①消费者的特点;②产品的特性;③企业自身的状况;④市场环境方面的因素。最终影响营销策略的则是营销成本和营销效益因素。在创业计划书中,营销策略应包括以下内容: ①市场机构和营销渠道的选择;②营销队伍和管理;③促销计划和广告策略;④价格策略。对创业企业来说,由于产品和企业的知名度低,很难进入其他企业已经稳定的销售渠道中去。因此,企业要采取创新的营销方式,如新媒体营销、大数据营销、精准营销。详细内容请见"初创企业营销创新"一章。

12. 创业团队与股权结构

创业计划书中需要介绍团队主要成员的背景和特长,要强调个人的能力适合该岗位,团队的组合适合创业项目。[1]

投资人希望看到你准备要做的事是适合你做的,在准备要做的事情上有过积累,不能只是因为你想做一件事你就去做。你之前做过什么不重要,重要的是你之前的经历和经验跟现有项目的契合度。

对于核心成员要拥有股份,以利于团队的稳定和持久,稳定的团队利于融资。创业团队成员统计表如表 14-3 所示。

表 14-3　创业团队成员统计表

姓名	性别	年龄	目前岗位和职务	优势与专长	历史业绩

注:请说明与经营项目相关的经验与专长。

---

[1] 曹宇——打造无敌商业计划书. 中华讲师网. http://wenku.baidu.com/view/43bb432e6137ee06eef91899.html?from=search.

13. 核心竞争力

1990 年，美国著名管理学者加里·哈默尔和普拉哈拉德的核心竞争力（Core Competence）模型是一个著名的企业战略模型，其战略流程的出发点是企业的核心力量[1]。

随着世界的发展变化，竞争加剧，产品生命周期的缩短以及全球经济一体化的加强，企业的成功不再归功于短暂的或偶然的产品开发或灵机一动的市场战略，而是企业核心竞争力的外在表现。核心竞争力是能使公司为客户带来特殊利益的一种独有技能或技术。

企业核心竞争力是建立在企业核心资源基础上的企业技术、产品、管理、文化等的综合优势在市场上的反映，是企业在经营过程中形成的不易被竞争对手仿效、并能带来超额利润的独特能力。在激烈的竞争中，企业只有具有核心竞争力，才能获得持久的竞争优势，保持长盛不衰。

14. 企业核心竞争力的识别标准

（1）价值性：这种能力首先能很好地实现顾客所看重的价值，如：能显著地降低成本，提高产品质量，提高服务效率，增加顾客的效用，从而给企业带来竞争优势。

（2）稀缺性：这种能力必须是稀缺的，只有少数的企业拥有它。

（3）不可替代性：竞争对手无法通过其他能力来替代它，它在为顾客创造价值的过程中具有不可替代的作用。

（4）难以模仿性：核心竞争力还必须是企业所特有的，并且是竞争对手难以模仿的，也就是说它不像材料、机器设备那样能在市场上购买到，而是难以转移或复制。这种难以模仿的能力能为企业带来超过平均水平的利润。

对于创业型企业，核心竞争力包含七个方面，概括为一个精神和六个创新。创业型企业只有注重创新、具备企业家的精神和创业心态，才能构造创业阶段企业的核心竞争力，这种核心竞争力在企业发展壮大后依然存在，因为企业无时无刻不在面临机遇和挑战，如果没有创新意识和创业精神，迟早会被竞争对手超越。创业企业核心竞争力砖石模型如图 14-8 所示。

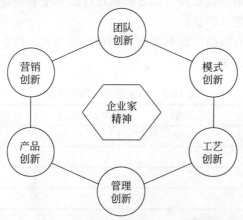

图 14-8　创业企业核心竞争力砖石模型

1　核心竞争力分析模型. http://baike.baidu.com/link?url=-rT453gB6zZ0mM1BbUeSl9_QcIVBgU6RnO6UM4s0_8U3hTsYwpGa_P9YBnZsTo0TVL3lwuQhS-YSoJfC_sdaMgalGj1rHiB2vovPn383B9KavRapkpINe-Ub-hrUSBmCKsAUomZZDbm_3AqkEEZ3j3ZlhrJUtPV8QfLCxDbIBea_vNGkMt4RvxXrU12KUr9q.

15. 财务数据（或已有成绩）

财务数据通过报表来呈现，包括现金流量表、损益表、资产负债表以及损益表。流动资金是企业的生命线，因此企业在初创或扩张时，对流动资金需要有预先周详的计划和进行过程中的严格控制；损益表反映的是企业的盈利状况，它是企业在一段时间运作后的经营结果；资产负债表则反映在某一时刻的企业状况，投资者可以用资产负债表中的数据得到的比率指标来衡量企业的经营状况以及可能的投资回报率。

现金流量表是财务报表的三个基本报表之一，所表达的是在一固定期间（通常是每月或每季）内，一家机构的现金（包含银行存款）的增减变动情形。[1]现金流量表是创业阶段最重要的财务报表，其中净现金流量是指一定时期内，现金及现金等价物的流入（收入）减去流出（支出）的余额（净收入或净支出），反映了企业本期内净增加或净减少的现金。

作为一个分析的工具，现金流量表的主要作用是决定公司短期生存能力，特别是缴付账单的能力。现金流量表分为主表和附表（即补充资料）两大部分。主表的各项目金额实际上就是每笔现金流入、流出的归属，而附表的各项目金额则是相应会计账户的当期发生额或期末与期初余额的差额。

表14-4为规范的现金流量表主表，表14-5为现金流量表（简表）。对于创业阶段的团队成员，在没有财务基础知识的情况下，通过简单的方法制备现金流量表是很有必要的，下面就介绍简化版现金流量表（见附录二）的制作方法，以及如何通过该表进行简单分析得到的关键指标，如总投资额、盈亏平衡点、投资回收期、利润等创业者和投资者都关注的指标。

表14-4 现金流量表

项 目	行次	金 额
一、经营活动产生的现金流量：		
销售商品、提供劳务收到的现金	1	
收到的税费返还	3	
收到的其他与经营活动有关的现金	8	
现金流入小计	9	
购买商品、接受劳务支付的现金	10	
支付给职工以及为职工支付的现金	12	
支付的各项税费	13	
支付的其他与经营活动有关的现金	18	
现金流出小计	20	
经营活动产生的现金流量净额	21	

---

[1] 现金流量表. http://baike.baidu.com/link?url=52Yq_2s51FsWl1Gah8Ni-yJS-aWIxF1A5-Lu45ZadPKRXL9NsfPo1vNoMqRHVhRqFQbJC9bcIShMD8NrjHMeGDWBA6Vg32yqo8SFK2gOKe2OSqYGtQts52DWHFBBBO5vA-NUeBJKbLEiceOITwdOia.

续表

项　　目	行次	金　额
二、投资活动产生的现金流量：		
收回投资所收到的现金	22	
取得投资收益所收到的现金	23	
处置固定资产、无形资产和其他长期资产所收回的现金净额	25	
收到的其他与投资活动有关的现金	28	
现金流入小计	29	
购建固定资产、无形资产和其他长期资产所支付的现金	30	
投资所支付的现金	31	
支付的其他与投资活动有关的现金	35	
现金流出小计	36	
投资活动产生的现金流量净额	37	
三、筹资活动产生的现金流量：		
吸收投资所收到的现金	38	
借款所收到的现金	40	
收到的其他与筹资活动有关的现金	43	
现金流入小计	44	
偿还债务所支付的现金	45	
分配股利、利润或偿付利息所支付的现金	46	
支付的其他与筹资活动有关的现金	52	
现金流出小计	53	
筹资活动产生的现金流量净额	54	
四、汇率变动对现金的影响	55	
五、现金及现金等价物净增加额	56	

表14-5　现金流量表（简表）

		1月	2月	3月	…	12月	总计
月初现金							—
现金流入	现金销售收入						
	应收款收入						
	股东投入现金						
	借贷收入						
	其他现金收入						
现金流入小计							
现金流出	生产/采购						
	销售提成						
	销售推广						
	税金						

续表

		1月	2月	3月	…	12月	总计
现金流出	场地租金						
	员工薪酬						
	办公用品及耗材						
	水、电、交通差旅费						
	固定资产						
	借贷还款支出						
	其他支出						
现金流出小计							
净现金流量							—
月底现金余额							—
备注							

具体到某一项目,现金流量表可以根据实际情况简化和定制,下面通过案例说明现金流量表如何制备和重要指标分析。

(1)项目说明(如表14-6所示)。

表14-6 项目说明

目标客户	处于产能过剩阶段的中小企业家
产品定位	针对企业家转型升级的压力提供《企业家创新思维与转型升级》培训
产品描述	学制3天,集中授课,周五、六、日上课,采取案例教学与实地考察的方式进行教学,50人以上开班
产品价格	6 800元

(2)工作计划与收支预测(如表14-7所示)。

表14-7 工作计划与收支预测表　　　　　单位:元

月度	工作计划	支出预算	收入预算	基本数据	备注
1月	市场调研	20 000			
	租办公室	30 000			3个月租金
	办公家具	10 000			
	员工招聘	5 000			招聘费用
	小计	65 000			
2月	课程开发	20 000			
	注册公司	2 000			
	租办公室	90 000			9个月租金
	员工招聘	5 000			招聘费用
	小计	117 000			

续表

月度	工作计划	支出预算	收入预算	基本数据	备注
3月	招生计划			6	
	招生推广	20 000			
	员工工资	30 000			注
	办公费用	10 000			
	学费收入		40 800		
	招生提成	12 240	0	30%	
	小计	72 240	40 800		
4月	招生计划			15	
	招生推广	20 000			
	员工工资	30 000			
	办公费用	12 000			
	学费收入		102 000		
	招生提成	30 600	0	30%	
	小计	92 600	102 000		
5月	招生计划			20	
	招生推广	20 000			
	员工工资	30 000			
	办公费用	12 000			
	学费收入		136 000		
	招生提成	40 800	0	30%	
	小计	102 800	136 000		
6月	招生计划			20	
	招生推广	25 000			
	员工工资	30 000			
	办公费用	15 000			
	学费收入		136 000		
	招生提成	40 800	0	30%	
	教室租赁	15 000			
	教师授课	30 000			
	开课物资	5 000			
	班级管理	5 000			
	小计	165 800	136 000		
7月	招生计划			25	
	招生推广	25 000			
	员工工资	30 000			
	办公费用	15 000			
	学费收入		170 000		
	招生提成	51 000	0	30%	
	小计	121 000	170 000		

续表

月度	工作计划	支出预算	收入预算	基本数据	备注
8月	招生计划			25	
	招生推广	25 000			
	员工工资	30 000			
	办公费用	15 000			
	学费收入		170 000		
	招生提成	51 000	0	30%	
	小计	121 000	170 000		
9月	招生计划			25	
	招生推广	25 000			
	员工工资	30 000			
	办公费用	20 000			
	学费收入		170 000		
	招生提成	51 000	0	30%	
	教室租赁	15 000			
	教师授课	30 000			
	开课物资	5 000			
	班级管理	5 000			
	小计	181 000	170 000		
10月	招生计划			30	
	招生推广	25 000			
	员工工资	30 000			
	办公费用	15 000			
	学费收入		204 000		
	招生提成	71 400	0	35%	
	小计	141 400	204 000		
11月	招生计划			30	
	招生推广	25 000			
	员工工资	30 000			
	办公费用	15 000			
	学费收入		204 000		
	招生提成	61 200	0	30%	
	小计	131 200	204 000		
12月	招生计划			30	
	招生推广	25 000			
	员工工资	30 000			
	办公费用	15 000			
	学费收入		204 000		

续表

月度	工作计划	支出预算	收入预算	基本数据	备注
12月	招生提成	61 200	0	30%	
	教室租赁	15 000			
	教师授课	30 000			
	开课物资	5 000			
	班级管理	5 000			
	小计	186 200	204 000		
年度	总计	1 497 240	1 536 800		

注：招生专员6人，底薪3 000元，销售总监1人，底薪6 000元，财务行政1人，工资6 000元。

(3) 现金流量表。

根据表14-6可以得到该项目的现金流量简表（如表14-8所示）。

表14-8 现金流量简表 单位：元

月度	1月	2月	3月	4月	5月	6月
支出预算	65 000	117 000	72 240	92 600	102 800	165 800
收入预测	0	0	40 800	102 000	136 000	136 000
净现金流入	−65 000	−117 000	−31 440	9 400	33 200	−29 800
累计净现金流	−65 000	−182 000	−213 440	−204 040	−170 840	−200 640
月度	7月	8月	9月	10月	11月	12月
支出预算	121 000	121 000	181 000	141 400	131 200	186 200
收入预测	170 000	170 000	170 000	204 000	204 000	204 000
净现金流入	49 000	49 000	−11 000	62 600	72 800	17 800
累计净现金流	−151 640	−102 640	−113 640	−51 040	21 760	39 560

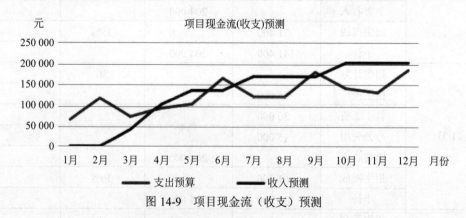

图14-9 项目现金流（收支）预测

由表14-8和图14-9可以直观地看到，刚开始两个月项目没有收入，支出却不断发生，这就需要在项目启动阶段通过股东出资的方式解决现金，维持项目的运营。随着项目的运营，从三月份开始逐步产生收入，并随着时间的推移收入越来越多，直到超过支出实现月度累计现金收入大于月度累计现金支出，可以不再依靠股东投入而是靠着营业收入维持企业的运营。

（4）现金流量表分析。

月度累计净现金流入是月度净现金流入的累加，从图14-10中可以清晰地看出项目在刚开始3个月累计净现金流为负值，且越来越大，在4月由于项目开始有销售（招生）收入所以曲线开始拐头上翘，在这个案例中3月达到低点，–213 440元，从4月开始趋势向上，直到11月由负变正，也就是说前期的累计支出都由于产品销售收入的累计增加而弥补，即实现了盈亏平衡，这个点对应的已经销售的产品数量即是盈亏平衡点，对应的时间期限就是投资回收期。在本案例中盈亏平衡点为191（名）学员，投资回收期为10个月。

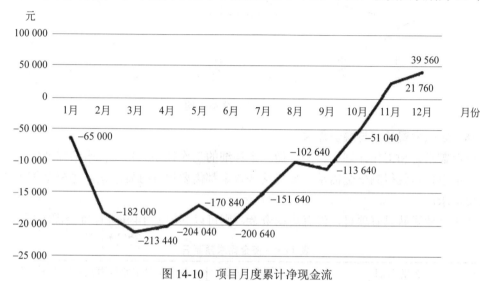

图 14-10 项目月度累计净现金流

从图14-10可以看出，累计净现金流曲线与产品生产周期（如图14-12所示）图中的投资曲线形态一致，实际上累计净现金流曲线反映出一个产品从研发期（净投入）到新产品导入期（开始实现销售收入）再到成长期、最后到成熟期的过程。对应到本项目，研发期为1～2月，导入期为3～10月，成长期为11月以后（如图14-11所示）。

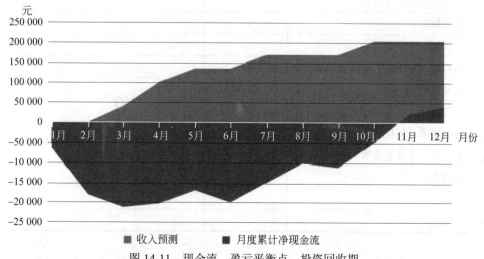

图 14-11 现金流、盈亏平衡点、投资回收期

第 14 章 创业计划

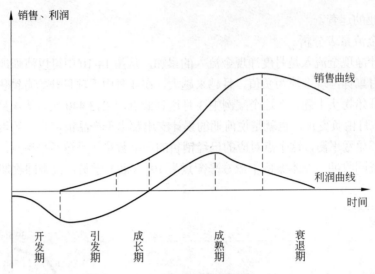

图 14-12 产品生命周期

16．未来发展计划与融资需求

资金需求是和工作计划相关的，做一个详细的工作计划，将每件事情需要的花费列出来，汇总以后就得到资金需求，如果这些资金都需要通过融资解决，则资金需求就等于融资需求。

如果创业团队只有项目，没有启动资金，则可以利用表 14-9 进行资金需求预测。

表 14-9 资金需求预测表

类别/项目		金额（元）	备注（对主要费用及重要事项说明）
固定资产购置合计			
开办费	工商注册、税务登记费		
	市场调查费、差旅费、咨询费		
	各种许可证审批费用		
	支付连锁加盟费用		
	其他费用		
	合计		
流动资金	原材料/物资采购		
	场地租金		
	员工薪酬		
	办公用品及耗材		
	水、电、交通差旅费		
	其他费用		
	合计		
启动资金总计			

撰写融资需求的过程也是创业者梳理思路的过程，融资需求要客观合理，这样有利于融资资金。在撰写过程中需要注意如下几个方面。

（1）早期项目的盈利不重要，投资人主要对高增长感兴趣。表明你的融资计划，需要多少资金，准备稀释多少股份。

（2）分析一下自己一定时间需要用的钱，你将在接下来的3~12个月时间里做哪些事？例如，团队如何组建、产品如何开发、营销推广如何开展，各个方面的费用开销大概是怎么样的？以及你希望融资的金额和出让的股份比例；早期融资时，过高估值或过多股份出让，对于公司未来发展都是非常不利，稀释的股份要少于30%。

（3）早期没有必要特别纠结估值的问题，更重要的是拿到一笔钱先把项目启动起来，这比纠结估值更重要。

14.5 如何展示创业计划书

14.5.1 了解投资人需求

投资人每天都会看很多商业计划，如何在5分钟之内打动投资人是成功的关键，对于创业初期的项目，面对的投资人大多数看重团队、市场规模、商业模式，团队是最重要的因素，因为企业的成败不在于目标市场有多大，商业模式也是可以改进的，但是团队尤其是创始团队的负责人如果没有创业家的素质，一般的风险投资是不会投的。

打动投资人的第二个要素是产品和商业模式的创新，找到了一个暂时空白的市场，且这个市场足够大、持续需求。

第三个方面是在介绍项目的时候要简明扼要、用数据说话、说清楚有哪些资源或者成绩。

14.5.2 准备一份路演版的创业计划书

项目路演通常只有5~10分钟，一定要准备一份PPT路演版的创业计划书，而不要用Word版的几十页的报告。

14.5.3 成功展示创业计划书的要点

项目路演通常只有5分钟，要在几分钟之内引起投资人的注意，就要学会相关技巧。5分钟时间要合理分配，通常为30秒开头，240秒创业计划介绍，30秒结尾，开头要用三句话抓住投资人的注意力，引起投资人对接下来创业计划书路演的兴趣；240秒要介绍8张PPT，做到重点突出，逻辑清晰；最后30秒结尾要勾起投资人的欲望，让他们在提问环节问出关心的话题。具体内容详见相关章节。

课程思考

1. 创业计划书的注意事项。

2. 什么样的创业计划书能吸引到投资人?

创业模拟训练

1. 以教学小组为单位,编写完成创业计划。
2. 在学期末课程考核时路演。

第 15 章 新企业设立需要规避的问题与管理创新

1. 了解不同组织形式的企业各自的特点，创业企业可以组建的企业形式。
2. 熟悉企业需要承担的法律责任。
3. 掌握成立新企业需要注意的问题。
4. 熟记成立新企业应当规避的问题。
5. 掌握规范公章管理、档案管理及员工行为准则的必要性。
6. 了解企业管理创新的内容。

15.1 企业组织形式与法律责任

15.1.1 企业组织形式

当前企业的主要组织形式包括公司与合伙。公司包括有限责任公司与股份有限公司，合伙企业包括普通合伙企业与有限合伙企业两种形式。

有限责任公司：是指由 50 个以下股东共同投资设立、每个股东以其认缴的出资额为限对公司承担责任、公司以其全部资产对其债务承担责任的企业法人。

这一企业形式吸收了合伙、股份有限公司的特点，也避免了二者的不足。首先，其同时具备人合性与资合性的双重特征，将资金的结合与股东之间的信任作为共同存在的基础。其次，股东人数有数量限制，我国《公司法》规定，股东人数在 50 人以下，这也与其合伙人特点相关联。再次，有限责任公司设立程序简便、组织机构灵活。有限责任公司只有发起设立，没有募集设立，而且在设立上许多事物都是股东内部之间的设定、协议等，立法并不过多地干预。在组织机构上，如股东人数较少或者规模较小的有限责任公司，可以不设董事会或者监事会，只设一名执行董事和 1~2 名执行监事即可。（相关法条《公司法》第五十条、五十一条有相关规定。第五十条　股东人数较少或者规模较小的有限责任公司，可以设一名执行董事，不设董事会。执行董事可以兼任公司经理。执行董事的职权由公司章程规定。第五十一条　有限责任公司设监事会，其成员不得少于三人。股东人数较少或者规模较小的有限责任公司，可以设一至二名监事，不设监事会。监事会应当包括股东代表和适当比例的公司职工代表，其中职工代表的比例不得低于三分之一，具体比例由公司章程规定。监事会中的职工代表由公司职工通过职工代表大会、职工大会或者其他形式民主选举产生。监事会设主席一人，由全体监事过半数选举产生。监事会主席召集和主持监事会会议;监事会主席不能履行职务或者不履行职务的,由半数以上监事共同推举一名监事召集和主持监事会会议。董事、高级管理人员不得兼任监事。)此外,有限责任公司具有一定的封闭性。资本具有封闭性,全数资本由全体股东认缴,不可向社会公开募集、发行股票;同时根据《公司法》第七十二条规定,出资转让需要取得其他股东的同意,且其他股东具有优先购买权。

股份有限公司,是指全部资本划分为等额股份,股东以其认缴的股份为限对公司承担责任,公司以其全部资产对公司债务承担责任的企业法人。

股份有限公司,首先具有显著的资合性,公司的信用基础依赖于公司的资本和资产。其次,股份有限公司的股东责任有限性,股东以其认购的股份为限承担责任。再次,股份有限公司不同于有限责任公司,不仅可以采取发起设立的方式,还可以采取募集设立的方式。此外,由于其募集资本的方式,股东众多,分散广泛,且其股份的发行和转让是公开的、自由的,除了可以在一般的交易场所转让交易之外,还可以申请在证券交易场所挂牌上市交易,股份有限公司由此便成为上市公司。由于股份转让公司的发行和转让都是自由的,那么公司的经营状况不仅要向股东公开,还必须向社会公开,使公众最大程度地了解公司的经营状况,以最大程度地保护股东和社会公众的权益。

不同于公司,合伙企业是指两个以上合伙人共同出资、合伙经营、共享收益、共担风险,并对合伙企业债务承担无限连带责任的营利性组织。

合伙与公司相比较,首先,设立基础不同。公司的设立以章程为基础,对股东及董监高等管理人员均有约束力,而合伙的成立则建立在合伙合同的基础上,合伙合同是全体出资人意思表示一致达成的协议,它只对合伙的参加人,即合伙合同的订立者有约束力,公司的合伙企业比较容易设立和解散。

其次,责任承担不同。与公司不同的一个显著特点是合伙企业只具有相对独立的人格,它作为独立的主体进行经营活动,可以以自己的名义拥有财产、参与诉讼,享受其他各种权利,但在承担债务责任方面,合伙人与合伙企业则具有连带关系。合伙人对企业的债务承担无限连带责任,合伙人除了对自己的债务承担全部清偿责任这一基本原则之外,合伙人(除有限合伙人之外)以其个人全部财产对合伙债务承担全部清偿责任,即无限连带的责任。

合伙企业是在高度信任的基础上建立起来的组织,具有极强的人身信任性质,这决定了合伙人出资份额的转让、退出要受到严格的限制,相比较下公司具有更大的自由权;表决权基础不同:合伙人具有平等的地位,都有权对内经营企业事务,对外代表合伙从事交易活动,即相互代理的关系,而公司一般以出资额比例计算表决权。

合伙企业另一个显著特点即合伙不具备法人资格,即不存在合伙本身独立承担责任的财产,合伙财产是合伙人共同所有的,合伙对外承担责任的是合伙内部的个人,即每个合伙人,而不是"合伙"这个组织。

合伙企业对内可以通过合伙合同制定利益、责任及风险承担比例,但是对外是一个合伙人是一个利益、责任与奉献的共同体,而对公司而言,公司具有独立的人格,与股东相互独立。

缴税制度不同:在税收上,公司实行双重纳税,即除了股权分红时需缴纳个人所得税外，还需交企业所得税，而合伙企业无须缴纳"企业所得税"，仅需合伙人缴纳个人所得税。

受到广泛承认的是普通合伙企业和有限合伙企业。普通合伙企业即所有合伙人都负无限责任的合伙，而有限合伙企业是至少有一名普通合伙人和一名有限合伙人组成的合伙，在有限合伙中，普通合伙人承担无限责任，而有限合伙人类似于公司中的股东，以其出资额为限承担企业的债务，但同时有限合伙人并没有合伙企业中的经营管理权。

合伙与公司这两种形式，都具备其独特的优势，创业者可以根据其具体的需要进行选择。如从出资方式来看，劳务不可以作为有限责任公司的出资方式，但是可以作为合伙企业的出资方式；从风险防范的角度来看，有限责任公司，股东以其认缴的出资额为限对企业承担责任，为有限责任，而合伙，普通合伙人需要以其个人全部财产对企业承担无限连带的责任；两者的解散方式也不同，合伙企业相对有更大的自由权。创业者可以根据自己的需要选择企业形式。

15.1.2　法律责任

公司的法律责任有三种。

一是民事责任，公司法上的民事责任是指参与公司活动的民事主体违反公司法律法规有关的规定而应承担的民事法律后果。其以自己的财产对外承担责任。具体包括：因合同违约产生的责任；因侵权产生的责任；缔约过失责任及其他责任形式。合同责任指违反合同义务所应承担的民事责任，侵权责任是指侵犯国家、集体、法人、其他组织和公民个人的财产权利和人身权利所应承担的民事责任。

在主体上划分，可以分为公司设立人的责任、公司负责人的责任、公司的民事责任及股东的民事责任。

设立人的民事责任指在股份有限公司和有限责任公司的设立过程中，设立人因自己违反《公司法》规定义务的行为承担的民事责任，如未缴纳出资的民事责任、设立失败的民事责任等；公司负责人的民事责任，指公司的董事、监事及高级管理人员违反《公司法》规定义务应当承担的民事责任，如《公司法》第一百五十三条规定："董事、高级管理人员违反法律、行政法规或者公司章程的规定，损害股东利益的，股东可以向人民法院提起诉讼。"

公司的民事责任是指公司作为法人应当依法承担的民事责任，主要包括两种情况，一种是公司对公司负责人越权代表公司的行为承担的民事责任，《公司法》第十四条规定："公司可以设立分公司。设立分公司，应当向公司登记机关申请登记，领取营业执照。分公司不具有法人资格，其民事责任由公司承担。"另一种是公司对分公司不能清偿的债务承担的民事责任。

股东的民事责任与设立人的民事责任是不同的，尽管设立人可能会成为公司的股东，但设立人的民事责任是指设立人在公司设立阶段的行为所产生的民事责任，既包括设立人变成公司股东后还应当对设立阶段的行为承担的责任，也包括设立失败的情形下应当对该行为承担的责任，而股东的责任指股东在公司成立后的行为产生的民事责任，如抽逃出资的责任、违法分配利润的责任等。

二是行政责任，即因违法违规而受处罚所引起的责任（处罚、整改等）。主要包括行政处罚与行政处分两种形式。《公司法》对行政责任的规定主要是行政处罚，《公司法》规定了对一些违法行为要给予行政处分，但是对给予何种形式的行政处分没有具体的规定。行政处罚的具体形式包括罚款、没收违法所得、责令停止违法行为、责令纠正违法行为、取消资格等。如《公司法》第一百九十九条：违反本法规定，虚报注册资本、提交虚假材料或者采取其他欺诈手段隐瞒重要事实取得公司登记的，由公司登记机关责令改正，对虚报注册资本的公司，处以虚报注册资本金额百分之五以上百分之十五以下的罚款；对提交虚假材料或者采取其他欺诈手段隐瞒重要事实的公司，处以五万元以上五十万元以下的罚款；情节严重的，撤销公司登记或者吊销营业执照。

三是刑事责任，即公司及有关工作人员，严重违反《公司法》及相关法律规定，已符合《刑法》规定的某一罪名的犯罪构成要件时，其需要承担的法律后果。即其行为触犯了法律，构成了犯罪。《公司法》中规定的犯罪种类主要包括虚报注册资本罪、虚假出资抽逃出资罪、提供虚假财会报告罪、妨害清算罪、公司人员受贿罪、对公司人员行贿罪、非法经营同类营业罪、提供虚假证明文件和出具虚假证明文件重大失实罪、职务侵占罪、挪用资金罪等。

自然人和单位均可构成犯罪的主体，一般以情节严重、造成严重后果、数额较大或者数额巨大作为构成要件，主观方面一般均表现为故意。刑事责任相对于民事责任和行政责任，是最严厉的一种处罚，不仅可以剥夺行为人的财产，甚至可以剥夺行为人的人身自由。

合伙企业的法律责任跟公司的法律责任可同样分为民事责任、行政责任与刑事责任。

民事责任包括合伙企业应承担的民事责任，即合伙企业在生产经营的过程中因违约、侵权或财产不足以支付合同债务对第三人承担的责任；合伙人应承担的责任如出资违约责任、拒绝承担无限责任的违约责任、擅自退伙的违约责任、擅自处理必须经过全体合伙人同意才能执行的合伙事务的赔偿责任等；合伙企业招用的职工、被聘任的经营管理人应承担的责任。

合伙企业的行政责任主要体现在行政处罚上。在《合伙企业法》中主要规定了责令改正、撤销企业登记、责令限期改正、责令停止经营活动、责令限期登记、责令退还等7种处罚名称。如《合伙企业法》第二十五条规定，合伙人以其在合伙企业中的财产份额出质的，须经其他合伙人一致同意；未经其他合伙人一致同意，其行为无效，由此给善意第三人造成损失的，由行为人依法承担赔偿责任。

合伙企业可能涉及的刑事犯罪主要包括侵占单位财物罪、挪用单位资金罪、商业受贿罪、清算欺诈罪。其涉及的行为主要包括以下几种：一是合伙人执行合伙企业事务过程中，将应当归入合伙企业的利益据为己有或者采取其他手段侵占合伙企业的财产构成犯罪的；二是招用的职工利用职务上的便利，将合伙企业的财务非法占为己有或者挪用企业财产归个人使用构成犯罪的；三是合伙人担任清算人或者合伙企业委托的清算人在执行清算事务时，牟取非法收入或者侵占合伙企业财产构成犯罪的，及清算人在清算过程中隐匿、转移合伙财产，对资产负债表或者财产清单做虚伪记载或者在未清偿债务前分配企业财产构成犯罪的。

创业者在创业的过程中及公司运营的过程中，对于合法合规性的把握必须十分谨慎，严格按照法律的规定进行操作，免得为公司或者个人带来不必要的法律问题。

15.2 成立新企业需要注意哪些方面

15.2.1 谨慎选择合作伙伴

浙江万通集团董事局主席冯仑说过："民营企业跟梁山的组织机构很像，大家目标一致后，事业一开始就是排座次，分经营，论荣辱。"所以，进入商界就要遵循商界的生存法则，即所谓的"在商言商"，谨慎选择伙伴。

首先，合作伙伴应当目标一致，即志同道合。与合作伙伴有着共同的商业目标或者商场理想，甚至对企业的组织形式、经营模式及发展规划有着共通性，不仅可以使企业的创立过程少些阻碍，而且可以在企业的经营过程中减少不必要的摩擦，耗费最少的时间取得最有效益的商议结果，减少合作伙伴之间的"磨合期"，将更多的精力投入到企业成长性中来。

其次，合作伙伴除了志同道合，还应当注重合作伙伴的全面素质。就像很多天使投资人常常说的，有时候作为天使，选择的不是这个项目，而是这个创业者本身。创业者本身具备较为综合的素质，具备良好的创业素养、优秀的管理组织能力、敢于创新敢于冒险的精神及理性的商业头脑，往往会成为一个企业是否能够快速成长并保持稳定性的重中之重。此外，除了注重经商素质，创业者的个人品质也是十分重要的。有人说，无商不奸。但，在作为精明的商界一员的同时，可以保持自身为人处事的基本原则和经商原则，才能成为形成长期紧密合作关系的保障。在进行合作伙伴选择的时候，通常情况下，合作伙伴的个人品质往往是对方考虑是否进行合作的关键因素。

再次，仅仅依靠友谊来支撑的商业合作，在商场中显得脆弱不堪。所谓亲兄弟还要明算账，更何况是商业伙伴。商场上没有牢固的友谊，只有固若金汤的规则。所以，再好的朋友，在商场上也不可轻易相信，切莫把这种情感牵扯到利益场上。

此外，切莫把同行当成你的敌人，"老死不相往来"。实际上，同行正是你应当多接触、多了解的对象，你可以通过同行审视自己的不足，完善自己的企业，也应当树立团结合作的理念。形成一个优秀的同行团队，不仅仅能够激发合作伙伴的能力，也会迸发出彼此都不存在的新生力量，使得整体实力得到延伸与加强。这样，也有助于企业在商场上一起创造更大的利润，形成一个动态的、活跃的良性竞争的市场。所以，在互利互惠合作基础上的竞争，会得到难以预料到的好结果。

最后，有舍才有得，舍得成大业。拥有了志同道合、具备良好素质的合作者后，也要注意在合作过程中善待伙伴、利益均沾。想要形成良好的长期合作，就要将眼光放长远，善待自己的盟友，不能因为短期的利益放弃了长远的发展。当然，做生意就是要挣钱的，但是挣钱也要讲究挣钱的方式，所谓"占小便宜吃大亏"，在合作中想着对方，利益分配时公正公平，合作伙伴才能觉得你是可信赖的，并且会愿意与你合作，在这个过程中，便也慢慢形成了自己的商业人脉圈。表15-1所示的是选择合作伙伴时需要考量的因素。

表 15-1　选择合作伙伴时需考量的因素

志同道合	如创业项目、组织形式、经营模式、发展规划等方面一致
合作伙伴的整体素质	创业素养、管理组织能力、冒险精神、理性的商业头脑、个人品质
莫用友谊支撑创业，固若金汤的规则必不可少	
妥善运用同行力量，互惠互助、和谐共生	
创业时合作伙伴需眼界长远、利益均沾	

15.2.2　创业初期必须决策集中

很多企业家想要追求财散人聚的效果，把公司做大的同时，分享成功的收益。但是同时，企业应当一股独大，有明确的控制人，且在刚开始创业的时候，创始者必须要保持决策的集中性，时间就是金钱，切莫在创业初期就分散控制权，将时间花费在次要问题上。

为了把企业做起来，创业者必须保持对公司的控制权，同时，具有完善的股权结构。很多企业因为股权结构设计的问题走向了失败，就如大家熟知的真功夫案例。真功夫是中式快餐连锁餐厅，短时期内在中国发展了几百家店面，且在前几年快餐行业发展最快的趋势下，真功夫被一片叫好，2007 年上市计划也提上了日程。但是，偏偏遇到了家庭内部的矛盾爆发了股权之争，使得真功夫发展缓慢，上市至今搁浅。这股权之争的源头，便在于创业初期的股权结构。在真功夫成立之前，为潘宇海创业时创立"168 甜品屋"，后来发展为"双种子"，最终改名为"真功夫"。潘宇海与其姐姐潘敏峰和姐夫蔡达标合作开店，潘宇海占有 50%的股权，潘敏峰与其丈夫蔡达标各占有 25%的股权。2006 年，蔡达标与潘敏峰离婚，潘敏峰为取得子女抚养权而放弃了 25%的股权。至此，蔡达标与潘宇海各占有真功夫 50%的股权。之后，"真功夫"引入了中山联动与今日资本两家风险投资基金，共注入资金 3 亿元，各占 3%的股份。此时，潘与蔡各占 47%的股权，并且此时两家族内部矛盾已经十分严峻。真功夫在蔡达标的主持下，采取了去家族化管理体制，聘请职业经理人管理，但其实大部分职业经理人是蔡达标授权的，潘宇海实际上已经失去了企业的控制权。两大家族的矛盾彻底激化，潘宇海的妻子后来举报蔡达标挪用公司资产，蔡达标被捕，资本方退出，潘宇海重新控制了公司。但是就因为股权争斗，真功夫已经错失了中式快餐发展的黄金时期，发展停滞，上市计划也被搁浅了，直到现在，真功夫仍未实现上市，估值较之前也一落千丈。

表面上，真功夫的衰落是因为家族矛盾，但是深究，是因为真功夫期初设计的不科学的具有天然缺陷的股权结构。在家族式企业中，往往因为天然的信任的关系存在平均的股权分配，但是这种情感上的维系切记不要存于创建企业中，平均的股权分配模式在创业中也务必不要使用。因为在长期的企业发展过程中，必然遇到各种问题，就可能使得创业时期的信任感消磨殆尽，这时候，留下的就是难以再解决的股权问题。如若真功夫是有着简单明晰并且有控股股东的股权结构，也许现在的发展已经远超预期。

那么，如何在分散股权的同时保持对公司的控制权并设计完备的股权结构呢？可以从以下几个方面参考（如表 15-2 所示）。

表 15-2　创业初期决策集中实现方法

1.完善企业的股权架构设计		核心创始人必须至少持有公司 51%以上的股权，最好可以达到 67%
	创始人无法实现控股时	利用公司章程进行特殊规定，规定创始人的表决权比例来实现控制
		投票权委托或一致行动协议来变相掌握企业的控制权
		利用有限合伙企业中的有限合伙人无企业控制权的规定进行设计
2.掌握董事会的控制权和公司日常经营的实际控制权		
3.控制企业的公章、营业执照及产品等		

1. 完善企业的股权架构设计，创始人保持股权上的控制权

首先，即核心创始人必须至少持有公司 51%以上的股权，为保险最好可以达到 67%，这样能够达到三分之二，在决策上都可以完全掌握在手中。原因是，大部分的股东会表决事项，都是二分之一以上多数通过。按照中国《公司法》规定，个别事项还需要三分之二以上通过。掌握了控股权，就能够掌握股东会。

如果核心创始人无法保障一股独大的情况下，还可以通过以下几种方式掌握企业的控制权。

第一，一般情况下有限公司是以其认缴的出资额比例来计算表决权的，但是公司章程另有规定的除外，这里就可以通过在公司章程中进行特殊规定，规定创始人的表决权比例来实现控制。

第二，可以通过投票权委托或一致行动协议来变相掌握企业的控制权。"投票权委托"即通过协议约定，某些股东将其投票权委托给其他特定股东行使。"一致行动人"即通过协议约定，某些股东就特定事项投票表决采取一致行动。意见不一致时，某些股东跟随一致行动人投票。比如，创始股东之间、创始股东和投资人之间就可以通过签署一致行动人协议加大创始股东的投票权权重。

第三，在上述介绍合伙企业的篇幅中已经提到，有限合伙企业中的有限合伙人以其出资对企业承担有限责任，但却是以其失去企业控制权为条件的，把其他股东放到有限合伙人的位置，则其只能是有限合伙的 LP，不参与有限合伙管理，也就不能通过有限合伙控制公司。企业的控制权就掌握在普通合伙人可以利用有限合伙的规定实现对企业的控制权。

2. 掌握董事会的控制权和公司日常经营的实际控制权

有的时候，控股并不代表控制了公司，还需要对公司董事会和日常经营的控制达到决策的集中性。

首先，公司的日常经营事项，一般都是由董事会来决定的。只有在公司发生重大事项的时候，才会召开股东会进行决策，所以很少能通过股东会的控制权参与公司日常经营，这时候，如果控制了董事会，就相当于控制了整个公司的经营管理。核心创始人可以通过占有公司董事会的大部分席位的方式，以保障对公司的绝对控制，实现企业决策的效率与效果。

此外，还可以通过控制企业的公章、营业执照及对产品和人的控制达到对公司的控制。

15.2.3　严防初期退股

我国公司法规定，股东出资后不得抽回出资，这就是资本维持原则，只有在《公司法》第七十四条规定的某些特殊情形下股东可以请求公司按照合同的价格收购其股权。而股东之间有时会存在退股协议，但是法律并不允许通过一纸协议就做出所谓退股的安排，有些退股协议，其实可以理解为实质上的股权转让协议或者减资协议。

而在合伙企业中，尤其在创业过程中，总是会遇到核心人员的波动，特别是已经持有企业股权的合伙人想要退出团队，这时候退股，对本身资金就会紧张的创业团队来说无疑是雪上加霜。所以，在合伙企业发放股权的时候，应该做好合理预期，提前规定游戏规则，即无论在什么情况下都不能退股，即使退股，那么应当履行什么样的退出机制。

15.2.4　选择"众筹"须谨慎

中小企业普遍面临着起步和资金短缺的问题，即使在资本流动更加自由的今天，很多具有发展潜力的企业，它们的发展道路上也面临着一个拦路虎——资本短缺。这几年，众筹的概念越来越火热，但是，其实众筹已经并非新鲜事，它依赖的不是几个大的投资人，而是很多小的投资人的资金支持。这让很多创业者产生一种错觉：好像一旦运用众筹模式，一切问题资金、人脉等都可以迎刃而解。众筹模式看起来很美好，可以帮助解决资金短缺问题，增长人脉，获得产品体验反馈，但是众筹也不像在花园里散步那样简单，至少是现在，它与中国的市场还没有完美地融合。

首先，我国目前的众筹网站数量低、相似度高、互动性弱，缺乏电商平台的强大后台和优良的数据分析能力，且没有针对中国实情来进行众筹方式的磨合与调整。

其次，众筹存在信用问题和风险把控问题。如采用众筹模式，一定程度上会分散创始人的控制权，股东过多导致意见众多，决策混乱，最后影响公司的正常经营，就像有些采用众筹方式迅速成长但是又迅速关门停业的企业一样，最后落得一场空。就像号称最大的众筹餐厅——印象湘江世纪城店，在刚开业的时候，获得众多头衔，如"长沙最大众筹餐厅""众筹成功范本"等。该餐厅在2014—2015年短短1年时间，开了3家餐厅，且占地规模大，由93位股东筹集100万股本众筹开办，引起了社会的广泛反响。但是，也在短短一年内，餐厅每月最高亏损20余万，仅在2015年2月实现盈利一千多元，12个月亏损已经超过百万。餐厅资金链断裂，停业倒闭，债务缠身，所有的股本无法收回，贷款及企业员工的工资都没有办法支付。这家餐厅之所以在短时期内经历了如此大的变动，跟众筹之下的各种衍生问题息息相关。众筹之下，股东众多，决策分散，且没有形成有效的沟通机制及运营机制，产生了极大的信用问题，导致其管理混乱，且没有完善的风险控制机制，最终只能昙花一现，并留下了待解决的冗杂的后续问题。

15.2.5　注册资本量力而行

注册资本是创业者在创业路上必然遇到并且不能避免的一个晦涩名词，当前国家对注册资本的管控已经放松很多，比如所谓的一元公司，其实就是注册基本已经取消了最低限额，当然，也没有规定最高额。此外，注册资本从实缴改为认缴，也没有固定实缴的期限，实缴的注册资本也不显示在工商登记上，亦不需要验资报告了。

但是，注册资本就可以放松警惕，任意注册吗？当然不是。虽然国家放松了对注册资本的管控，但是仍然存在监管。

首先，注册资本量力而行，不宜太大也不可太小，以维持公司正常经营为准。注册资本切勿为了追求"好看"，一时脑热写得很多，以显示自己的实力，其实是大错特错。登记的注册资本应当对自己的实际资金能力和未来预期资金能力有个预测，在自己可承担范围内进行选择。这样也可以减轻未来资本运作和经营运行的压力。如果数额已经写得很大，并且实缴出资承诺预期无法完成，那就应当尽快减资；当然，注册资本也不能写太小，这样会影响企业的业务开展，比如想要跟其他企业进行合作，对方一看你的注册资本是一元，估计就失去了信任不会进行合作了。

此外，即使《公司法》以及工商登记不再规定实际缴存资金的环节，但总会产生其他影响，比如公司的投资人，再比如未来走向资本市场过程中的监管机构，都会有可能要求认缴资本实际到位，当然如果到时候发现实际到位无法达成，可以采用减资的方法降低注册资本，但是这个过程费时费力，会严重影响融资及走入资本市场进程。

注册资本也是法律上股东承担有限责任的承诺，当公司资产不足以清偿公司债务时，股东有义务按照承诺的注册资本清偿剩余债务。也就是说，你要在认缴的出资额或者股权内承担有限责任，如果你的注册资本数额写得太大，当有官司缠身需要你偿还债务的时候，你就要承担认缴的责任。

有一个典型案例，即"十亿注册资本案例"，这个案例为上海的某投资公司，该公司期初注册资本为 2 000 万，实缴资本 400 万，在新公司法认缴制度出台之后，将公司的注册资本改为 10 亿。后投资公司收购了一家国际贸易公司 99.5%的股权，转让款为 8 000万，需要在 30 天内支付。后来达成补充协议，投资公司将分四次在约 5 个月的时间内还清 8 000 万。在达成补充协议之后，公司通过股东会的决议，将公司的注册资本减至 400万，并通过隐瞒债务的方式，得到了工商登记机关的核准。在这整个过程中，投资公司还进行两次股权转让，其中 1 名是在购买国际贸易公司协议签订之前退出的，1 名是在该协议签订之后退出的，新老股东共 4 人。后期，投资公司不能实现偿付国际贸易公司 8 000 万欠款的约定，并获悉了减少注册资本的消息，将该投资公司及 4 名新老股东为被告向法院提出了诉讼。要求投资公司支付首期股权转让价款 2 000 万，在投资公司不能清偿的部分，两名现股东在未出资的本息范围内承担补充赔偿责任，连带责任；两名老股东在减资本息范围内，对投资公司不能清偿的部分承担补充赔偿责任，在新股东未出资范围内与新股东承担连带责任。两名现股东认为自己的减少注册资本的行为并无不妥，是为了公司的实际发展而进行的战略选择，老股东认为自己已经并非公司股东，不应当承当责任。最后法院认为，投资公司未按期支付股权转让款的违约情况属实，应当以其全部资产承担责任；且公司与其股东在隐瞒真实情况并违反法定程序下的减少注册资本的行为无效，其注册资本仍为 10 亿元。公司现股东应当以其认缴资本承担补充赔偿的连带责任，即应当在公司不能支付股权转让款的部分，缴纳相当于股权转让的注册资本以清偿债务。两名老股东分别因为股权转让协议之前已经退出，不应当对该协议负责及已并非该公司股东的原因，不承担补充赔偿责任。两名现有股东终究没有意识到，认缴不等于免缴，只是暂缓缴纳，企图通过玩弄制度逃避责任，只能是一场空。

所以，登记的注册资本也应当谨慎选择，既要考虑自身的资金能力，也要考虑公司的经营运作，此外，还可以考虑所在行业的需要。

15.2.6 公司章程认真商议 切勿照搬模板章程

我国《公司法》中的很多条文后都有一句话：但公司章程另有规定的除外。可见，公司章程的威力之大。公司章程是公司最重要的自治规则，既可以规定公司的组织架构、人员架构、股权结构问题、投票权问题等，效力及于公司及股东成员，同时对董监高都具有约束力，可谓是公司的灵魂。但是绝大部分经营者对公司章程认识浅薄，不加重视，相当一部分照搬照抄工商局提供的傻瓜章程，导致公司章程失去了其对公司有序运行的弹性作用，可操作性弱，为未来埋下了隐患。

所以，首先应当认真商议公司章程，不能简单地照搬法律条文规定，也不能照搬照抄傻瓜章程。应当根据企业自身的特点和实际情况制定切实可行的条款，对公司事项进行详细的规定。此外，可以通过公司章程对法律允许的可以自由约定的事项进行适合公司的规定，如股东出资比例与持股比例可以不一致、表决权与出资比例可以不一致、通过章程限制股权的转让与进行优先购买权的特殊规定、通过章程自由约定分红比例等，这些适时的操作可以帮助公司更加自由地发展。在制定公司章程的时候，同时需要注意不能违背了《公司法》的规定，或者剥夺股东的固有利益等。

15.2.7 财务管理严格规范

在我国的中小企业中，普遍存在着财务管理问题，缺乏现代的财务管理观念，没有将财务管理纳入企业管理的有效机制中，此外，缺乏财务理念，财务管理基础薄弱，仅仅抓大钱，造成财务混乱。还有些家族管理模式下的企业，往往分工较粗，专业化程度较低，没有专业的财务管理人员，导致资金管理不严、监核不严，资金去向模糊，使得企业财务混乱。

企业应当对财务管理提高重视，即使财务水平不高，未必符合会计通则，但是切莫抓大钱、算大账，应当笔笔清晰，明晰每一分钱的去向。首先，企业应当改变对财务管理的认知，全方位更新企业财务管理观念，现代企业财务管理追求的是不断提高企业资源的运用效率，提升企业的价值。一个功能强大的财务管理体系不仅是业务部门的辅助部门，同样它本身也可以创造价值，甚至运用各种金融工具，直接创造价值。所以应当做到财务管理职责清晰、监督严明、信息透明。

其次，优化财务结构，强化内部管理。对于中小企业来说，只有在财务文件下取得的企业成长性才是有价值的成长性。有效的财务管理，必须要有完整的财务资料，通过财务资料并根据自身经营环境的变化，对资本、负债、资产等进行结构性的调整，建立最佳的资本结构。

再次，应当吸收高素质的财务管理人员，帮助企业进行财务管理。

最后，企业还应当建立健全内部财务管理制度。财务管理内容很多，处于发展期的民营企业可能最为重要的两项是"预算管理制度"与"内部审计制度"。预算管理制度能让民营企业实现从"机会"成功到"有计划的"成功,并对财务危机起到有效的预防作用。内部审计制度,可以对财务去向进行二次把关,提高资金的利用效率,提高财会信息质量,避免企业不必要的花费。

15.2.8　严格公章管理及使用

从某种程度上说,公章是公司权力的象征,在某一书面文件上加盖公章,意味着公章主体对该文件进行了背书,对文件的真实性承担相应的责任与后果,如果公章保存不规范,造成公章任意使用,那么会给公司带来很多潜在的风险与损失。

所以,首先企业应当管理好公章,制定书面的具备可操作性的公章管理制度,使用公章必须严格按照公章制度来。若经营者本身对公章就带有随意的态度,那么员工就会更加轻视公章,肆意使用。如使用公章应当进行登记,包括使用用途、使用人、批准人、使用日期等。

此外,每个公章具有什么样的效力应当是明晰的,并且需要有人专门保管公章,若出现使用差错,可以落实到是哪个人出了差错并进行责任追究,这样可以做到严格把控公章使用。公章不能够随便委托其他人进行保管,也应当严禁公司员工以任何私人理由将公章私自带出使用,严格把控公章带来的风险。

15.2.9　慎选员工　宁缺毋滥

在经商的时候,一个人的力量是薄弱的。对于高薪聘请的人才,是需要他们为企业发挥才干进行效力的。但是,员工选择就像配备一支军队,如果选择不好,哪怕有强有力的将军,也无法打出胜仗。

首先,企业应当设置充分的时间对员工进行甄选,在从容的环境下才能对候选员工进行全面的考核,从众多的候选者中选拔出合格的员工。如果在匆忙中招人,势必不能选拔到最满意的人选,只能是解一时的燃眉之急,宁缺毋滥。

其次,选择员工时,应当注意德才兼备,缺一不可。

再次,选择员工选的是水平,不是文凭。选人不在于这个人学历多高,而在于发挥这个人的长处,看看真正的水平是不是高。因为学历所认可的能力跟企业所认可的能力是有一定区别的,应当因材选择。

在选择员工时也需要注意,企业需要的员工,是踏踏实实肯干活的员工,而不是一副花架子。企业需要精英,企业更需要的是踏实肯干的精英。

最后,应当根据工作性质选择员工。选拔人才的目的是把工作做好,只要能适应岗位,能把工作做好,就是合格的员工,如果让非常有能力的人去做一份很简单的工作,那么其实就是一种资源的浪费。

15.3　成立新企业应该规避的问题

15.3.1　开源节流　控制成本

在企业运营的过程中,想要增加利润,有两个途径:一个是增加收入;一个是控制成本。要学会节约成本，实现利润的最大化。对企业来讲，节约成本就意味着创造利润，每节约一分钱，全部产品和生产环节累计下来，将是一笔可观的资金。"微利是图"才是企业的生财之道。

节约成本对于企业来讲，不仅仅是一种价值观与道德观，更是一种核心竞争力。将每一分钱花在刀刃上，每一分钱花得恰到好处，也就是最大限度地利用资源，所以，花钱也是一种独特的艺术。麦肯锡曾经这样评价中国企业："成本优势的巨人却是成本管理上的侏儒"，可见企业经营者对于成本控制的忽视。

在经营企业时，首先应当建立预算制度，这样才能在资金流出时精打细算；再者，应当精简人员与机构，任何员工，都应当是具有明确的分工的，每个机构都应当具有有效的职能，将不必要的员工和机构消除，既可以精简企业、控制成本，也能最大限度地调动公司的活力与积极性。此外，应当严格控制每个环节的成本，如采购环节的成本、生产环节的成本等，并且应当控制日常开支的成本，减去不必要的办公设备费、差旅费等。

当然，节约不等于抠门，节约更不等于产品质量的忽视，节约只是将不必要花的钱用到企业真正需要的地方。

15.3.2 选择合适的创业项目

在最近观看的一份调研报告中，有一项关于创业动力的分析，其中比例最大的因素为对自身能力的信任。这可以表明当前创业者的误区：抛开项目基础去思考创业项目的成功。就像经济基础决定上层建筑，良好的合适的创业项目才是创业者成功的基本条件，创业者的才能等因素是使得创业得以实现或者做大的辅助。此外，很多创业者在创业中期放弃，很大程度上是因为创业项目选择的失败，如创业项目缺乏新颖性、市场饱和度高、竞争激烈、优势不足或者自己并不感兴趣。所以，创业者应当避免为了创业而创业，而是应当对创业项目有理性的选择及清晰地规划基础上，开展创业。

首先，在选择创业项目的时候的首要考虑要素，便是"需求"，有需求的地方才有商机。也许你的创业项目不是新颖的，但却是某个地域所缺少的，也有可能实现创业的成功。正确把握市场上缺失的但是有庞大消费者市场的领域，如气味图书馆创业项目的成功，便是发现了关于"气味"的产品缺失及冗杂，开发了气味需求的市场，直至目前该创意使得这个企业依然在该领域领跑。

其次，选择创业项目的时候，切莫广而泛，要追求细分行业上的创业。即有一个特定的市场定位。创业时如果抱着广泛撒网的态度，各类相关产业都包含进创业项目的话，只会使得创业项目没有其核心发展能力，或者因为精力、资金的分散，使得每个产业都发展平平。有意义的、可发展起来的创业，有时候仅仅需要一个点就足够了。根据这个点，开展创业计划，设计创业项目，去分析你的消费群体、消费群体的能力、消费群体的需求、性别、年龄结构等，使得创业真正解决某个痛点，往往是创业项目得以成功的重要原因。

再次，创业项目选择需要考虑市场饱和度、竞争力及时机。如果你想开办的某种创业项目市场饱和度高，在创业项目的区域来讲可替代性高，那么就需要考虑，自己再进行该项目创业的优势在哪里,这种优势会不会形成一种强大的竞争力,使其能够快速地融入这个市场并形成高度的行业认可,拥有良好的市场份额。如果并不能够做到,那么这个项目的开展就需要三思而后行了。此外,还需要考虑进入市场的时机,就像淘宝、百度等企业的发展,就说明了把握先机的重要性。还未开发的领域,往往存在着更多的机会,如果进入一个发展已经成熟的市场,要么该市场已经形成了有绝对优势地位的企业,要么该行业已经慢慢走向了衰退期。

最后,除了上诉因素,选择创业项目的时候,也应当考虑该项目的成本、利润、资源等因素,并保障该项目的可行性与可操作性。创业可以选择自己感兴趣的创业项目,但是在兴趣的基础上,抛开感性认识,还应当对创业项目有着清楚的实施规划。

15.3.3 做开明的"独裁者"

民主的重要性不言而喻,但是对于一个企业来说,过度的民主就像寄生虫,会慢慢侵蚀企业的效率,导致企业寸步难行。

一个优秀的企业经营者,不做过度民主的领导者,而是去做开明的"独裁者",需要有决策的果敢、说一不二的力量。要能够做困难的决定、承担责任,一旦做了决定,每个人都要遵守,无论决定是对或错,且能够在成功时与人分享,失败时能承担所有责任。

好的独裁者也会是一个最好的企业领导者,因为人们也喜欢跟着一个有力的领导者,他们想要被有愿景、说服力、有价值的人带领,他们可能不会同意领导者做的任何决定,但只要不越界,员工都会遵循方向,努力工作,展现忠诚。

但是,这不意味着完全的独裁,聪明的经营者,会适度地民主,做开明的"独裁者",在掌控大局的情况下,适度地将权力分散给员工,使员工也能够参与企业的经营,这种参与感,会使得员工在工作中更加尽职尽责。

所以,做个开明的"独裁者",避免过度民主带来的效率低下从而导致企业无法进一步发展的情况,也可以使员工具有参与公司经营的责任感,避免完全的独裁带来的企业发展障碍。

15.3.4 创业初期需要应对的财务问题

在成立新企业需要规避的某些问题中已经提到了严格规范财务管理的重要性,避免财务混乱,这对于一个想要长期发展并想要具备成长性的公司来说无比重要。那么,成立一个新公司,在初期前几个月需要处理哪些财务工作呢?

首先是上文提到过的,建立健全各项财务规章制度,然后确定新公司采用的会计制度、核算方法及涉及的税种,最后开始建账。

之后,新成立的公司应当做第一章记账凭证,即借:银行存款/固定资产/存货/无形资产/等,贷:实收资本;此外,应当熟悉新公司做账的税种,并且熟悉组织机构代码证、国税、地税的税务登记证的办理地点及办理程序;并且根据企业需要和相关程序建立相应的账本,熟悉每个会计核算的流程等。这些都是必须但是并非全部的事项,这些程序的熟悉和操作,是新企业必须面临的,对这些业务的熟悉也会帮助企业免除财税上的压力,避免合法合规性的风险。

15.3.5 契约精神的"情"与"清"

在中国社会中,就处在一个"熟人社会"里,往往将契约看成互相不信任的"耻辱",甚至这种认知也发展到了企业合作中。但是也有一句话说得好:"口说无凭,立据为证!"这就是在强调将决策、提议、商议落实到书面的重要性。

企业在契约精神下,不能保留免契约的"情",更应该追求的,是契约的"清",即清清楚楚、白纸黑字的协议和书面记录。

在创业初期,甚至创业前,创业者之间也许是互相信任的,但是书面签订协议不伤感情,也可以帮助以后的纠纷有个快刀斩乱麻的解决。所以,凡是较为重要的商议或者决策,都应当做到"建章明责",先说清,后不乱。这一方面可以避免双方否认自己当时表明的观点态度或者决策;另一方面,互相之间会更加对自己言行负责,因为这是有查找根据的,当因为其观点或者决策给企业带来损失的时候,是会承担相应责任的。最后,有书面的留存,也避免双方口头交流时,对对方观点有所误解,从而产生纠纷。

比如创业者成立一个合伙企业,事先就应当对出资数额、盈余分配、债务承担、入伙、退伙、合伙终止等事项做出约定。合伙协议写得越清楚,对合伙人的保护程度也就越高。当然,创业过程中,还要注意保存自己实际经营的相关证据,为发生纠纷后维权提供保障。

15.3.6 建立员工手册 树立行为准则

员工手册相当于企业员工内部的小法律,是企业员工的行为准则,小到员工的日常行为规范,后至双方的劳动争议,都可以在员工手册中进行规定,这一方面使企业员工提早建立起自身标准的行为意识,提早进入企业工作状态;另一方面也可以使得企业更加具有规范性与专业性。

但是新企业往往会忽视《员工手册》的制定,或者手册内容不规范、不完整,没有规定适合的管理内容,或者管太多,或者忽视了重要内容的规范,比如劳动报酬、工作时间、休假时间规定零散出现、漏洞百出;有的手册制定程序有问题,执行性弱,或者员工不认同,或是即使认同,也无法按照程序之行;有的手册内容内容陈旧,时效性差,没有跟随法律的修订和企业的实际情况进行修订。

企业必须要重视员工手册的制定,首先,员工手册需要内容完整、规范适度。所谓内容完整,即应当根据《劳动合同法》的相关规定完善手册内容,亦可以根据企业的实际需要进行个性化的安排,但是切记不要干涉人工较多的私人生活。其次,员工手册的制定程序应当合乎规范,也应当适当地听取员工的想法,并确保员工的知情权。此外,对于员工手册,虽然频繁修改会影响其公信力,但是根据法律法规的修订和企业实际情况的变化进行适当的调整也是必要的。

15.3.7 重视团队建设

有句话说得好:"单干干不长,独行行不远。"中国每年都会有一大批新公司诞生,但是为什么生存下来的公司少之又少呢?中国中小企业数量占据全国企业数量的99%以上,为什么极少的中小企业才具有竞争力呢?其中最重要的原因就是:中国中小企业缺少团队建设。在功利化越来越严重的今天,大多数人想的都是自己能够从公司拿走什么,而不是为公司带来什么。团队建设已经成为制约中小企业发展的重要因素,创业中,应当少领导,多管理。

首先,优秀的团队应当具备优秀的组织领导。观察大企业的领导,大多情况下,或是独裁的,或是开明而独裁的。一方面有着绝佳的领导能力和开阔的企业宏观视角,另一方面适度地放权,给员工施展才华的机会。作为领导,其实应该"少领导"。仅仅通过组织的授权去支配下属,其实获得的仅仅是表面的服从,更深层次的,应当是让团队成员对自身的信服和认同,这就是做人的艺术。因为高压管理带来的仅能是短时期的维稳,而不是长时间的稳定性和企业活力。

其次,小成功靠个人,大成功靠团队,所以团队的组建十分重要。一是寻找合适的团队成员,成员的组成非常关键,他们应当是互补的。如果一个团队都是性格急躁的,或者都是优柔寡断的,很难想象这个团队的发展;队员也应当具备相应的能力,不是每个队员都必须是精英,但是每个成员都有各自可以胜任的领域;此外,德才兼备十分重要,有能力,但是品质有问题,这也会给团队带来负面的影响和潜在的风险。二是成员之间应当有共同的事业愿景,即拥有共同的理想与目标,这时候就应当找到组织存在的价值和意义,并且实现团队的组织分工与责任,怀揣着理想去按照自己的分工脚踏实地地完成自己的职责,这个团队才是活的团队。三是要建立适当的激励制度,不断刺激团队的积极性和创造力,并且激励制度不能是千篇一律地对待每个人,应当根据不同的表现给予不同的奖励,在竞争中合作。四是团队也需要系统的学习,不断地学习才能给团队不断注入新鲜的血液,实现不断地提升。

15.3.8 公司档案妥善保存

档案是公司活动轨迹的书面记载,记录了企业各项活动的依据、过程与结果,是企业合法合规性及诚信经营的可追溯证明,此外,也是梳理企业发展,总结成功经验及失败原因的重要材料,这些文件也都是证据,是公司对内对外权利义务的依据。

对于公司档案,企业应当首先树立正确的档案观念,即档案为企业资产的观念,这些无形的财富可以帮助企业记录真实的发展历程,得出客观的评价。确保有负责文档材料及整理的工作人员,并进行集中管理,保障归档材料的完整性、准确性及系统性;此外,随着企业的发展不断提高档案管理的水平,实现档案管理体制的创新,实现档案的现代化管理;建立档案工作的归责制度,对没按照规定将档案归档或者造成档案缺失等问题的负责人员需要承担相应的责任。

管理好档案的同时,也要熟悉档案、用好档案,使档案发挥其对企业的价值和经济效益。

15.3.9 重视及细化风险管理

企业应当对风险管理有足够的认识,并且需要有应对风险的细化措施及安排。

企业应当有风险的识别能力和评估能力,去预测企业可能将面临什么样的风险,如生产上的风险、法律上的风险,接下来去分析风险,即造成这个风险的原因是什么,类别是什么。之后去评估风险,这些风险发生的可能性是多少,将给企业带来多大的危害。在对风险有着较清晰的认识后,应当有细化地应对及处理风险的措施。

当前,企业应当建立主要包括生产上的风险、法律风险、财务风险、税务风险、危机公关等方面的具体措施,一方面,我们要控制风险,内控风险,尽量避免风险的发生;另一方面,我们无法阻止风险的发生,那我们就去经营风险,这个过程既是企业综合实力提升的过程,也是公司战略管理的一部分。

15.4　新企业管理创新

15.4.1　企业管理观念创新

"庸人们围着演员转,世界围着新价值的创立者转",企业想要长久留存,甚至以自己的力量影响这个世界,企业价值观的建立是必不可少的,这也就关系到企业管理观念的树立与创新。

当企业家认为,自己对自己所处的行业已经非常了解,或者产生过去生意好做,现在生意越来越难的困惑时,就是你需要转变管理观念的时候。此时有可能是你的观念已经固化,缺少与时俱进与发展的眼光。阻碍人们进步的障碍,不是未知的东西,而是已知的东西。企业要谋求管理上的创新与转变,首先企业领导者就应当具备管理创新的观念与心理需求。学而知不足,对于企业运作过程,就是运行中而知不足,再去思考企业的改良。而观念的陈旧与自我满足往往是企业原地踏步、慢慢衰退的内在因素。

所以,作为企业管理者,树立起企业管理创新的心理需求与观念之后,找准自己企业的管理痛点之后,对症下药。

在管理者树立创新管理理念的同时,切勿认为创新管理就是推倒一切,创新不是颠覆性地推翻重来,创新离不开继承。第一,在继承企业原有优良管理理念和成果,将其渗透到新的管理理念当中。梳理企业过去的管理理念、管理模式等,发掘出适合企业发展的,摒弃阻碍企业发展的观念。企业只有对以往的成功有把握,才有可能把握未来的成功。第二,除了继承企业过去的经验,还应当吸收外来的优秀管理理念。既包括其他企业较为成功的管理理念,也可以跨行业借鉴其他产业在管理理念创新的实践成果。吸收的理念是不是最为创新的,并不重要,重要的是适不适合企业的发展。第三,当前并不缺少先进的理念,缺少的是可操作性强并且适合企业发展的理念。企业不一定必须自己创造出新形式的管理观念,可以进行适当的借鉴,西方包括我国已经有很多先进的较为成功的案例,不需要去进行一些没有价值并且风险较大的尝试。站在巨人的肩膀上,就是这个道理。当然,这并不意味着照搬照抄,我们需要针对自己的实际情况进行改良。所谓洋管理并不一定适合中国企业,与企业相互协调最重要。第四,树立企业管理时,既要树立企业经营理念,也要树立资本运营理念。企业需要管理的不仅仅是企业生产的产品与服务、员工等,企业本身作为一个产品,也是需要进行管理的。此外,在企业管理的同时,树立资本运营理念,运用资本的理念助力企业的发展。

15.4.2 管理模式创新

企业依靠原本的竞争优势,多说可以有黄金十年,或者顶多 7 年。这几年有很多被认为是圭臬的企业,从高峰陨落,想要维持长久的竞争优势,变革管理模式至关重要。

管理模式创新,即企业中的产品、技术、资产、信息等要素进行重新洗牌,形成更适应企业发展模式的组织结构及管理结构。在这其中,包含管理制度的创新、资产管理模式、信息管理制度、技术创新等。

在管理模式创新中,技术创新为基础。企业的产品和服务是企业可持续发展的核心竞争力,而产品与技术往往是动态发展的,有一定的生命周期,如果技术不革新,就慢慢会被新的技术所替代,企业也将失去其核心竞争力,走向没落。所以,企业应当进行优化的技术管理,在现有技术的基础上,投入人力、资金,在企业发展的过程中,不断研发新兴技术,推动技术的不断发展。企业可以组织专门的技术研发部门,部门成员最好是十分熟悉企业生产线、生产流程的,明晰企业技术的未来发展与改良方向,在现有技术基础上进行创新,打造企业的技术优势及企业的核心竞争力。此外,技术创新还应当与行业的发展状况及宏观的市场经济情况相适应,并应当具备前瞻性与引领性。

此外,企业应当创新管理制度。企业在进行整个企业的组织协调时,管理层应当让整个企业活起来。管理层应当少领导,多进行管理。过度领导,会使得企业的参与性降低,正如在企业开会中,往往会出现听的多、说的少的局面。企业的联动性,是企业发现问题、增强企业活力的关键。当然,这并不意味着管理层去盲目听取,而是在企业存在活力的基础上,从各方面收集企业发展中的问题,并且在众多的意见中保持决断,做出审时度势的决策,引领企业发展与改革的方向。

企业在进行技术创新,提升企业竞争力的同时,应当也注重企业本身的外延式发展,企业的外延式发展是内增性增长的辅助手段。所谓内增性增长,即企业对产品、服务、管理模式、销售模式等方面的内部优化及价值提升过程,而外延式增长是企业利用已有资本价值进行的再提升阶段。当企业发展到一定规模,内生性的价值有良好基础的时候,企业可以考虑利用已有资本价值去扩大企业的规模,如进行企业的并购活动。这种外延式的价值提升会给企业带来快速地成长,发挥外延式活动的协同效应,扩大企业的产品规模、市场份额、竞争优势。地域优势,或者帮助企业实现更多的现金流或者较少的资本成本与负债成本。

管理模式创新时,应当把握时势,预测风向在哪里,进行转型。如果太过迷恋过去的荣耀,变革就会缓慢,就会慢慢走向滑坡。一直不变的就是一直在变。

没有一套管理模式,保障学了就会成功的。管理模式不是需要大家去照搬照抄,而是帮助大家进行系统性的思考,当出现问题的时候,有能力随时调整与管理风险。管理模式也可以根据企业的实际情况跨界借鉴。

如果说必须得出管理模式的规律,可以说首先应当确定公司的定位,再决定公司多方面延伸的方向,决定去培养哪些核心竞争力,以免偏离走向;其次,在进行管理时,管理者不需要达到完全的共识再去决策,有冲突才能有进步,决策不可过于拖延;再次,通过制度去管理公司;最后,要随时根据时势改变方式,具有应变能力和一定的预测能力，管理模式中的操作中心是理性，具有系统性的理性思维。

15.4.3 团队管理创新

企业的发展在员工，拥有优秀的员工队伍，能为企业创造源源不断的价值财富。目前企业的劳资关系已经进入到了一个新时代，这个关系是微妙而复杂的，又是相互依存相互配合的。想要留住员工，增加员工对企业的归属感、责任感及忠诚度，就应当让员工有尊严感和自豪感。①建设具备创新管理理念的优秀员工队伍；②规范高管管理；③正确发挥监事作用；④改变过去对员工的管理观念。

首先，完善队伍建设，开展员工培训，尤其是技术发展革新的实时资讯与创新理念的输送，使得员工与外界发展形势共同发展进步，抛开过去安于现状的面貌，建设优秀的员工队伍。

其次，团队管理必然涉及对来自企业的最高层的高管进行创新管理。高管往往掌握着企业运营、筹资、投资、分配等生杀大权。而当前企业高管存在权限划分不清、决策效率低下、大局意识薄弱、企业缺乏监督、个别高管责任意识淡薄等问题。对于高管，一方面应当通过加强监管，制约管理层的权力，另一方面应当采取激励手段，如设立适合的薪酬制度，捆绑股东与管理层的利益，激励高管对企业的责任感，从这两个方面入手管理高管。第一，应对高管有着规章制度的明文规范，可以包括高管角色的定位、高管选拔任用机制、高管权限的划分、授权规划、行为准则制度、高管审计监察制度、高管聘任解聘制度等，这个制度的设计可以一方面规范高管岗位聘任的专业性、需要性，另一方面对企业高管的行为有着明确的行为规范、以及其管理企业的程序规范等，避免其以权力当作工具，对企业经营造成负面的影响。第二，除了对高管的规范与监管，对高管的激励也是不可少的，制定合适的高管的薪酬体系并采用高管激励措施，使得高管与公司荣辱一体，高管也会对企业发展有着长远的规划与设计。

再次，在企业中，应当明确监事的职权，当前很多企业的监事形同虚设，甚至成为董事会的"附属机构"，无法真正履行监事的职责，使得企业缺乏二次监管造成混乱。明确如对董事会、高管及其成员履行职责的监督权、对财务的检查监督权、对公司信息的披露监督权、对董事会的罢免权等，以此实现为企业的经营进行二次把关，并实现对企业高管的有效监督及约束。在进行监事管理创新中，企业进一步厘清监事会的责任与义务，在监事会现有上述权力的时候，避免产生以权谋私的现象。适度地约束监事的权力，明确监事在损害公司利益、股东利益时应当承担的责任。此外，还可以建立监事的履行职责评价机制，如建立股东或者职代会对监事的评价机制，如建立股东和职代会等对监事的评价机制，一方面督促监事履行职责，另一方面防止监事以权谋私。

此外，应当改变过去对员工的领导与严肃的层级理念，第一，员工的合法权益应当得到保障。最基本的应当对员工的安全有保障，并及时与员工签署劳动合同，为员工提供"五险一金"，让员工心里踏实，他就会回报以忠诚与责任感。第二，合理规划员工的报酬。在现在的企业中，老板的权益和股东的权益往往是一直被关注的，而员工的权益往往是被忽视的。但实则应当平等相待，给予其付出以足额的报酬。有的企业将员工薪酬作为经营的硬成本，尽量压低员工报酬，有的还采用各种形式和借口延迟支付。将企业的利润建立在压低员工薪酬上，长久下去必然无法留住人心，造成劳资矛盾。第三，给予合适的报酬，企业可以灵活地运用奖励与处罚机制，激发员工的创新创造能力，同时严格遵守公司规章。应当尊重员工的人格并在细节上关心员工，让员工可以在企业获得尊严感。第四，妥善运用股权激励机制，设计完善的股权激励制度，并选择合适的股权激励员工队伍，设置合理的股权激励价格，将企业股权合理地分配给员工，激励员工对企业发展的持续关注性。股权激励也将进一步提高员工工作的热情，帮助企业进行更规范与快速的发展。

上述这些方面，是企业目前普遍存在的问题，从上述方面进行创新和完善，从而获得竞争优势，一定才是创新的本意所在。

本章，我们学习了企业的组织形式，并且了解了成立一个新企业，将会面临着许多宏观及微观上繁杂的问题，有时一个小问题就会给企业未来的发展埋下不可预料的隐患。所以，新企业可以参照以上提到的问题审视自己企业的合法、合规、合理性，为未来的发展扫平障碍。

课程思考

1. 观察自己的企业或者身边的企业，这些企业存在上述提到的哪些问题？可以怎么解决？
2. 结合本章的知识，你认为作为管理者可以从哪些方面入手重新梳理企业？
3. 你认为自己企业最大的问题是什么？这个问题可以怎么解决？解决这个问题的阻碍是什么？
4. 观察你身边的成功企业，它们的成功是因为具备上述知识的哪些方面？你可以怎样去借鉴这些成功的经验？

创业模拟训练

结合自身情况，根据本章所学知识，解决创业中遇到的一个问题，学完本课程，一个完整的创业计划即可形成，可作为课程考核的一部分。

第16章 企业股权结构与股权激励

1. 掌握企业包含哪些股权结构以及不同企业如何构建自己的股权结构。
2. 掌握股权激动的主要模式及适用的企业。
3. 熟悉股权激励的必要性、风险及如何掌控这些风险。
4. 掌握企业的融资方式及各自的利弊。
5. 了解股权变更及其对企业的影响。
6. 了解企业长远发展需要具备的技能。

16.1 股权结构与企业长远发展

16.1.1 股权结构的内涵

股权结构由两方面的内容组成：一方面是指股份公司发行的总股本中股份的性质以及各自所持有的比例，表明的是股份来源的问题；另一方面是指股份公司发行的总股本中不同的持股人所持有的股份的分布情况，表明的是股份的分布情况的问题。具体而言，我们可以将企业的股权结构分为两个部分的内容：企业的股权性质、企业的股权集中度。

16.1.2 股权结构与企业长远发展的关系

根据现代公司治理理论，股权结构是企业剩余控制权和剩余索取权安排的基础，也是公司治理的基础。股权结构是指股份公司总股本中，不同性质的股份所占的比例及其相互关系，包括股权集中度和股权构成。股权集中度是指各股东所持有的股份占总股份比重的大小或者说是股份分别被某一个或者某几个股东持有的集中程度。股权构成则是指不同背景的股东所持有的股份的多少。股权结构是企业治理结构的基础，不同的股权结构安排将影响股东对管理者实施控制和监督的能力以及动机，进而影响管理者的决策和行为，并最终影响企业业绩以及成长。

根据委托代理理论，股权的分散程度决定代理问题的种类以及严重程度。管理者和股东之间由于信息不对称所导致的委托代理问题可能加剧，当股东集中度增大的时候，大股东和管理者可以通过合谋来控制公司从而侵害外部小股东的利益。与此同时，由于不同的背景的股东追求的经济目标不尽相同，同样会给公司带来不同的影响，进而影响到公司的成长。因此研究上市公司的股权结构对成长性的影响时不仅要关注股权集中度与公司成长性的关系，而且还必须研究不同性质的股东即股权构成对公司成长性的影响。

16.1.3 案例——腾讯公司的股权结构以及未来发展

腾讯公司成立于 1998 年 11 月，是目前最大的互联网综合服务提供商之一，也是中国服务用户最多的互联网企业之一。成立十年多以来，腾讯公司一直秉承着一切以用户价值为依归的用户理念，始终处于稳健、高速发展的状态。2004 年 6 月 16 日，腾讯公司在香港联交所主板公开上市。以最受尊敬的互联网企业为愿景，以通过互联网服务提升人类品种为使命。

腾讯的股权机构如表 16-1 所示。

表 16-1 腾讯的股权机构

股东名称	好仓/淡仓	权益性质	所持股份数目	股本百分比（%）
MIH（BVI）Limited	好仓	公司	630 240 380	34.27
Advance Data Services Limited	好仓	公司	194 892 880	10.80
ABSA Bank Limited	好仓	公司	185 000 000	10.06
董事姓名	好仓/淡仓	权益性质	所持股份/相关股份数目	占已发行股本百分比（%）
马化腾	好仓	公司	194 892 880	10.60
张志东	好仓	公司	66 750 000	3.63
刘炽平	好仓	个人	10 603 600	0.58
李东生	好仓	个人	40 000	0.002
Iain Bruce	好仓	个人	105 000	0.006
Ian Charles Stone	好仓	个人	75 000	0.004

腾讯之所以能够成长，QQ 是最大的功臣。通过掌握了大量黏性高的 QQ 用户，QQ 得以通过各种增值业务获得收入。但是随着移动互联网时代的到来，一方面基于移动客户端的新型通信方式可能会减弱 QQ 的黏性，另一方面基于微博等新型应用也可能会动摇 QQ 的客户群。这些风险都是腾讯所不得不面对的。因此腾讯进行组织机构的调整。事业部制最大的优点就是各个产品部门能够独立地核算，明确各个部门的权利和义务，各个部门间开发产品的范围也得以明确，以往在 QQ 的光环下，各个产品真实的竞争力无法查验，而通过将功能相似的产品归于同一个事业部，可以使得功能重叠的产品在项目组的竞争中、在部门内部优胜劣汰，避免企业推广资源的浪费，并且也能够提供项目团队的创新能力。事业部制也能减少管理层级，避免大企业病的蔓延，有利于开发创新性产品的团队得到一个宽松的产品开发环境，抢先推出创新产品以消灭未来可能动摇用户根基的竞争对手。腾讯的微信就是一个成功的范例，微信来自腾讯广州研究院，正是由于远离总部才得以开发出简洁而符合客户潜在需求的产品。而通过明确部门的管理权限，避免职能重叠，腾讯的开发战略也能够得到更好的推进，提供给合作伙伴更好的合作体验。当然，电子商务作为腾讯未来的战略重点，也能通过独立运作获得成长空间和强化成长激励和风险制约。未来的互联网增长必须要靠精细化战略，靠大力提供资源已

经不能够保证产品的畅销了。未来腾讯的发展必须要能够鼓励产品团队提供更好的精品应用,通过独立化运作来赢得市场,通过管理调整促进公司发展壮大。

16.2 融资方式与股权变更

16.2.1 融资方式的内涵

融资方式即企业融资的渠道。它可以分为两类:债务性融资和权益性融资。前者包括银行贷款、发行债券和应付票据、应付账款等,后者主要指股票融资。债务性融资构成负债,企业要按期偿还约定的本息,债权人一般不参与企业的经营决策,对资金的运用也没有决策权。权益性融资构成企业的自有资金,投资者有权参与企业的经营决策,有权获得企业的红利,但无权撤退资金。

从狭义上讲,融资即是一个企业的资金筹集的行为与过程。也就是公司根据自身的生产经营状况、资金拥有的状况,以及公司未来经营发展的需要,通过科学的预测和决策,采用一定的方式,从一定的渠道向公司的投资者和债权人去筹集资金,组织资金的供应,以保证公司正常生产需要,经营管理活动需要的理财行为。公司筹集资金的动机应该遵循一定的原则,通过一定的渠道和一定的方式去进行。我们通常讲,企业筹集资金无非有三大目的:企业要扩张、企业要还债以及混合动机(扩张与还债混合在一起的动机)。

从广义上讲,融资也叫金融,就是货币资金的融通,当事人通过各种方式到金融市场上筹措或贷放资金的行为。从现代经济发展的状况看,作为企业需要比以往任何时候都更加深刻、全面地了解金融知识、了解金融机构、了解金融市场,因为企业的发展离不开金融的支持,企业必须与之打交道。如果不了解金融知识,不学习金融知识,作为搞经济的领导干部是不称职的,作为企业的领导人也是不称职的。

16.2.2 融资方式的分类

1. 股权融资

股权融资是指通过出让企业的全部或者部分股权换取资金的融资方式,分为引进投资者和上市融资两种模式。引进投资者狭义上指企业引进战略投资者或者风险投资者,广义上包括民间的直接投资。企业通过引进投资者进行融资的模式主要以出让股权或者增资扩股的方式来进行。较之债权融资,引进投资者的优势主要表现在,股权融资吸纳的是权益资本,因此,公司股本返还甚至股息支出压力小,增强了公司抗风险的能力。引进投资者适用于任一发展阶段的企业,但通常投资收益波动大,预期收益高的企业,或投资有一段较长的无收入期或者低收入期后才能有高收益的企业,更倾向于选择引进投资者进行融资。而对于投资者来言,目标企业的管理团队、核心竞争力、市场前景和现金流状况决定了其是否进行投资。

金蝶引进战略投资者 IBM 联手雷曼兄弟入股金蝶

金蝶国际软件集团有限公司总部位于中国深圳，始创于1993年8月，于2005年7月在香港联合交易所主板成功上市，股份代号为268。2007年6月4日上午8时33分消息，IBM和雷曼兄弟与金蝶国际联合宣布，IBN公司和雷曼兄弟投资约1.32亿港元购入金蝶国际约7.7%的股份。交易价格为每股3.788 5港元，较该股上一个交易日每股7.03港元的价格折让46%。金蝶国际的股票已经于当天恢复交易。交易完成后，IBM和雷曼兄弟在金蝶国际中的持股比例均为3.85%。同时，IBM和金蝶国际将结成全球战略合作伙伴关系，帮助双方的客户提升在中国以及全球市场中的竞争力，并帮助金蝶国际化，成为一家真正全球化的软件公司。2006年10月，IBM与雷曼兄弟首次结成境外商业联盟，成立"中国投资基金"，旨在对中国的企业进行共同投资。本次投资金蝶是该联盟成立以来的首次出手。同时，本次投资也是金蝶国际继香港创业上市、香港主板上市之后再资本国际化历程中又一个重要的里程碑。

金蝶国际引入IBM与雷曼兄弟的投资，以及与IBM的进一步合作将有助于整合各方的优势，帮助金蝶国际更好地把握软件服务化和个性化变革的趋势，进一步改善公司的治理结构，推进国际化进程，提升双方在中国以及全球市场中的竞争力。

2. 债权融资

债权融资是指有偿使用企业外部资金的一种融资方式。有银行贷款和债券融资两种方式。银行贷款是银行利用信贷资金在客户还款承诺的条件下，在一定期限内向客户融出一定数量的货币资金的借贷行为，银行以取得贷款利息收入作为让渡资金使用权的价值补偿。银行贷款的主要种类分为流动资金贷款、固定资产贷款、房地产开发贷款、项目贷款。发行债券是发行人以借贷资金为目的，依照法律规定的程序向投资人要约发行代表一定债权和兑付条件的债券的法律行为。

宝安可转换债券发行

中国宝安集团股份有限公司是一家综合类股份制集团公司，成立于1983年7月。它是一个以房地产业为龙头、工业为基础、商业贸易为支柱的综合性股份制企业集团。为解决业务发展所需资金，于1992年10月，经批准由中国银行深圳信托咨询公司为总包销商，招商银行等7家机构为分销商，向社会发行可转换债券。1992年发行获得成功，并于1993年2月10日在深圳证券交易所挂牌交易。宝安可转换债券即为我国资本市场第一张A股上市可转换债券。

宝安可转换债券的发行当时，股票市场持续的大牛市行情，并且当时的项目投资开发热涨。这些都为以房地产业为龙头、工业为基础、商业贸易为支柱的综合性股份有限公司宝安集团发行可转换债券创造了有利条件。从1993年下半年和1994年起，由于宏观经济紧缩、大规模的股市扩容以及由此引发的长时间低迷行情、房地产业进入调整阶段等一系列的形势变化，致使可转换债券的转股遭到失败。

3. 国际融资

国际融资是指拥有有优良资产、稳健收益模式、有发展潜力的产品和完整商业计划的中国大陆境内企业，从国际资本市场获得解决自身发展所需的短缺资金的一种融资方式。分为国际银团贷款、国际债券和境外上市三种模式。

国际银团贷款也称国际辛迪加贷款，就是由一家或者多家银行牵头，多家银行联合组成银团，各自按一定的比例，共同向借款人提供一笔中长期贷款。国际债券是一国政府、金融机构、工商企业或者国家组织为筹措和融通资金，在国外金融市场上发行的，以外国货币为面值的债券。国际债券的重要特征是发行者和投资者属于不同的国家，筹集的资金来源于国外金融市场。国际债券的发行和交易，既可以用来平衡发行国的国际收支，也可以用来为发行国政府或者企业引入资金从事开发和生产。境外上市是指境内股份有限公司向境外投资人发行股票，在境外公开的证券交易场所流通转让，是我国企业利用外资的一种新的方式。广义的境外上市还包括境内企业"红筹上市"即境内公司的股东在境外注册特殊目的的公司，并直接或者间接享有境内企业或者其关联企业的股权权益或者资产权利，在境外发行股票直接上市。

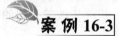

案例 16-3

国美借壳中国鹏润香港上市

国美电器集团作为中国最大的家电零售连锁企业，成立于 1987 年，是一家以经营电器以及消费电子产品零售为主的全国性连锁企业。在国家商务部公布的全国商业连锁前三十强排名中，国美连续多年蝉联中国家电连锁第一、中国商业连锁第二，持续领跑中国家电零售连锁业。2004 年国美电器在中国香港成功上市。2007 年 1 月，国美电器与中国第三大电器零售企业永乐电器合并，成为具有国际竞争力的民族连锁零售企业。

几经借壳、IPO 传言，在停牌时间长达半个月之后，由黄光裕控制的、在香港主板上市的中国鹏润集团有限公司于 2004 年 6 月 7 日复牌，而猜测中的中国最大家电连锁企业国美电器的上市方案也随之水落石出。中国鹏润以 88 亿元人民币的价格收购国美电器 65%的股份，国美电器因而成功借壳中国鹏润，登陆香港资本市场。

国美电器此次借壳中国鹏润主要经历了三个步骤。

第一步，重走国美电器。先成立一家"北京鹏润亿福网络技术有限公司"，由黄光裕拥有 100%股权，然后，国美集团将北京国美在北京的资产、负债以及相关业务和天津、济南、广州、重庆等地共 18 家公司全部股权装入"国美电器"，由鹏润亿福持有 65%股份，黄光裕直接持有国美电器剩余 35%股份。

第二步，把国美电器转型为一家中外合资企业。先在英属维尔京群岛注册成立一家离岸公司，黄光裕通过在该地注册的国美控股 100%掌控离岸公司。自 2004 年 4 月 20 日起，鹏润亿福将国美电器的 65%股权转让给离岸公司，此笔交易金额约 2.274 亿港元，国美电器也由此转型为一家中外合资企业。

第三步，中国鹏润收购离岸公司，从而持有国美电器 65%股权，实现国美电器借壳上市的目的。

16.2.3 股权变更的内涵

股权变更的理念在我国商法学领域并没有统一的认知。有学者认为股权变更即为股权转让，两者都指股权的让渡行为，股权主体发生变化。因此在概念的应用中经常出现股权变更与股权转让相互使用的情况。也有学者认为，股权变动与股权转让是两个密切相关但又严格区别的概念。从逻辑上看股权转让是股权变动之前一步，股权转让法律行为发生在前，而股权变动之法律后果发生在后。股权转让是指股东将自己所持有的股权让渡给他人的行为，而股权变动是股权转让成功的后果。基于上述有关股权变动的相关讨论，本文认为股权变动应该是一个广泛的概念，它应当能完整地描述股权各要素动态变化的过程，从权利人的角度出发，这个过程包括了股权的取得、变更和消灭。

1. 股权的取得

从权利人的角度看，股权的取得包括原始取得和继受取得两种。原始取得是指不以他人的权利为依据而取得的股权。具体而言，股权的原始取得是指在公司设立时或者在公司增资扩股时，股东因其自己的认缴出资行为直接取得股权的行为。继受取得是指以他人权利为依据而取得股权的行为。股权的继受取得是指权利人因继承遗产或者通过民事法律行为而取得他人的股权。

2. 股权的变更

广义上股权的股权的变更包括股权法律关系各部分要素的变化，主体、客体和内容的变更。主体的变更是指权利人的更迭和权利人人数的变化，其变更法律后果是通过股权转移和股权拆分等法律行为及继承、离婚等非法律行为导致的。股权主体的变更实质是指股权取得的问题。狭义的股权变更仅指股权内容和客体的变化。股权的客体是指股权指向的对象，即股份。当然，有学者认为，股权的客体是公司本身。股份是每个股东享有的价值形态的公司资产份额。因此，股权的客体变动表现为股份数量的增多、减少、比例的变化以及每股所代表的公司资产的多少的变化。股权的内容主要由两方面决定，即根据法律所确定的股权内容和依据公司章程规定的股权内容。我国《公司法》第四条对股东权利的内容表述为："依法享有资产收益、参与重大决策和选择管理者等权利。"依据该条款，以股权的行使目的进行分类可分为自益权和共益权。股权内容的变更主要是指股东自益权或者共益权的变化，也可能体现为共益权与自益权两方面权利的限制和扩张。在实践领域，股权内容需要变动可能出于多种目的，如公司出于收购或者反收购的经济战略目的、股权收益权转让安排下对某些权利的限制、融资融券业务下的权利分割等。

3. 股权的消灭

从权利人的角度讲，股权的消灭的情况可能存在公司清算导致股权的绝对灭失。股权的存在依赖于公司的存在，如果公司清算，股权之请求对象就会丧失，权利人则无法继续行使权力，因此，公司的清算则股权消灭。

16.3 股权激励

16.3.1 为什么要进行股权激励

股权激励是指通过使员工获得公司股权的形式，使其享有股东权利，以股东身份参与企业决策，分享利润，承担风险，从而使其尽心尽力地为公司服务，是公司发展所需要的一种相对长期的核心制度安排。股权激励是一种长期的激励，是一种对人的价值回报机制，是一种刺激人的感觉的激励。

随着公司控制权与所有权的分离，管理层与股东之间的代理问题成为公司治理中的一个重要问题，而激励是解决代理问题的基本途径和方式。股权激励作为一种激励机制，在国外得到了广泛的应用。美国在20世纪50年代就开始对高管进行股权激励，到20世纪末，在美国排名前1 000的公司中，有90%的公司对高管授予了股票期权，股票期权在高管总收入中的比重也从1976年的不到20%上升到2000年的50%，通用、可口可乐、强生、迪斯尼等10家大公司的期权收益甚至占到高管总收入的95%以上。为了规范上市公司股权激励行为，建立健全激励与约束相结合的中长期激励机制，进一步完善公司法人治理结构，2005年12月31日，证监会颁布《上市公司股票期权激励管理办法（试行）》，提供了政策指引。从2005年7月到2009年3月底，已经有136家公司公布了股权激励方案，市场对股权激励总体上持积极态度，股权激励得到了政府的高度关注和市场的积极反应。

股权激励可期待的效果有以下几点：有利于端正员工的工作心态，提高企业的凝聚力和战斗力；规避员工的短期行为，维持企业战略实施的连贯性；吸引外部优秀人才，为企业不断输送新鲜血液；降低即期成本支出，为企业挂牌启动储备充足能量；消弭过激行为，避免潜在风险。股权激励的目的主要是约束员工，稳定员工，激励员工。

16.3.2 什么样的公司适合做股权激励

公司选择股权激励主要受制度背景、公司治理和公司特征三方面因素的影响。具体而言，在制度背景层面，处于市场化程度高的地区的公司更有动机选择股权激励，非管制行业中的公司比管制行业中的公司更有动机选择股权激励。在公司性质和股权结构方面，相对于国有企业，民营企业更有动机选择股权激励；股权结构越集中，公司选择股权激励的需求越弱。在公司治理层面，总体而言，治理不完善的公司更有动机选择股权激励，但更多的是出于福利的动机；由于股权激励的长期效应，高管年龄越年轻的公司越有动机选择股权激励以减少高额的税收导致对管理者激励不足的问题。在公司特征层面，与文献一致，规模大、成长性高的公司会更有动机选择股权激励，对人才需求高的信息技术行业则会有动机选择股权激励以减少高额的税收导致的对管理者激励不足的问题。在公司特征层面，与文献一致，规模大、成长性高的公司会更有动机选择股权激励，对人才需求高的信息技术行业则会有动机选择股权激励以吸引与保留人才。

16.3.3 股权激励的对象

股权激励计划的受益人数不宜过多，否则会削弱激励的效果，股权激励的过程就是个论功行赏的过程，要处理好各方面的情绪，最好由上市操盘团队来设计和宣布。股权激励的对象主要包括核心层、骨干层和操作层。核心层就是与企业共命运的中流砥柱；而骨干层则是股权激励的重点对象、属于机会主义者，能力强，容易被挖；操作层则扮演着公司绿叶的角色，对企业没有感情链接，更容易被挖。在这之中最重要的问题是如何确定股权激励的对象。确定对象分为从企业发展阶段的角度和从员工自身资格的角度考虑。从企业发展阶段的角度来看在初创期需要的是技术骨干，在发展期经营管理者、技术骨干和市场营销骨干则被确定为股权激励的对象，在成熟期企业管理层和新技术研发人员是股权激励的对象。

16.3.4 股权激励的模式

股权激励有很多种模式，每种股权激励的模式都有自身的优点和缺点。各股权激励方式没有优劣之分，在进行股权激励方案设计时关键是要选择适合自己公司的股权激励方式。我国上市公司目前采用的股权激励方式主要有股票期权、限制性股票、业绩股票、股票增值权等。

业绩股票是指在年初确定一个较为合理的业绩目标，如果激励对象能在年底时完成预定的目标，则公司授予其一定数量的股票或者一定的奖励基金给其购买公司股票。

股票期权是指上市公司授予其激励对象在未来一定期限内以预先确定的价格和条件购买本公司一定数量股票的权利，激励对象有权行使这项权利也可以放弃这种权利，但不得用于转让，质押或者偿还债务。股票期权示意图如图16-1所示。

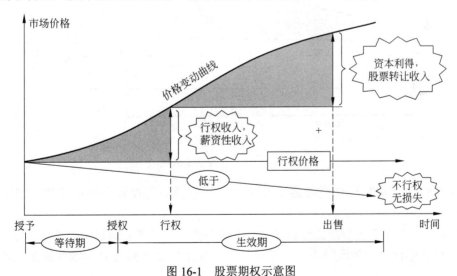

图 16-1　股票期权示意图

按照有效时间的不同，期权激励可分为三种类型：美式期权、欧式期权、百慕大期权。美式期权是指期权持有者在期权到期日之前的任何一个营业日都可以行使权力；欧式期权是指期权持有者只能在到期日行使权力的期权；百慕大期权是介于两者之间的期权，其行使权力的时间是在期权发行后，到期日前所规定的一系列时间行权的期权。

《管理办法》规定："股票期权授权日与获授股票期权首次可以行权日之间的间隔不得少于 1 年。股票期权的有效期从授权日计算不得超过 10 年。"因此从行权时间来看，我国上市公司管理层的股票期权更类似于百慕大期权。对于行权价格的确定，《管理办法》明确为"股权激励计划草案摘要公布前 30 个交易日内的公司标的股票平均收盘价"与"股权激励计划草案摘要公布前一个交易日的公司标的股票收盘价"之较高者。

由于股票期权实际上是一种选择权，激励对象可视行权时的股票价格，选择行使权力或者放弃这种权利，因此对激励对象的风险来说风险可控。正是如此，股票期权对激励对象的压力和约束相对较弱。

虚拟股票是指公司授予激励对象一种"虚拟"的股票，激励对象可以据此享受一定数量的分红权和股价升值收益。但没有所有权和表决权，不能转让和出售，在离开公司时自动失效。

限制性股票是指上市公司按照预先确定的条件授予激励对象一定数量的本公司股票，激励对象只有在公司年限或者业绩目标符合股权激励计划规定的条件下，才可以出售限制性股票并从中获益。限制性股票示意图如图 16-2 所示。

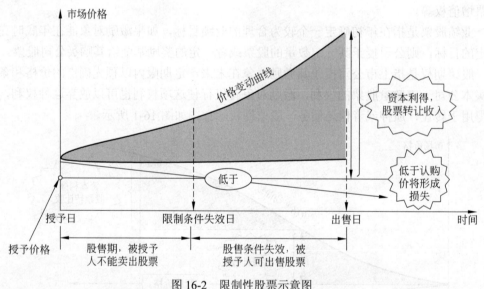

图 16-2　限制性股票示意图

根据股票的来源限制性股票又分为折扣购股型限制性股票和业绩奖励型限制性股票。

期股计划是指企业贷款给经营者作为其股份投入，经营者通过部分首付、分期还款而拥有企业股份的一种激励方式，其实行的前提条件是经营者必须购买本企业的相应股份。

优先股是相对于普通股而言的，它是介于普通股和债券之间的一种混合证券，在利润以及剩余财产分配的权利方面，优先于普通股，但没有表决权。

股票增值权是指公司授予激励对象的一种权利。如果公司股价上升，激励对象可通过行权获得相应数量的股价升值收益，激励对象不用为行权付出现金，行权后获得现金或者等值的公司股票。

享有股票增值权的激励对象不实际拥有股票，也不拥有股东表决权、配股权、分红权。股票增值权不能转让或者用于担保、偿还债务等、每一份股票增值权与一股股票挂钩。每一份股票增值权的受益=股票市价－授予价格。其中，股票售价一般为股票增值权持有者签署行权申请书当日的前一个有效交易日的股票收市价。

账面价值增值权是指直接拿每股净资产的增加值来激励激励对象，它不是真正意义上的股票，因此激励对象并不具有所有权、表决权和配股权。

16.3.5　股权激励的风险

股权激励风险主要包括可控的内部风险—非系统性风险和不可控的外部风险—系统性风险。

可控的内部风险—非系统性风险是指，上市公司内部某些个别因素对股权激励所产生的风险，这些因素来自企业内部，与整个外部市场不存在系统、全面的联系，这种风险可通过内部相关措施控制和回避。不可控的外部风险—系统性风险是指，由于某种全局性的共同因素引起的股权激励风险，这些因素来自于企业外部，是某一个上市公司无法控制和回避的，需要国家的相关政治和制度的调控。

风险的来源主要有股权激励制度的不完善，股权激励计划的缺陷，激励计划实施失控，市场发生巨大变化，公司治理的失败。如何做到风险管控呢？需要用激励与约束对称来抗衡风险，依靠改善公司治理来防范风险以及利用绩效指标抑制业绩风险。

16.3.6　伊利股份股权激励

内蒙古伊利实业集团股份有限公司是目前中国规模最大、产品线最丰富的乳产品制造企业之一。1984年3月创立，1992年12月列为股份制改革试点企业。1995年9月11日向社会公开发行1 715万股普通股股票。1996年3月12日在上海证券交易所挂牌上市，股票代码600887。

2006年3月8日，伊利股份公布修订后的股权分置方案，其中规定的追加对价安排，实质是股权激励的形式。因在审议股权激励的草案时，同属于激励对象的4名董事未回避表决，2006年4月27日，伊利股份再次召开临时董事会审议股权激励草案，并于4月29日公布。直到2008年4月29日，伊利股份对2007年度报告进行修订，对股权激励的会计处理进行了调整，调整后2007年度亏损额减至2 059.91万元，每股收益为－0.04元。

伊利股份股权激励案例所反映的风险主要有以下几方面：市场风险，财务风险，会计风险，内部人控制风险。管理层在制定股权激励方案时，考核指标低于公司历史经营数据或者低于竞争对手对比的经营数据，从而使股权激励的条件比较容易实现，既起到充分提高公司的经营业绩的作用，也弱化了股权激励的效果。

16.3.7 青岛海尔的股权激励

1. 青岛海尔三次股权激励方案简介

青岛海尔于1984年在山东省青岛市成立,最初青岛海尔只生产洗衣机、冰箱等家电产品,目前已经从家电行业拓展到包括通信、数码产品、IT、物流、金融、房地产等领域,成为全球领先的美好生活解决方案提供商。2014年海尔全球营业额2 007亿元,利润总额达到了150亿元,线上交易额548亿元,同比增长23倍之多。据消费市场权威调查机构欧睿国际的数据统计,2014年海尔品牌全球零售量份额达到10.2%,成功六年蝉联世界大型家电第一品牌的名号。

自从进入到21世纪以来,我国家电行业急速发展,由于优胜劣汰的竞争机制也使得国内家电品牌面临着一场改革。如今智能家电的快速发展已经成为市场的主流,家电企业再也不以质量好坏来作为企业的核心竞争力,而是以智能化、人性化、高端配置等多方面因素作为一个家电企业的核心竞争力。青岛海尔主要从事空调、冰箱、洗衣机、空调等家电产品的生产与经营,是我国家电行业的龙头企业。但是在最近几年,由于海尔所生产的大多产品仅有3%~4%的利润率,与飞利浦、松下、三星等国外家电厂商8%~9%的利润率有着明显的差距。正是基于这样的竞争环境,青岛海尔才需要通过实施股权激励来快速地提升自身产品的核心竞争力,从而占据原有的市场份额。

青岛海尔在2009年推出的股权激励方案主要考虑了以下几个方面的因素:第一,青岛海尔的日常交易中存在着许多的关联交易,很容易忽视许多中小股东的利益。为了防止这个问题产生的利益纠纷,青岛海尔就迫切的需要一种能够解决此问题的激励方案,于是青岛海尔于2009年推出股权激励方案。第二,由于青岛市的平均薪资水平排名山东省内倒数第二,导致青岛海尔的职员薪资明显偏低,内部人员缺乏工作动力,员工的激励问题一直困扰着青岛海尔,因此其实施有效的激励是很有必要的。第三,青岛海尔集团在2006年就推出了首期股权激励计划,导致该方案搁浅的原因主要是由于授予激励的股票数量达到8 000万股,远远超出证监会10%的数量限制,再加上公司三名高管因利益分配的问题出现了严重的分歧并在2008年陆续辞职,该方案因此搁浅。故公司总结失败的原因,于2009年推出更加完善的股权激励方案。

2. 青岛海尔2009年股权激励方案

2009年5月12日,青岛海尔在上交所发出公告,公司准备推出《首期股票期权激励计划》,模式为股票期权。2009年10月29日,该方案经股东大会通过后正式实施。股权激励的主要内容如图16-3所示,行权条件以及业绩指标如表16-2所示。

表16-2 行权有效期及业绩指标

行权期	行权有效期	行权比例(%)	业绩指标
第一个行权期	自授权日起12个月后的首个交易日起至授权日起60个月内的最后一个交易日当日止	10	前一年度加权平均净资产收益率不低于10%;以2008年经审计的净利润为固定基数,公司2009年度经审计净利润较2008年度增长率达到或超过18%

续表

行权期	行权有效期	行权比例（%）	业绩指标
第二个行权期	自授权日起24个月后的首个交易日起至授权日起60个月内的最后一个交易日当日止	20	前一年度加权平均资产收益率不低于10%；以2008年年末净利润为固定基数，公司2010年度经审计净利润较2008年度的年复合增长率达到或超过18%
第三个行权期	自授权日起36个月后的首个交易日起至授权日起60个月内的最后一个交易日当日止	30	前一年度加权平均净资产收益率不低于10%；以2008年年末净利润为固定基数，公司2011年度经审计净利润较2008年度的年复合增长率达到或超过18%
第四个行权期	自授权日起48个月后的首个交易日起至授权日起60个月内的最后一个交易日当日止	40	前一年度加权平均净资产收益率不低于10%；以2008年年末净利润为固定基数，公司2012年度经审计净利润较2008年度的年复合增长率达到或超过18%

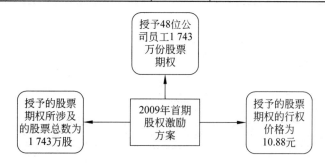

图 16-3　青岛海尔首期股权激励方案

3. 青岛海尔 2011 年股权激励方案

2011年1月31日，青岛海尔推出《第二期股票期权激励计划》，主要内容如图16-4所示，行权条件以及业绩指标如表16-3所示。

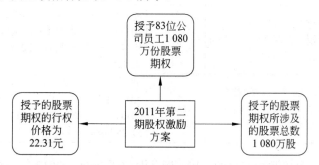

图 16-4　青岛海尔第二期股权激励方案

4. 青岛海尔 2012 年股权激励方案

2012年6月27日，青岛海尔推出《第三期股票期权激励计划》，主要内容如图16-5所示；行权条件以及业绩指标如表16-4所示。

青岛海尔的公司治理结构相对比较完善，在对青岛海尔股权激励案例进行分析之后，本人认为其股权激励方案同时存在优点与不足之处。优点有几方面。

表 16-3　行权有效期以及业绩指标

行权期	行权有效期	行权比例（%）	业绩指标
第一个行权期	自授权日起 12 个月后的首个交易日起至授权日起 24 个月内的最后一个交易日当日止	30	前一年度加权平均净资产收益率不低于 10%；以 2010 年经审计的净利润为固定基数，公司 2011 年度经审计净利润较 2010 年度增长率大到或超过 18%
第二个行权期	自授权日起 24 个月后的首个交易日起至授权日起 36 个月内的最后一个交易日当日止	30	前一年度加权平均净资产收益率不低于 10%；以 2010 年经审计的净利润为固定基数，公司 2010 年度经审计净利润较 2010 年度的年复合增长率达到或超过 18%
第三个行权期	自授权日起 36 个月后的首个交易日起至授权日起 48 个月内的最后一个交易日当日止	40	前一年度加权平均净资产收益率不低于 10%；以 2010 年经审计的净利润为固定基数，公司 2013 年度经审计净利润较 2010 年度的年复合增长率达到或超过 18%

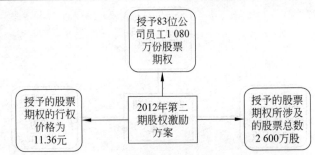

图 16-5　青岛海尔第三期股权激励方案

表 16-4　行权条件以及业绩指标

行权期	行权有效期	行权比例（%）	业绩指标
第一个行权期	自授权日起 12 个月后的首个交易日起至授权日起 24 个月内的最后一个交易日当日止	50	前一年度加权平均净资产收益率不低于 10%；以 2011 年经审计的净利润为固定基数，公司 2012 年度经审计净利润较 2011 年度增长率达到或超过 12%
第二个行权期	自授权日起 24 个月后的首个交易日起至授权日起 36 个月内的最后一个交易日当日止	50	前一年度加权平均净资产收益率不低于 10%；以 2011 年经审计的净利润为固定基数，公司 2013 年度经审计净利润较 2011 年度增长率达到或超过 28.80%

（1）不断扩大股权激励对象的范围，青岛海尔于 2009—2012 年连续推出了三期股权激励的方案，这样的举动大大地提高了公司管理层的积极性，还进一步地改善了目前公司管理层激励不足的现状。积极扩大激励对象的范围值得其他上市公司借鉴。青岛海尔在一、二期股权激励方案中积极合理地扩大激励对象的范围，并且还在第三期的股权激励方案中，增加激励对象到 222 人，这 222 个人中全都为公司以及子公司普通员工和核心技术人员，从这可以看出青岛海尔股东开始意识到现代竞争激烈的家电市场，掌握技

术的核心人员才是公司的主体，并且认识到掌握核心技术的人员在提升公司核心竞争力中发挥的重要作用，这样的做法更加有利于吸引和挽留优秀的人才。

（2）合理的禁售期以及可行权数量，出台的全部股权激励方案都详细地明确了选择的激励对象如果是公司的高管人员，则会限制他所能够出售股票的数量不能大于他自己所拥有股票总数的四分之一，同时还可以看出三期股权激励方案还明确了激励对象对股票期权的可行权数量以及可行权期的限制要求，这样做主要有两个优点：第一点，如果公司的管理层由于信息的不对称性，在公司所作重大交易之前，掌握了内幕信息，则行权数量以及行权期的有限限制能够防止管理层利用手中股票进行套现活动，这样就能够很好地保护公司的估价。第二点，严格的限制可以有效地将激励对象与公司的长远利益相结合的同时，使他们的发展意识保持一致，实现公司和个人利益的可持续发展。

青岛海尔股权激励方案中遇到的问题：第一，业绩考核指标太过简单；第二，信息披露不够充分；第三，新员工难以获得激励。

本章，我们学习了企业的股权结构以及股权结构对一个企业的长远发展带来的影响，并且了解到企业的融资方式有哪些，为什么要引入股权激励。相信大家在学习了本章知识后，可以根据自己企业的特点合理调整股权结构，灵活引入股权激励模式，让自己的企业可以得到更好的发展。

课程思考

1. 观察自己的企业或者身边的企业，这些企业存在上述提到的哪些问题？可以怎么解决？

2. 结合本章的知识，你认为作为管理者可以如何调整企业的股权结构来帮助企业得到更好的发展？

3. 你认为企业引进股权激励有什么优势与劣势，如果你是管理者遇到股权激励风险如何去应对它？

4. 观察你身边的成功企业，它们的成功是因为具备上述知识的哪些方面？你可以怎样去借鉴这些成功经验？

创业模拟训练

结合自身情况，根据本章所学知识，解决创业中遇到的一个问题，学完本课程，一个完整的创业计划即可形成，可作为课程考核的一部分。

第3篇 PART 3

人 生 篇

每个人在成长道路上都会邂逅不同的人生故事,整个生命过程是一个面对未知、历经困难、收获喜悦的过程。一个具有创新创业精神的人,更容易在学习、工作、生活中更好更快地成长。本篇从创新创业与人生的关系出发,阐释大学生创新创业教育对未来人生的重要意义。

第2篇

PART 3

人生篇

第17章 创新创业教育与大学生未来发展

 **学习目标**

1. 了解创新创业教育对大学生升学、就业、创业的帮助。
2. 了解如何应对就业难问题。
3. 了解统计分析软件的使用方法。
4. 理解大学生创业成功的案例的启发意义。

17.1 大学生毕业后的选择

17.1.1 毕业人数

过去10年我国高校毕业生人数呈上升趋势（如表17-1、图17-1所示），2015年高达749万人，但同期的经济增长呈现放缓态势，这就造成了大学毕业生就业难。

表17-1 2005—2015年我国大学毕业生人数

年度	2005	2006	2007	2008	2009
毕业生数（万人）	377.5	447.8	511.9	531.1	575.4
年度	2010	2012	2013	2014	2015
毕业生数（万人）	608.2	624.7	638.7	659.4	749.0

数据来源：国家统计局.http://www.stats.gov.cn/.

图17-1 2005—2015年我国大学生毕业人数趋势

17.1.2 毕业选择

大学生毕业一般有三个选择,即升学(考研或者出国留学)、就业、创业。通过对15 728 份有效问卷的统计分析,2015 年毕业生去向选择中,超过半数的 8 973 人(57.1%)认为应该找工作就业;有创业想法的人数达 3 622 人(23%),想考研的 2 083 人(13.2%);少数人 495 人(3.1%)认为应当出国深造;另外有 555 人(3.5%)认为可以等几年再说[1]。考研与出国深造均为升学;过几年再说的人未来也面临这三个选择,只是把现在需要面对的问题延期到几年之后,所以本章主要分析创新创业教育对毕业生三大选择(升学、就业、创业)的影响。2015 年大学毕业生毕业去向意愿如图 17-2 所示。

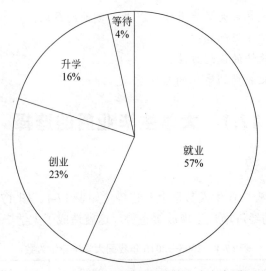

图 17-2　2015 年大学毕业生毕业去向意愿

17.2　创新创业教育与升学

17.2.1　大学生升学(考研)现状

2001—2016 年考研报名及录取情况,如表 17-2、图 17-3、图 17-4 所示。[2]

表 17-2　2001—2016 年考研报录情况

年份(年)	报名人数(万人)	报名增长率(%)	录取人数(万人)	考录比例
2016	177	7.33		
2015	164.9	-4.12	63	2.6∶1
2014	172	-2.27	57	3.0∶1

1　2015 年中国大学生就业压力调查报告.http://edu.qq.com/a/20150529/032180.htm.
2　历年考研报考人数与录取人数统计. http://kaoyan.eol.cn/nnews/201605/t20160526_1402729.shtml.

续表

年份(年)	报名人数（万人）	报名增长率（%）	录取人数（万人）	考录比例
2013	176	6.3	53.9	3.3∶1
2012	165.6	9.6	51.7	3.2∶1
2011	151.1	7.9	49.5	3∶1
2010	140.6	12.80	47.4	2.8∶1
2009	124.6	3.80	44.9	2.9∶1
2008	120	−6.80	38.6	3.0∶1
2007	128.2	0.80	36.1	3.5∶1
2006	127.12	8.40	34.2	3.2∶1
2005	117.2	24	31	3.6∶1
2004	94.5	18.50	27.3	2.9∶1
2003	79.7	27.70	22	2.9∶1
2002	62.4	35.70	16.4	3.2∶1
2001	46	17.30	13.3	4.2∶1

如图17-3、图17-4所示，2001—2015年，15年间我国高校研究生报考人数和录取人数均呈增长态势，报名人数和录取人数的比例稳中有降，即录取比例趋势上呈上升态势。

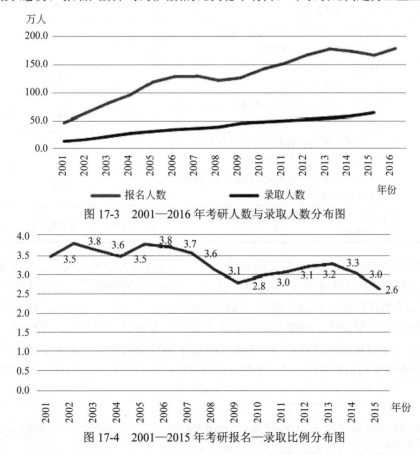

图17-3　2001—2016年考研人数与录取人数分布图

图17-4　2001—2015年考研报名—录取比例分布图

第17章　创新创业教育与大学生未来发展

17.2.2 创新创业教育对升学的作用

创新教育更着重于对学术科研能力的培养,根据"基于江西五所高校调研数据的实证分析"[1],创新教育对于提高大学生的考研能力有直接的帮助。

在创新教育与大学生升学的关系模型(简称"创新教育模型1")中,因变量为大学毕业生是否保送或考取"211""985"重点大学,或是否收到国外学校的offer。核心自变量为创新教育,即是否参与过创新训练项目。其余自变量还有家庭条件、性别、政治面貌、实践能力和学习能力等(如表17-3所示)。

表17-3 创新教育调查问卷变量定义及描述

变量	变量定义	观测数	均值	标准差
升学情况	未获得继续深造机会=0;保送或考取"211""985"重点大学,或收到国外学校的offer=1	271	0.114	0.319
家庭条件	家庭条件不贫困=0;家庭条件贫困=1	271	0.107	0.31
性别	男生=0;女生=1	271	0.351	0.478
政治面貌	非党员=0;中共党员=1	271	0.336	0.473
实践能力	未担任过学生干部=0;担任过学生干部=1	271	0.1	0.3
学习能力	未获得过一等奖学金以上奖项=0;获得过一等奖学金以上奖项=1	271	0.114	0.319
创新教育	未参与过创业训练(或实践)项目=0;参与过创业训练(或实践)项目=1	271	0.111	0.314
学校环境	学校创业氛围不浓厚=0;学校创业氛围浓厚=0	271	0.081	0.274
学校组织	学校不经常组织创业类讲座或竞赛=0;学校经常组织创业类讲座或竞赛=1	271	0.144	0.352
教师素质	授课教师中无创业达人(社会活动能力较强)=0;授课教师中有创业达人=1	271	0.074	0.262
课程设置	未开设有系统性讲解创业的课程=0;设有系统性讲解创业的课程=1	271	0.100	0.3
学校影响	学校在本省的影响力较弱=0;学校在本省影响力较强=1	271	0.221	0.416

表17-4所示的是Logistic模型估计结果(创新教育与大学生实现升学的关系)。

从表17-4创新教育模型1中,可以看出学习能力和创新教育对高校毕业生实现升学有着很显著的正向促进作用,都在1%的显著性水平下显著。这说明,学生的学习成绩和是否接受过创新训练,对学生顺利实现"升学"有着很大的影响。在校成绩越好的学生以及参与过创新训练项目的学生考取211以上高校研究生或出国留学的成功率会更高。而从所有变量的系数对比,可以发现:创新教育的系数最大,为5.094,学习能力的系

---

[1] 周曼,李红春,华磊,余韵.创新创业教育与大学生高质量就业——基于江西五所高校调研数据的实证分析[J].教育学术月刊,2015(9).

数次之,为 2.302。这说明,创新教育对于学生"升学"的影响最大,促进作用最为明显。

表 17-4　Logistic 创新教育模型估计结果(创新教育与升学的关系)

	创新教育模型 1 因变量：升学情况
家庭条件	−1.419 (1.200)
性别	1.584* (0.787)
政治面貌	0.615 (0.736)
实践能力	0.674 (0.962)
学习能力	2.302*** (0.872)
创新教育	5.094*** (0.762)
观测数	271
似然值对数	−35.503
Pseudo R^2	0.632

注：括号内为标准差；*、**和***分别表示系数在 10%、5% 和 1% 的水平上显著。下同。

17.3　创新创业教育与就业

17.3.1　我国高校毕业生就业难的原因

我国高校毕业生就业难原因有很多,从供需的角度来看是"供大于需",即毕业生人数大于用人单位需要人数,出现过剩。但实际上这种过剩只是表面上过剩,真实情况是"两多两难",即毕业生多、找工作难,用人单位多、招聘难,即找工作难和招聘难同时存在。造成这种现象的最主要原因可以归结为：高校培养的人才(供给)与社会需要的人才(需求)交集小,也就是现行高等院校人才培养模式出现了问题,培养出的符合市场需求的产品合格率小,从产品设计、到工艺流程都有待改进。

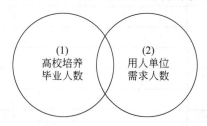

具体地说,人才供给和人才需求交集少的原因可以归纳为以下几个方面(如表 17-5 所示)。

表 17-5　人才供需因素考察表

毕业生人才供给		企业用人需求	
培养体制	计划体制	用人体制	市场体制
培养目标	理论人才	招聘目标	实战人才
培养内容	传统滞后	需要内容	与时俱进
培养方式	课堂教学为主	用人方式	实践应用为主
考核标准	学会书本知识	考核标准	胜任工作岗位

高校人才培养体制长期实行计划体制，由教育部下达招生指标，各个学校进行招生和培养，培养目标上主要以培养理论人才为主，课程体系很多年变化不大，培养方式以课堂教学为主，考核标准以是否掌握书本知识为标准，毕业时还要做学位论文，可见从培养体制、培养目标、培养内容、培养方式、考核标准等方面均与需求脱节。

用人单位的用人体制为市场体制，需要的人才是实战人才、希望招聘的人才所学的内容能够与时俱进，注重实践，考核标准为是否胜任工作岗位。

因此，为了更好地促进就业，增加高校毕业生就业率，就必须对现行的人才培养体制进行改进。

17.3.2　如何解决面临的就业压力

从 17.3.1 节中我们知道，大学生就业难根源在于现在计划主导的大学教育体系与市场主导的用人需求严重脱节，而现行的教育体制在短期内很难改变，在这种情况下，创新创业教育作为一门实践性强、与市场接轨的课程，对学生就业能力的提升是有直接的促进作用的。

表 17-6 为 500 强企业看中的应聘者素质，从中可以看出，创新教育对于培养学生的学习能力、复合人才有较大帮助；创业教育对于培养学生诚实可靠、敬业精神、团队意识、沟通能力、个人修养、管理才能、复合人才、敏锐的商业头脑等有较大帮助。因此创新创业教育对大学生提高就业能力有直接的帮助。这一观点也得到实证方面的证明。

表 17-6　500 强企业看中的求职者素质

500 强企业看中的素质	创新教育	创业教育
诚信可靠		√
敬业精神		√
团队意识		√
沟通能力		√
个人修养		√
管理才能		√
复合人才	√	√
学习能力	√	
敏锐的商业头脑		√

资料来源：500 强企业看中的素质. http://wenku.baidu.com/view/0c089143336c1eb91a375d79.html?from=search.

17.3.3 创新创业教育对解决就业的作用

在创业教育与大学生就业的关系模型（以下简称"创业教育模型1"）中，因变量为大学毕业生是否考取市级以上党政机关及事业单位，或是否签约2014年最佳雇主企业。核心自变量为创业教育，即是否参与过创业训练项目。其余自变量还有家庭条件、性别、政治面貌、实践能力和学习能力。

表17-7 创业教育调查问卷变量定义及描述

变量	变量定义	观测数	均值	标准差
就业情况	其他=0；考取市级以上党政机关及事业单位，或进入2014年最佳雇主企业=1	286	0.182	0.386
家庭条件	家庭条件不贫困=0；家庭条件贫困=1	286	0.105	0.307
性别	男生=0；女生=1	286	0.364	0.482
政治面貌	非党员=0；中共党员=1	286	0.346	0.477
实践能力	未担任过学生干部=0；担任过学生干部=1	286	0.084	0.278
学习能力	未获得过一等奖学金以上奖项=0；获得过一等奖学金以上奖项=1	286	0.091	0.288
创新教育	未参与过创业训练（或实践）项目=0；参与过创业训练（或实践）项目=1	286	0.087	0.283
学校环境	学校创业氛围不浓厚=0；学校创业氛围浓厚=0	286	0.059	0.237
学校组织	学校不经常组织创业类讲座或竞赛=0；学校经常组织创业类讲座或竞赛=1	286	0.14	0.347
教师素质	授课教师中无创业达人(社会活动能力较强)=0；授课教师中有创业达人=1	286	0.084	0.278
课程设置	未开设有系统性讲解创业的课程=0；设有系统性讲解创业的课程=1	286	0.098	0.298
学校影响	学校在本省的影响力较弱=0；学校在本省影响力较强=1	286	0.262	0.441

表17-8 Logistic 创业教育模型估计结果（创业教育与就业的关系）

创业教育模型1	因变量：就业情况
家庭条件	−0.141 （0.769）
性别	−1.451** （0.677）
政治面貌	0.147 （0.507）
实践能力	1.463** （0.736）
学习能力	4.072*** （0.807）

续表

创业教育	5.283***
	(0.926)
观测数	286
似然值对数	−67.960
Pseudo R^2	0.499

注：表 17-3、表 17-4、表 17-7、表 17-8 资料来源于参考文献 [111]。

从表 17-8 创业教育模型 1 中，可以看出性别、实践能力、学习能力和创业能力对高校毕业生实现就业有着显著影响。其中，实践能力、学习能力和创业教育起着显著的正向作用。这一结果说明，接受过创业训练的学生更能够适应社会和市场的需要，而企业或单位在用人时更倾向于挑选那些有过学生干部经历和学习成绩突出的学生。从所有变量的系数上，我们也可以看出，创业教育系数最大，为 5.283。这说明，创业教育对于学生实现高质量就业的影响最大，促进作用最为明显。

17.4　创新创业教育与创业

创新创业教育可以为即将创业的大学生提供系统的知识体系，同时针对创业中遇到的问题进行创业模拟练习，从而助力大学生创业。

17.4.1　美国高校创新创业教育与创业实践

哈佛大学和斯坦福大学都将与创业相关的课程纳入本科教育与研究生教育中，作为世界著名的学府，哈佛和斯坦福都在积极推动创业项目向成果的转化，给学生提供了肥沃的创业土壤环境，真正实现了科研与教学并重，促进了产学研结合，培养出的创业人才多在商业领域有所建树。

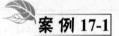

斯坦福式的创新创业教育

"自由之风永远吹"是斯坦福大学的校训。学生在浓厚的创新创业校园文化里感受到的是一种创业精神和对创业失败的包容性。在斯坦福的创业教育中，教师起到主导作用，很多教授都有自己的企业，一方面可以吸纳一部分学生在企业里实习就业，另一方面可以为想要创业的学生提供咨询指导服务。同时，斯坦福大学在创业课程的设置方面充分尊重了课程设置的合理性、科学性和系统性，将创业教育作为一门基础性的学科，仅单独开设的创业课程就有 20 多门，课程设计了新企业建立的整个流程和每个环节所要用到的知识，包括如何融资、组织资源、招聘员工等。斯坦福商学院创业研究中心开发了《创业管理》《创业机会评价》《创业和创业投资》《投资管理和创业财务》《管理成长型企业》等热门创业课程，备受学生青睐，有 91% 以上的 MBA 同学至少选修了一门创业课程，每年有 2 000 多名学生参加斯坦福技术创业项目课程，所有创业课程的课堂互动性很强，学生参与的积极性很高，斯坦福将创业教育与专业教育相结合的教学模式，增加了课程的综合性，鼓励跨学科、跨专业创业的导向，鼓励更多学子在有了专业技能后开展创业实践[1]。

17.4.2 我国高校创新创业教育与创业实践

案例 17-2

毕业生自主创业比例持续上升，创新能力持续提升[2]

麦可思研究院发布的《2015年中国大学生就业报告》数据显示：2014届大学毕业生自主创业比例为2.9%，比2013届（2.3%）高0.6%，比2012届（2.0%）高0.9%。其中，应届本科毕业生创业比例为2.0%，比上届（1.2%）高0.8%；高职高专毕业生创业比例为3.8%，比上届（3.3%）高了0.5%。从近三届的趋势可以看出，大学毕业生自主创业的比例呈现持续和较大的上升趋势。

表17-9 2012—2014年应届本科毕业生创业比例

年 份	创业比例（%）
2014	2.9
2013	2.3
2012	2.0

从区域来看，2014届本科毕业生自主创业比例最高的就业经济区域为泛长江三角洲区域经济体（2.5%）。2014届高职高专毕业生自主创业比例最高的就业经济区域为泛长江三角洲区域经济体和中原区域经济体（均为4.6%）。从行业来看，2014届本科毕业生自主创业集中的前两位行业类分别是教育业（13.0%）、零售商业（11.1%），高职高专毕业生自主创业集中的前两位行业类分别是零售商业（14.2%）和建筑业（8.2%）。从原因来看，就业困难不是创业最主要的原因。大学毕业生创业的主要动因是"理想就是成为创业者""有好的创业项目"，其中属于机会型创业的毕业生占创业总体的85%。培养创业意识是提升大学毕业生自主创业能力的有效途径。此外，在国家对大学生创新创业政策的支持下，高校对大学生创新能力的培养成果开始显现。2014届大学毕业生毕业时的创新能力掌握水平（54%）比2013届（53%）、2012届（50%）略有提升。

案例 17-3

义乌工商职业技术学院"淘宝班"批量生产"百万富翁"[3]

2009年，义乌工商职业技术学院"淘宝班"首次对外招生，4个班级，共计120位

---

[1] http://blog.sina.com.cn/s/blog_4d17d65301019n7j.html.

[2] https://mp.weixin.qq.com/s?__biz=MzA4NDczMTAzNQ==&mid=219163639&idx=1&sn=3aa237c4d5c2a532ba9a49272a9671f8&3rd=MzA3MDU4NTYzMw==&scene=6.

[3] http://www.360doc.com/content/13/0810/10/12166989_306132706.shtml.

学生。在提供多方位支持的条件下，学校给这届学生订立了三学年内月收入需达到2 000元、5 000元、10 000元的三阶段目标。至此，义乌工商学院120位"淘宝班"的学生开始走上了泪水与欢笑同在的创业路。"人均月收入达8 000多元，我的班里目前已有3位90后百万富翁。""淘宝班"的指导教师金文进说。

从贷款上大学到百万富翁的石豪杰，正是其中一位典型的代表人物。石豪杰，1990年出生，21周岁的他，已逐渐成长为义乌工商学院继杨甫刚、何宏伟等之后的又一位创业明星。

两年前的他却有着截然不同的一番光景。石豪杰的老家位于河南郑州，父亲是退伍军人，家庭条件属于典型的工薪阶层，甚至还有所不及。2009年的一天，由于急于了解即将要来上学的城市，他从老家坐车来到义乌。当火车抵达义乌站时，夜已经深了，从义乌火车站驶往市区的公交车已经停运，只有选择坐的士。一问价格，需要几十块钱。石豪杰犹豫了很长时间，最终还是舍不得花这么多钱。这位瘦瘦的小伙子硬是在义乌火车站的候车室里挨过了一夜。第二天凌晨，花去几块钱坐上了公交车。

2009年9月，石豪杰来到义乌工商学院报到，交纳的6 000元学费是他通过学校提供的助学贷款完成的。"来工商学院上学，我是带着目的来的，那就是创业。"开学不久，他就开始鼓捣他的淘宝小店，并时常游弋于义乌的各大市场。由于刚处在起步阶段，石豪杰寻找货源到处碰壁，最后通过淘宝批发店才勉强上线了自己的淘宝小店。

2009年11月，突如其来的寒潮使得南方的天气异常寒冷。冬季产品开始热销，石豪杰敏锐地捕捉到了这个难得的商机。他的一款产品"USB暖鞋"卖得异常的火。"一天就能卖几百双，我淘到了人生中的第一桶金。"4个月以后，他的淘宝小店信誉达到了4蓝钻，在没有"直通车"等硬广告投入的背景下，达到这个成绩一般人可能要花去一年甚至更长的时间。夜深人静时，别人正在睡梦中，他却认真地在钻研怎么进行搜索词的变更，使得客户能更快速地找到自己。

2010年5月，随着国内首部3D电视剧《吴承恩与西游记》的热播，3D眼镜瞬间成为抢手货，国内3D市场一炮打响。石豪杰的小店一天的接单量达到了两三千。"这是我第二个转折点。"石豪杰说，暖鞋给他带来了第一桶金，3D眼镜让他找到了以后的方向。很快，石豪杰开始申报自己的专利。"现在我已经有了5个专利，外观设计专利、实用新型发明专利都拿下来了。"

如今，石豪杰已在义乌注册了自己的公司，并在深圳成立了办事处，拥有了全系列的3D眼镜产品。由于成绩优异，"阿里巴巴"邀请他作为实习生到企业学习，他也正通过自己的努力开创自己更大的场面。

17.4.3 高校创新创业教育与持续创业

近半数大学生毕业后创业者三年内退出创业

麦可思研究院发布的《2015年中国大学生就业报告》数据显示：2011届大学生毕业

半年后有 1.6%的人自主创业（本科为 1.0%，高职高专为 2.2%），三年后有 5.5%的人自主创业（本科为 3.3%，高职高专为 7.7%），与毕业时相比提升了 2.4 倍，其中本科毕业三年后创业比例上升了 2.3 倍，高职高专毕业三年后上升了 2.5 倍。说明有更多的毕业生在毕业三年内选择了自主创业。

2011 届大学毕业生毕业时就创业的人群，三年后仍坚持创业的比例为 47.5%，与上届（43.3%）相比有所上升。其中本科有 44.8%的人三年后还在继续自主创业，比 2010 届(41.1%)增长了 3.7%；有 49.6%的人退出创业，选择了受雇全职工作，比 2010 届（53.4%）减少了 3.8%。高职高专有 48.9%的人三年后还在继续自主创业，比 2010 届（42.6%）增长了 6.3%；有 42.7%的人退出创业，选择了受雇全职工作，比 2010 届（50.3%）减少了 7.6%。大学毕业生创业具有持续性，所以评价和扶持大学毕业生创业不能只着眼于毕业时，详细内容见表 17-10。

表 17-10　2010—2011 年本科及高职高专创业学生三年后创业率及退出率对比[1]

单位：%

本科（毕业三年后）				高职高专（毕业三年后）			
继续创业		退出创业		继续创业		退出创业	
2011 届	2010 届	2011 届	2010 届	2011 届	2010 届	2011 届	2010 届
44.8	41.1	49.6	53.4	48.9	42.6	42.7	50.3

创业的失败率很高，毕竟成功的是少数人，学校要加强对学生逆商的训练。所谓"逆商"指的是一个人的受挫能力以及面对困难的心态。经历少且心理素质较差的人面对挫折可能会因为经不起打击而一蹶不振，也可能会因为太在乎周围的评价而再也找不回曾经的那种自信。创业者势必要承担一定的风险，经常受挫也在情理之中，心态的调整至关重要，因此创业教育不能忽视对学生的心理健康教育。同时，创业者要根据项目风险性，同时结合自身的风险承受能力进行综合评价，判断自己是否适合开展这一创业项目。另外，还要根据市场调研的情况做好项目发展规划并做好项目失败的心理准备，以免在项目发展情况不理想的状态下丧失对创业的信心和勇气。

17.5　创新创业教育与学生未来发展

总体上看，创新创业教育对大学毕业生的未来发展有较大的帮助。无论是升学、就业、创业，通过创新创业课程的学习，都会从中受益。毕业生在未来的职业发展中，岗位不会一成不变，但不管怎么变化，其做好一份工作最核心的要求是相同的，只要有创新的思维、创造性地解决工作中遇到的问题，或者提出别人想不到的解决办法，都会有益于问题的解决；只要有创业的心态，把工作当成自己的事业去经营，就能更好地完成工作。

---

[1] http://biz.zjol.com.cn/system/2016/06/14/021187659.shtml.

表 17-11　创新创业教育对大学毕业生的影响

	创新教育	创业教育
	创新意识、创新思维、创新方法	创业心态、创业知识、创业实践
升学	创新能力、研发能力	以创业心态进行学习
就业	创造性地解决工作中遇到的问题	以创业心态开展工作
创业	创新驱动型创业	创业知识、创业实践、创业资源

课程思考

1. 你认为创新创业教育对你有哪些方面帮助？
2. 常用的统计分析软件有哪些？
3. 你认为在校大学生创业成功的主要原因有哪些？

第 18 章 创新创业精神

1. 理解创新创业与学习、工作、生活的关系。
2. 理解创新创业与人生发展的关系。
3. 制订一份自己的人生规划。

18.1 创新创业精神

创新精神与创业精神都是人类开拓进取的优秀品质,在不同的历史时期时代又赋予它们独特的内涵,以知识为主导的现代社会使这二者之间存在更多的内在共生性。创新创业引领未来发展,创新创业精神对经济转型、产业升级、文化传播等人类生活的各个方面都具有重要的精神导向作用。

18.1.1 创新精神

创新精神具有明显的个体差异,创新精神依然是少数人所具有的。通过前面的学习,我们了解到创业精神对创新者个人素质具有较高要求,包括个人的意志品质、个性特征、实践能力、知识结构和知识储备的深度和广度等。同时,创新精神似乎又具有普遍性,从世界范围来看不同民族不同国家不同区域的创新能力具有巨大差异。

2016 年全球创新指数发布

——中国首次跻身世界创新前 25 强

2016 年全球创新指数 15 日在瑞士日内瓦发布,该指数显示中国首次跻身世界最具创新力的经济体前 25 强,瑞士、瑞典、英国、美国和芬兰依次占据榜单前五位。

2016 年全球创新指数是该指数发布的第九版,由世界知识产权组织、美国康奈尔大学、英士国际商学院共同发布。该指数的核心部分由全球经济体创新能力和结果的排名组成,涵盖 82 项具体评估指标。在今年的榜单中,中国位列世界最具创新力经济体第 25 位,较前一年上升 4 位。

世界知识产权组织表示,在过去 9 年对全球 100 多个国家和地区创新能力的调查中,高度发达经济体在全球创新指数中一直占据主导地位,中国进入 25 强标志着中等收入国家首次加入了高度发达经济体行列。

世界知识产权组织总干事高锐当日在日内瓦万国宫举行的记者会上说:"今年的全球创新指数排名映射出中国在这一领域表现的提升,这也与我们看到的中国近年来的发展相一致，包括中国将创新作为推动力，由'中国制造'向'中国创造'转型的重要因素。"

在评估高校水平、科学出版物和国际专利申请量的顶层指标"创新质量"中，日本、美国、英国和德国排名前四，中国名列第 17 位，成为中等收入经济体的领头羊，其次是印度（25 位）和巴西（27 位）。

在 82 项具体评估指标中，中国在高科技出口比例、知识型员工、15 岁青少年能力（阅读、数学与科学）评估、公司培训等 10 项指标中全球居首；在全球性公司研发投入、知识与技术产出、无形资产等方面优势显著。不过，中国在监管环境、高等教育、单位能源产生的 GDP 贡献量等指标中排名靠后。

产权组织专家指出，2007 年首次发布的全球创新指数见证了中国创新在全部领域的系统性改善。高锐表示，从历史上看，中国大范围的创新提升并不令人意外，"直到 1800 年，中国的科学技术仍处于卓越的地位，（中国创新的进展）是一场复兴"。

2016 年全球创新指数前 25 强创新经济体中，有 15 个来自欧洲，瑞士连续六年稳居榜首，其次是瑞典和英国。亚洲地区的新加坡（第 6 位）、韩国（第 11 位）、中国香港（第 14 位）、日本（第 16 位）也稳居前 20 强行列。

资料来源：王洋. 2016 年全球创新指数发布，中国首次跻身世界创新前 25 强. 中央政府门户网站. www.gov.cn 2016-08-16.

目前世界上具有创新力的国家仍以欧美地区发达国家为主，造成这种局面的原因是多方面的，主要包括：欧美发达的教育对个体创新能力的开发与培养，良好的滋养创新的社会氛围与文化传统，强大的经济支撑和大量的资源投入。近年来，国家对创新能力培养高度重视，我国的创新指数不断攀升。尽管如此，与欧美国家还存在相当大的差距，加强对创新能力的培养依然面临严峻的外部竞争。

对于个人而言，创新精神对个体在整个生命过程中的方方面面都具有重要影响；对一个国家一个民族来说，创新对于国家发展民族兴衰也具有非常重大的意义。越是创新力强的国家在对于培养创新的投入上就越多；对于培养创新的投入越多，创新能力的整体水平就会越高；创新水平越高产生的经济效益社会效益就会越多国家就越强大。反之，投入越少创新水平就越低，反射到经济社会发展上产生的效益就会越低。长此以往，就会陷入强者越强弱者越弱的不良循环，国家民族间的差距就会不断拉大。

18.1.2　创业精神

通常，我们会认为创业是突破现有的资源束缚，利用有效的机会进行价值创造的过程。[1] 广义来讲，创业不仅是经济上的一种行为，它可以理解为一个新事业产生的过程。大到一个国家区域的建立，小到一个行业的产生一个组织的建立一个家庭的组建都可以视为一种创业行为。

随着时代的发展，人们给予了创业精神不同的认识。创业精神最早出现在人们的概念中时，往往会把这个概念集中在组织或者创业者身上。Miller（1983）认为创业精神是个体表现出来的创新、承担风险和主动进取的行为；Stevenson（1985）认为创业精神是

---

[1] 李家华. 创业基础 [M]. 2 版. 北京：清华大学出版社，2015：2.

集中特有资源创造新价值的过程；Stewart（1991）认为创业精神是通过创新创造租（the creation of rents through innovation）（租是指超过行业平均利润的收入）；Zahra 等人（1995）认为创业精神是企业创新、承担风险和行动领先行为，创新是指为了满足当前或未来的市场需求，企业创造新产品或改进现有产品的能力，承担风险是指企业参与结果高度不确定性的商业冒险或战略的意愿，行动领先行为是指在向市场推广新产品、服务或技术方面击败竞争对手的能力。[1]

当代，创业精神既要求创业者（团队）具有敏锐的信息识别能力、快速的市场反应和行业洞察力、迅速整合资源的能力和知识水平还要求创业者具有坚持不懈的精神和破釜沉舟的决心。我国最大的手机制造商华为秉承"中华有为"的信仰，在一代传奇人物任正非的领导下成就了世界第二大通信帝国的伟业。

案例 18-1

任正非的创业故事

任正非只占华为 1%的股份，段永基曾经担心有一天他会不会因此而被人赶下台，而任正非的回答是，如果这一天到来了，说明华为成熟了。

1987 年，徘徊在深圳街头的任正非没有想到，好运气即将降临到自己和这个国家身上。

一

改革开放已近10年，全国的经济状况明显好转。就在那一年，中国政府的经济建设目标变得十分明确，提出了中国经济建设分三步走的总体战略部署：第一步目标，实现国民生产总值比 1980 年翻一番，解决人民的温饱问题；第二步目标，到20世纪末国民生产总值比 1980 年翻两番;第三步目标，到 21 世纪中叶基本实现现代化，人均国民生产总值达到中等发达国家水平，人民过上比较富裕的生活。

这是一个很振奋人心的计划，但是似乎和任正非还没有太大的关系。那一年他 43 岁，从部队转业，来到称为改革试验田的深圳。在这里，先他而来的妻子成为南油集团的高管，却最终结束了两人的婚姻关系。任正非自己还只是南油集团下属的一个电子公司的经理，对于已过不惑之年的任正非而言，接下来的人生似乎只有可以想见的平淡无波。然而和所有始于那个年代的创业故事一样，机会从天而降，任正非的人生道路从此走上了一个完全不同的方向，而他也以自己的方式给 1987 这个本来相对平淡的年份，加上了一点重量。

一个"很偶然"的机会，一个做程控交换机产品的朋友让任正非帮他卖些设备，任正非以 2.4 万元资本注册了深圳华为公司，成为香港康力公司的 HAX 模拟交换机的代理。凭借特区一些信息方面的优势，从香港进口产品到内地，以赚取差价——这是最常见的商业模式，对于身处深圳的公司而言，背靠中国香港就是最大的优势，至于是代理交换机还是代理饲料，都是一样的。更何况任正非本人也是通信技术的门外汉，他的爷爷是一个做火腿的，父母是普通教师，他在重庆建筑工程学院的专业是暖供，十几年的军旅

---

[1] 韩建立. 创业精神的影响因素及其绩效评价［J］. 心理科学进展，2005，13（1）：91-96.

生涯可能使他成为中国比较早用上电话的人，却远不足以令他对这个产业有深入了解。

有时候事情就是这样，天上掉下一块东西，人们觉得只要是馅饼就已经喜出望外了，实际上天上掉下的是块金子。原邮电部电信科学技术研究院院长熊秉群先生在总结中国电信产业30年历程的时候曾经说过，中国的电信产业发展可以分为三个阶段：第一个阶段是在20世纪80年代，在这个阶段里各个企业以购买国外的设备或者是建立合资企业的方式进行发展。正是有了这些合资企业，才使国内的制造企业数量有了一定的增加。第二个阶段是在20世纪90年代，最主要的就是在程控交换机方面的突破。"虽然程控交换机在20世纪80年代就有，当时的邮电部邮电科学研究院，通过'六五计划''七五计划'研发出了中小容量的程控交换机，但是当时这样的一些成果，要转化为产业，特别是成为商用化的设备，还是有很大的距离。"第三阶段，就是进入21世纪的通信产业突飞猛进发展的10年。

43岁拉起旗帜单干的任正非，在这个时候突然表现出了他的商业天才。在卖设备的过程中，他看到了中国电信对程控交换机的渴望，同时他也看到整个市场被跨国公司所把持。当时国内使用的几乎所有的通信设备都依赖进口，也就是"七国八制"，即美国AT&T、加拿大北电、瑞典爱立信、德国西门子、比利时贝尔、法国阿尔卡特，以及日本NEC和富士通。民族企业在其中完全没有立足之地，任正非决定要自己开始做研发。

二

任正非后来解释自己早期的这一次转型的原因的时候说："外国人到中国是为赚钱来的，他们不会把核心技术教给中国人，而指望我们引进、引进、再引进，企业始终也没能独立。以市场换技术，市场丢光了，却没有哪样技术被真正掌握了。而企业最核心的竞争力，其实就是技术。"军人出身的任正非似乎天生具有比一般人更加强烈的爱国热情和保卫领土的敏感和决心，而他在那个时候能够认识到"技术是企业的根本"，便从此和"代理商"这个身份告别，踏上了企业家的道路。

1991年9月，华为租下了深圳宝安县蚝业村工业大厦三楼，最初有50多人，开始研制程控交换机。这里既是生产车间、库房，又是厨房和卧室。十几张床挨着墙边排开，床不够，用泡沫板上加床垫代替。所有人吃住都在里面，不管是领导还是员工，做得累了就睡一会儿，醒来再接着干。这是创业公司所常见的景象，只不过后来在华为成为一种传统，被称为"床垫文化"，直到华为漂洋出海与国外公司直接竞争的时候，华为的员工在欧洲也打起地铺，令外国企业叹为观止。12月，首批3台BH-03交换机包装发货。事后员工获悉，公司已经没有现金，再不出货，即面临破产。可是到1992年，华为的交换机批量进入市场，当年产值即达到1.2亿元，利润则过千万，而当时华为的员工，还只有100人而已。这样的成长速度，是属于那个时代的。

从此，华为像一匹来自深圳的狼，扑进了这个正在高歌猛进的行业。事实上，最初抓住交换机机遇的不仅仅是华为，当时通信制造领域势头最好的四家企业，巨龙通信、大唐电信、中兴通信、深圳华为被并称为"巨大中华"。1998年，华为销售收入89亿元，规模最小的大唐也达到了9亿元。这其中除了华为之外，其他三家全部都是国有企业。

资料来源：应届毕业生网．http://chuangye.yjbys.com/gushi/anli/540953.html．

18.1.3 创新精神与创业精神的关系

创业精神是创新精神的一种表现形式。创新是新思想商业化的全过程，创新可以将思想精神等意识形态的内容与知识能力相互融合进而转化为财富，"特别是将科技知识和商业知识有效结合并转化为价值"。[1]从这个角度来讲，创业可以是创新的一种具体表现。创新为创业提供了技术知识或者管理上的资源，融入了创新的创业会有更多的原动力和更深的发展根基。另外，创业加速了创新产生的知识技术向价值的转化。但二者又不完全等同，创业可以是借用或者组合原有的旧的商业模式、管理方法或者产品，并非一定要引入新的科技或者知识。对于创业者本身来说这样的行为也是创业，这个由无到有的过程就是创业。然而，只有少部分的创业是融入了创新的行为。

创业精神与创新精神相互鞭策，内在共生。创业过程中会遇到各种困难，企业或组织随时都有可能面临崩溃，这时候就需要我们不断地推陈出新、革故鼎新，产生新思路新方法解决新问题。同时，创新的过程中也会遇到各种知识上或技术上的瓶颈，这时候创新者要发挥不畏困难不懈坚持的创业精神。这两种精神共勉共进，可以更好地实现创新精神创业精神的永葆活力。

18.2 创新创业是一种工作方式

创新创业精神可以视作人的思维方式或思考习惯的一种体现，精神层面的内容属于意识形态，而意识形态会反映到精神生活与物质生活的方方面面。从哲学的角度来看，在人生的不同阶段都面临不同的矛盾。但不论是上学期间，还是毕业之后走上工作岗位，创新创业精神都是解锁各个人生阶段矛盾的密钥。

18.2.1 创新创业与大学生

当今社会瞬息万变，时代赋予我们更高的要求，只有以发展的眼光看待世界才能跟上时代的步伐。在校园里，各种创新创业大赛与实践活动不仅丰富了我们的学习生活，而且在比赛的过程中可以增强自主学习的能力，汲取更多的新知识，参与者的创新意识、竞争意识、团队意识也会逐步增强。对尚未步入职场的大学生来说，创新创业为未来工作提供了良好的前期体验。

每年都有大批高校毕业生走向就业市场，而社会提供的就业岗位远远不能满足这一需求。面对巨大的就业压力，增强创新创业能力成为解决就业问题的重要途径：创新最直接的作用就是可以提高自己的就业竞争力；创业不但可以解决自身就业还可以带动就业。近年来，大学生创业也越来越普遍，国家与高校对大学生创业提供越来越多的便利条件。不仅有各种创客工厂、创业孵化器，政府还为大学生提供各种创业资金与政策上的支持。从大大小小不计其数的创业故事中，我们也可以看到青年一代在自己职业生涯起步阶段取得的不菲成绩，激励人心的创业故事一直都在持续更新。

---

1 陈劲. 管理创新[M]. 3版. 北京：北京大学出版社，2016：23.

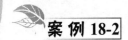

案例 18-2

大学生创业成功典型案例

1. 郭敬明

郭敬明,这个伴随着"80后"成长的名字,如今他的小说也影响着"90后",并开始被"00后"所喜爱,作为一个创业者,他是成功的。

郭敬明大学时期便开始创业,虽然他常年霸占着中国作家收入排行榜榜首,但是他在商业上的成功甚至让他的作家身份也黯然失色。如果你只是觉得这个瘦弱的男人只会玩弄一些小女生喜欢的华而不实的文字,那么你就太小看他了,郭敬明绝对有着惊人的商业嗅觉。郭敬明在大学时便成立"岛"工作室,出版一系列针对自己小说受众的杂志与期刊,而后成立柯艾文化传播有限公司,逐渐建立起自己的商业版图。

从今天各个期刊纷纷转型产业链服务来看,郭敬明早在2005年就察觉了这一点,从那时起他就为刊物读者提供"立体服务",例如,推出音乐小说《迷藏》,推出小说主题的写真集,拍摄《梦里花落知多少》偶像剧,在青春读物的基础上打造了一条属于自己受众的文化消费产业链,开始深耕产业布局。而今,郭敬明已经用自己的小说《小时代》拍出了电影,第一部便直奔5亿的票房……

知乎上有人这么描述郭敬明:"其实中国的年轻人并没有什么本质的变化。对于大学和社会的幻想,对于爱情和成功的畅想,对于华服美食的渴望,是每一代中学生的必由之路。真正重要的其实仍是郭敬明本人。他或许是中国这二十年来唯一一个认真去满足上述需求的作者。"——真正伟大的创业者是干什么的?满足大众的需求。

2. 王兴

一提到王兴,很多人脑海里面第一想到的一个词汇就是连环创业者,因为他是校内网、饭否网、美团网这三个中国大名鼎鼎的网站的联合创始人,除此之外,他还有另外一层身份,大学生创业者,在毕业之后,没有丰富的职业履历就开始创业的人。

他是一名人们口中的天才少年,高中没有参加高考就被保送到中国名牌学府清华大学,毕业后拿到全额奖学金去了美国特拉华大学师从第一位获得MIT计算机科学博士学位的大陆学者高光荣,随后归国创业,在前一两次不算成功的创业项目之后,王兴创立了中国版facebook校内网,并很快风靡于大学校园圈之中。校内网于2006年10月被千橡以200万美元收购。2007年5月12日,王兴创办饭否网。这也是中国第一个类twitter的项目,但就在饭否发展势头一片良好之际被关闭,让王兴事业受到挫折。之后连环创业客王兴于2010年3月上线新项目美团网,并在千团大战之中脱颖而出,稳居行业前三,并先后获得红杉和阿里的两轮数千万美金的融资,这个连环创业客的事业正逐渐走上正轨。2013年5月,美团单月流水已经突破10亿元人民币。

3. 戴志康

康盛创想创始人戴志康是无数互联网人的偶像,他创建的"Discuz!"开源模板与"Wordpress"并成为世界上最伟大的两个开源网站模板,被数以百万级的站长使用,深刻地改变了中国互联网，而戴志康也是一位大学生创业者。

戴志康出生于一个知识分子家庭，父亲是大学教授，亲属中也有很多人是老师。据说，因为这种家庭背景，戴志康小时候开始就一直接触计算机。在计算机性能不断升级的过程中，他的编程技术也日益提高。戴志康从小学刚毕业后的1995年开始初步尝试编制软件。初中、高中时期，他几乎席卷了各类计算机大赛。戴志康2000年考上哈尔滨工程大学，2001年便在校外创业，他在外面找到一间月租300块的房子，一天差不多15个小时都泡在计算机前面，最终他创造的"Discuz!"成为中国最成功的建站开源模板，"Discuz!"于2010年被腾讯以6 000万美金的价格收购。

4. 陈鸥

聚美优品的CEO陈鸥也是一名标准的大学生创业者，他的大学生创业经历要追溯到他的上一个创业项目GG游戏平台。陈鸥16岁的时候考上了新加坡南洋理工大学，作为一个资深游戏爱好者，在大四的时候陈鸥决定在游戏领域创业，凭着有限的资源做出了后来影响力巨大的GG游戏平台。作为当时没有任何资源的大学生创业者，那时的创业经历是非常艰苦的，据陈鸥回忆，那时候他为了节省成本，不得不每天都吃最便宜的鱼丸面，最后吃得都有些"脑残"了。

后来，陈鸥出售GG平台，获得了千万级别的收益，也为自己后来的创业道路做了极好的铺垫。而他创造的GG游戏平台，仍然是现在东亚地区最受欢迎的游戏平台之一，全球拥有超过2 400万用户。

资料来源：http://www.sj998.com/html/2013-07-17/427714_2.shtml。

大学生创业成功的例子越来越多，创业者不断呈现年轻化趋势。但创业不是拍脑袋决定，创业背后需要我们积累大量的知识、人脉，不断提高自己的能力。学习的同时，还要有一股"闯劲儿"不怕困难不服输，在摸索中前行。

18.2.2 创新创业与工作

在大学经历四年或者更长时间的学习生活，我们终究要走向各自的工作岗位。在未来的工作中，也许你是企业的领导者也许你是基层工作岗位上默默劳动的一线员工，但不论处在怎样的位置都应该保持开拓创新的心态。在工作中，尤其是科研类、设计类等需要大量创造性的工作，要求工作者不断注入创新的元素，只有这样工作才会取得进步。无论是从事哪种类型的工作都要有创业者的心态，像创业者一样去工作，我们的工作才会更像一项事业。

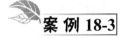
案例 18-3

创业是追求和谐美好的工作状态

若是你25岁在北京已经有了一份稳定的工作时，是否会考虑去接过一个濒临破产的企业？2003年，王鹏便是在这个年纪，接手西大华特公司，2年后这家公司被商务部评为"中国100家快速成长企业"。2011年9月，他又自主创业投资成立"陕西嘉益蓝德生物工程有限公司",从倡导"植物健康理念"到"关注食品安全"为契机,以全新生物技术为基础,以粮食安全和食品安全、人类健康为使命带动生物技术走上产业化发展之路,从而带动全新产业链的全面发展,王鹏说,创业就是一种工作状态,企业和人类一样都是在追求一种和谐、美好的状态。

王鹏认为:创业是种工作状态。企业亦有破茧重生的时候也有追求和谐美好的时候,企业的最终存在的社会价值就在于为人类创造幸福美好的生活,而创业者本身是从"孤独"的角色逐步走向一个成功者的,是需要自我"修炼"的。

说起创业,王鹏说首先要具备坚忍不拔的性格,面对困境要能迎难而上。对于未来要有远景规划,对于员工要有职业规划,每走一步都要有清晰的目标。创业者必须具备系统性的创新思维,具备丰富的知识储备,具备与新事物的快速融合的心态。

资料来源:http://www.xa.gov.cn/websac/cat/1053871.html。

18.3 创新创业是一种生活方式

创新创业精神不仅可以通过影响我们的工作和事业创造物质财富影响生活质量,也会直接作用于我们的日常生活。

案例 18-4

这个姑娘成了全球最有影响力的人,只因特别会做家务

在"2015 时代杂志全球最具影响力 100 人"大名单中,绝大部分入选者或是政坛领袖,抑或是商界巨子,还有家喻户晓的国际一线巨星。

但一个清秀姑娘的榜上理由却是:特别会做家务。

姑娘名叫 Marie Kondo,今年 29 岁,从小就对痴迷于收拾东西的她,长大后甜美可人,但并没有跟这个世界拼颜值,而是通过自己的双手,改变着自己,继而影响了世界。

19 岁,如花似玉的年纪,她就成立了自己的咨询公司,为需要整洁办公、居住环境的客户提供解决方案。

很多在整理家务方面力不从心的主妇,也把她奉为座上宾——谁家要是娶到这样的儿媳妇,可真是三生有幸。授人以鱼不如授人以渔,在赢得越来越多的客户赞扬后,Marie Kondo 于 2010 年,将自己的整理房间心得写成了一本书,这本"整洁宝典"很快被翻译成多国语言风靡世界。

越来越多的人,被她的技艺震惊——别说整理东西是件简单的事,在她的实践中,都快发展成为一门学科了。

先来一睹被妹子收拾前后的场景对比——

别人的房间 VS 姑娘收拾后的房间

别人的化妆台 VS 姑娘收拾后的化妆台

当一件事情做到极致,拼的就不是技术了,而是精神、灵魂,摄影、绘画、音乐甚至武术,概莫能外。收拾东西同样如此,这位整理界的女王说了:要收拾出整洁的效果,须有整洁的心灵。

所以她的做法是——

不要扔掉商品包装盒,它们大有用武之处

不要堆叠衣物,而是折叠垂直摆放

为了看起来更养眼,衣物可以按颜色摆放

袜子可以卷放

用小盒子,收拾最容易凌乱的小物件

很多(女)人都有太多的衣服,她建议将一些不愿穿的衣服用垃圾袋收起来,如果想起要穿哪件,就从垃圾袋中挑出来,而几个月后没动过,那就把这些"废物"丢掉或捐掉。

第 18 章　创新创业精神

很多她的粉丝运用了这一法则后，衣柜瞬间告别凌乱，而且在以后的购物中，变得更加理性。但是，她的一个客户整理出了 200 袋衣物（我没写错数字）！男粉丝们也不甘示弱，在女神的指导下，他们的衣物结束了在衣柜的"混搭"状态。

姑娘本来只想本本分分做个会持家过日子的女孩子，未料却改变了自己的人生，还影响了这个世界。她如今已是多国媒体的常客。演讲、培训邀约不断。公司业务剧增，经常满世界飞。在这个疯狂看脸的世界，这个漂亮姑娘却靠双手整理出属于自己的世界。

曾经那个喜欢打理自己屋子的小女孩，如今已然凭借独门绝技横扫世界——一屋不扫，何以扫天下！

资料来源：http://www.haokoo.com/else/8317730.htm.

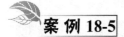

案例 18-5

他把一家五口 30 平方米的百年老屋，爆改成 3 层豪宅

"以前这里是夹缝中至暗的角落，现在反过来了，这个地方就像灯塔一样，在巷弄的底端，散发出光芒。"夹缝生存，上海四川北路有一片老房子，建造将近有百年历史，而周渊和他父母从小就住在这片拥挤的老房子里。

"我们这个家是这片区最差的，可以说在夹缝里生存，在小弄堂里硬搭出一个房子来。"不到 30 平方米的三层居住空间，正常情况下 3 个人已经是极限了，周渊的父母曾经一直想：患有遗传性血友病的儿子，不结婚是没有问题的。周渊下楼都要一下下挪，必须十分小心。"谁知道他结婚了，结婚后还有了孙子，孙子一点点大起来就尴尬了。"最实际的问题就是本就很拥挤的 3 人空间要住进 5 个人。周渊的儿子周俊宇想跟父母一起睡，身患重病的周渊就必须睡在地上。周俊宇想跟爷爷奶奶一块睡，爷爷就必须钻进柜子里。

最后小家伙自己也困惑了:"我应该睡在哪里好呢?"

参与《梦想改造家》的设计师王平仲,一年前就有意帮他们改造房子,谁知遇到了一个很棘手的问题,周渊家的楼梯不仅属于自己家,还属于邻居亲戚家的一部分。

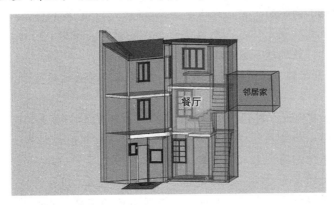

想要改造必须征得亲戚同意,而两家人因某些原因关系像敌人,存在很大的分歧,王平仲不得不无奈放弃。

时隔一年,当王平仲再次带着勇气、诚意走进这里,仔细查看房子一圈后,他彻底被震惊了。房屋的几面墙仅有一面属于周家,唯一属于他们的那一面,还是很临时性的搭建法。

一些墙面,随手一掰,就掉了。处在两栋楼的挤压之下,通风、采光存在很大问题不说,老房子防风、防雨、隔音,也是很大的问题。"这样的房屋结构能撑多久?顶多五六年时间而已。"事不宜迟,王平仲决定挑战这个堪称"史上最难的房型"。改造还没开始,邻居家亲戚就跳出来了,他们不同意改造,担心占用自家的空间,王平仲不得不多次奔波,一次次地修改设计图,耐心地为邻居讲解设计方案,而且再三保证不影响他们的利益。

终于在多次坚持不懈的努力下,获得了邻居亲戚的同意。

改造终于可以进行了,但没想到改造的过程却状况频出。秉持着好的设计,首要考虑的不是空间,而是人的舒适。王平仲一开始就跑到医院,询问医生:"血友病人需要怎样的空间,有哪一方面的需求?"医生告诉他血友病人不希望看到红色,而且要减少上下楼梯。

平仲当即决定为周渊建一部电梯,但工人们却告诉他:预留的空间无法装电梯。而且在施工的过程中还发现：这幢房子没有一面墙是完全垂直的，这就导致先前房屋的测量出现误差，以前对空间的规划必须推翻，根据最新的测量结果重新设计。各种大小问题叠加起来，王平仲几近崩溃但他不能放弃，因为他身上背负的不仅是周家五口的信任，更是整个设计和施工团队的付出。为此他整夜未睡，拿出了第16稿设计图。不仅抬高整个房屋的地基，做到防潮、防水，而且重新合理安排空间布局，巧妙扩展出一部电梯，再利用天窗的设计，达到通风采光的目的。

经过72天的紧张施工后，改造最终完成，周家人在巷弄远远看到自家的房屋都不约而同地笑了。

通透的玻璃一贯到底。大门上的一个周字，不言而喻的归属感，让周家人暖到心里。

推门而入，贴心加装的电梯，让周渊40年来第一次不用再爬楼梯。

上到二楼，不仅是两位老人的卧室，还兼客厅、餐厅于一身。

还拥有了超大的储物空间。三楼更是让人惊喜，周渊不用再睡地上，夫妇两人终于能睡在一起了。隔壁就是小家伙的房间，他有了自己的书桌，不用再跟奶奶挤在厨房里写作业。

那小家伙最担心的是睡在哪里，怎么解决？

轻轻往下一拉，书桌就变成了一张小床，俊宇终于不用跟爸妈、爷爷奶奶挤在一起了。而三楼通透的天窗，更是让自然光线充分照进书房。厨房和卫生间，当然也各自独立。

而且考虑到周渊的身体不便，三楼周渊夫妇的卫生间还特意加了扶手。这样温暖又实用的细节，在这个家中随处可见。王平仲制作的"夹缝中的灯"，用原本的老木地板纯手工打造，既是对过往的纪念、慰藉，也寓意新生活的希望与信念。

为周渊的父亲和周俊宇设计的两把椅子，爱动手的父亲用来储存五金件，周俊宇则可以用来存放书籍、玩具。考虑到周渊要在家中完成一些工作，这把摇椅极尽舒适，久坐也不会劳累不适。

不仅室内空间处处体现着对这座老房子、祖辈几代人过往历史的尊重。随处可见的老照片。特地保留下来的青砖，嵌于地板中的时光流转。

看着看着，奶奶再也忍不住，哭了起来。几十年的辛酸，此刻的幸福，全都被泪水包含。她跑过去给了设计师一个大大的拥抱。曾几何时，这里还是夹缝中的至暗角落，如今它竟变成了"灯塔"，在巷弄的底端，散发出光辉。

或许这就是美好设计的意义，它不仅用温暖、合理、体贴，点亮作品，更重要的是，它照亮了一家人的梦。

（图片源自网络，素材源自《梦想改造家》，版权归其所有）

资料来源：http://mt.sohu.com/20160701/n457300465.shtml。

上述两个案例中，无论是整理家务的日本姑娘 Marie Kondo，还是中国的设计师王仲平。从他们身上都可以看到那种锐意创新的精神，他们不满足生活的现状，处处思考不断进取，用或大或小的力量创造更加美好的生活。像他们一样，世界上有千千万万平凡或者伟大的人在以自己的方式改变着这个世界。

创新创业在生活中无处不在，用一种平淡的眼光看待生活，生活也将必然平淡无奇，用创造性的眼光乐观热情的心态面对生活，你将发现这个世界上还会有另一种生活。随着信息技术的不断发展，信息传播的速度和广度在不断扩大，与此同时，人与人之间、团体之间以及国家之间的生活方式也不再是隐秘的事情。我们会有意无意地了解到有些人的生活似乎从来都是充满乐趣，这些人也从来都是那些"爱折腾"的人，他们用各种新奇的想法和积极向上的生活态度创造着自己的美好生活。

18.4 创新创业创造美好人生

每一条河流都有自己不同的生命曲线，但是每一条河流都有自己的梦想——那就是奔向大海。我们的生命，有的时候会是泥沙。你可能慢慢地就会像泥沙一样，沉淀下去了。一旦你沉淀下去了，也许你不用再为了前进而努力了，但是你却永远见不到阳光了。所以我建议大家，不管你现在的生命是怎么样的，一定要有水的精神——像水一样不断地积蓄自己的力量，不断地冲破障碍。当你发现时机不到的时候，把自己的厚度给积累起来，当有一天时机来临的时候，你就能够奔腾入海，成就自己的生命。

——俞敏洪

18.4.1 马斯洛需求理论与人生规划

1. 马斯洛需求理论

马斯洛需求理论把需求分成生理需求（Physiological needs）、安全需求（Safety needs）、爱和归属感（Love and belonging）、尊重（Esteem）和自我实现（Self-actualization）五类，依次由较低层次到较高层次排列（如图 18-1 所示）。

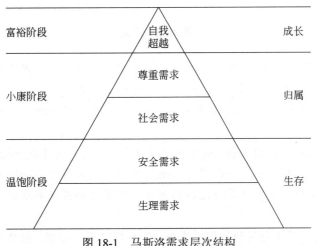

图 18-1 马斯洛需求层次结构

人的需要是有规律和分层次的，即生理需求（饮食）、安全需求（生命安全与生活保障）、友爱和归属的需求（受到接纳、关怀和爱）、受尊敬的需求（受到认可与赞扬）、自我实现的需求（实现个人潜能和创造力），是由低级向高级不断发展的。这个层次一般是在低级需求满足之后，就会自动上升到新的更高级需求。低级需求的满足是指向自我的，而友爱、尊重和自我实现等高级需求则是无限的，需要通过你满足他人、公众和社会的需求才能实现。实现人生价值是人的高层次需求。

2. 需求驱动型人生规划

人的需求是动态变化的，当满足了低层次的需求后，就会产生高层次的需求，自我实现的需求是人类的最高需求，一般情况下大学生的人生规划就是自我实现需求驱动下的人生规划（如图18-2所示）。

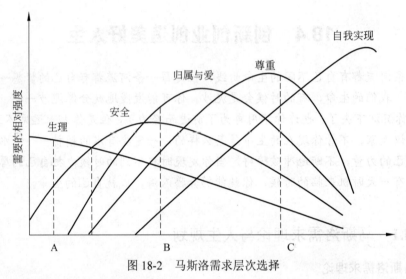

图18-2 马斯洛需求层次选择

18.4.2 大学生人生规划

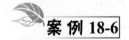

五年倒计时

1976年的冬天，当时我19岁，在休斯敦太空总署的大空梭实验室里工作，同时也在总署旁边的休斯敦大学主修电脑。纵然忙于学校、睡眠与工作之间，这几乎占据了我一天24小时的全部时间，但只要有多余的一分钟，我总是会把所有的精力放在我的音乐创作上。

我知道写歌词不是我的专长，所以在这段日子里，我处处寻找一位善写歌词的搭档，与我一起合作创作。我认识了一位朋友，她的名字叫凡内芮（Valerie Johnson）。自从二十多年前离开得州后，就再也没听过她的消息，但是她却在我事业的起步时，给了我最大的鼓励。

仅19岁的凡内芮在得州的诗词比赛中，不知得过多少奖牌。她的写作总是让我爱不释手，当时我们的确合写了许多很好的作品，一直到今天，我仍然认为这些作品充满了特色与创意。

一个星期六的周末，凡内芮又热情地邀请我至她家的牧场烤肉。她的家族是得州有名的石油大亨，拥有庞大的牧场。她的家庭虽然极为富有，但她的穿着、所开的车、与她谦诚待人的态度，更让我加倍地打从心底佩服她。凡内芮知道我对音乐的执着。然而，面对那遥远的音乐界及整个美国陌生的唱片市场，我们一点管道都没有。此时，我们两个人坐在得州的乡下，我们哪知道下一步该如何走。突然间，她冒出了一句话："Visualize, What you are doing in 5 years？"（想象你五年后在做什么？）

我愣了一下。她转过身来，手指着我说："嘿！告诉我，你心目中'最希望'五年后的你在做什么，你那个时候的生活是一个什么样子？"我还来不及回答，她又抢着说："别急，你先仔细想想，完全想好，确定后再说出来。"

我沉思了几分钟，开始告诉她："第一，五年后，我希望能有一张唱片在市场上，而这张唱片很受欢迎，可以得到许多人的肯定。第二，我住在一个有很多很多音乐的地方，能天天与一些世界一流的乐师一起工作。"凡内芮说："你确定了吗？"

我慢慢稳稳地回答，而且拉了一个很长的Yesssssss！

凡内芮接着说："好，既然你确定了，我们就把这个目标倒算回来。如果第五年，你有一张唱片在市场上，那么你的第四年一定是要跟一家唱片公司签上合约。"

"那么你的第三年一定是要有一个完整的作品，可以拿给很多很多的唱片公司听，对不对？"

"那么你的第二年，一定要有很棒的作品开始录音了。"

"那么你的第一年，就一定要把你所有要准备录音的作品全部编曲，排就位准备好。"

"好了，我们现在不就已经知道你下个星期一要做什么了吗？"凡内芮笑笑地说。"喔，对了。你还说你五年后，要生活在一个有很多音乐的地方，然后与许多一流的乐师一起忙着工作，对吗？"她急忙地补充说，"如果，你的第五年已经在与这些人一起工作，那么你的第四年照道理应该有你自己的一个工作室或录音室。那么你的第三年，可能是先跟这个圈子里的人在一起工作。那么你的第二年，应该不是住在得州，而是已经住在纽约或是洛杉矶了。"

次年（1977年），我辞掉了令许多人羡慕的太空总署的工作，离开了休斯敦，搬到洛杉矶。

说也奇怪：不敢说是恰好五年，但大约可说是第六年。1983年，我的唱片在亚洲开始热销起来，我一天24小时几乎全都忙着与一些顶尖的音乐高手，日出日落地一起工作。

每当我在最困惑的时候，我会静下来问我自己：五年后你"最希望"看到你自己在做什么？

如果，你自己都不知道这个答案的话，你又如何要求别人或上帝为你做选择或开路呢？别忘了！在生命中，上帝已经把所有"选择"的权力交在我们的手上了。如果，你对你的生命经常在问"为什么会这样？""为什么会那样？"的时候，你不妨试着问一下自己，你是否很"清清楚楚"地知道你自己要的是什么？

资料来源：http://wenku.baidu.com/link?url=CyrtpWYSdenVLVb3-0iL5dcVWsCHWwMDa6QmluP5PubDSBm5gFqZ5uR0KbtdRv7LyfZN7GrtMduizhdsKDp2Ht88aPLYt9rmoGFSpYrU2wK.

第18章 创新创业精神

从这个案例中我们看到，一个人的职业规划需要回答三个问题：我是谁？我要到哪里去？怎么去？（如图18-3所示）

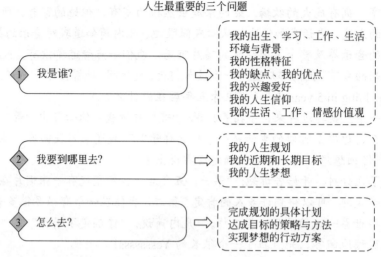

图18-3　人生规划的三个问题

1. 我是谁？

回答好这个问题不容易，只有了解自己才能根据自己的优势和掌握的资源规划未来。可以通过SWOT分析法将自己的优势、劣势，面临的机遇与挑战进行综合分析，找到适合自己的发展战略。在这一过程中要考虑自己的兴趣爱好、专业特长、掌握资源、事业已有积累等，对自己进行客观评价，并且考虑自己的发展是否能与社会需求相结合，有没有行业紧缺型人才缺口，是否符合个人发展意愿。

2. 我要到哪里去？

如果一个人没有目标，随波逐流，将很难取得较大成就。没有目标的人，一辈子都在为有目标的人服务。

确定自己的发展目标就是要根据社会环境和人才需求进行分析，结合个人定位，确定自己要选择的行业领域和行业上升通道。

实践证明：成就的大小同目标的高低成正比，高的目标永远比低的目标成就大。心理学家威廉·詹姆士的研究成果表明，人脑潜意识开发即心理暗示对人的行为有重要影响，积极的暗示，大脑就会指挥做出积极的行动；消极的暗示，大脑就会指挥并做出消极的行动。因此，"心想事成"这句话有一定道理。

人生目标对人生的影响如图18-4所示。

在制定目标时可以采取如下原则。

（1）积极原则：跳起来摘苹果。

（2）分解原则：先定出总目标、大目标。再把它分解成每个阶段要达成的小目标，按照时间顺序组织实施。

（3）时限原则：不论总目标和分目标、大目标与小目标，都要有明确的时间表和截止日期。

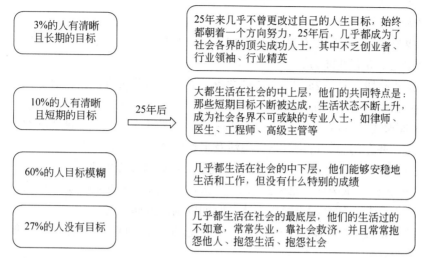

图 18-4 人生目标对人生的影响

3. 怎么去？

要达到人生规划的目标，需要完成如下计划和方案。

（1）完成规划的具体计划。

（2）达成目标的策略与方法。

（3）实现梦想的行动方案。

18.4.3 创新创业创造美好人生

1. 人的生命周期与发展周期

图 18-5 所示的为人的生命周期和收入曲线。

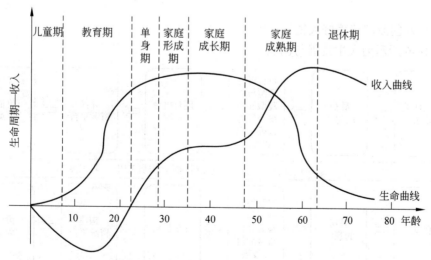

图 18-5 人的生命周期和收入曲线

生命周期：人的生命周期可以分为七个阶段：婴儿期、幼儿期、儿童期、青年期、

第 18 章 创新创业精神

中年期、老年期。

职业周期：可以分为五个阶段。

（1）成长阶段（0～14岁）：认同并建立起自我概念，对职业的好奇占主导地位，并逐步有意识地培养职业能力。

（2）探索阶段（15～24岁）：通过学校学习进行自我考察，角色鉴定，职业探索，完成择业和初步就业。该阶段可分为以下三个时期。

① 试探期（15～17岁）：青少年开始考虑自己的需要、兴趣、能力和机会、做出暂时性的决定，并在幻想、讨论、学校生活及工作中加以尝试。

② 过渡期（18～21岁）：青年人进入就业市场或接受专业训练。

③ 实验和稍作承诺期（22～24岁）：个人的职业生涯初步确定并实验成为长期职业生涯的可能性，若不适合则再经历上述各时期以确定方向。

（3）建立阶段（25～44岁）：获取一个合适的工作领域，并谋求发展，职业生涯周期的核心部分。

（4）维持阶段（45～64岁）：维护已获得的成就和地位。

（5）衰退阶段（65岁以上）：逐步退出职业和结束职业。

与生命周期不同，人生发展周期有三个维度，包括生命周期（出生→成长→成熟→衰老→死亡），家庭周期（不同周期不同角色：子女，夫妻，父母，祖父母），职业生涯周期。

2. 转折点

每个人的人生都有两点：一个是起点；一个是终点。但是成功人士的人生，多了一点：转折点！明智的、正确的选择，成为他们人生的一个转折点，从此人生将与众不同！

生活之中充满了选择，而每一个选择就构成了人生全部的选择。人生的选择有大小之分，一个正确的、小的选择是人生的闪光点，而一个正确的、大的选择则是人生的转折点。

3. 创新创业创造美好人生

图16-6所示为人生发展与创业。

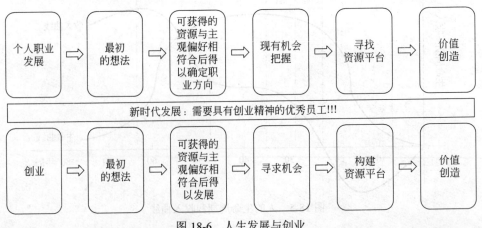

图18-6 人生发展与创业

每个人的人生道路都不相同，从出生时的一张白纸到退休时的各种结局，每个人都不相同。在起点和终点之前如果有一个转折点的话，这个人生的转折点就是"创新和创业"，就是将创新思维和创业心态引入人生发展的过程之中。人生过程就是创业过程，是不断地面对未知、解决问题的过程。所不同的是，企业失败了可以重来，但生命只有一次，失败了不可以重来。人生也是不断创新的过程，用创新的思维和方法解决人生道路上遇到的每一个问题，做出每一次正确的选择，这样才能走出与众不同的道路，创造出美好人生。

课程思考

1. 如何理解创新创业是一种工作和生活方式？
2. 了解自己的优势与不足，给自己设定一个短期、中期、长期目标。
3. 制订一份自己的人生规划。

创业模拟训练

小组讨论：假定你是一个普通工作岗位上的员工，怎样将创业的精神和能力运用到实际工作岗位中？又怎样在日常生活中扮演"创业型"的角色？

附 录

附录一 2016 全球创新指数报告

根据《2016 全球创新指数报告》，我国创新方面的综合排名为 25 位，是第一个进入前 25 名的中等收入国家，在个别指标上名列第一。中国 2015 年全国研发经费投入总量为 1.4 万亿元，占 GDP 比重 2.1%。根据 2016 年 8 月 8 日公布的《"十三五"国家科技创新规划》，研究与试验发展经费投入强度达到 2.5%。这次报告以"全球创新，致胜之道"为主题，可见创新驱动增长已经成为全球共识。

附录二 规范的现金流量表主表

项　　目	行次	金额（元）
一、经营活动产生的现金流量		
销售商品、提供劳务收到的现金	1	
收到的税费返还	3	
收到的其他与经营活动有关的现金	8	
现金流入小计	9	
购买商品、接受劳务支付的现金	10	
支付给职工以及为职工支付的现金	12	
支付的各项税费	13	
支付的其他与经营活动有关的现金	18	
现金流出小计	20	
经营活动产生的现金流量净额	21	
二、投资活动产生的现金流量		
收回投资所收到的现金	22	
取得投资收益所收到的现金	23	
处置固定资产、无形资产和其他长期资产所收回的现金净额	25	
收到的其他与投资活动有关的现金	28	
现金流入小计	29	
购建固定资产、无形资产和其他长期资产所支付的现金	30	
投资所支付的现金	31	
支付的其他与投资活动有关的现金	35	
现金流出小计	36	
投资活动产生的现金流量净额	37	

续表

项　　目	行次	金额（元）
三、筹资活动产生的现金流量		
吸收投资所收到的现金	38	
借款所收到的现金	40	
收到的其他与筹资活动有关的现金	43	
现金流入小计	44	
偿还债务所支付的现金	45	
分配股利、利润或偿付利息所支付的现金	46	
支付的其他与筹资活动有关的现金	52	
现金流出小计	53	
筹资活动产生的现金流量净额	54	
四、汇率变动对现金的影响	55	
五、现金及现金等价物净增加额	56	

附录三　简化版现金流量表

		1月	2月	3月	…	12月	总计
月初现金							—
现金流入	现金销售收入						
	应收款收入						
	股东投入现金						
	借贷收入						
	其他现金收入						
现金流入小计							
现金流出	生产/采购						
	销售提成						
	销售推广						
	税金						
	场地租金						
	员工薪酬						
	办公用品及耗材						
	水、电、交通差旅费						
	固定资产						
	借贷还款支出						
	其他支出						
现金流出小计							
净现金流量							—
月底现金余额							—
备注							

附录四　工作计划与收支预测表

月度	工作计划	支出预算	收入预算	基本数据	备注
1月	市场调研	20 000			
	租办公室	30 000			3个月租金
	办公家具	10 000			
	员工招聘	5 000			招聘费用
	小计	65 000			
2月	课程开发	20 000			
	注册公司	2 000			
	租办公室	90 000			9个月租金
	员工招聘	5 000			招聘费用
	小计	117 000			
3月	招生计划			6	
	招生推广	20 000			
	员工工资	30 000			注
	办公费用	10 000			
	学费收入		40 800		
	招生提成	12 240	0	30%	
	小计	72 240	40 800		
4月	招生计划			15	
	招生推广	20 000			
	员工工资	30 000			
	办公费用	12 000			
	学费收入		102 000		
	招生提成	30 600	0	30%	
	小计	92 600	102 000		
5月	招生计划			20	
	招生推广	20 000			
	员工工资	30 000			
	办公费用	12 000			
	学费收入		136 000		
	招生提成	40 800	0	30%	
	小计	102 800	136 000		
6月	招生计划			20	
	招生推广	25 000			
	员工工资	30 000			
	办公费用	15 000			

续表

月度	工作计划	支出预算	收入预算	基本数据	备注
6月	学费收入		136 000		
	招生提成	40 800	0	30%	
	教室租赁	15 000			
	教师授课	30 000			
	开课物资	5 000			
	班级管理	5 000			
	小计	165 800	136 000		
7月	招生计划			25	
	招生推广	25 000			
	员工工资	30 000			
	办公费用	15 000			
	学费收入		170 000		
	招生提成	51 000	0	30%	
	小计	121 000	170 000		
8月	招生计划			25	
	招生推广	25 000			
	员工工资	30 000			
	办公费用	15 000			
	学费收入		170 000		
	招生提成	51 000	0	30%	
	小计	121 000	170 000		
9月	招生计划			25	
	招生推广	25 000			
	员工工资	30 000			
	办公费用	20 000			
	学费收入		170 000		
	招生提成	51 000	0	30%	
	教室租赁	15 000			
	教师授课	30 000			
	开课物资	5 000			
	班级管理	5 000			
	小计	181 000	170 000		
10月	招生计划			30	
	招生推广	25 000			
	员工工资	30 000			
	办公费用	15 000			
	学费收入		204 000		
	招生提成	71 400	0	35%	
	小计	141 400	204 000		

续表

月度	工作计划	支出预算	收入预算	基本数据	备注
11月	招生计划			30	
	招生推广	25 000			
	员工工资	30 000			
	办公费用	15 000			
	学费收入		204 000		
	招生提成	61 200	0	30%	
	小计	131 200	204 000		
12月	招生计划			30	
	招生推广	25 000			
	员工工资	30 000			
	办公费用	15 000			
	学费收入		204 000		
	招生提成	61 200	0	30%	
	教室租赁	15 000			
	教师授课	30 000			
	开课物资	5 000			
	班级管理	5 000			
	小计	186 200	204 000		
年度	总计	1 497 240	1 536 800		

注：招生专员6人，底薪3 000元，销售总监1人，底薪6 000元，财务行政1人，工资6 000元。

参 考 文 献

[1] 孙洪义. 创新创业基础 [M]. 1版. 北京：机械工业出版社，2016.
[2] 威廉姆森. 资本主义经济制度 [M]. 北京：商务印书馆，2002.
[3] 青木昌彦. 比较制度分析 [M]. 上海：上海远东出版社，2001.
[4] 柯武刚，史漫飞. 制度经济学：社会秩序与公共政策 [M]. 北京：商务印书馆，2000.
[5] 檀润华. 创新设计——TRIZ：发明问题解决理论 [M]. 北京：机械工业出版社，2002.
[6] 檀润华. TRIZ 及应用 [M]. 北京：高等教育出版社，2010.
[7] 檀润华，孙建广. 突破性创新技术事前产生原理 [M]. 北京：科学出版社，2014.
[8] 杰弗里·蒂蒙斯. 创业学 [M]. 6版. 周伟民，吕长春，译. 北京：人民邮电出版社，2005.
[9] 孟昭兰. 普通心理学 [M]. 北京：北京大学出版社，2010.
[10] 希尔加德. 心理学导论 [M]. 周先庚，等，译. 北京：北京大学出版社，1987.
[11] 约翰·科特. 现代企业的领导艺术 [M]. 史向东，颜艳，译. 北京：华夏出版社，1998.
[12] 李津. 松下幸之助 [M]. 北京：中央编译出版社，2009.
[13] 哈默. 哈默自传 [M]. 雷鸣夏，译. 广州：广州文化出版社，1987.
[14] 阿玛尔·毕海德. 北京新华信商业风险管理有限责任公司译. 创业精神 [M]. 2版. 北京：中国人民大学出版社，2000.
[15] 毛翠云，梅强. 创业者素质模型与综合测评方法 [J]. 统计与决策，2009（24）.
[16] 赵延忱. 民富论：创业原理与过程 [M]. 北京：中央编译出版社，2009.
[17] 傅家骥. 工业技术经济学 [M]. 北京：清华大学出版社，1986.
[18] 丁栋虹. 企业家精神 [M]. 北京：清华大学出版社，2010.
[19] 理查德·坎蒂隆. 商业性质概论 [M]. 余永定，徐寿冠，译. 北京：商务印书馆，2011.
[20] 盛田昭夫. 盛田昭夫自传 [M]. 曾文焘，译. 长春：时代文艺出版社，2002.
[21] 李兰. 企业家精神 [M]. 北京：中国人民大学出版社，2009.
[22] 李政道. 物理学的挑战 [J]. 科学，2000(3).
[23] 亚德里安·斯莱沃斯基，卡尔·韦伯. 需求：缔造伟大商业传奇的根本力量 [M]. 龙志勇，魏薇，译. 杭州：浙江人民出版社，2013.
[24] 布鲁斯·巴林杰. 创业计划：从创意到执行方案 [M]. 陈忠卫，等，译. 北京：机械工业出版社，2009.
[25] 克里斯·安德森. 长尾理论 [M]. 乔江涛，译. 北京：中信出版社，2006.
[26] 郑称德. 运作管理 [M]. 南京：南京大学出版社，2003.
[27] 林嵩，张帏，姜彦福. 创业机会的特征与新创企战略选择：基于中国创业企业案例的探索性研究 [J]. 科学学研究，2006，24(2).
[28] 杰弗里·蒂蒙斯. 创业学 [M]. 6版. 周伟民，吕长春，译. 北京：人民邮电出版社，2005.
[29] 苏东水. 产业经济学 [M]. 2版. 北京：高等教育出版社，2006.
[30] 迈克尔·波特. 竞争战略 [M]. 陈小悦，译. 北京：华夏出版社，2005.
[31] 阿尔文·托夫勒. 第三次浪潮 [M]. 黄明坚，译. 北京：中信出版社，2006.
[32] 孙威武. 技术创新项目选择综合评价 [J]. 数量经济技术经济研究，2003（4）. 北京：中国社会科学院，数量经济与技术经济研究所，2003.
[33] 谢科范. 技术创新组织及其风险 [J]. 科技进步与对策，1999（16）：12-13.
[34] 陈玉和. 技术创新风险分析的三维模型 [J]. 中国软科学，2007（5）：130-132.
[35] 张春勋. 合作技术创新的风险因素识别与模糊评价研究 [J]. 科学学与科学技术管理，2007（8）：77-83.
[36] 孙威武. 技术创新项目选择综合评价 [J]. 数量经济技术经济研究，2003（4）：88-91.

[37] 林嵩，张帏，林强. 高科技创业企业资源整合模式研究[J]. 科学学与科学技术管理，2005（3）：143-147.
[38] 林嵩. 创业资源的获取与整合：创业过程的一个解读视角[J]. 经济问题探索，2007（6）：166-169.
[39] 王晓文，张玉利，李凯. 创业资源整合的战略选择和实现手段[J]. 经济管理，2009（01）：61-66.
[40] 赵光辉. 论人才创业风险的来源与控制[J]. 当代经济管理，2005（4）：109-116.
[41] 陈震红，董俊武. 创业风险的来源和分类[J]. 财会月刊，2003（12），武汉：武汉理工大学出版社，2003.
[42] 熊彼特著. 经济发展理论[M]. 杜贞旭，等，译. 北京：中国商业出版社，2009.
[43] 国家统计局编译. 技术创新统计手册[M]. 北京：中国统计出版社，1993.
[44] 许庆瑞. 技术创新管理[M]. 杭州：浙江大学出版社，1990.
[45] 傅家骥. 技术创新[M]. 北京：企业管理出版社，1992.
[46] 菲利普·科特勒. 营销管理[M]. 梅汝和，等，译. 上海：上海人民出版社，1990.
[47] 菲利普·科特勒，凯文·莱恩·凯勒. 营销管理[M]. 何佳讯，等，译. 上海：格致出版社，2016.
[48] 檀润华. 创新设计—TRIZ：发明问题解决理论[M]. 北京：机械工业出版社，2002.
[49] 白洞明，邹礼瑞，王峥. 技术创新动力机制的综合作用模式研究[J]. 科技进步与对策，2000，17（5）：43-44.
[50] 罗伯特·库珀. 新产品开发流程管理[M]. 青铜器软件公司，译. 北京：电子工业出版社，2010.
[51] 郭国庆. 市场营销管理：理论与模型[M]. 北京：中国人民大学出版社，1995.
[52] 陈伟. 创新管理[M]. 北京：科学出版社会，1996.
[53] 虞世鸣. 产品创意设计[M]. 北京：北京大学出版社，2011.
[54] 詹姆斯·韦伯·扬. 创意[M]. 李旭大，译. 北京：中国海关出版社，2004.
[55] 李亦文. 产品设计原理[M]. 北京：化学工业出版社，2003.
[56] 韩春明. 产品设计原理与方法[M]. 合肥：合肥工业大学出版社，2009.
[57] 江杉，姚干勤. 产品创新设计[M]. 北京：北京理工大学出版社，2009.
[58] 彼得·德鲁克，约瑟夫·马恰列洛著. 德鲁克日志[M]. 蒋旭峰，王珊珊，译. 上海：上海译文出版社，2006.
[59] 比尔·盖茨. 未来之路[M]. 辜正坤，译. 北京：北京大学出版社，1996.
[60] G. Pascal Zachary. 观止[M]. 张银奎，等译. 北京：机械工业出版社，2009.
[61] 蓝海林. 企业战略管理[M]. 2版. 北京：科学出版社，2013.
[62] 迈克尔·波特. 竞争战略[M]. 1版. 陈丽芳，译. 北京：中信出版社，2014.
[63] 刘继承著. 互联网+时代的IT战略、架构与治理[M]. 北京：机械工业出版社，2016.
[64] 吴军. 浪潮之巅[M]. 北京：电子工业出版社，2011.
[65] 里克·莱文. 互联网的本质：传统商业的终结和超链接企业的崛起[M]. 江唐，丁康吉，译. 北京：中信出版社，2016.
[66] 迈克尔·波特，詹姆斯·贺普曼. 揭秘未来竞争战略[J]. 哈佛商业评论. 杭州：浙江出版集团数字传媒有限公司，2015.
[67] 巴里·诺顿. 中国经济：转型与增长[M]. 安佳，译. 上海：上海人民出版社，2010.
[68] 魏炜，朱武祥，林桂平. 商业模式的经济解释[M]. 北京：机械工业出版社，2012.
[69] 亚历山大·奥斯特瓦德等. 商业模式新生代[M]. 王帅，等，译. 北京：机械工业出版社，2011.
[70] 克里斯·安德森. 长尾理论[M]. 乔江涛，译. 北京：中信出版社：2006.
[71] 菲利普·科特勒. 营销管理[M]. 13版. 陈荣，等译. 上海：格致出版社，2009.
[72] 亨利·切萨布鲁夫等. 开放创新的新范式[M]. 陈劲，等译. 北京：科学出版社，2010.
[73] 纪慧生，陆强，王红卫. 商业模式设计方法、过程与分析工具[J]. 北京：中央财经大学学报，2010(7).
[74] 王麒凯，黄梅英，陈丽. 创业团队的3C结构特质与团队型创业[J]. 中国大学生就业：理论版，2016(2)：55-60.

[75] 杨俊. 创业团队的最佳结构模式 [J]. 中外管理, 2013(11): 104-105.
[76] 刘山青, 兰超. 创业团队方式创业的优势 [J]. 山海经: 故事, 2015(12).
[77] 黄恒学. 市场创新 [M]. 北京: 清华大学出版社, 1998.
[78] 张曙光. 日本马桶圈抽了谁耳光? [J]. 中外管理, 2015(4).
[79] 王军, 赵立国, 张德华, 马超. 海尔: "零缺陷"质量管理体系的构筑与实施 [J]. 中国质量, 2012(7).
[80] 张红霞. 浅析沃尔玛成本领先战略的实施及对中国零售业的启示 [J]. 华东经济管理, 2003(17).
[81] C．梅尔·克罗福特. 新产品管理学 [M]. 成都: 四川人民出版社, 1988.
[82] 厉以宁. 计划经济体制与中国经济体制改革 [J]. 中国发展观察, 2008（8）.
[83] 仝维维, 贾宁, 张晨阳, 吕志超. 企业标准化案例分析 [J]. 信息技术与标准化, 2014（4）.
[84] 威廉·F. 夏普, 戈登·J. 亚历山大. 投资学 [M]. 北京: 中国人民大学出版社, 2013.
[85] 中国证券业协会. 证券投资分析 [M]. 北京: 中国财政经济出版社, 2010.
[86] 刘伟年. 销售比例法在中小企业融资决策中的运用 [J]. 管理园地, 2006（7）.
[87] 周陪. 大学生创业融资渠道的研究. 职业教育 [J]. 2015(6).
[88] 吴佩君. 大学生创业融资渠道的选择——以粤东六所高校为例 [J]. 高教论坛, 2016(2-2).
[89] 彼得·迈尔斯, 尚恩·尼克斯. 高效演讲——斯坦福最受欢迎的沟通课 [M]. 马林梅, 译. 吉林: 吉林出版集团有限公司, 2013.
[90] 姜何, 鹤藏先生. 路演——最粗暴的融资 [M]. 南宁: 西南财经大学出版社, 2015.
[91] 张彦春. 创业原理与案例解析 [M]. 北京: 中国广播影视出版社, 2016.
[92] 范健. 王建文. 商法学 [M]. 3版. 北京: 法律出版社, 2012.
[93] 周友苏. 新公司法论 [M]. 北京: 法律出版社, 2016.
[94] 高富平. 苏号朋. 刘智慧. 合伙企业法原理与实务 [M]. 北京: 中国法制出版社, 1997.
[95] 贺小虎. 企业融资法律实务 [M]. 北京: 中国经济出版社, 2008.
[96] 吕长江, 严明珠, 郑慧莲, 许静静. 为什么上市公司选择股权激励计划 [J]. 上海; 复旦大学管理学院, 2004.
[97] 马莲. 股权变动法律问题研究 [D]. 吉林大学, 2014.
[98] 杨廷燕. 创业板上市公司股权结构与公司绩效关系的研究 [D]. 西南财经大学, 2012.
[99] 韩笑著. 创业板上市公司股权结构与公司成长性关系的实证研究 [D]. 西南财经大学, 2012.
[100] 赵伟. 青岛海尔股权激励案例研究 [D]. 黑龙江八一农垦大学, 2015.
[101] 托尼·瓦格纳. 创新者的培养 [M]. 陈劲, 译. 北京: 科学出版社, 2015.
[102] 陈劲. 中国创新发展蓝皮书 [M]. 北京: 中国社会科学文献出版社, 2014.
[103] 亚力克·福奇. 工匠精神: 缔造伟大传奇的重要力量 [M]. 陈劲, 译. 杭州: 浙江人民出版社, 2014.
[104] 陈劲, 郑刚. 创新管理 [M]. 3版. 北京: 北京大学出版社, 2016.
[105] 陈劲, 唐孝威. 脑与创新 [M]. 北京: 科学出版社, 2013.
[106] 罗纳德·科恩, 特里·伊洛特. 让世界为我打工 [M]. 陈劲, 等译. 北京: 机械工业出版社, 2010.
[107] 陈劲, 王黎萤. 专业技术人员创新能力培养与提高 [M]. 北京: 国家行政学院出版社, 2008.
[108] 佩尔瓦伊兹·K.艾哈迈德, 查尔斯·D. 谢泼德. 创新管理: 情境、战略、制度和流程 [M]. 陈劲, 等译. 北京: 北京大学出版社, 2014.
[109] 陈劲等. 最佳创新企业 [M]. 北京: 科学出版社, 2012.
[110] 陈劲. 智慧聚展——企业基于商业和创新生态体系的战略 [M]. 杭州: 浙江大学出版社, 2015.
[111] 周曼, 李红春, 华磊, 余韵. 创新创业教育与大学生高质量就业——基于江西五所高校调研数据的实证分析 [J]. 教育学术月刊, 2015(9).
[112] Technical Change and the Aggregate Production Function. Review of Economics and Statistics, 1957, 39 (3): 312-320.

[113] Altshuller G. The Innovation Algorithm, TRIZ, Systematic Innovation and Technical Creativity, Technical Innovation Center, INC,Worcester,1999.

[114] Savransky S D. Engineering of Creativity. CRC Press. New York,2000.

[115] Phan P H, Wong P K, Wang C. Antecedents to Entrepreneurship among university students in Singapore: Beliefs, Altitudes and Background [J]. Journal of Enterprising Culture, 2002, 10(2): 151-174.

[116] Shane S, Locke E A, Collins C J. Entrepreneurial motivation [J]. Human Resource Management Review, 2003. 13(2): 257-279.

[117] Schmitt-Rodermund E. Pathways to successful entrepreneurship: Parenting, personality, early entrepreneurial competence, and interests [J]. Journal of Vocational Behavior, 2004, 65(3): 498-518.

[118] Luthje C & Frank N. The making of an entrepreneur: testing a model entrepreneurial intent among engineering students at MIT [J]. R&D management, 2003, 33(2): 135-147.

[119] Richard C Dorf, Thomas H Byers. Technology Ventures--From Idea to Enterprise [M]. 2nd ed. New York: McGraw-Hill Education, 2008.

[120] Peter F. Drucker. Innovation and Entrepreneurship [M]. Oxford: Butterworth-Heinemann, 1985.

[121] J. A. Schumpeter. History of Economic Analysis [M]. New York: Oxford University Press, 1954.

[122] Stephen Spinelli, Robert J Adams. New Venture Creation: Entrepreneurship for the 21st Century (Vol. 9) [M]. New York: Irwin McGraw-Hill, 2012.

[123] Peter F Drucker. The Effective Executive [M]. New York: Harper Collins US, 2006.

[124] Jeffry Timmons, Stephen Spinelli, New Venture Creation: Entrepreneurship for the 21st Century [M]. New York: McGraw-Hill/Irwin, 2008.

[125] Peter F. Drucker. Innovation and Entrepreneurship [M]. Oxford: Butterworth-Heinemann, 1985.

[126] Schumpeter J. Capitalism Socialism and Democracy [M]. Harper & Row, New York, 1934.

[127] Shane S, Venkataraman S. 2000. The Promise of Entrepreneurship as a Field of Research[J]. Academy of Management Review 25.

[128] Dev K Dutta, Mary M Crossan. The Nature of Entrepreneurial Opportunities: Understanding the Process Using the 4I Organizational Learning Framework[J]. Entrepreneurship Theory and Practice, 2005, (6).

[129] Philip A. Wickham, Strategic Entrepreneurship (4th Edition)[M], Upper Saddle River, New Jersey: Prentice Hall, 2006.

[130] Sahlman W A. Some Thoughts on Business Plan: The Entrepreneurial Venture [J]. Cambridge, Massachusetts: HBS Publication, 1999.

[131] Alexander Ardichvili, Richard Cardozo. A Theory of Entrepreneurial Opportunity Identification and Development, Journal of Business Venturing [J]. Journal of Business Venturing, 2003, 18 (1).

[132] N J Lindsay, J B Craig. A Framework for Understanding Opportunity Recognition [J]. Journal of Investing, 2002.

[133] Endres A M, and Woods C R. Modern theories of entrepreneurship behavior: a comparison and appraisal [J]. Small Business Economics, 2006, 26: 189-202.

[134] Richard C Dorf, Thomas H Byers. Technology Ventures—From Idea to Enterprise [M]. 2nd ed. New York: McGraw-Hill Education, 2008.

[135] Howard H Stevenson, Michael J Roberts, Harold Irving Grousbeck. New Business Ventures And The Entrepreneur [J]. Journal of Entrepreneurship, 1992, 1(2): 260-264.

[136] Justin G Longenecker, Carlos W Moore, J William Petty. Leslie E Palich. Small Business Management: Launching and Growing Entrepreneurial Ventures [M]. South-Western College Pub., 2007.

[137] John G Burch. Entrepreneurship [M]. John Wiley & Sons Inc., 1986

[138] Ardichvili A, Cardozob R, Ray S. A Theory of Entrepreneurial Opportunity Identification and Development [J]. Journal of Business Venturing, 2003(18): 105-123.

[139] Barney J. Is the Resource—Based View a Useful Perspective for Strategic Management Research? Yes [J]. Academy of Management Review, 2001(26): 41-56.

[140] C G Brush, P Greene, M M Hart. From initial idea to unique advantage: the entrepreneurial challenge of constructing a resource base [J]. Acad Manage Execut, 2001, 15(1): 64-78.

[141] Gerhard Pahl, W Beitz. Engineering Design: A Systematic Approach (3rd ed.) [M]. New York: Springer Publishing Company, 2007.

[142] Tomiyama T. General Design Theory and Its Extension and Application [C]. Universal Design Theory, Aachen: Shaker Verlag, 1998: 25-44.

[143] Dai Gil Lee, Nam P Suh. Axiomatic Design and Fabrication of Composite Structures: Applications in Robots, Machine Tools, and Automobiles [M]. Oxford University Press, USA, 2006.

[144] Bellman, and Clark. On the Construction of a Multi-Stage, Multi-Person Business Game [J]. Operations Research, 1957, 5(4): 469-503.

[145] Stewart D W, and Zhao Q. Internet marketing, business models, and public policy [J]. Journal of Public Policy & Marketing, 2000, 19(3): 287-296.

[146] Rappa M. Managing the Digital Enterprise—Business Models on the Web [EB/OL]. http://digitalenterprise.org/models/models.html, 2000.

[147] Hawkins R. The Business Model as a Research Problem in Electronic Commerce [J]. SPRU-Science and Technology Policy Research, 2001.

[148] Timmers P. Business Models for Electronic Markets [J]. Journal on Electronic Markets, 1998, 8(2): 3-8.

[149] Mahadevan B. Business Models for Internet-based e-Commerce: An anatomy [J]. California Management Review, 2000, 42(4): 55-56.

[150] Linder J, and S Cantrell. Changing Business Models: Surveying the Landscape [R]. Accenture Institute for Strategic Change, 2000.

[151] Weill P, and Vitale M R. Place to space: Migrating to eBusiness Models [M]. MA: Harvard Business School Press, 2001: 96-101.

[152] Michael Morris, Minet Schindehutte, and Jeffrey Allen. The Entrepreneur's Business Model: Toward a Unified Perspective [J]. Journal of Business Research, 2003, 58(1): 726-735.

[153] Osterwalder A, Yves Pigneur, and Chirstopher L Tucci. Clarifying Business Models: Origins, Present, and Future of the Concept [J]. Communications of the Information Systems, 2005, 15(5): 1-25.

[154] Clayton Christensen, Disrupting Class [M]. New York: McGraw-Hill, 2010.

[155] Weill P, and Vitale M R. Place to space: Migrating to eBusiness Models [M]. MA: Harvard Business School Press, 2001: 96-101.

[156] John Hagel, Marc Singer. Unbundling the Corporation [J]. 哈佛商业评论. 1999(3-4).

[157] Allan Afuah. Business Models: A Strategic Management Approach [M]. McGraw-Hill/Irwin, 1st edition, 2003.

[158] 世界银行数据 [OL]. http://data.worldbank.org.cn/.

[159] 中美日的经济增长历史及启示 [OL]. http://wenku.baidu.com/view/71d588eaee06eff9aef807f5.html?from=search.

[160] 从第一到第十二个五年规划主要内容 [OL]. http://wenku.baidu.com/view/df134e63caaedd3383c4d392.html?from=search.

[161] 习近平谈新常态 [OL]. [2016-2-25] http://news.china.com/domestic/945/20160225/21603012_all.html.

[162] 经济增长理论和模型综述 [OL]. http://wenku.baidu.com/view/75631d230722192e4536f67c.html?from=search.

[163] 历届三中全会内容总结表 [OL]. http://wenku.baidu.com/view/51eb53ca998fcc22bcd10dec.html?from=search.

［164］制度变迁与制度创新［OL］. http://wenku.baidu.com/view/b803f1370b4c2e3f57276318.html?from=search.
［165］http://www.phbang.cn/city/152436.html. 2015年中国城市人均GDP排名.
［166］携程官网—关于携程［EB/OL］. 携程网. http://pages.ctrip.com/public/ctripab/abctrip.Htm.
［167］新浪财经. http://finance.sina.com.cn/zl/usstock/2016-08-01/zl-ifxunyya2942222.shtml.
［168］腾讯体育新闻报道. http://sports.qq.com/a/20151201/015285.htm.
［169］什么是创业计划书［OL］. http://wenku.baidu.com/view/7c42d45a312b3169a451a49f.html?from=search.
［170］创业计划书模板. http://wenku.baidu.com/view/fb5b5b22cfc789eb172dc861.html.
［171］高度可以调节高跟鞋. http://wenku.baidu.com/link?url=sDK7A_KQduCLwtsr9NKQjae3LGfAGI-gVwE5aAozsNlSSfHXtYJVUx8QRxomMeAqECIcId4HYdRSPxsW2PUwgMmKUxbkt1p0NGBcm2e_XHG.
［172］波特五种竞争力模型分析. http://wenku.baidu.com/link?url=wo39I_w6iS5ns96FwCP_BZ7T9mBATbcZEjy2oQqnYgnx-DYubxTr5NuY66UX3MyUXvTE-GAupxhzSgZHkbbzq6zKVKzyianq0fOLcyjItja.
［173］新产品研修分析模型. http://wenku.baidu.com/view/bc3bfa04e45c3b3567ec8ba7.html?from=search.
［174］曹宇-打造无敌商业计划书. http://wenku.baidu.com/view/43bb432e6137ee06eef91899.html?from=search.
［175］核心竞争力分析模型. http://baike.baidu.com/link?url=-rT453gB6zZ0mM1BbUeSl9_QcIVBgU6RnO6UM4s0_8U3hTsYwpGa_P9YBnZsTo0TVL3lwuQhS-YSoJfC_sdaMgalGj1rHiB2vovPn383B9KavRapkpINe-Ub-hrUSBmCKsAUomZZDbm_3AqkEEZ3j3ZlhrJUtPV8QfLCxDbIBea_vNGkMt4RvxXrU12KUr9q.
［176］现金流量表. http://baike.baidu.com/link?url=52Yq_2s51FsWl1Gah8Ni-yJS-aWIxF1A5-Lu45ZadPKRXL9NsfPo1vNoMqRHVhRqFQbJC9bcIShMD8NrjHMeGDWBA6Vg32yqo8SFK2gOKe2OSqYGtQts52DWHFBBBO5vA-NUeBJKbLEiceOITwdOia.

教学支持说明

任课教师扫描二维码
可获取教学辅助资源

尊敬的老师：

您好！为方便教学，我们为采用本书作为教材的老师提供教学辅助资源。鉴于部分资源仅提供给授课教师使用，请您填写如下信息，发电子邮件给我们，或直接手机扫描上方二维码实时申请教学资源。

（本表电子版下载地址：http://www.tup.com.cn/subpress/3/jsfk.doc）

课程信息

书　　名			
作　　者		书号（ISBN）	
开设课程1		开设课程2	
学生类型	□本科　□研究生　□MBA/EMBA　□在职培训		
本书作为	□主要教材　□参考教材	学生人数	
对本教材建议			
有何出版计划			

您的信息

学　　校			
学　　院		系/专业	
姓　　名		职称/职务	
电　　话		电子邮件	
通信地址			

清华大学出版社教师客户服务：
电子邮件：tupfuwu@163.com
电　话：010-62770175-4506/4903
地　址：北京市海淀区双清路学研大厦 B 座 509 室
邮　编：100084

清华大学出版社投稿服务：
投稿邮箱：worklzb@163.com
投稿咨询电话：010-62770175-4304